Deutsch von Jürgen Abel,
Hainer Kober, Benjamin Schwarz

Robert E. Huyser

Putschen Sie, Herr General!

Wie Washington den Iran retten wollte

Mit einer Einleitung
von Alexander M. Haig

Rowohlt

Die Originalausgabe erschien 1986 unter dem Titel «Mission to Tehran» im Verlag André Deutsch Limited, London
Umschlaggestaltung Manfred Waller. Die Fotos zeigen von links nach rechts: Schah Reza Pahlewi – General Gholam Reza Azhari – General Abbas Gharabaghi; General Amir Hussein Rabii – General Hassan Toufanian – Ayatollah Chomeini

1. Auflage November 1986

Satz Bembo Linotron (202)
Gesamtherstellung Clausen & Bosse, Leck
Printed in Germany
ISBN 3 498 02870 7

Inhalt

Einleitung

Anfang Januar 1979, als ich Oberkommandierender der Alliierten Streitkräfte in Europa war, unterrichtete mich ein Beamter des amerikanischen Verteidigungsministeriums telefonisch über die sich verschlechternde Lage im Iran. Der Präsident wünschte, General Robert E. «Dutch» Huyser, meinen Stellvertreter als Kommandierender der US-Streitkräfte in Europa, nach Teheran zu schicken. Seine Mission war undurchsichtig. Spätere Unterredungen mit Beamten im Weißen Haus ließen vermuten, daß ein Militärputsch geplant wurde. Diesem Eindruck wurde jedoch von Regierungsbeamten widersprochen. Man war lediglich verwirrt wegen der wachsenden Gefährdung amerikanischer Interessen.

Die Erfahrung lehrt, daß bei einer Verwirrung in der Zentrale gewöhnlich alle Bemühungen am Rande zum Scheitern verurteilt sind. Ich war gegen diese Unternehmung, die später als Huyser-Mission bekannt wurde, weil ihr Ziel unklar war und es sich dabei vor allem um eine politische und nicht um eine militärische Aufgabe handelte. Präsident Carter war, wie der damalige Verteidigungsminister Harold Brown mir erzählte, anderer Meinung. General Huyser fuhr hin, und der Rest ist Geschichte, wie man so sagt.

Der Leser dieses Buches erfährt hier Dutch Huysers persönliche Chronik der historischen Ereignisse. Als Bericht über die Odyssee eines Mannes im Angesicht tragischer Vorgänge und als warnende Schilderung, wie Unsicherheit in Washington zu Katastrophen führt, muß man diese Chronik zu den wertvollsten

Berichten rechnen, die es in diesem Zusammenhang überhaupt gibt. Niemand wird die Lektüre ohne tiefen Respekt vor Dutch Huysers Charakter und Fähigkeiten beenden. Ebenso unbestreitbar sind Erstaunen und Erschrecken, die man – selbst Jahre nach diesen Ereignissen – über die letzten Tage eines prowestlichen Iran empfinden muß.

Der Ausbruch der iranischen Krise besiegelte nicht nur das Schicksal des Schah. Sie rief auch eine Eskalation des Ölpreises und eine weitere Ära von Inflation, Schulden und einer weltweiten Rezession hervor, von der wir uns noch heute erholen müssen. Sie schuf das Bild eines triumphierenden fundamentalistischen und antiwestlichen Islam und führte zu dem bis heute andauernden, blutigen iranisch-irakischen Krieg am Persischen Golf. Sie verringerte das amerikanische Ansehen und demütigte die Vereinigten Staaten durch die Geisel-Affäre, einen frühen Akt offenen Staatsterrorismus. Schließlich führte sie zu der amerikanischen Verpflichtung, den Golf gegen sowjetische Angriffe zu verteidigen, ein weitreichendes und teures Unternehmen von ungewisser Dauer.

Doch bei aller Kontroverse um den Iran sollten wir uns vor einer bestimmten Anklage hüten. Wie Dutch Huyser in seinem Schlußkapitel zu verstehen gibt, steht ein viel größeres Problem auf dem Spiel: wie die Vereinigten Staaten mit den historischen Veränderungen in Entwicklungsländern fertig werden, die in den Wehen ihrer Modernisierung liegen. Ihre Regierungen und politischen Traditionen sind selten demokratisch und gewöhnlich autoritär. Unsere Interessen sind oft an Regierungen geknüpft, die die Prüfung demokratischer Lauterkeit nicht bestehen. Der Iran war ein klassischer Fall, aber es gibt heute andere, und sicher wird es morgen wieder andere geben.

Schon längst hätten die Vereinigten Staaten einige Prinzipien für das Handeln in derartigen Situationen formulieren sollen. *Erstens: Eine effektive US-Politik gegenüber Veränderungen im Ausland erfordert eine ausgewogene Haltung.* Eine Öffentlichkeit, die sich über die Verletzung von Menschenrechten durch eine ausländische Regierung erregt, wird auf die plötzliche Feststellung des Weißen Hauses, daß amerikanische Interessen bei einem Sturz dieser Regierung ernstlich gefährdet werden könnten, nicht gerade wohlwollend reagieren. Aber auch das Gegenteil ist richtig. Keine amerikanische Politik, die ignoriert, daß Verbündete der USA im Namen einer «Realpolitik» Unterdrückung ausüben, hat Aussicht zu überdauern. Deshalb muß ein Präsident die Amerikaner zu einer ausgewogenen Politik erziehen, die amerikanische Wertvorstellungen im Rahmen eines realistischen strategischen Konzepts bewahrt. Der Carter-Administration fehlte offenkundig diese Ausgewogenheit.

Zweitens: Unsere Politik muß die Grenzen der Einmischung erkennen, bei aller Notwendigkeit, unsere Interessen zu verteidigen. Wir können die Welt nicht nach unserer Vorstellung neu erschaffen. Wir können die Identitätskrise nicht lösen, die eine Nation im Konflikt zwischen Tradition und Modernisierung befallen kann. Dennoch haben wir zugleich Interessen zu verteidigen und ohne Angst oder Scham für Werte einzutreten. Diese Interessen und Werte nicht zu verteidigen, ließe unsere Gegner vermuten, uns fehle es an Vertrauen und Überzeugung, was nur zu einer Eskalation von Gewalt führen kann. In vielen Fällen mag es für eine amerikanische Präsenz, selbst eine amerikanische Militärpräsenz, keinen Ersatz geben.

Im Falle des Iran war der ursprüngliche und fundamentale Irrtum, diesem Entwicklungsland die Last des «Golf-Polizisten» aufzubürden, vor allem weil weder wir noch unsere Verbündeten bereit waren, die historisch wichtige Rolle der Stabilisierung zu übernehmen, als die Briten sie 1971 abgaben. Unter dem Schah begann der Iran, sich nach amerikanischem und europäischem Vorbild einer modernen Gesellschaft zu erneuern, eine forcierte Modernisierung, die eine Reaktion hervorrief, deren erstes Opfer der vornehmste Fürsprecher eines sich wandelnden Iran war – der Schah selber.

Drittens: Unsere Politik muß den Einfluß lokaler Veränderungen auf regionale, ja globale Beziehungen begreifen. Die Krise des Iran berührte die internationale Wirtschaft, das Gleichgewicht der Mächte im Mittleren Osten und die sowjetische Einschätzung der amerikanischen Entschlossenheit. Heute sehen wir uns ähnlichen Umständen in Mittelamerika gegenüber. Wird sich die notwendige historische Veränderung unter legalen Bedingungen friedlich vollziehen, oder wird sie mit Gewalt durchgesetzt, oftmals begünstigt durch die Sowjetunion und ihre lokalen Verbündeten? Unsere Antwort darf nicht die örtlichen Ursachen übersehen, aber unsere Aktionen müssen die resultierenden Folgen berücksichtigen.

Viertens: Wir müssen unsere diplomatischen, wirtschaftlichen und militärischen Aktionen koordinieren. Die Meinungsverschiedenheiten zwischen Dutch Huyser und Botschafter Sullivan waren das Spiegelbild der Unentschlossenheit Washingtons. Selbst wo Einigkeit über das Ziel herrscht, muß eine Administration noch das Organisationstalent haben, ihre Aktionen zu koordinieren. Dieses Problem besteht noch heute, und wenn man ihm nicht beikommt, werden selbst die ausgeklügeltsten Pläne scheitern.

Schließlich spricht die Außenpolitik einer Nation für deren Charakter. Dutch Huysers Darstellung bezieht sich nicht nur auf den Iran, sondern ebenso auf Amerika. Seine Amerikaner sind mutig, ihre wichtigste Eigenschaft, denn sie garantiert alles übrige. Aber auf Charakter allein ist nicht zu bauen. Führungskraft und Klugheit sind notwendige Begleiter. Hoffen wir, daß Amerika durch die Erfahrung im Iran klüger und entschlossener geworden ist, sich den Krisen der Zukunft zu stellen.

Alexander M. Haig jr.

Vorspiel

Stuttgart, Richard-Wagner-Straße 39. 4. Januar 1979, 2 Uhr morgens. Das schrille Klingeln meines abhörsicheren Telefons rüttelte mich aus tiefem Schlaf. Ich nahm den Hörer ab, und die entschlossene Stimme General Alexander Haigs machte mir die knappe Mitteilung: «Dutch, wir haben verloren. Sie gehen in den Iran.»

Das war der Anfang einer Geschichte, die bisher noch nie präzise erzählt wurde, einer Geschichte, die mit Verzweiflung und Uneinigkeit begann und in einem Desaster endete: der Geschichte der Huyser-Mission nach Teheran im Januar 1979. Zwar ist über das Thema in Büchern und Zeitschriften in aller Welt viel geschrieben worden, aber die Berichte sind enttäuschenderweise meistens schlecht informiert. Dabei handelt es sich hier um einen Bereich, in dem verläßliche Fakten besonders wichtig sind. Wie jeder weiß, war die Krise im Iran vielleicht das gefährlichste internationale Problem jener Zeit – so gefährlich, daß sie zu einem der ausschlaggebenden Faktoren bei den amerikanischen Präsidentschaftswahlen 1980 wurde. Das läßt die Geschichte von Präsident Carters letzter Initiative von größter Bedeutung nicht nur für Historiker, sondern auch für zukünftige westliche Politiker werden.

Sie ist ein Drama von shakespearesker Faszination. Entscheidend beim Showdown waren die Charaktere von einem Dutzend oder mehr Personen, ihr Verhalten unter entsetzlichem Stress, ihr Ehrgeiz, ihre Haßgefühle und Unschlüssigkeiten, ihre Reaktionen auf Ereignisse und ihr Verhalten gegenüber den Reaktionen der anderen. Auf wen konnte man sich verlassen? Was waren seine wahren Motive? Konnte man ihm glauben, daß er morgen oder nächste Woche noch genauso dachte? Diese Fragen bezogen sich nicht nur auf die iranischen Protagonisten. In manchen Momenten stellte ich sie mir auch über Leute in meiner Umgebung.

Ich will versuchen, dieses Knäuel zu entwirren, indem ich die Geschichte erzähle, wie sie mir widerfahren ist. Damit hoffe ich, einige der Mißverständnisse und Verdrehungen zu beseitigen, die seither ins Kraut geschossen sind.

Zum Beispiel:

Associated Press, Paris, 8. Dezember 1979: «Schah behauptet, er wurde hinausgeworfen wie eine tote Maus.» Aus *Answer to History* von Schah Mohammed Reza Pahlewi (dt. «Antwort an die Geschichte – Die Schah-Memoiren»), wo der Schah den Luftwaffengeneral Rabii zitiert, der kurz vor seiner Erschießung gesagt haben soll: «General Huyser warf den Kaiser aus dem Land wie eine tote Maus.»

The New York Post, 26. November 1979: «Schickte Carter einen General, um den Sturz des Schah zu beschleunigen?»

The New York Times, 17. Januar 1980, ‹The Huyser-Mission› von William Safire: «Wie die meisten Kenner der iranischen Geschichte wissen, verhalf vor einer Generation der amerikanische CIA-Agent Kermit Roosevelt dem Schah auf den Thron. Die meisten Kenner wissen jedoch nicht, daß der Amerikaner, der 1979 den Befehl des Präsidenten ausführte, einen Militärputsch zu verhindern – dieser Putsch hatte das Ziel, Ayatollah Chomeini nicht an die Macht kommen zu lassen –, der US Air Force-General Robert E. (Dutch) Huyser war.»

Prawda, Moskau, 29. Januar 1979: «Die Vereinigten Staaten haben Robert E. Huyser als eine Art Vize-Regenten in den Iran entsandt. In dieser Funktion leitet er einen schleichenden *coup d'état* der pro-kaiserlichen Militärführung, die noch immer ihre Befehle von Schah Mohammed Reza Pahlewi erhält. Deshalb trägt General Huyser zusammen mit der Regierung und der obersten militärischen Führung die Verantwortung für das tägliche Blutvergießen in den Straßen von Teheran und anderen Städten.»

Prawda, Moskau, 30. Januar 1979: «General Huyser übt die

Funktion eines ‹Generalgouverneurs› im Iran aus. In Washington hieß es, der General habe ‹den Schah erfolgreich abgelöst›.»

Prawda, Moskau, 31. Januar 1979: «General Huysers erfolgreicher Führung ist es vor allem zuzuschreiben, daß der Wunsch des Volkes nach einer unabhängigen und demokratischen Entwicklung für den Iran nicht erfüllt wird ... Er führt einen schleichenden Militärputsch an ... Er stellt der Rückkehr des politischen und religiösen Führers Chomeini Hindernisse in den Weg.»

Diese Zitate sollten genügen, jeden zu verwirren. Es gäbe noch viele andere. Ich besitze mittlerweile achtzehn Bücher und mehr als fünfhundert Artikel über die «mysteriöse Huyser-Mission». Das Bemerkenswerteste an ihnen ist, daß ihr Inhalt zu mindestens achtzig Prozent aus Spekulation und zu kaum zwanzig Prozent aus Tatsachen besteht. Weil ich glaube, daß meine Geschichte eine lehrreiche Warnung ist, habe ich beschlossen, die Berichte ins rechte Licht zu rücken.

I

Damit sich der Leser ein besseres Urteil über meinen Bericht bilden kann, sollte er ein wenig über meinen Werdegang und meinen Lebensstil wissen und einige Ereignisse kennen, die meinen Charakter geformt haben. Meine militärische Karriere war interessant und lang – 38 Jahre und 85 Tage. Als sie am 1. Juli 1981 mit einem feierlichen Zapfenstreich endete, dankten mir die Gouverneure von zweiundzwanzig amerikanischen Bundesstaaten persönlich.

Ich wurde in Colorado am 14. Juni 1924, dem Flag Day, als Sohn eines eingewanderten Vaters und einer gläubigen christlichen Mutter geboren, die mich schon früh die Größe der amerikanischen Nation lehrte. Beide Eltern trugen dazu bei, daß in meinem Herzen eine tiefe Aufgeschlossenheit und Liebe zu Gott und den Vereinigten Staaten von Amerika erwuchs. Auf Grund dieser Erziehung, die mir ein tiefes Gefühl der Hingabe und Verantwortung schenkte, schlug ich später eine militärische Laufbahn ein. Aber die eigentliche Entscheidung, das Leben beim Militär zu verbringen, entwickelte sich erst allmählich.

Im April 1943, nach Abschluß der High School, wurde ich als einfacher Rekrut zur US Army eingezogen. Als rothaariger, sommersprossiger Bauernjunge erhielt ich fast gleichzeitig drei wichtige Schriftstücke: ein High School-Diplom, den Musterungsbefehl und die amtliche Heiratserlaubnis – von denen die beiden letzteren zu dauerhaften Bindungen führten.

Als gemeiner Soldat, der sich hochgearbeitet hatte, und noch später als junger Offizier beabsichtigte ich eigentlich nicht, länger als für die Dauer des Zweiten Weltkriegs plus sechs Monate zu dienen, wie es im Gestellungsbefehl hieß. Der Dienst als Bomberpilot gefiel mir zwar. Als der Krieg jedoch zu Ende war, wurde mir von Berufsoffizieren gesagt, ohne Studium an einer Militärakademie oder ein reguläres Offizierspatent hätte man nur wenig Aussicht, beim Militär voranzukommen.

Doch es kam alles ganz anders. Die Regierung hatte viele Bomber auf den Pazifischen Inseln zurückgelassen, die nun wieder in die Vereinigten Staaten gebracht werden sollten. Als dieser Hilferuf erging, bewogen mich die tiefen Gefühle für mein Land und meine Erfahrung als Bomberpilot, noch ein paar Monate länger zu dienen. Ich beschloß, das Unternehmen als Reservist beenden zu helfen und dann ins Zivilleben zurückzukehren.

Wieder wurde nichts daraus. Als ich Anfang 1946 damit fertig war, Flugzeuge nach Hause zu überführen, begannen die Sowjets mit dem Bau einer Atomwaffe. Aus dem Druck, den sie auf die Türkei und Griechenland ausübten, war außerdem zu erkennen, daß sie offensichtlich zur Expansion entschlossen waren. Um Rußlands aggressivem Verhalten entgegenzutreten, beschloß die US-Regierung, ein neues Kommando zu errichten, das Strategic Air Command (Strategisches Luftkommando). Sie gab einen Aufruf an hochqualifizierte Militärs heraus, in dem vordringlich Ausbilder für Piloten gesucht wurden. Abermals gab ich meinem Land den Vorzug und meldete mich freiwillig, beim Aufbau der neuen Bombergeschwader zu helfen.

Kurz bevor das Projekt abgeschlossen war, brach der Koreakrieg aus. Es war mir ausgeschlossen, mich während eines Konflikts um die Vaterlandspflicht zu drücken. Ich erfüllte meine Schuldigkeit durch aktive Teilnahme. In meiner ersten Funktion war ich Einsatzchef des Bomberkommandos im Fernen Osten. Ich plante die Feindflüge unserer strategischen Bomber und gab ihre täglichen Einsatzbefehle heraus. Ich flog auch viele Einsätze-

mit: als Crewmitglied ging ich sicher, daß die Einsätze richtig geplant und ausgeführt wurden. Im Zweiten Weltkrieg war ich nie abgeschossen worden, in diesem Krieg allerdings passierte es.

Nach dem Waffenstillstand in Korea kehrte ich in die Vereinigten Staaten zurück und stand erneut vor einer beruflichen Entscheidung. Die Air Force stellte sich von Propellerbombern auf Jets um – von B-29, B-50 und B-36 auf B-47. Durch meine umfassende Bombererfahrung konnte ich dabei von Nutzen sein, und als ich gebeten wurde, noch ein paar Jahre die Uniform zu tragen, sagte ich zu.

1957 schließlich, nach fast vierzehn Jahren aktivem Dienst bei der Air Force, teilte mir die Regierung mit, meine Zeit als Reservist sei abgelaufen. Ich solle mich entscheiden, ob ich Berufsoffizier werden wolle. Falls nicht, müsse ich um meinen Abschied bitten. Das war zu der Zeit, als Chruschtschow seine Drohreden hielt, der Sputnik gerade gestartet war und die Raketenrüstungs-Debatte begann. Mir schien, daß ein Gleichgewicht zwischen den beiden Großmächten nur durch unser eigenes strategisches Kernwaffenpotential zu erhalten sei. So beschloß ich, mich um eine Offiziersstelle zu bewerben und wurde als Berufsoffizier in die Air Force der Vereinigten Staaten aufgenommen.

1956 war ich Oberstleutnant geworden. Diesen Rang mit zweiunddreißig Jahren erreicht zu haben, war mehr, als ich erträumt hatte. Als ich 1943 eingezogen worden war, erschien mir der Rang eines Technical Sergeant der Gipfel aller Wünsche. Mein Werdegang war im Vergleich zu dem meiner Kollegen ungewöhnlich. Er schien mir eine gewisse Meinungsunabhängigkeit zu gewähren. Es gibt Leute, die erledigen ihre Aufgaben nicht so, wie sie wohl erledigt werden sollten, sondern eher so, daß sie selbst Nutzen daraus ziehen. Ich habe solchen Leuten gegenüber immer größte Bedenken gehabt. Ich war nie ein Rebell oder Außenseiten, sondern betrachte mich ganz entschieden als Mann mit Grundsätzen.

Als ich 1957 Berufsoffizier wurde, entschloß ich mich, insgesamt mindestens zwanzig Jahre zu dienen, um dadurch pensionsberechtigt zu sein. 1966 wurden mir von Führungskräften der Industrie Posten angeboten. Ich erhielt die lukrativen Angebote, als ich gerade dabei war, das Hauptquartier des Strategic Air Command zu verlassen und zu einer Einheit als Stellvertretender Geschwaderkommandeur zu gehen. Den Firmen, die mit mir in Verbindung traten, war bekannt, daß ich bereits genügend Dienstjahre hatte, um mich pensionieren lassen zu können. Sie wußten auch, daß meine Tochter Tracy auf dem College war und sich auf die Doktorprüfung vorbereitete. Die Aussicht auf ein zusätzliches Gehalt war daher sehr verlockend.

Dennoch entschied ich mich, bei der Air Force zu bleiben. Mein Entschluß hatte viele Gründe. Der wichtigste war, daß ich die ungeheuren Probleme kannte, vor denen mein Land stand. Der Vietnamkrieg tobte zu jener Zeit, und die Sowjets hatten ihre Grundsätze nicht geändert, ganz im Gegenteil. Außerdem hatte ich ein persönliches Motiv. Wenn ich mich als Stellvertretender Kommandeur bewährte, gab es die Chance, Geschwaderkommandeur zu werden, einer der begehrtesten Posten bei der Air Force.

Geschwaderkommandeur zu sein war wirklich einer der befriedigendsten Posten, die ich jemals bei der Air Force hatte. Ich befehligte meine eigene Einheit, genoß große Unabhängigkeit und konnte die Aufgaben effektiv erledigen. Ich verließ mich ausschließlich auf meine eigene Findigkeit und Initiative, um die Männer und Frauen anzuleiten und das Geschwader erfolgreich zu führen. Nach fast zwei Jahren als Geschwaderkommandeur kehrte ich ins Hauptquartier des Strategischen Luftkommandos zurück. Ich erhielt meinen ersten Stern und begann, mich durch die Generalsränge nach oben zu arbeiten. Die Karriere ging schneller als erwartet. 1972 wurde ich zum Generalmajor befördert und dem Pentagon unterstellt.

Drei Jahre war ich dort Planungschef und später Stellvertretender Leiter des Planungs- und Einsatzstabes, was mir den dritten Stern einbrachte. Ich hatte die Verantwortung für die weltweiten militärischen Auslandslieferungen im Bereich der Air Force und dafür zu sorgen, daß die Programme, die wir gemeinsam mit anderen Ländern aufstellten, reibungslos abliefen. In dieser Eigenschaft machte ich auch zum erstenmal mit den Offizieren und dem Volk des Iran Bekanntschaft.

1975 wurde ich vom Präsidenten zum Vier-Sterne-General ernannt, und am 1. September reiste ich nach Stuttgart, um die Aufgabe als Stellvertretender Oberbefehlshaber der amerikanischen

Streitkräfte in Europa unter General Alexander Haig zu übernehmen. Es ist manchmal berichtet worden, ich hätte dem NATO-Kommando angehört. Das stimmt nicht; meine Aufgabe war rein amerikanisch, eine Sonderstellung bei den US-Truppen. Die US-Streitkräfte in Europa sind das einzige Kommando in unserem militärischen Gefüge, dem zwei Vier-Sterne-Generale angehören. Diese Struktur soll den Oberbefehlshaber in seiner Doppelfunktion entlasten; denn er ist gleichzeitig Oberkommandierender der Alliierten NATO-Streitkräfte in Europa.

Das Hauptquartier des Oberbefehlshabers liegt in Mons in Belgien. Er arbeitet dort ausschließlich mit einem NATO-Stab. Als Stellvertretender Oberbefehlshaber hatte ich mein Hauptquartier und den gesamten US-Stab in Stuttgart. Ich hatte das – täglich widerrufbare – Kommando über alle US-Streitkräfte. Außerdem mußte ich den Oberbefehlshaber auf dem laufenden halten. Im Falle einer Krise werden dann die amerikanischen Streitkräfte den NATO-Einheiten überstellt. Gleichzeitig kehrte ich in das Ressort der Waffenexporte zurück. Denn neben der Führung der mehr als 320000 Amerikaner in Europa war ich für alle militärischen Lieferungen ins Ausland und die militärischen Hilfsprogramme für vierundvierzig Länder verantwortlich. Während meiner Zeit gingen etwa fünfundachtzig Prozent der amerikanischen militärischen Auslandslieferungen nach Europa, und wir machten mit den in meinem Verantwortungsbereich liegenden Ländern Geschäfte von durchschnittlich 12 Milliarden Dollar pro Jahr. Diese Arbeit war von beträchtlicher politischer und diplomatischer Tragweite. Ich lernte viele Staatsmänner kennen, darunter den deutschen Bundeskanzler Helmut Schmidt und König Hussein von Jordanien, König Juan Carlos von Spanien, König Olaf von Norwegen und den portugiesischen Präsidenten Antonio dos Santos Eanes. Außerdem arbeitete ich mit allen amerikanischen Botschaftern in diesen Ländern zusammen – einer beträchtlichen Zahl, denn die meisten wurden nach dem amerikanischen Regierungswechsel im Januar 1977 abgelöst.

Einer unserer größten Kunden in dieser Zeit war der Iran, der vom militärischen Standpunkt aus eine strategische Schlüsselstellung für die Vereinigten Staaten innehatte. Falls der Iran ein bedeutendes Verteidigungspotential aufbauen konnte, und er war gerade dabei, würde dies unserem Land Millionen Dollars einsparen. Hätten wir unsere engen Bindungen mit dem Iran nicht verloren und hätte das Land sein militärisches Potential weiter gesteigert, dann hätten wir nicht die gewaltigen Summen für die Aufstellung einer Rapid Deployment Force (Schnelle Einsatztruppe) für den Bereich des Persischen Golfs auszugeben brauchen. Die iranischen Streitkräfte hätten die Stabilität in diesem Gebiet garantiert und Amerikas vitale Interessen geschützt.* Mitte der siebziger Jahre, nach dem Jom-Kippur-Krieg 1973, wurde klar, daß der Westen einen besseren Schutz für seine Interessen im Mittleren Osten benötigte. Der Preis für den Sturz des Schah war gewaltig für das amerikanische Volk.

Von 1975 bis 1979 besuchte ich alle befreundeten Staaten im Mittleren Osten und in Nordafrika. Ich arbeitete direkt mit den Regierungen und den obersten Militärs zusammen, um für das gesamte Gebiet Verteidigungsprogramme zu entwickeln. Nunmehr sollte ein beträchtliches amerikanisch-iranisches Programm aufgestellt werden, und ich reiste häufig nach Teheran, um mit den dortigen militärischen Führern zu verhandeln. Ich hatte viele Audienzen beim Schah, die zu gegenseitigem Respekt und Vertrauen führten.

Anfang 1978 bat der Schah die Vereinigten Staaten, ihm dabei zu helfen, ein Kommandokontrollsystem einzurichten sowie Instruktions- und Einsatzkonzepte für die Reorganisation seiner Streitkräfte zu entwickeln. Bis dahin hatte er die Streitkräfte allein geführt, wobei er alle Instruktionen im Kopf und schriftlich festgelegt hatte – als Absicherung gegen einen Militärputsch, obwohl es im iranischen Militär noch nie ein subversives Verhalten gegeben hatte. Er verlangte, daß man mich zur Lösung dieser Aufgabe schickte. Mitte April 1978 entsandte mich das Verteidigungsministerium zur Zusammenarbeit mit Seiner Majestät in den Iran. Ich

* Natürlich besteht in den Vereinigten Staaten die Möglichkeit einer raschen Truppenbereitstellung schon lange. Sie wurde bereits entwickelt, als die USA ihre Truppen in Europa verringern wollten, ohne ihre Bindung an die NATO zu schwächen. In den USA wurden Mannschaften und Material bereit gehalten, um sie bei Bedarf ins Krisengebiet zu schaffen. Das gleiche Prinzip wurde später für Korea angewandt.

wurde von Iran-Experten begleitet und besprach mit dem Schah dessen Hoffnungen und Forderungen. Da seine Streitkräfte immer größer geworden waren, wünschte er sich ein Kommandokontrollsystem, so modern und automatisiert wie möglich. Es gab schon Vorarbeiten, aber das System war Stück für Stück entwickelt worden, ohne eigentliche Integration der alten und der neuen Methode.

Eine effektive Kommandokontrollmöglichkeit erfordert einen Eingriff ins «System». Mit anderen Worten: *alle* wesentlichen Elemente der Streitkräfte müssen erfaßt werden. Als ich das Kommando über die amerikanischen Streitkräfte in Europa hatte, waren die Elemente, die mir notwendig erschienen, um die Truppe einsatzbereit zu halten: Nachrichtendienst, Logistik, Befehlskette und Operation. Jeder dieser vier Teile hatte innerhalb der verschiedenen Befehlsstufen ungefähr die gleiche Menge an Informationen zu liefern, um sie in ein gemeinsames funktionierendes System einbauen zu können. Fast der gleichen Überlegung bediente ich mich später, als ich das Militärische Luftbrückenkommando übernahm, wobei ich natürlich noch das Element Transport hinzufügte. Der Schah sagte mir, er sei erfreut, daß ich das Projekt leiten werde. Ich verstünde seinen Führungsstil, seine Streitkräfte und kenne die Unterschiede zwischen dem System in Amerika und seiner Monarchie im Iran. Seine wichtigste Forderung bei der Planung des Kommandokontrollsystems sei, daß er selber die totale Kontrolle behielte. Er wünsche ein narrensicheres System, das ihn vor einem Putsch schütze.

Bei mehreren unserer Zusammenkünfte äußerte er Sorge über die feindlichen Mächte um ihn herum. Er war äußerst beunruhigt über mögliche sowjetische Absichten und glaubte, Rußland plane seit langem, die iranischen Bodenschätze an sich zu bringen sowie einen strategisch wichtigen Punkt unter seinen Einfluß zu bekommen, der der Schlüssel zur späteren Kontrolle der Weltwirtschaft sein könne. Einmal erteilte er mir eine längere historische Lektion über Rußlands Absichten gegenüber Persien. Er zitierte Peter den Großen, der 1725 gesagt hatte: «Wer immer das Gebiet zwischen Konstantinopel und Indien kontrolliert, wird die Welt regieren. Die Richtschnur muß sein, in der Türkei und in Persien Dauerkriege zu entfachen und dann bis zum Persischen Golf vorzustoßen.» 1907 wäre Rußland das fast gelungen, als es den Norden des Iran zu seinem Satelliten machte. 1918 hätten die Russen erklärt: «Wenn Persien der Zugang nach Indien ist, müssen wir eine persische Revolution entfachen.» Er erwähnte den 1921 geschlossenen Freundschaftsvertrag zwischen der Sowjetunion und dem Iran und zitierte eine Klausel, die Rußland «das Recht [einräumt], seine Streitkräfte ins Innere Persiens vorrücken zu lassen, um militärische Operationen zu seiner Verteidigung durchführen zu können» – ein gefährliches Vorrecht, meinte er. Er sprach auch über die dreißiger und vierziger Jahre, wobei er es Präsident Harry Truman hoch anrechnete, 1946 die Russen aus Persien vertrieben zu haben. Er sagte, ohne die Vereinigten Staaten damals wäre der Iran ein russischer Satellit geworden.

Auch Afghanistan beunruhigte ihn. (Und dies lange vor der russischen Invasion.) Er betrachtete die politische Einmischung der Sowjets als einen Schritt zur Annexion des Persischen Golfs. Er hoffe, die Welt werde Rußlands Absichten bald durchschauen, denn ein Sieg in Afghanistan brächte die Sowjets einen großen Schritt näher an gewaltige Ölreserven und eisfreie Häfen heran. Auch machte er sich Sorgen über die Belutschen, deren Stammland sich an der pakistanisch-iranischen Grenze erstreckt. Sie seien ein die Unabhängigkeit liebendes Volk, dem er nicht traue. Er fürchte, Moskau könne sie dazu überreden, den Sowjets den Zugang zum Indischen Ozean zu gestatten, nachdem sie sich in Afghanistan festgesetzt hätten. Charbahar im Südosten des Iran werde gerade zum größten Hafen des Landes ausgebaut, und er fürchte, der Hafen könne den Sowjets in die Hände fallen.

Eine weitere Bedrohung sei der alte Feind Irak. Der Schah hatte einen großen Teil des militärischen Warnsystems und Kriegsmaterials in diese Gegend verlagert, um einem Angriff gewachsen zu sein.

Dann sprach er von einer neuen Bedrohung. Bei einer dieser Begegnungen im April 1978 hörte ich den Namen Ayatollah Chomeini zum erstenmal. Einige Monate zuvor, am 7. Januar, hatte Chomeini gedroht, die Pahlewi-Dynastie zu vernichten. (Später erfuhr ich, daß es nicht seine erste Warnung dieser Art gewesen war.) Der Schah sagte, er fürchte, der Westen verstünde die volle Bedeutung dieser Drohung nicht und sähe sie entweder

zelung schreckte man vor Folter und Mord nicht zurück, um mögliche Oppositionelle einzuschüchtern und Feinde des Schah zu unterdrücken. In seinen letzten Zuckungen dürfte Savak die verschärften Methoden der Unterdrückung auf alle gesellschaftlichen Schichten angewandt haben. Savak wollte um jeden Preis an verläßliche Informationen herankommen. Ich glaube, der Schah war vorsichtig genug, nicht allzuviel über die dunkleren Seiten seiner Geheimdienste zu wissen, deren Methoden sich sehr wenig von den üblichen Praktiken in dieser Gegend der Welt unterschieden. Er zog es vor, nicht direkte Anweisungen zu erteilen, ließ aber zu, daß seine unausgesprochenen Wünsche interpretiert und erbarmungslos durchgesetzt wurden.

Bei Gesprächen mit dem MAAG- und Botschaftspersonal erfuhr ich von hartnäckigen Gerüchten, daß eine Gruppe ranghoher iranischer Offiziere an streng geheimen Plänen für einen Staatsstreich arbeite. Kein Außenstehender wußte, wer zu ihnen gehörte und welche Pläne sie hatten. Es hieß jedoch, sie würden nur unter zwei Umständen handeln: wenn der Schah verreise (er hatte das schon 1953 während der Mossadegh-Krise getan) oder wenn ihm die Herrschaft völlig entglitte.

Den unterschiedlichsten militärischen Persönlichkeiten des Iran war eine wesentliche Eigenschaft gemeinsam: persönlicher Stolz. Er ist zwar eine allgemeine menschliche Schwäche, aber ich habe nirgendwo mehr Stolz erlebt als im Iran. Perser halten sich anscheinend für unfehlbar: Wenn etwas gut lief, dann war «ich» es; wenn nicht, dann war «man» es. Dies schien eine treibende Kraft bei ihren Entscheidungen zu sein. Eine andere Eigenschaft war ihre Abneigung, Verantwortung zu übernehmen. Sie spiegelte die Furcht wider, in den Augen des Schah einen Fehler zu begehen. Vielleicht wurde sie auch dadurch ausgelöst, daß der Schah sich persönlich um jede Kleinigkeit kümmerte. Der einzige General, der diese professionelle Nervosität nicht teilte, war General Toufanian. Durch seine Hände gingen fast sämtliche Waffenkäufe des Iran, er leitete selber eine Waffenfabrik und verhandelte mit anderen Ländern über die industrielle Entwicklung des Iran. Nie scheute er vor der vollen Verantwortung zurück.

Ich begann sofort, mich mit all diesen Männern zu verabreden. Am ersten Tag arrangierten wir eine Zusammenkunft mit Toufanian, Rabii und Habiballahi. (Ich hatte mich entschieden, General Gast zu allen Gesprächen mitzunehmen.)

General Toufanian war an diesem Treffen sehr interessiert. Als wir in seinem prachtvollen Hauptquartier eintrafen, stellten wir fest, daß die Sicherheitsvorkehrungen erheblich verschärft worden waren. Nach traditioneller persischer Art begrüßte er mich als guten Freund mit einer vertraulichen Umarmung und einem Kuß auf jede Wange. Trotzdem spürte ich, daß in dieser Begrüßung noch ein anderes Bedürfnis zum Ausdruck kam – er wollte seine Sorgen mit jemandem teilen, dem er vertrauen konnte.

Er begann mit einer Warnung. Ich dürfe nicht in Uniform durch die Stadt fahren. Weder er noch einer der anderen höheren Offiziere wage das. Er selbst trage immer einen Zivilmantel über der Militärkleidung und gehe nie ohne Waffe aus. Wir hatten zwar eine Pistole am Boden des Botschaftswagens liegen, waren aber selber unbewaffnet. Botschafter Sullivan hatte verfügt, daß Einzelpersonen keine Waffen tragen sollten. Seiner Meinung nach waren sie eher dazu angetan, Schwierigkeiten zu schaffen, als sie zu verhindern. Doch den Rat, lieber Zivilkleidung anzuziehen, nahm ich mir zu Herzen. Außerdem trug ich auf Geheiß meiner Sicherheitsleute eine kugelsichere Weste, und eine zweite lag im Aktenkoffer, den ich bei einem bewaffneten Angriff als Schutzschild benutzen sollte.

Toufanian nahm kein Blatt vor den Mund. Obwohl er wußte, daß General Azhari ein sehr guter Freund von mir war, meinte er, Azhari sei ein außerordentlich schwacher Ministerpräsident gewesen. Er habe weder etwas geleistet, noch Entscheidungen getroffen oder die Streitkräfte im Griff gehabt. (Ich weiß nicht, ob daran wirklich Azhari die Schuld trug oder die Leute, die hinter ihm standen.) Jedenfalls hörte ich einen Anflug von Eifersucht heraus, als Toufanian mir erklärte, er selbst hätte sich für diesen Posten sicherlich besser geeignet. Ich glaube allerdings, daß der Schah Azhari sehr wenig Spielraum ließ und der Ministerpräsident durch seine Ergebenheit und Unterwürfigkeit gegenüber dem Herrscher viel an Wirkungsmöglichkeit einbüßte.

General Toufanian war überzeugt, daß die Schwierigkeiten den Kommunisten zuzuschreiben seien. Wenn es gelänge, sie im

Zaum zu halten, würden die religiösen Gruppen die verfassungsmäßige Regierung unterstützen. Ich hielt die Kommunisten zwar ebenfalls für einen wesentlichen Faktor, aber keineswegs für die treibende Kraft. Dennoch bekam ich diese Hypothese in Zukunft noch oft zu hören, was offenbar dem ausgeprägten persischen Nationalstolz entsprang – der Weigerung zuzugeben, daß sich die eigenen Landsleute gegen Seine Majestät erheben könnten. Toufanian glaubte ferner, Chomeini müsse noch vor einer Beruhigung der Lage zum Schweigen gebracht werden. Er machte sich Sorgen wegen einer möglichen Ausreise des Schah, weil die Streitkräfte dann auseinanderfallen würden. Sprecher der Opposition hätten bereits mehrere hochrangige Militärs der Korruption beschuldigt. Ihr Leben sei nicht nur von den oppositionellen Kräften, sondern auch von den eigenen militärischen Untergebenen bedroht. Letztere Vermutung erschien mir wenig glaubhaft; war mir in der Armee doch stets die gute Disziplin und eine geradezu unterwürfige Haltung den höheren Offizieren gegenüber aufgefallen – fast so ausgeprägt wie die Haltung dieser Offiziere dem Schah gegenüber.

Nach dieser Einleitung hielt Toufanian einen längeren Monolog über die ‹Lauterkeit› seiner eigenen geschäftlichen Transaktionen. Wiederholt versicherte er, daß ihm nichts nachzuweisen sei, obwohl ihm offensichtlich der Vorwurf gemacht wurde, der Korrupteste von allen zu sein. Während er auf und ab ging und seine Worte ständig wiederholte, machte er den Eindruck, als ob er sich selbst von der eigenen Unschuld zu überzeugen versuche. Dann sprach er von seiner Sorge über die Opposition – vor allem die Nationale Front und die Chomeini-Anhänger –, da sie die Pläne von allen Brennstoff-, Energie- und Nachrichtensystemen des Landes besäßen, diese sogar schon in ihrer Gewalt hätten.

Ich fragte Toufanian nach dem Gerücht, daß eine Gruppe von Militärs einen Putsch vorbereite. Er stellte die Existenz dieser Gruppe jedoch entschieden in Abrede. Abermals drang ich in ihn: Ob es nicht irgendwelche Vorbereitungen für einen solchen Putsch gebe? Er wiederholte sein Nein, versicherte mir aber, die Armee werde nicht zulassen, daß die Kommunisten die Regierung übernähmen. Ich hatte offenbar ein äußerst heikles Thema angeschnitten und drang deshalb nicht weiter in ihn.

Wir erörterten, wer für die frei gewordenen militärischen Posten in Frage käme. Er war zwar mit General Djam eng befreundet, hielt ihn aber für einen gebrochenen Mann. Dessen einziger Sohn, ein Wunderkind, habe sich mit Heroin zugrunde gerichtet, und darüber sei Djam nicht hinweggekommen. Wahrscheinlich werde er keinen neuen Posten im Iran übernehmen, zumal er lange fort gewesen und nun ein alter Mann sei. Als ich auf Schahpur Bachtiar, den designierten Ministerpräsidenten, zu sprechen kam, sagte er, er werde jedem Inhaber dieses Amtes seine volle Unterstützung anbieten, wenn er auch darüber enttäuscht sei, daß die Wahl nicht auf ihn selbst gefallen sei. Er zeigte sich beeindruckt von Bachtiars erster Pressekonferenz, auf der dieser deutlich gemacht hatte, daß er auf militärische Hilfe angewiesen sei.

Toufanian war sichtlich besorgt um die eigene Sicherheit. Er wollte das Land verlassen, sobald der Schah dies täte. Er war sicher, andernfalls umgebracht zu werden. Aber er wollte seinem Land auch helfen, die Unruhen niederzuschlagen, wobei er bestrebt war, ein größeres Blutbad zu vermeiden. Bislang habe die Armee nur Gummikugeln verwendet (er ging zum Schreibtisch und holte eine Handvoll heraus) und Tränengas eingesetzt. Man habe aus Deutschland Wasserwerfer bestellt und warte auf die Lieferung. Man tue alles Erdenkliche, Unschuldige vor Schaden zu bewahren.

Als ich ihn nach der eventuellen Absicht der Militärs fragte, Verbindung zu Oppositionsführern aufzunehmen, antwortete er lediglich, dazu fehle der Opposition der rechtliche Status. Er fragte mich, ob ich unverzüglich den Schah aufsuchen werde. Doch ich hielt das nicht für klug. Da die Öffentlichkeit dem Schah gegenüber so feindselig eingestellt war, erschien es mir im Augenblick nützlicher, mit dem Militär zu verhandeln.

Ich übermittelte Toufanian nun Präsident Carters Garantien, wobei ich sorgfältig auf die einzelnen Punkte der Botschaft einging. Der General war außerordentlich erfreut, von dieser Unterstützung zu hören, ließ dann aber eine wütende Anklage gegen Botschafter Sullivan vom Stapel. Sullivan habe den Schah dazu überredet, den Iran zu verlassen. Ich verteidigte den Botschafter, der als treuer Freund des Iran persönlich am Zustandekommen vieler von Toufanian betriebener Militärprogramme beteiligt gewesen wäre.

Ich hatte oft erlebt, wie er in geschäftlichen Verhandlungen eine ähnliche Einschüchterungstaktik verfolgte. Toufanian wurde dann laut und anmaßend, weshalb Fremde ihn leicht für einen reizbaren, nervösen Menschen hielten. Dabei wollte er wohl nur die Oberhand gewinnen. Tatsächlich präsentierte er mir gleich darauf die Forderung nach mehr Leuten. Ob die Vereinigten Staaten nicht Experten für die iranischen Ölfelder zur Verfügung stellen könnten? Die Abwanderung des ausländischen Personals habe zu einem empfindlichen Förderrückgang geführt. Als ich ihn fragte, ob das Militär denn die Erdölproduktion einschließlich Pipelines, Raffinerien und Depots übernehmen könne, hielt er das für möglich.

Dann fragte er: «Warum können die ‹großen› Vereinigten Staaten Chomeini nicht zum Schweigen bringen?» Diese Frage sollte mir in den nächsten Wochen noch häufig gestellt werden. Und: «Können die USA nicht die Farsi-Programme der BBC zum Schweigen bringen?» Er erzählte mir, daß alle Iraner, jung oder alt, Transistorradios bei sich trügen. Da alle iranischen Radiosender von der Opposition stillgelegt worden waren, war das BBC-Programm die einzige Nachrichtenquelle, ausgestrahlt von der Insel Al Masira vor der Küste von Oman. Toufanian hielt die Nachrichten für frisiert; sie unterstützten die Kommunisten und Chomeini und seien für den Schah und seine Regierung äußerst abträglich.

Das persische BBC-Programm war im Zweiten Weltkrieg eingerichtet worden, um das Regime des Schahvaters zu untergraben, der freundliche Beziehungen zu Nazi-Deutschland unterhielt. Daran dachten wahrscheinlich auch die Militärs und der Schah, als sie in dieser entscheidenden Phase Ende der siebziger Jahre gegen die Rolle der BBC protestierten. Die Regierungen des Mittleren Ostens halten ihre Medien unter strenger Kontrolle, so daß sie nun dachten, auch die britische Regierung habe bei der Berichterstattung der BBC die Hand im Spiel. Sicherlich ging auch das persische Volk davon aus. Dabei stand die BBC dem Schahregime gar nicht feindselig gegenüber, sondern ließ lediglich die Gegner des Schah ebenso zu Wort kommen wie seine Anhänger und berichtete auch über Ereignisse, die das Regime lieber totgeschwiegen hätte. So gesehen hatten die Generale sicherlich recht mit ihrer Behauptung, die Programme seien schädlich.

Der General meinte, das Militär müsse unbedingt die Macht im Lande übernehmen. Ihm wäre nur lieb, wenn dabei keine unschuldigen Menschen zu Schaden kämen. Man könne beispielsweise die Oppositionellen verhaften. Ich unterbrach ihn und erinnerte daran, daß das Militär bisher den Beweis schuldig geblieben sei, regierungsfähig zu sein.

Er hielt mir einen Vortrag über Patriotismus und Bürgerpflicht. Ein Grund mehr, dem Schah zu folgen, falls dieser den Iran verlasse, sei seine umfangreiche Kenntnis wichtiger amerikanischer Waffensysteme und Technologien. «Wenn ich in Teheran bliebe, könnte ich gezwungen werden, Informationen preiszugeben, die die USA gewiß nicht in falschen Händen wissen möchten.» Er befürchtete überdies, der Schah könnte nach Beendigung eines Urlaubs nicht zurückkehren. Ich entgegnete, daß die Streitkräfte die Pflicht hätten, dem Monarchen das Land zu erhalten. Sie seien die einzige wirkliche Macht im Lande, und nur sie könnten dem kaiserlichen Herrschaftsanspruch wieder Geltung verschaffen. Daraufhin General Toufanian: «Der Schah ist nicht nur ein Mensch. Er ist das *Land.*»

Ich kam nicht recht voran. Offensichtlich ging es dem General in erster Linie darum, die eigene Haut zu retten. Zumindest aber wußte er jetzt, daß ich ihn für sehr wichtig hielt bei dem Versuch, die Stabilität im Land wiederherzustellen.

Wir sprachen über seine Offizierskollegen, und er erzählte, daß in den nächsten beiden Tagen entweder General Jeffrian oder General Gharabaghi das Kommando über die Bodenstreitkräfte erhielten. General Rabii hielt er für einen ausgezeichneten Offizier, und auch von Admiral Habiballahi sprach er sehr anerkennend. Das überraschte mich, da ich die Neigung höherer Offiziere kannte, ihre Kollegen schlecht zu machen, um sich selbst beim Schah in ein besseres Licht zu rücken. Ich ahnte General Toufanians Grund für soviel Lob nicht, und konnte nur hoffen, daß er es ehrlich meinte.

Er bekräftigte seine volle Unterstützung für Bachtiar. Ihm war eine Liste mit den zwölf Kabinettsmitgliedern der neuen Regierung zugegangen. Vier waren enge Freunde von ihm. Doch für ihn selbst sei mit sechsundsechzig und mit fünfundvierzig Dienstjahren in der Luftwaffe die Zeit zum Rücktritt gekommen. Bei den meisten Angehörigen der Streitkräfte sei er beliebt, doch durch seine energische Art habe er sich auch Feinde gemacht. Ohne Umschweife entgegnete ich: «Wie können Sie als Vater des Militärs daran denken, den Iran zu verlassen? Bei zwei Neulingen an der Spitze könnten Sie sicherlich für die notwendige Kontinuität und Autorität sorgen.» Ich tat mein Bestes, ihn zum Bleiben zu überreden.

Schließlich hatte ich doch das Gefühl, ein bißchen voranzukommen. Er begann, mir in einigen Punkten zuzustimmen. Er wiederholte, daß er alles tun würde, seinem Herrscher das Land bis zu dessen Rückkehr zu erhalten. Er berichtete, daß er von einem guten Freund aus sehr reicher Familie in Isfahan angesprochen worden sei. Der Freund habe ihn aufgefordert, sich der Nationalen Front anzuschließen und den Schah zu Reformen zu bewegen. Zunächst lehnte Toufanian ab, beschloß dann aber, die Lauterkeit ihrer Motive zu testen und erklärte ihnen, sich der Bewegung anzuschließen, falls man den Schah zum Mittelpunkt der Nationalen Front mache. Da diese Zusage nicht erfolgte, war er sicher, daß deren Ziele inzwischen weit über die ursprünglichen Reformpläne hinausgingen.

Ich fragte, was die Regierung eigentlich getan habe, um die Streiks zu beenden und die Ordnung wiederherzustellen, und erfuhr, daß die Regierung sich nur noch auf das Militär und dessen Einrichtungen stützen konnte. Darauf sagte ich: «Solange das Militär Geschlossenheit zeigt und auf der Seite der rechtmäßigen Regierung steht, besitzen Sie auch die Mittel, das Land unter Kontrolle zu halten.» General Toufanian erwiderte, dafür fehle es den Streitkräften an lebenswichtigem Nachschub. Ich kannte natürlich ihre Treibstoffprobleme, denn ich hatte ihnen Pumpen und Schläuche für ihre C-130 geliefert, damit sie sich Treibstoff aus Saudi-Arabien beschaffen konnten.

Der General berichtete von seinen Beziehungen zu den Saudis. Er habe sie gewarnt: Wenn das iranische Regime in die Knie ginge, seien die Kommunisten daran schuld; und sie, die Saudis, würden die nächsten sein. Sie täten deshalb gut daran, den Iran nach Kräften zu unterstützen. Zunächst hatten die Saudis ihm mitgeteilt, sie könnten nur Rohöl erübrigen. Doch dann stellte sich heraus, daß sie durchaus in der Lage waren, soviel raffiniertes Öl zu liefern, wie die Iraner mit den C-130 befördern konnten. Jedenfalls erhielt man genug, um den unmittelbaren Bedarf zu decken, verfügte aber über keinerlei Reserven. Ich sollte ihm helfen, mehr zu bekommen.

Toufanian war sehr erfreut über die Garantien Präsident Carters, wies aber darauf hin, daß sich eine zu große verbale Unterstützung durch die Vereinigten Staaten als Nachteil für die Bachtiar-Regierung erweisen könne. Chomeini habe ein Haßsyndrom gegen die westliche Welt entwickelt, mit den USA als Hauptfeind. Bachtiar werde gleich mit einem Handikap antreten, wenn er die enge Bindung des Schah an die USA übernähme.

Die Zusammenkunft war sehr nützlich, hatte mich aber nicht recht davon überzeugt, daß Toufanian im Iran bleiben werde, falls der Schah ins Ausland ginge. Bei der Abschiedsumarmung spürte ich seine Erregung wie einen elektrischen Schlag. Er machte aus seinen Gefühlen kein Hehl. Er brauchte offensichtlich Hilfe.

General Gast und ich fuhren dann zum Luftwaffenstützpunkt Doschan Tappeh, dem in der Stadt gelegenen Sitz des Luftwaffenkommandos, um meinen alten Freund General Amir Hussein Rabii zu treffen. Am Tor verzichtete man auf die übliche Zeremonie. Nur ein kleines Empfangskomitee aus Militärs und Sicherheitspolizei war da. Rabii begrüßte mich auf die gewohnt herzliche Art. Noch bevor ich etwas sagen konnte, erhob er eine Reihe erbitterter Vorwürfe gegen die Vereinigten Staaten. Ich war geschockt. Er war in den Vereinigten Staaten ausgebildet worden, hatte dem Land stets aufrichtige Sympathie entgegengebracht und oft den Wunsch geäußert, nach seiner Pensionierung in die USA zu gehen. Er besaß gute Freunde in der US Air Force und genoß dort hohes Ansehen. Offensichtlich war seine Tirade die Folge einer tiefen Frustration.

Rabiis Vorwürfe richteten sich in erster Linie gegen Botschafter Sullivan, dem er die alleinige Schuld für die geplante Abreise des Schah gab. Er verlangte von mir, alles zu tun, um sie zu verhindern. Auch die Militärs hatten beschlossen, etwas dagegen zu unternehmen und wollten deshalb den Schah am nächsten Tag treffen. Ich erklärte Rabii, daß er mit Botschafter Sullivan ein bißchen zu streng ins Gericht gehe; denn meines Wissens hätten viele Leute den Schah gedrängt, das Land zu verlassen. Das wollte er jedoch nicht wahrhaben und erging sich erneut in heftigen Vorwürfen gegen die Vereinigten Staaten. Warum sie nicht Druck auf Chomeini ausübten? Es wäre entscheidend für den Erfolg der neuen Regierung, doch die USA täten nichts.

Wie Toufanian war auch er besonders wütend über die Nachrichtensendungen der BBC auf Farsi und behauptete, die BBC verbreite über ihren Hochleistungssender eine Menge falscher Informationen. Er nannte ein Beispiel. Am Abend zuvor habe die BBC fälschlich berichtet, er, Rabii, beabsichtige, in den Ruhestand zu treten. Diese Lüge, im ganzen Land verbreitet, habe bei Zivilisten wie Militärs Panik hervorgerufen. Man habe ihn mit Anrufen bombardiert und ihm vorgeworfen, ausgerechnet im Augenblick der größten Gefahr aufzugeben. Warum die USA diese Programme nicht unter ihre Kontrolle brächten? Amerika unterhalte schließlich enge Beziehungen zu Großbritannien; wieso könnten wir da nicht die Einstellung solcher Sendungen verlangen?

Der Mann stand unter großem Stress und mit dem Rücken zur Wand. Nach guter iranischer Sitte gab er anderen die Schuld für Persiens Misere. Er war zwar äußerst bestürzt darüber, daß das Militär nicht mehr Herr der Lage war, suchte die Schuld dafür aber nicht bei sich.

Schließlich beruhigte er sich. Ich erklärte ihm nun, warum ich in den Iran gekommen sei. Ich übermittelte ihm Präsident Carters Unterstützung und versuchte, ihm das Gefühl zu geben, daß die Vereinigten Staaten hinter ihm und seinen Kollegen stünden. Er hörte aufmerksam zu und schien mich zu verstehen. Doch schon bald zog er erneut vom Leder. Ob es stimme, daß unser Botschafter dem Schah zugeredet habe, das Land zu verlassen? Warum wir nichts gegen Chomeini unternähmen?

Ich bat ihn entschieden, seine Gefühle etwas besser im Zaum zu halten, und versprach, mit unserer Regierung über den Fall BBC zu sprechen. Er müsse aber auch Verständnis für westliche Nachrichtenpolitik haben. «Ich bin sicher, daß Sie die freie Presse des Westens verstehen, wenn Sie einen Augenblick nachdenken. Sie kennen genügend westliche Nachrichten aus Radio, Fernsehen, Zeitungen und Zeitschriften, um zu wissen, was ich meine. Die westlichen Medien versuchen, alle Seiten eines Problems zu sehen, damit die Menschen sich selber ein Bild machen können.»

Das mußte einmal gesagt werden. Gleichzeitig muß ich zugeben, daß ich nach allem, was ich gehört hatte, allmählich selber glaubte, die BBC-Nachrichten seien frisiert.

Ich sagte zu, mit Botschafter Sullivan und Washington über einen direkten Kontakt zu Chomeini zu diskutieren. Rabii meinte, vermutlich wisse Washington gar nicht, wer in Wahrheit die oppositionellen Kräfte im Iran manipuliere. Chomeini sei der Führer einer sogenannten «religiösen Partei», aber nach seiner Meinung sei sie ganz und gar nicht nur religiös. Die Mullahs hätten enormen Einfluß, die iranischen Moscheen seien voller denn je zuvor. Aber die eigentlichen Anführer seien die Kommunisten, sie schmiedeten die Pläne. In den religiösen Kreisen des Iran traute er niemandem zu, den Ablauf von Demonstrationen so präzise vorzubereiten. Das sorgfältige Timing der Streiks, der Besetzung und Schließung entscheidender iranischer Nervenzentren lege das ganze Land lahm. Nur unverzügliches Handeln könne die Lage retten.

Wir sprachen von den Gerüchten über einen Militärputsch für den Fall, daß der Schah das Land verließe oder die gegenwärtige Regierung scheitere. Als alter Freund konnte ich ihn ohne Umschweife nach dem «Ausschuß» fragen, den man angeblich zu diesem Zweck gebildet hatte. Er bestätigte, daß es den Ausschuß gebe, allerdings sei seine Tätigkeit streng geheim. Gewiß hätte man dort die Möglichkeit einer Machtübernahme durch das Militär erörtert. Ich fragte, ob der Schah von der Existenz dieses Gremiums wisse. Offensichtlich hatte man ihm lediglich mitgeteilt, einige Offiziere dächten an die Bildung eines Ausschusses.

General Rabii nannte die Mitglieder: Admiral Habiballahi, General Toufanian und sich. General Chosrodad, der Chef der Heeresflieger und ein strammer Soldat, hatte auch dazugehört, aber man habe ihn ausgeschlossen. Chosrodad sei zu ungeduldig und nicht verschwiegen genug. Obgleich die anderen auf keinen Fall wollten, daß Bachtiar von dem Ausschuß erfuhr, hatte Chosrodad mit dem Ministerpräsidenten darüber gesprochen. Deshalb teilten die anderen drei Chosrodad mit, der Ausschuß sei auf Geheiß des Schah aufgelöst worden.

Ich fragte Rabii nach seiner Meinung über Bachtiar. Rabii hielt ihn für einen starken Mann. Er war vom Schah ernannt worden, obgleich er aus der oppositionellen Nationalen Front kam. Deshalb werde er, Rabii, ihn voll unterstützen. Zur bevorstehenden Abreise des Schah meinte er noch, über alle Einzelheiten der Operation informiert zu sein, weil er die Flugzeuge stellen werde. Inzwischen habe das Militär Pläne entwickelt, um die wichtigsten Einrichtungen des Iran und sich selbst zu schützen. Als ich ihn fragte, ob es darüber schriftliche Unterlagen gebe, verneinte er. Nur mündliche Absprachen.

Unser Gespräch wurde durch das Telefon unterbrochen, einem Anruf auf dem «heißen Draht». Rabii sprach Farsi, aber es gab kaum Zweifel, daß der Schah am Apparat war. (Jeder der Oberkommandierenden der Teilstreitkräfte hatte einen heißen Draht zum Palast.) Das Gespräch dauerte nicht lange, aber mit jeder Sekunde, die verstrich, nahm Rabiis Stimme an Lautstärke und Erregung zu. Offensichtlich versetzten ihn die Informationen in helle Aufregung. Als er auflegte, erklärte er mit mühsam beherrschter Stimme: «Seine Majestät hat mich angewiesen, mit den Vorbereitungen zu ihrer Abreise zu beginnen.»

Rabii war außer sich. Nachdrücklich erklärte er, daß auch er gehen müsse. Wenn er zurückbliebe, sei sein Leben keinen Pfifferling mehr wert. In der öffentlichen Meinung gelte er fälschlicherweise als der korrupteste von allen Offizieren des Schah. Der Westen habe kein Verständnis für iranische Wertmaßstäbe. «Sie können den ehrbarsten Kaufmann im Iran nehmen», sagte er, «er ist von Kindesbeinen an zum Handeln und Feilschen erzogen.» Wenn man ein Pfund Käse kaufe und die Waage im Auge behalte, könne man sicher sein, ungefähr ein Pfund zu bekommen, wende man aber den Blick ab, bekomme man etwas weniger. In keinem Falle jedoch erhielte man ein ganzes Pfund. Im Iran würden Jungen eben ganz anders erzogen als im Westen. «Iranische Jungen werden in ihrer Kindheit stärker beaufsichtigt, deshalb sind sie in höherem Maße von anderen abhängig. In den Vereinigten Staaten werden sie früher unabhängig.» Im Geiste stellte ich einen Zusammenhang zwischen diesen Bemerkungen und dem Mangel an Initiative her, den unsere Militärbeobachter gelegentlich bei den niedrigeren Dienstgraden der iranischen Armee festgestellt hatten. Ohne straffe Führung konnte ihre Haltung rasch in vorsichtige Passivität umschlagen.

Ich fragte ihn nach der gegenwärtigen Schlagkraft der Streitkräfte. Er meinte, man schätze ihre Schwächen übertrieben ein: In Marine und Luftwaffe gebe es auch in den unteren Rängen viele Offiziere, die im Falle eines Falles die Zügel in die Hand nehmen könnten. Das gelte jedoch nicht fürs Heer, sein Offizierskorps sei weniger zuverlässig, vor allem mangele es an geeigneter Ausbildung. Die iranische Luftwaffe und Marine arbeiteten enger mit den Amerikanern zusammen. Die Luftwaffe sei eine verkleinerte Ausgabe der US Air Force. Man verständige sich oft auf englisch. Für die Marine gelte etwa das gleiche. Beim Heer gebe es keine so engen Verbindungen zu den Amerikanern. Zwar habe es auf höherer Ebene eingehende Beratungen durch die US Army gegeben, doch handele es sich um eine weniger straff organisierte Truppe, in der kein Englisch gesprochen würde.

Rabii gab zu, daß die eingetretene Situation kaum jemals Gegenstand irgendeiner Planung war. Der Schah habe nur mit Gefahren von außen gerechnet. Infolgedessen seien die Treibstoffreserven der Streitkräfte bei Beginn des Ölstreiks ziemlich erschöpft gewesen. Der Treibstoff für Heer und Luftwaffe komme einzig auf dem Luftweg aus Saudi-Arabien, was schwierig und teuer sei. Er habe das vorhergesehen und einen zehntägigen Vorrat für die Luftwaffe angelegt. Das Heer sei in einer weniger glücklichen Lage. Niemand habe an Dieselöl und Benzin für die Kraftfahrzeuge gedacht. Ich schlug vor, einen gewissen Vorrat anzulegen, er wäre bei einem Zwang zum Handeln lebenswichtig.

Ein weiterer delikater Punkt, sagte Rabii, sei der Geheimdienst. Als Ministerpräsident sei Mr. Bachtiar nicht nur auf die Unterstützung der Streitkräfte, sondern auch des Savak angewiesen. Doch Rabii wünschte nicht Bachtiars Kontrolle über das Militär, dies würde ihn in eine sehr schwierige Lage bringen. Schließlich könne er sich nicht selber von seiner Loyalitätspflicht gegenüber dem Schah entbinden. In seiner ganzen Haltung spürte ich ein tiefverwurzeltes Widerstreben, einen zivilen Regierungschef anzuerkennen.

Alle mich interessierenden Punkte waren angesprochen worden. Mit Engelszungen hatte ich auf Rabii eingeredet, im Iran zu bleiben und Bachtiar zu unterstützen, falls der Schah ins Ausland ginge. Mir war klar, daß ich ihn nicht gleich im ersten Gespräch überzeugen könne. Aber bevor ich ging, versuchte ich noch einen letzten Schachzug. Ich erzählte ihm ausführlich von meinem Besuch bei General Toufanian. Diese Offenheit beeindruckte ihn. Bei früheren Anlässen waren wir nie auf die Gespräche mit anderen Generalen eingegangen. Ich erklärte ihm, wie wichtig eine enge und ehrliche Zusammenarbeit zwischen uns sei. Außerdem schlug ich gemeinsame Treffen mit den anderen vor. Rabii und Toufanian gehörten beide zur Luftwaffe. Ich erklärte ihm, daß ich Admiral Habiballahi die gleiche Aufmerksamkeit widmen und ihn über meine beiden anderen Gespräche unterrichten werde. Doch das schien ihm ein bißchen gegen den Strich zu gehen. Er wollte mich am nächsten Tag wieder treffen, um noch einmal eingehender über einige ungeklärte Punkte zu sprechen.

Alles in allem hatte ich das Gefühl, daß mein Besuch nützlich gewesen war. Rabii, der arme Kerl, hatte das Bedürfnis, sein Herz auszuschütten und den Druck loszuwerden, der sich seit vielen Tagen angestaut hatte. Man sah ihm förmlich an, wie unerträglich für ihn die Spannung geworden war. Er konnte nicht mehr schlafen und hatte eine Waffe neben sich im Bett.

Mein nächster Gesprächspartner war Admiral Habiballahi. Wir suchten ihn im Marinehauptquartier auf. Ich berichtete ihm von meiner Mission und übermittelte ihm Carters Dankbarkeit und Garantien. Weiter erzählte ich ihm von den Richtlinien einer künftigen Hilfe der USA.

Der Admiral, ein ruhiger Mann von völlig anderem Temperament als Rabii und Toufanian, dankte mir und verfiel in einen pessimistischen Monolog. Auch er glaubte fest daran, daß man es mit einem schlau eingefädelten Plan der Kommunisten zur Machtübernahme im Iran zu tun habe und daß die wortreichen Anhänger Chomeinis nur einer Verschleierung der kommunistischen Machenschaften dienten. Wie General Rabii war er überzeugt, daß die Pläne von Ausländern stammten. Sie seien einfach zu raffiniert, als daß Iraner sie hätten ersinnen können. Die Kommunisten hätten die Treibstoffknappheit vorsätzlich herbeigeführt, um die Streitkräfte lahmzulegen. Er habe sie allerdings überlistet und für die Marine eine gewisse Treibstoffreserve sowie einen Verpflegungsvorrat für ein volles Jahr angelegt. Stolz erklärte er, damit den beiden anderen Truppengattungen weit voraus zu sein.

Wie die beiden Generale war auch der Admiral sehr besorgt über die bevorstehende Abreise des Schah. Nach der Ankündigung des Schah seien in seinem Büro Hunderte von Protestanrufen aus der Marine eingegangen. Wenn der Schah unbedingt Urlaub machen müsse, dann schrittweise. Eine Zeitlang könne er sich in den Süden des Iran begeben, später dann vielleicht ins Ausland reisen. Auf jeden Fall solle seine Reise um ein oder zwei Wochen verschoben werden. Habiballahi war davon überzeugt, daß das Militär bei einer sofortigen Abreise Seiner Majestät auseinanderfallen würde. Alle höheren Offiziere, auch er selbst, müßten das Land verlassen, weil ihr Leben ohne den Schutz des Schah in Gefahr sei.

Ich erklärte zum drittenmal an diesem Tag, warum alle militärischen Führer bleiben müßten. In den US-Streitkräften stünde stets das Interesse des Landes an erster Stelle – «Menschen kommen und gehen, aber das Land bleibt bestehen.» Ich nannte ihm jüngere Beispiele für Präsidentenwechsel in den Vereinigten Staaten. Ein Präsident sei ermordet worden: Ohne Zögern hätten wir uns zum Vizepräsidenten bekannt. Ein andermal sei ein Präsident zurückgetreten: ein Schock für die Nation. Trotzdem hätten wir weitergemacht. «Das gleiche muß im Iran geschehen», drängte ich. «Als militärische Führer haben Sie nicht die Aufgabe, eine einzige Person zu schützen, sondern alle Menschen Ihres Landes.»

Ich war ziemlich sicher, daß der Admiral dieses Argument besser verstehen würde als die beiden Generale, denn er dachte anders als sie. Aber es würde nicht leicht sein. Zwar äußerte er sich sehr positiv über Bachtiar, doch entsprach seine Bereitschaft, ihn zu unterstützen, keineswegs meinen Hoffnungen: «Solange der Schah im Lande ist, werde ich Mr. Bachtiar unterstützen.» Ich erwiderte: «Das reicht nicht, Admiral. Sie müssen direkte Verbindung zu Mr. Bachtiar haben.» Ich erklärte, warum. Der Schah wolle einen Regentschaftsrat einsetzen, der in seiner Abwesenheit die Regierungsgeschäfte führt. In diesem Rat wäre der Ministerpräsident der wichtigste Mann, deshalb müsse das Militär ihn unterstützen. «Vielleicht werden Ihre Beziehungen zu Mr. Bachtiar nicht so eng sein wie zu Seiner Majestät, aber Sie müssen ihm Ihre direkte Unterstützung zusagen, damit er sich auf alle wichtigen Leute stützen kann.»

Es war schon ein Teilerfolg, daß der Admiral meine Argumente nicht sogleich von der Hand wies, wie Rabii und Toufanian es getan hatten. Zweifellos hatte ich ihn dazu gebracht, seine künftigen Schritte noch einmal zu überdenken.

Dann fragte ich nach dem Ausschuß und sagte ihm, daß Rabii mich kurz ins Bild gesetzt hatte, während Toufanian der Frage ausgewichen war. Was er mir dazu zu sagen habe? Man konnte seiner Antwort entnehmen, daß die Planung noch zu rudimentär für irgendwelche Ergebnisse sei. Sie schienen überhaupt keine genauen Vorstellungen zu haben. Sie hatten sich zwar über ihre Rollenverteilung im Ausschuß unterhalten, aber in der Frage, wie das Land wieder unter Kontrolle zu bringen und die Funktionsfähigkeit der Wirtschaft wiederherzustellen sei, war nichts entschieden.

Ich erzählte dem Admiral, wie betrübt Toufanian war, daß ihn der Schah nicht mit größeren Aufgaben betraut hatte. Habiballahi hielt Toufanian für einen guten Mann, der unbedingt im Iran bleiben müsse. «Er ist der Mann mit den besten Verbindungen innerhalb der Streitkräfte, ausgezeichneten Kontakten nach draußen und der Fähigkeit, alles zu beschaffen, was die Streitkräfte brauchen», der einzige, der das Versäumnis der Streitkräfte, Kriegsreserven anzulegen, ausbügeln könne. Er hielt alle Ausschußmitglieder für okay, für «ehrlich» und vertrauenswürdig. Er glaubte, General Gharabaghi würde zum Generalstabschef ernannt werden. Als Chef des Heeres erwartete er nicht Jeffrian, wie Rabii und Toufanian, sondern General Abdul-Ali Badraie, einen ehemaligen Kommandeur der Kaiserlichen Garde, der Eliteeinheit des Landes mit der besten militärischen Ausbildung.

In diesem Moment hatte ich eine Idee. Wenn diese Männer es schafften, in einem «Ausschuß» zusammenzuarbeiten, könnte ich sie vielleicht auch dazu bringen, mit vereinten Kräften Bachtiar zu unterstützen. Als ersten Schritt schlug ich vor, der Admiral solle eine Strategie entwerfen, wie man unter Bachtiars Führung die Industrieeinrichtungen und Rohstoffquellen des Landes wieder unter Kontrolle bekäme. Das war machbar und erschien mir weitaus besser als ein offener Militärputsch. Ich ließ keinen Zweifel daran, daß auch dann ein Plan erforderlich sei, wenn das Militär die Gewalt im Lande übernähme. Admiral Habiballahi stimmte zu. Nach seiner Auffassung konnte er leichter helfen, weil die höheren Marineoffiziere besser ausgebildet waren als die der anderen Waffengattungen, vor allem die des Heeres.

Könne man nicht den Ausschuß zu einem Sicherheitsrat ausbauen, bestehend aus dem Generalstabschef und den Befehlshabern der Streitkräfte? Der Gedanke gefiel ihm. Er schien sogar bereit, in einem solchen Rat mit dem neuen Ministerpräsidenten zusammenzuarbeiten. Tatsächlich wollte ich ein Instrument der Zusammenarbeit schaffen, ähnlich den Vereinigten Stabschefs in den USA. Insofern hatte ich das Gefühl, bei dem Admiral mehr erreicht zu haben als bei den anderen beiden. Er schien sich mit der Abreise des Schah abgefunden zu haben und sah ein, daß er dann bleiben müsse.

Als wir gingen, war es zu spät, um noch eine weitere Verabredung für den Sonnabendnachmittag zu treffen. General Gast und ich ließen es genug sein. Wir kehrten in sein Quartier zurück, wo wir die Ereignisse des Tages bei einem Drink Revue passieren ließen.

Der erste Punkt war die beabsichtigte Ausreise des Schah. Wir stellten uns vor, was die Befehlshaber tun würden. Washington hatte die Situation richtig eingeschätzt. Nach den Richtlinien des Präsidenten sollten wir zuerst die Befehlshaber am Verlassen des Landes hindern, denn sie mußten helfen, die Regierung zu stabilisieren und die Macht im Lande zurückzugewinnen.

Das zweite Problem war ihr unverhohlener Widerwille, enger mit Bachtiar zusammenzuarbeiten. Sie waren dem Schah so sehr ergeben, daß sie nicht fähig schienen, ein neues Treueverhältnis einzugehen. Außerdem hatten sie kein Vertrauen zu Bachtiar. Ich konnte ihre Bedenken verstehen. Bachtiar war Mitglied der oppositionellen Nationalen Front, und alle drei fürchteten, der Amtsantritt des neuen Ministerpräsidenten könne ihren Tod bedeuten. Falls Bachtiar von dem Ausschuß gehört haben sollte, werde er sie nach der Ausreise des Schah ausschalten.

Drittens ging es um die Prioritäten für den neuen Ministerpräsidenten. Umfassende Pläne waren erforderlich, um die Situation wieder in den Griff zu bekommen und die Wirtschaft funktionsfähig zu machen. Dabei waren Wasser- und Lebensmittelversorgung, Erdöl, Banken, Zoll, Energiewirtschaft und Nachrichtenmedien zu berücksichtigen. Man mußte etwas gegen Chomeinis psychologische Kriegsführung unternehmen. Gast und ich gingen alle Punkte noch einmal durch.

Für den nächsten Morgen hatte ich eine Verabredung mit General Gharabaghi. Obwohl ich ihm schon früher begegnet war, kannte ich ihn bei weitem nicht so gut wie die anderen. Deshalb rief ich noch am selben Abend Rabii an und bat ihn, mir etwas über seinen Kollegen zu erzählen. Er sagte mir, der in Frankreich ausgebildete Gharabaghi sei ein guter Offizier, aber Ausländern gegenüber ein bißchen mißtrauisch. Deshalb müsse ich damit rechnen, daß er bei unserem ersten Treffen sehr vorsichtig sein werde. «Manchmal spricht er mit Fremden oder Menschen, die er nicht sehr gut kennt, nur Farsi. Er kann zwar Englisch, aber nicht so gut wie einige der anderen Offiziere.» Ein Dolmetscher sei wohl zu empfehlen. Rabii war auf meine Bitte hin gern bereit, mich zu begleiten. Anschließend rief ich General Toufanian an, der Rabiis Worte im wesentlichen bestätigte.

Nach einem ausgezeichneten Abendessen, das Mrs. Gast zubereitet hatte, stiegen wir aufs Dach, um den bizarren Geräuschen der Nacht zu lauschen. Die scharfen Detonationen automatischer Waffen mischten sich mit den Rufen der Gläubigen von den umliegenden Dächern. Die kühle Nachtluft wirkte wie von bedrohlichen Kräften durchdrungen. Um Mitternacht schien es, als habe man einen Hauptschalter umgelegt – alles verstummte. Für den Rest der Nacht herrschte tödliches Schweigen.

Sonntag, 7. Januar 1979

Nach dem Frühstück rief ich General Gharabaghis Büro an und fragte, ob er etwas dagegen hätte, wenn General Rabii an unserem Treffen teilnähme. Er war einverstanden. Bei dieser Gelegenheit erfuhr ich, daß wir uns im Büro des Generalstabschefs treffen würden. Gharabaghi hatte diesen Posten soeben bekommen. Die Neuigkeit half uns bei der Vorbereitung des Treffens.

Während der Fahrt trugen wir Zivil, nahmen aber für die Besprechung unsere Uniformen mit. Zu unserer Freude sahen wir, daß die Schlangen an den Tankstellen zwar immer noch lang waren, aber sich vorwärtsbewegten. Offensichtlich hatte man irgendeine Brennstoffquelle aufgetan. Die Geschäfte und Läden hatten noch geschlossen, doch an den Straßenecken wurden Zeitungen verkauft. Seit zwei Monaten war in Teheran keine Zeitung mehr erschienen. Deshalb konnte ich kaum abwarten, ins Büro zu kommen und zu sehen, was da gedruckt wurde. Ich war aufs Schlimmste gefaßt. Ich konnte mir nicht vorstellen, daß in den Redaktionen die «richtigen Leute» säßen.

Der Generalstabskomplex umfaßte mehrere Häuserblocks in der Innenstadt von Teheran. Er war von einer drei Meter hohen roten Ziegelsteinmauer umgeben und hatte vier oder fünf Eingänge, die von Posten kontrolliert wurden. Die riesigen schwarzen Eisentore waren fest verschlossen. Man überprüfte unsere Identität, durchsuchte uns sorgfältig, und ließ uns hinein.

Die Gebäude waren in H-Form angeordnet. Drei Stockwerke lagen über der Erde, sechs darunter. Der unterirdische Bereich war das iranische Kommandozentrum. Nach dem Vorbild des strategischen Luftwaffenkommandos der USA in Omaha war es so angelegt, daß die Insassen ohne Hilfe von außen überleben konnten. Die amerikanischen Militärbüros lagen im dritten Stock. General Gast und ich suchten sie sofort auf und vertauschten unsere Ziviljacketts mit Uniformjacken.

Während wir darauf warteten, vorgelassen zu werden, kam General Gasts Stellvertreter Major Ray Burnette herein und grinste übers ganze Gesicht. Er sah aus, als hätte er einen Sieg zu feiern, und so war es auch. Er hielt zwei ins Englische übersetzte Zeitungen hoch – das *Tehran Journal* und den *Kajhan*, die ersten internationalen Ausgaben nach einem 62tägigen Streik. Die Schlagzeile im *Kajhan* lautete: «Auf dem Weg zur Demokratie.» In dem Artikel hieß es, Ministerpräsident Bachtiar habe dem Schah ein Kabinett vorgeschlagen, «dessen Mitglieder nicht durch die Zeit der Unterdrückung belastet sind». Man zitierte Bachtiars Äußerung: «Der Schah wird herrschen, und wir werden regieren.» Etwas skeptischer verkündete das *Tehran Journal*: «Bachtiar auf dem Schleudersitz.» Im Leitartikel hieß es: «Eine neue schwache Hoffnung erwachte gestern für den Iran, als der ehemalige stellvertretende Führer der Nationalen Front zum vierten Ministerpräsidenten in fünf Monaten ernannt wurde.»

Mein Blick fiel auf einen Artikel unten auf der ersten Seite des «*Journal*»: «Hoher amerikanischer Offizier im Iran». Der Verfasser vermutete, ich sei entweder im Land, um die Zahl der Militärberater zu verringern, oder um den iranischen Generalen, wie die BBC berichtet hatte, klarzumachen, daß Washington den Ministerpräsidenten rückhaltlos unterstütze. Die Generale täten gut daran, diesem Rat zu folgen. Sofort griff ich zum *Kajhan,* und tatsächlich stand auf der Mitte der letzten Seite in fetten schwarzen Lettern: «Amerikanischer General im Gespräch mit Militärführern». Der Artikel entsprach dem im *Journal.*

Untätig waren die Medien also nicht. Ich war erst einen Tag und, wie ich dachte, unter größter Geheimhaltung in Teheran an der Arbeit, da hatte man mich schon ausgemacht.

General Gharabaghi begrüßte uns freundlich, aber etwas förmlich. Ein sehr kühler, abwägender Mann, ungefähr einen Meter fünfundsiebzig groß und etwa hundertsechzig Pfund schwer. Er hatte klare Gesichtszüge mit tiefliegenden braunen Augen, sein hellbraunes Haar lichtete sich schon. In seiner Uniform sah er untadelig aus, so wie ich ihn als Polizei-Kommandeur in Erinnerung hatte.

«Man hat mich nicht sehr ausführlich über den Grund Ihrer Anwesenheit informiert», sagte er, «aber ich kann ihn mir denken.» General Rabii, der schon vor uns eingetroffen war, begrüßte mich mit einem herzlichen «Guten Morgen» und schien erfreut, mich zu sehen.

Ich erklärte dem Generalstabschef: «Ich bin hier, um Ihnen eine Botschaft unseres Präsidenten zu überbringen. Gestern bin ich mit den Befehlshabern Ihrer Streitkräfte zusammengetroffen. Es tut mir leid, daß ich Sie nicht zuerst aufgesucht habe, aber zu diesem Zeitpunkt war mir Ihre Stellung noch unklar, und Ihre Ernennung zum Generalstabschef ist erst gestern abend bekanntgegeben worden.» General Gharabaghi akzeptierte meine Erklärung.

Punkt für Punkt übermittelte ich ihm nun die Botschaft Präsident Carters: die Garantien; unser Vertrauen in die militärischen Führer; die Notwendigkeit, eine neue Regierung zu unterstützen;

Washingtons Absicht, ihnen mit allen Mitteln zu helfen. Mehrfach unterbrach er mich und unterhielt sich mit Rabii auf Farsi. Als ich fertig war, ging er jeden Punkt noch einmal genau durch. Seine Dankbarkeit schien ehrlich zu sein.

Dann wollte der General wissen, was ich mit den Befehlshabern noch besprochen hatte. Ich berichtete ihm drei Stunden lang und erläuterte außerdem meine Beziehung zu den Offizieren. Dann fuhr ich fort: «Ich glaube, wir sind an einen Punkt gelangt, wo es besser wäre, nicht mehr hin- und herzutragen, was der eine zum anderen gesagt hat, sondern uns alle in Ihrem Büro zu versammeln und uns offen auszusprechen. Sie, als Generalstabschef, würden diesen Treffen vorsitzen. Wir sollten alle auf ein gemeinsames Ziel hinarbeiten: den Erfolg.»

Gharabaghi stimmte mir zu: «So etwas könnte nötig sein.» Dann kam er wieder auf seine Hauptsorge zurück, die beabsichtigte Ausreise des Schah. «Sie müssen Ihren Präsidenten sofort veranlassen, den Schah anzurufen und ihn zu bitten, im Land zu bleiben.» Gharabaghi sagte, er könne die Streitkräfte nicht zusammenhalten, wenn der Schah außer Landes gehe, vor allem wenn es so kurzfristig geschehe. «Er darf einfach nicht ausreisen.» Dann jedoch: «Wenn der Schah unbedingt fortgehen muß, sollte er seinen Urlaub schrittweise antreten.» Wie schon die anderen Offiziere meinte er: «Der Schah könnte auf die Insel Kisch gehen oder eine Zeitlang an einen anderen entlegenen Ort im Süden des Landes und dann notfalls einen Urlaub im Ausland antreten.»

Wie vorherzusehen, ließ auch er die Bombe platzen: «Wenn Seine Majestät das Land verläßt, möchte ich mit ihr gehen.» Wieder kam es zu einer längeren Auseinandersetzung über die Pflichten des Soldaten gegenüber seinem Land und dem Schah.

Im Anschluß hielt Gharabaghi einen Vortrag über iranische Mentalität und Arbeitsmoral. «Sie müssen verstehen, daß die Dinge hier völlig anders liegen als in Ihrem Land. Wenn jemand eine Aufgabe erledigen soll, müssen Sie ihm einen klaren Befehl geben. Danach muß der Betreffende ständig kontrolliert werden, sonst wird er nichts tun. So werden die Menschen in meinem Lande seit Jahrhunderten erzogen.» Er verglich diese Mentalität mit der der Amerikaner, die gekommen waren, seinem Land zu helfen. «Einen amerikanischen Offizier kann man allein in den

Iran schicken, und wenn man in sein Zimmer kommt, in dem er ganz allein sitzt, wird man ihn fleißig bei der Arbeit finden. Dann wird er überlegen, was er an dem Tag geschafft hat, und planen, was am nächsten zu tun ist. Das gilt jedoch niemals für einen iranischen Offizier. Sie müssen ihm eindeutige Befehle geben und ihn anschließend überwachen, um sicher zu sein, daß er sich auch daran hält.»

Bei passender Gelegenheit kam ich auf den Ausschuß zu sprechen. «Wissen Sie etwas von dieser Sache?» fragte ich. Er wußte von seiner Existenz, aber ich glaube, er tappte ziemlich im dunkeln. Ich teilte ihm mit, was ich über den Ausschuß wußte – und daß offenbar noch keine konkreten Pläne vorlägen. Dabei beobachtete ich sehr genau Rabii, doch der verzog keine Miene.

Meiner Meinung nach sei dringend erforderlich, Pläne für den Fall zu haben, daß die Regierung versagt oder ein militärisches Eingreifen aus anderen Gründen notwendig erscheint. Der Erfolg des Ausschusses hinge von der geleisteten Planung ab. Am besten würde man in einer Gruppe unter Vorsitz von Ministerpräsident Bachtiar arbeiten. «So können Pläne ausgearbeitet werden, um die Streiks zu beenden und Öl, Energiewirtschaft, Zoll und Nachrichtennetze, wie überhaupt alle erforderlichen Einrichtungen für eine Befreiung des Iran aus seiner gegenwärtigen Lähmung, unter Kontrolle zu bringen. Wenn nicht rasch etwas geschieht, fürchte ich, daß die Regierung Bachtiar zum Scheitern verurteilt ist.» General Gast, ein hervorragender Planer, brachte sehr überzeugende Argumente ein. Doch Gharabaghi mochte sich unserer Auffassung nicht ganz anschließen. «Wenn die Vereinigten Staaten so handeln, wie wir es von ihnen erwarten, wird mehr erreicht als durch irgendeine Maßnahme unsererseits», sagte er. Da war sie wieder – die gleiche Klage, die ich schon von den Befehlshabern der Streitkräfte gehört hatte.

Gharabaghi fuhr fort: «Die Vereinigten Staaten sollten sofort etwas unternehmen, um Chomeini zur Zusammenarbeit zu bewegen. Der Iran hat dazu einfach keine Möglichkeit. Ein derartiger Schritt würde auf kein Verständnis stoßen, weil Chomeini ein religiöser Führer ist, der unter dem Schutz des islamischen Gesetzes steht.» Dann folgte der unvermeidliche zweite Vorwurf: «Warum können die USA die BBC nicht zum Schweigen bringen?» Ihre Sendungen seien äußerst brisant, weil sie fast von der ganzen iranischen Bevölkerung gehört würden.

Er griff noch zwei neue Punkte auf, die mich entsetzten. Die ganze westliche Welt habe Front gegen den Schah und dessen Regime gemacht und sei dabei, es zu untergraben. Ich konnte das nicht so stehenlassen und bat ihn, mir zu erläutern, was er unter «westlicher Welt» verstünde. Er zählte eine Reihe von Staaten auf, wobei er die USA ausließ. Ich fragte noch einmal nach. «Warum meinen Sie, daß die westliche Welt gegen Sie ist?» Seine Antwort: «Großbritannien drängt den Schah, den Iran zu verlassen, weil dadurch angeblich die Stabilität wiederhergestellt wird. Chomeini lebt in Frankreich, wo er keinerlei Einschränkungen unterworfen ist. Die Franzosen gestatten ihm seine gefährliche Propagandatätigkeit und die direkte Zusammenarbeit mit Moskau und den Kommunisten. Außerdem sind unsere Hilfsgesuche an westliche Länder unbeachtet geblieben.»

Ich widersprach: Schließlich sei ich vom Präsidenten der Vereinigten Staaten mit einem ausführlichen Katalog von Hilfsangeboten entsandt worden. Daraufhin reagierte er äußerst emotional, was mich sehr überraschte; schließlich hatte man mir gesagt, daß er selbst unter extremer Belastung kalt wie eine Hundeschnauze bliebe. Wieder schimpfte er auf die Franzosen und Engländer. Auch die Deutschen halte er nicht für Freunde. Den letzten Punkt bestritt ich. Toufanian hatte sich sehr anerkennend über das deutsche Hilfsangebot geäußert, und bevor ich Stuttgart verließ, hatte man mir mitgeteilt, daß die deutsche Regierung vorbehaltlos hinter der amerikanischen Unterstützung stehe.

Ich fragte ihn, ob er daran gedacht habe, seine moslemischen Brüder um Hilfe zu bitten: Kuwait, die Türkei, Saudi-Arabien oder auch den Irak. Er gab zu, daß ihm der Gedanke überhaupt noch nicht gekommen sei, auch wenn der Iran schon einige Treibstofflieferungen aus Saudi-Arabien erhalten habe. Ich erinnerte ihn daran, daß die C-130, mit denen der Treibstoff aus Saudi-Arabien geholt worden war, aus den USA stammten.

Gharabaghi stimmte zu, daß man unbedingt mit anderen Ländern zusammenarbeiten müsse. Wenn der Iran fiele, wäre das nächste Land die Türkei. «Die Türkei und der Iran sind der Weg zum Mittleren Osten, zu den Warmwasserhäfen und zum Öl. Ich glaube, die russischen Ziele sind seit Jahrhunderten die gleichen geblieben. Die Sowjetunion wird alles tun, beide Länder ihrem Einfluß zu unterwerfen. Dabei werden sich die Kommunisten meiner Meinung nach nicht für offene Aggression entscheiden, sondern für verdeckte, destabilisierende Aktionen. Sobald ein Land angeschlagen ist, können sie ihre Anführer einschleusen.»

«Genau diese Sorge haben auch die Vereinigten Staaten», erwiderte ich, «und deshalb möchte unsere Regierung, daß sie Irans neue Regierung unterstützen.» Gharabaghi wehrte sich gegen den Gedanken, daß das Militär eine zivile Regierung unterstützen solle. Seine Auffassung verdeutlichte das Hauptproblem, vor dem wir standen. Bei dieser Einstellung der militärischen Führung war klar, warum sie keine Pläne ausgearbeitet hatte und warum den Generalen die Vorstellung nicht behagte, mit ihrer Hilfe die Ordnung wiederherzustellen.

Dieser Punkt gab mir Gelegenheit, die erforderlichen Planungsarbeiten anzusprechen. Ich legte mein vollständiges Konzept dar und erläuterte, wie Bachtiar an der Arbeit der militärischen Führer zu beteiligen sei. «Außerdem», sagte ich, «sollten Sie einen Nationalen Sicherheitsrat einrichten, der dem Ministerpräsidenten bei seinen Maßnahmen hilft.» Abermals bekräftigte General Gast meine Vorstellungen.

Gharabaghi schien Gefallen an der Idee zu finden, dem Ministerpräsidenten die ganze Verantwortung aufzuladen, aber er glaubte nicht, daß das Militär in der Lage sei, solche Pläne auszuarbeiten. Er wußte nicht einmal, ob es dafür genügend vertrauenswürdige Leute gab. Ich sah seine nächste Forderung voraus. Er wollte, daß die Amerikaner die Planung übernähmen. Doch das wäre falsch gewesen. Alle Pläne mußten von Iranern entwickelt und ausgeführt werden. Da wären westliche Gedanken fehl am Platze gewesen. Außerdem fand ich es an der Zeit, daß sich das iranische Militär endlich seiner Verantwortung stellte. Deshalb sagte ich Gharabaghi, das US-Personal werde natürlich helfend und beratend zur Verfügung stehen, auch um seine Leute zu eigenen Ideen anzuregen. Aber der Rest sei ihre Sache. Ihre Pläne müßten sie selbst ausarbeiten.

Dem General schien der Gedanke noch immer nicht zu behagen. Er sagte, sogar das Militär und die iranische Regierung seien von Kommunisten durchsetzt. Natürlich meinten alle Generale, sie könnten mich mit dem Hinweis auf die kommunistische Gefahr leichter überzeugen. Überdies hatte man ihnen in der Ausbildung beigebracht, das rote Gespenst hinter jedem Baum zu wittern. Zwar war ich mir sicher, daß es töricht und leichtsinnig gewesen wäre, Moskaus Absichten und Einfluß im Iran zu unterschätzen. Trotzdem war mir mittlerweile klar, daß jeder Offizier, der nicht so wie die militärische Führung dachte, als Kommunist abgestempelt wurde. «Wenn Sie diese Leute kennen», sagte ich, «können Sie sie doch von der Planung ausschließen. Außerdem verstehe ich nicht, warum Sie sie nicht einfach unter Arrest stellen.» Natürlich sprach dagegen, daß Bachtiar an diesem Tag erklärt hatte, er werde alle politischen Gefangenen freilassen.

Gharabaghi meinte, er habe wenig Erfahrung in der Planung, weil der Schah alles selbst gemacht habe. Jetzt fehle ihnen die gewohnte Anleitung. «Unsere Fähigkeiten haben mehr mit unserer Herkunft zu tun, als Ihnen vielleicht lieb ist. Unsere Leistung wird nicht nur von unserer Ausbildung bestimmt, sondern von etwas noch Tieferliegendem: von der persischen Tradition.» Man könne von mir natürlich nicht erwarten, diese Tradition zu verstehen. Sie erkläre aber, warum die Generale den Iran gemeinsam mit dem Schah verlassen wollten. In ihrer überkommenen Werthierarchie laute die Reihenfolge: Gott, Schah, Vaterland. Ich wußte, was er meinte, aber gelegentlich hatte ich den Eindruck, daß die wahre Reihenfolge lautete: Schah, Gott, die eigene Haut, Vaterland.

Ich machte einen Vorschlag: «Ich empfehle Ihnen als neuen Generalstabschef, das gesamte Image dieser Funktion zu verändern. Sie sollten die Befehlshaber der Streitkräfte an einen Tisch bringen und alle Probleme offen diskutieren. Als Sprecher der Gruppe unterrichten Sie dann den Ministerpräsidenten über alle militärischen Fragen.»

Wir sprachen jetzt schon viereinhalb Stunden miteinander, und ich fand es an der Zeit, unsere erste Sitzung zu beenden. Ich war enttäuscht über die geringe Bereitschaft Gharabaghis, die Streiks zu beenden und den Iran mit Hilfe des Militärs wieder unter Kontrolle zu bekommen. Wir waren uns zwar über die Notwendigkeit eines sofortigen Eingreifens einig; er ließ aber durch nichts erkennen, daß er sich auch dazu aufraffen würde.

Der General hatte sich ganz so verhalten, wie man ihn mir geschildert hatte. Er war vorsichtig und Ausländern gegenüber reserviert. Ebenso wie die anderen war er fest davon überzeugt, gegebenenfalls den Iran verlassen zu müssen. Deshalb war er zornig darüber, daß Botschafter Sullivan und der englische Botschafter Sir Anthony Parsons den Schah drängten, ins Ausland zu gehen. Gharabaghi sah ohne jede Hoffnung in die Zukunft. Er glaubte, Chomeini, die BBC und die Kommunisten würden so oder so die Oberhand gewinnen und er könne nichts daran ändern. Offensichtlich machten ihm die Drohungen der Opposition Angst. Gleichzeitig glaubte er, daß im Moment alles in der Macht der Vereinigten Staaten läge.

Meine Aufgabe war klar. Ich mußte die Planung in Gang bringen. Dazu mußte die Einstellung des Militärs verändert werden. General Gharabaghi hatte keine Einwände gegen das, was ich seinen Befehlshabern gesagt hatte, aber wir erzielten keine Einigung über einen gemeinsamen Meinungsaustausch.

Ich sagte zu, unsere höchsten Regierungsstellen über seine Wünsche bezüglich der BBC und des Ayatollah zu unterrichten. Dafür solle er Verbindung zu den religiösen Führern aufnehmen und sie bewegen, ihre Haltung gegenüber dem Militär zu ändern. Ich unterstrich ferner, daß ich von Washington angewiesen war, *keinen* Versuch zu unternehmen, den Schah in irgendeiner Weise zu beeinflussen, den Iran zu verlassen – das solle seine persönliche Entscheidung bleiben.

Schließlich sagte ich, was ich von der Haltung der Iraner hielt. Ihr Widerstreben, schriftliche Pläne auszuarbeiten, müsse überwunden werden. Die Hände in den Schoß zu legen und darauf zu warten, daß ein Wunder geschähe – etwa daß Chomeini sich in Luft auflöse –, sei töricht. Pläne müßten her. «Alles muß geplant und jeden Tag in kleinen, konkreten Schritten in die Tat umgesetzt werden, wenn man Einigkeit bewahren und Erfolg haben will.»

Der Abend rückte näher, deshalb verließen General Gast und ich den Generalstabskomplex und fuhren auf direktem Wege zu seiner Wohnung im Norden Teherans. Wir waren der Meinung, daß es nicht gerade gut sei, wenn man uns noch nach Anbruch der

Dunkelheit draußen antreffen würde. Wieder rotteten sich die Menschen in den Straßen zusammen, obwohl es hier noch ruhig war im Vergleich zum südlichen Teil Teherans, wo Recht und Ordnung fast völlig zusammengebrochen waren und ein Ausländer sehr viel leichter den Tod finden konnte. Ich habe nie richtig verstanden, warum die Menge mit ihren religiösen Gesängen bis zur Dunkelheit wartete, es sei denn, es ging ihr um die geheimnisvolle Aura, die nur in der Schwärze der Nacht entstehen konnte. In dieser Hinsicht hatten die Menschen sicherlich recht.

Nach unserer Rückkehr machten wir eine Bestandsaufnahme. Unsere Ausgangslage war gut. Die iranischen Offiziere stimmten zumindest in fünf Punkten überein:

1. die Ausreise des Schah mußte verhindert werden;
2. wenn er den Iran verließ, wollten sie mit ihm gehen;
3. die USA sollten den Ayatollah beeinflussen;
4. sie sollten auch etwas gegen die BBC-Programme unternehmen;
5. die gegenwärtigen Unruhen seien das Ergebnis einer kommunistischen Verschwörung. Das erschien uns allerdings wenig glaubhaft, da die Mehrheit der Opposition aus einer Allianz von Mitgliedern der Nationalen Front und Chomeini-Anhängern zu bestehen schien.

Unsere Probleme waren damit kristallklar, doch Lösungen für sie zu finden, war erheblich schwieriger. Vor allem brauchten wir noch zuverlässige Informationen über Bachtiars Haltung.

Während wir noch über unseren nächsten Schritt nachdachten, erreichte uns ein Anruf von General Toufanian. Er sprach von einem dringenden Notfall und daß er uns sofort sehen müsse. Wir waren bereit, so rasch wie möglich zu ihm nach Hause zu kommen. Es waren nur drei Kilometer, aber ich war froh über unsere Eskorte. Wir kamen an einer großen Menschenmenge vorbei, die sich um ein flackerndes Feuer versammelt hatte und sang. Der Anblick und die Klänge jagten mir einen kalten Schauder über den Rücken. Ich fragte mich, ob die Menschen wirklich verstünden, worum es in dieser Krise ging. Denn sie wurden durch das Programm des Schah am meisten begünstigt. Trotzdem versuchten sie, ihn loszuwerden. Offenkundig schnitten sie sich ins eigene

Fleisch. Der Schah hatte sich seine Schwierigkeiten jedoch selber eingebrockt: Die Bildung, die er für diese Menschen zuließ, hatte sie unzufrieden mit der absoluten Monarchie gemacht. Dennoch war Seine Majestät nicht bereit gewesen, den Übergang zu einer demokratischen Regierungsform einzuleiten. Zweifellos hatte er den Lebensstandard der Leute verbessert und die Entwicklung des Landes zu einer Industrienation des 20. Jahrhunderts eingeleitet, aber er weigerte sich, seine Herrschaftsmethoden zu modernisieren.

Wir bogen von der Pahlewi Avenue in eine enge, dunkle Straße ab. Ich dachte, wir müßten uns wohl den Weg freischießen, wenn wir angehalten würden. Als wir uns General Toufanians Haus näherten, sahen wir einige Männer vor dem Tor stehen. Sie waren in dunklen Wollstoff gekleidet, so daß sie mit der Nacht verschmolzen. Sie schienen zu wissen, wer wir waren, und gaben einige scharfe Befehle auf Farsi. Das Haus war von einem hohen Zaun umschlossen. Wir wurden durch ein großes Eisentor hineingelassen, das sich klirrend hinter uns schloß. Man eskortierte uns bis zur Eingangstür, wo uns Toufanian begrüßte. Der Anblick des Generals war beunruhigend. Sein Gesicht war verzerrt, sein Blick verstört.

Seine Villa war prunkvoll, ziemlich neu, mit eleganten Möbeln und herrlichen persischen Teppichen. In spürbarem Gegensatz zu dieser Pracht stand allerdings die empfindliche Kälte wegen des Heizölmangels. Als wolle er seine Verlegenheit überspielen, fragte Toufanian uns, ob wir das Haus sehen wollten. Schon der «Empfangsraum» war überwältigend. Er mochte fünfzehn mal fünfzehn Meter messen und sieben Meter hoch sein. Ihn protzig zu nennen, wäre untertrieben. Viele Erinnerungsstücke waren ausgestellt, die offensichtlich aus der ganzen Welt stammten. Er war ein leidenschaftlicher Jäger und Liebhaber schöner Waffen. Unter anderem hatte er die erstaunlichste Sammlung von Schrotflinten, die ich je zu Gesicht bekommen habe. Die Schäfte waren mit Bildern von Jagdhunden, Gänsen, Enten, Fasanen oder Tauben verziert und verschwenderisch mit Silber und Gold beschlagen.

Unser Gastgeber führte uns in ein winziges Arbeitszimmer gleich neben der Küche. Er entschuldigte sich für die Bescheidenheit des Raums und erklärte, er sei das einzige warme Zimmer im Haus. Ich hatte diesen reizbaren Mann schon in großer Erregung erlebt, doch jetzt bot er einen fast mitleiderregenden Anblick. Der verdienstvolle hohe Offizier sah aus, als sei er dabei, den Verstand zu verlieren. Als wir uns setzten, fragte ich ihn, was los sei. Er jammerte: «Ich habe heute mehrere Anrufe bekommen. Und jeder Anrufer berichtete, ich sei auf einer ‹Abschußliste› und müsse sofort außer Landes. Sie wollen mich nicht nur umbringen, sondern auch foltern und köpfen.» Wie ich von früheren Besuchen wußte, birgt der Gedanke an den Tod für einen Perser keinerlei Schrecken, wohl aber der an Folter und Enthauptung – einer entsetzlichen Vorstellung. Das erklärt vielleicht zum Teil, warum der Savak seine berüchtigten Foltermethoden anwandte.

«Jedenfalls ist die Situation hoffnungslos», meinte Toufanian. «General Djam hat den Posten des Kriegsministers abgelehnt. Ministerpräsident Bachtiar und ich haben ihn inständig gebeten, das Amt wenigstens für zwei oder drei Wochen zu übernehmen – nur um uns seines Namens bedienen zu können. Auch das lehnte er ab. Ich habe Djam gesagt, ich würde die volle Verantwortung übernehmen und alle Arbeit für ihn erledigen, aber es war vergeblich.»

Jetzt gestand auch Toufanian die Existenz des Ausschusses ein und entschuldigte sich, sie abgestritten zu haben. Er berichtete ausführlich, worüber gesprochen worden war, und gab zu, daß keine Pläne vorlägen. Ich sagte: «General Gast und ich haben heute mit General Gharabaghi über den Ausschuß gesprochen und vorgeschlagen, sofort mit den Planungen zu beginnen. General Gharabaghi ist einverstanden.» Toufanian erwiderte: «Dann will ich alles tun, um die Dinge ins Rollen zu bringen. Aber», und jetzt sprach er in höchster Erregung, «ich will Ihnen meine Hauptsorge nicht verhehlen. Wenn Chomeini zurückkehrt, bin ich erledigt. Das würde ich nicht überleben.»

Ich versuchte, von seiner Pflicht gegenüber dem Land zu sprechen, aber er war zu sehr mit seinen eigenen Problemen beschäftigt, um mir noch zuzuhören. Er begann, abzuschweifen und uns die Geschichte seines Lebens zu erzählen – wie er aufgewachsen war, wie er sein Geld verdient hatte, wieviel es war und auf welcher Bank es lag. Er nannte seine Freunde und Feinde, sprach von seiner Beziehung zum Schah. Es hieße, er habe das denkbar herzlichste Verhältnis zum Schah, doch das sei nicht wahr. Sie verstünden sich eben, weil sie aufeinander angewiesen seien, lediglich eine formelle Geschäftsbeziehung.

«Das geht schon daraus hervor», meinte er, «daß ich nie zum Generalstabschef oder Ministerpräsidenten ernannt worden bin. Ich bin einer der fähigsten Männer in diesem Land, und doch bin ich nie zum Kriegsminister ernannt worden.»

Ich war sehr betroffen von diesem Gefühlsausbruch und versuchte, ihn zu trösten. «Sie können eine sehr wichtige Rolle bei der Normalisierung der Verhältnisse im Iran spielen», sagte ich. «Wir kennen Ihr Talent, das sicherlich nicht die gebührende Anerkennung gefunden hat. Außer Ihnen gibt es niemanden, der die nötigen Schritte veranlassen könnte. Die Lage für den Iran ist bedrohlich. Wir müssen entschlossen handeln. Ein militärischer Führer muß sein Land an oberste Stelle setzen, und ich weiß, Sie sind der richtige Mann.»

«Ich bin ja bereit, Verantwortung zu übernehmen», erwiderte er, «aber Sie müssen auch meine Lage verstehen. Machen Sie sich klar, in welcher Gefahr ich schwebe. Ich bleibe nur im Iran, wenn das Militär noch am selben Tage putscht, an dem der Schah das Land verläßt.»

«Sind die militärischen Führer denn darauf vorbereitet?» fragte ich.

Seine traurige, ehrliche Antwort kam zögernd: «Nein. Es gibt keine Pläne.»

Plötzlich unterbrach er sich und fragte, ob ich wissen wolle, wie es in den anderen Teilen Teherans aussehe. Sein Sohn, ein Arzt aus Dallas in Texas, halte sich zufällig gerade im Iran auf und habe den ganzen Tag die Stadt durchstreift, um sich ein Bild von der wirklichen Stimmung zu machen. Der General verließ das Zimmer für einen Augenblick und kam mit seinem Sohn zurück. «Ich bin durch die ganze Stadt gegangen», berichtete Dr. Toufanian, «von Norden nach Süden. Im Norden sieht es gar nicht so schlecht aus. Die Lage schien ziemlich ruhig zu sein. Ich bemerkte jedenfalls keine richtigen Krawalle. Alles scheint unter Kontrolle. Ich habe singende Gruppen in den Straßen gesehen, aber es gab keine Gewalt. Soweit ich beurteilen kann, verfügen die Bewohner im Norden [dem bei weitem wohlhabendsten Teil Teherans] über

Lebensmittel, aber es fehlt an Öl zum Kochen und Heizen. Benzin ist ebenfalls knapp.»

Im Süden Teherans sei es ganz anders. «Ein regelrechter Dschungel. Die Menschen verbrennen Autos auf den Straßen. Das ganze Gebiet scheint in jeder Hinsicht außer Kontrolle. Es gibt weder Brennstoff noch Lebensmittel, und die Menschen sehen verzweifelt aus.»

Die Sperrstunde nahte. General Gast und ich mußten an den Heimweg denken. Wir verabschiedeten uns von den beiden und baten den General, über unsere Worte nachzudenken. Wir versicherten ihm, daß er in jedem Fall mit unserem Schutz rechnen könne.

Die Fahrt verlief reibungslos. Nach einigen Gläsern eines kräftigen Schlummertrunks fiel ich in den ersten richtigen Schlaf seit meiner Ankunft.

Montag, 8. Januar 1979

Ich wachte sehr früh auf. Mein erster Gedanke galt dem gestrigen Treffen mit General Toufanian. Es bedrückte mich, diesen energischen Mann so niedergeschlagen und verzweifelt zu sehen.

Beim Frühstück gingen General Gast und ich die Treffen der beiden letzten Tage noch einmal durch. Die Botschaft Präsident Carters hatten wir unmißverständlich übermittelt. Bei allen Versuchen, die Lage wieder zu stabilisieren, mußten in den Überlegungen des Ministerpräsidenten die Streitkräfte eine wichtige Rolle spielen. Sie waren sein einziger erkennbarer Rückhalt. Sie ihrerseits mußten auf ihn hören, um die Streiks zu beenden und die Schlüsseleinrichtungen im Land zurückzugewinnen und zu schützen.

Deshalb hatten wir an diesem Tag drei Aufgaben zu erledigen. Erstens mußten wir General Toufanian und Admiral Habiballahi über den gestrigen Meinungsaustausch mit General Gharabaghi informieren. Zweitens mußten sie, um dem Handeln der Militärs Geschlossenheit und Durchschlagskraft zu verleihen, als *Gruppe* handeln. Drittens mußten wir ihnen klarmachen, daß wir gegebenenfalls nichts gegen einen Militärputsch hätten; daß es uns und unserer Regierung aber lieber wäre, wenn sich der Ministerpräsident des Militärs bediente, um das Land wieder unter Kontrolle zu bekommen. Für beide Möglichkeiten bedurfte es unbedingt konkreter Pläne.

Wir beschlossen, zunächst die Botschaft aufzusuchen und Botschafter Sullivan über unsere bisherigen Schritte und unser weiteres Vorgehen zu informieren. Ich legte großen Wert darauf, ihn möglichst vollständig zu unterrichten, damit er meine Bemühungen auf der politischen Ebene überstützen konnte. Als wir eintrafen, war der Botschafter in einer Besprechung. Deshalb sah ich solange die Zeitungen durch. Der interessanteste Artikel in der Teheraner Presse beschäftigte sich mit den Absichten des Schah. Danach hatte der Schah erklärt, er beabsichtige keineswegs, den Iran für immer zu verlassen. Er habe vor, zurückzukehren und ohnehin das uneingeschränkte Kommando über die Streitkräfte zu behalten. Wenn er sich auch aus der Politik zurückziehe, so werde er doch das Oberhaupt einer «konstitutionellen Monarchie» bleiben. Ich fürchtete, dieser Bericht könnte uns in unserem Bemühen, das Militär auf den Ministerpräsidenten einzuschwören, hinderlich sein.

Die *Washington Post* berichtete von meinen Treffen mit den Militärs und schrieb, ich übte Druck auf sie aus, damit sie Bachtiar unterstützten. Weiter hieß es, ich hätte mir aus dem zusammengebrochenen Banksystem des Iran mehrere Millionen Dollar für die Bezahlung des Militärgerätes verschafft, das der Iran von den Vereinigten Staaten gekauft hatte. Das war eine grobe Übertreibung. General Gast und seine Leute hatten sich lediglich bemüht, noch rechtzeitig ein bißchen Geld bei den Banken locker zu machen, und am 7. Januar hatten wir zwei weitere Schecks erhalten. In der *New York Times* stand fast der gleiche Artikel, nur wurde dort auch über meine erste Unterredung mit General Gharabaghi berichtet. Das war ziemlich überraschend, denn ich hatte mit niemandem in den Staaten darüber gesprochen, und das Treffen lag erst einige Stunden zurück.

General David Jones, der Vorsitzende der Vereinigten Stabschefs in Washington, ließ mich wissen, daß der Verteidigungsminister und er einen umfassenden Bericht über meine bisherige Tätigkeit in Teheran wünschten.

Als Mr. Sullivan seine Besprechung beendet hatte, unterrichteten wir ihn über die bisherigen Ereignisse. Auch nach seiner Meinung hatten wir den militärischen Führern die Botschaft des Präsidenten angemessen übermittelt. Er teilte jedoch nicht unsere Begeisterung über den Beginn gemeinsamer Gruppensitzungen und Planungsarbeiten. Ich sagte ihm, ich würde um die Erlaubnis zur Rückkehr nach Stuttgart bitten, sobald das iranische Militär mit diesen beiden Aufgaben alleine zurechtkäme.

Wir fuhren zum Luftwaffenstützpunkt Doschan Tappeh, um General Rabii zu treffen. Der Empfang war herzlich, und wir gingen sofort die Begegnung mit Gharabaghi vom Vortag durch. Nachdrücklich befragten wir ihn über ihre Unterhaltungen auf Farsi. Gruppentreffen und Planung schienen sie zu stören. Sie sahen zwar die Notwendigkeit ein, mochten aber aus irgendwelchen Gründen nicht damit anfangen. Wieder hörten wir wortreiche Beschwerden über bereits bekannte Punkte – über den Wunsch des Botschafters, daß der Schah das Land verließe, die BBC, Chomeini und über die Pflicht der USA zu erhöhtem Beistand. Rabii schien davon überzeugt, daß Washington nur mit dem Zauberstab zu winken brauche und alle Schwierigkeiten seien behoben.

Bevor wir gingen, wiesen wir noch einmal auf die Notwendigkeit eines gemeinsamen Handelns der Militärs hin. Rabii wollte darüber nachdenken und mit uns in Verbindung bleiben.

Danach fuhren wir zu General Toufanian und anschließend zu Admiral Habiballahi. Wir besprachen das Treffen vom Vortag und bestürmten sie, an den beiden Hauptaufgaben mitzuarbeiten. Sie sahen die Notwendigkeit ein, wenn auch ohne große Begeisterung. Der Admiral erwähnte den Bericht über die Absicht des Schah, Oberbefehlshaber der Streitkräfte zu bleiben, und fragte, ob das nicht meiner Empfehlung an die Streitkräfte, Bachtiar zu unterstützen, zuwiderlaufe. Ich widersprach: Wenn sie den Ministerpräsidenten nicht rückhaltlos unterstützten, könne auch der Schah nicht zurückkehren. Ich schlug ihm vor, darüber mit dem Schah zu sprechen, falls er der Meinung sei, ich sähe die Sache falsch.

Wir fuhren in General Gasts Büro, wo ich meinen Bericht für den Verteidigungsminister schreiben wollte. Bei unserer Ankunft ließen wir Ray Burnette dem Büro General Gharabaghis ausrichten, daß wir in der Nähe seien und gerade Rabii, Toufanian und Habiballahi aufgesucht hätten. Ich hoffte, damit seine Neugier zu erregen, so daß er uns bitten würde, bei ihm vorbeizukommen. Tatsächlich hatte ich meinen Bericht noch nicht ganz fertig, als ich seine Einladung erhielt. Er war allein und sehr herzlich. Ich hielt das für ein sehr gutes Zeichen, begann er doch, sich über sein Mißtrauen gegen Ausländer hinwegzusetzen und sich auf englisch zu unterhalten. Wir berichteten von unseren Zusammenkünften mit den anderen Offizieren und drängten ihn, mit den Gruppentreffen und der Planung sofort zu beginnen. Doch er war für beide Projekte nicht recht zu erwärmen. Deshalb schlug ich ihm vor, sie mit dem Schah zu erörtern. Das war zwar ein Schuß ins Blaue, aber ich war sicher, der Schah würde uns in beiden Punkten zustimmen.

Nach einem längeren Gespräch über das gestrige Treffen dankte uns der General, und wir kehrten in unser Büro zurück. Ich beendete meinen Bericht und ließ ihn nach Washington durchgeben.

Wir ließen es für diesen Tag genug sein und machten uns auf den Weg zu General Gasts Wohnung. Die Menschenmengen hatten zugenommen und sich auch schon früher zusammengerottet. Als wir vorbeifuhren, bedachte man uns mit ziemlich unfreundlichen Gesten und etlichen Zurufen aus heiseren Kehlen.

Die Nacht war kalt und voller Geräusche, als ich zu Bett ging. In meinen Gebeten gedachte ich der militärischen Führer des Iran: Sie möchten begreifen, daß die Probleme ihres Landes nicht von alleine verschwinden werden und sich im Interesse der Zukunft zu einer Gruppe zusammenfinden. Mit einigen Worten schloß ich auch Botschafter Sullivan ein und wünschte ihm Erfolg auf der politischen Ebene.

Dienstag, 9. Januar 1979

Beim Frühstück besprachen wir unser weiteres Vorgehen. Nachdem wir von General Gharabaghi und den anderen nur halbherzige Zustimmungen für gemeinsame Treffen bekommen hatten, beschlossen wir, noch einmal meinen Freund General Rabii aufzusuchen. Vielleicht konnte er uns helfen, die Dinge in Gang zu bringen. Noch früh am Morgen fuhren wir zum Luftwaffenstützpunkt Doschan Tappeh hinaus.

Wir wurden von Rabii herzlich empfangen, doch sobald wir saßen, verfinsterte sich sein Gesicht, und er erging sich in heftigen Angriffen gegen die Vereinigten Staaten. «Ich bat Sie um konkrete Maßnahmen, aber nichts ist passiert!» schrie er. «Sie haben Chomeini nicht zum Schweigen gebracht; die BBC sendet immer noch und bringt fatale Meldungen unter die Leute; der amerikanische Botschafter drängt den Schah weiterhin, den Iran zu verlassen. Das Ganze hat mit Präsident Carter und seinem Menschenrechtsprogramm angefangen, und nun hat unser Land die Folgen zu tragen. Es wäre Ihre Pflicht, uns aus diesem Schlamassel herauszuhelfen, doch Sie tun nichts!»

Nun schlug auch ich einen energischen, wenn auch ruhigen Ton an und versuchte ihm zu erklären, was die USA getan beziehungsweise bewußt unterlassen hatten. «Was ist mit der riesigen Unterstützung unseres Botschafters für Ihr Land? Er hat dafür gesorgt, daß Sie alles bekommen haben, was Sie brauchten. Was ist mit der Hilfe, die ich persönlich Ihnen vom amerikanischen Oberkommando Europa aus habe zukommen lassen? Präsident Carter opfert gegenwärtig eine Menge Zeit für Sie und hat einen hochrangigen Offizier zu Ihrer Unterstützung abgestellt. Sie sollten sich lieber beruhigen und versuchen, die Dinge im richtigen Licht zu sehen.»

Mein Gegenangriff überraschte ihn und schien ihn wieder zur Vernunft zu bringen. Er beruhigte sich etwas, obwohl er immer wiederholte: «Der Iran fällt auseinander, wenn der Schah ins Ausland geht. Wir haben keine andere Wahl, als zu putschen, sobald sein Flugzeug in der Luft ist.»

«Alles gut und schön», erwiderte ich, «aber sagen Sie mir doch bitte endlich, wie Sie das bewerkstelligen wollen.» Natürlich wußte er keine Antwort, deshalb sagte ich noch: «Wenn Sie keinen Einsatzplan haben, ist die Absicht töricht.»

Schließlich erklärte Rabii meinen Besuch für Zeitverschwendung. «Wenn der Schah das Land wirklich bald verläßt und Sie ihn nicht daran hindern, muß ich eben mit ihm gehen.» Ich versuchte es mit einer Schocktherapie. Ich nannte ihn einen «feigen

Deserteur», einen Mann, der sein Vaterland im Stich lasse und sich kindisch verhalte. Statt dessen solle er lieber den Tatsachen ins Auge sehen.

Abermals schien er schockiert. Er schwieg eine Weile, sah mich dann an, zuckte mit den Achseln und sagte: «Vielleicht haben Sie recht. Ich muß meine Meinung wohl ändern.» Dann entschuldigte er sich. Ich müsse verstehen, welchen Belastungen er ausgesetzt sei. Ich fragte ihn, ob er bereit sei, seine Kollegen zu gemeinsamen Treffen zu überreden, damit wir die Lage offen erörtern und uns Maßnahmen überlegen könnten. Er erklärte sich dazu bereit, erinnerte aber daran, daß der Schah noch keinen Chef des Heeres ernannt hatte. «Ich halte es für höchst unwahrscheinlich, daß General Jeffrian diesen Posten bekommt. Offenbar sind ganz andere Leute im Gespräch. Deshalb halte ich es für besser, alle Treffen so lange aufzuschieben, bis der Posten besetzt ist.»

Ich widersprach entschieden. General Gharabaghi sei beim Heer und durchaus in der Lage, für diese Waffengattung zu sprechen. «Ich glaube nicht, daß wir uns noch irgendeine Verzögerung leisten können. Wir müssen jetzt handeln.» Schließlich erklärte sich Rabii einverstanden. Er entschuldigte sich, da er einige persönliche Telefongespräche zu führen hatte. Als er wiederkam, merkte man ihm an, daß die Anrufe Erfolg gehabt hatten. «Ich habe ein Treffen für heute nachmittag vereinbart. Sie kommen mit General Gharabaghi, General Toufanian, Admiral Habiballahi und mir zusammen. Damit haben Sie Ihre erste gemeinsame Sitzung.»

Da wir unser Ziel erreicht hatten, verabschiedeten wir uns und fuhren in General Gasts Büro, wo wir früh zu Mittag aßen und die eingegangenen Nachrichten durchsahen. Ich hatte einen Anruf von General David Jones aus Washington erhalten, in dem er mich anwies, besondere Schutzmaßnahmen für die neuen und modernsten Geräte zu treffen, die wir in den Iran geliefert hatten – vor allem die F-14 und ihre Bewaffnung. In der Mitteilung hieß es: «Dies sollte mit den Befehlshabern der Luftwaffe und der Marine besprochen werden.» Die Nachricht kam zur rechten Zeit. Ich konnte die Frage noch am selben Nachmittag erörtern.

Kurz nach Mittag meldete der iranische Verbindungsoffizier, die vier Befehlshaber hätten sich im Büro des Generalstabschefs versammelt und bäten um unser Kommen. Das Treffen bedeutete einen entscheidenden Schritt vorwärts. General Gast und ich waren sehr erfreut. Von gesellschaftlichen Anlässen abgesehen, waren sich die Herren schon lange nicht mehr begegnet. Mit Sicherheit war es ihre erste gemeinsame Sitzung.

In General Gharabaghis Büro standen außer ihm: Toufanian, der stellvertretende Kriegsminister, Rabii, der Chef der Luftwaffe und Habiballahi, der Marinechef. Gast und ich wurden sehr herzlich empfangen. Man verhielt sich abwartend, aber durchaus aufgeschlossen.

Nach einigen kurzen Worten über das Wetter und das Leiden des iranischen Volkes eröffnete ich die Besprechung mit der Erklärung, ich wolle nun alle mir bekannten Auffassungen offen darlegen. Ferner sollten die Kommandeure Gelegenheit haben, alles zurechtzurücken, was ich möglicherweise falsch verstanden hätte. «Vor allen Dingen möchte ich, daß diese Gruppe ein Team wird. Es ist unbedingt erforderlich, daß wir mit einer Stimme sprechen und Mr. Bachtiar unsere Unterstützung anbieten.»

General Rabii unterbrach mich mit der Frage, ob das alles wirklich notwendig sei. Ich wurde noch deutlicher. «Nach meinen Beobachtungen haben Sie sich bisher alle sozusagen im luftleeren Raum bewegt. Sie haben nie als Team gearbeitet. Ich habe miterlebt, wie die Vereinigten Stabschefs der USA Probleme von größter Tragweite im Team erörterten. ‹Vier Augen sehen mehr als zwei.› In den Vereinigten Staaten haben sich solche gemeinsamen Anstrengungen längst als der beste Weg zur Lösung schwieriger Aufgaben herausgestellt.» Außerdem deutete ich den Kommandeuren an, daß sie in der Vergangenheit versucht hätten, sich gegenseitig das Wasser abzugraben, um sich in der Gunst Seiner Majestät zu sonnen. Ich sah, wie sie zusammenzuckten und die Augen abwandten, doch zu meiner Überraschung wurde meine Anschuldigung ohne Protest hingenommen.

Ich berichtete dann von meinen Einzeltreffen mit ihnen. Alle schienen erstaunt über die Ähnlichkeit ihrer Auffassungen, obwohl sie sich vorher nie darüber unterhalten hatten. Zweifellos waren sie in drei Hauptfragen einer Meinung: den Schah im Iran zu halten, Chomeini zu beeinflussen und die störenden BBC-Sendungen zu unterbinden.

Ich beschloß, mit etwas Phantasie zu Werke zu gehen und die Auffassungen, die sie mir gegenüber geäußert hatten, ein bißchen zu beschönigen. Ich wollte damit eine kollektive Reaktion hervorrufen. «Ich verstehe Ihre Treue gegenüber Seiner Majestät und Ihre Sorgen bezüglich ihrer beabsichtigten Abreise. Erfreulicherweise konnte ich jedoch feststellen, daß Sie Ihre Haltung geändert haben und die Verantwortung Ihrem Land gegenüber übernehmen. Sie scheinen alle eingesehen zu haben, daß es sich bei dem Urlaub des Schah nur um eine körperliche Abwesenheit handelt. Sein Geist wird präsent bleiben, das ist das Wichtigste. Seine Majestät braucht ein Land, in das er eines Tages zurückkehren kann, und deshalb müssen Sie alle bereit sein zu bleiben und für eine Stabilität der Verhältnisse zu sorgen. Das bedarf noch vielfältiger Formen der Zusammenarbeit mit Mr. Bachtiar. Doch zumindest haben Sie Ihre Bereitschaft dazu bekundet.»

Mein Täuschungsmanöver wurde weit besser aufgenommen, als ich erwartet hatte. Auf allen Gesichtern zeigte sich Zustimmung. Obwohl der Erfolg natürlich noch nicht endgültig war, bildete ich mir doch etwas auf die Fortschritte der letzten drei Tage ein. In den Einzeltreffen hatten sie alle ganz andere Meinungen geäußert, aber ich hoffte, sie mit dieser Taktik zu einer positiveren Einstellung zu bewegen.

Ich bestärkte sie darin, dem Ministerpräsidenten zu helfen und weiterhin als Gruppe zu tagen. «Ich habe nicht die Absicht, mich mit irgendwelchen rangniedrigeren Offizieren zu treffen», erklärte ich. «Bei gemeinsamen Sitzungen werden wir in allen wichtigen Fragen den gleichen Kenntnisstand besitzen. Wenn ich Besprechungen auf unterer Ebene vermeide, können wir eine Befehlskette herstellen. Jeder von Ihnen tritt dann als Sprecher seiner Waffengattung auf.»

Mir ging es nicht einfach um formale Dinge. Ich wollte die Männer dazu bringen, sich ihrer Verantwortung zu stellen. Sie konnten sich nicht ewig auf jemanden verlassen, der über ihnen stand, wie dies jahrelang ihre Rolle unter dem Schah gewesen war. Sie mußten lernen, auf eigenen Füßen zu stehen, für den Zusammenhalt ihrer Truppen zu sorgen, ihre Männer in der richtigen Weise anzusprechen und Disziplin und Moral aufrechtzuerhalten. Der Informationsfluß war fast zum Stillstand gekommen. Der

Schah gab keine Befehle mehr aus, und so kam auch bei den Männern nichts mehr an. Ich sagte: «Ihre Männer müssen über die Situation informiert und dazu gebracht werden, sich aktiv an der Lösung der nationalen Probleme zu beteiligen. Außerdem müssen wir für einen wechselseitigen Informationsfluß sorgen, damit der Kommandeur auch Berichte von seinen Leuten bekommt. Jeder von Ihnen sollte regelmäßige Lagebesprechungen mit seinen Offizieren abhalten, was meines Wissens in der Vergangenheit nie geschehen ist.»

Hier verursachte General Gharabaghi eine kurze Unterbrechung. Er drückte auf einen der Knöpfe seines Telefons und sprach ein paar Worte auf Farsi. Danach legte er wieder auf. Ordonnanzen kamen mit Kaffee. Die Pause ließ ihn mit neuen Kräften beginnen, und er richtete nun an die Vereinigten Staaten die fast verzweifelte Bitte, auf Chomeini einzuwirken und die BBC zum Schweigen zu bringen. Obwohl ich dieser Litanei allmählich überdrüssig wurde, war ich doch ziemlich erleichtert, daß er endlich etwas energischer auftrat. Doch meine Erleichterung war nur von kurzer Dauer. Sobald er fertig war, bat er General Toufanian um dessen Zustimmung. Augenscheinlich entsprach es seinem Verständnis von Menschenführung, möglichst Unterstützung bei anderen zu suchen.

Wunschgemäß stimmte Toufanian ihm zu, erwähnte aber noch zwei weitere Ärgernisse. «Wir brauchen dringend warme Kleidung.» Er hatte recht. Seine Truppen litten sicherlich schlimm unter der Kälte, vor allem die im Norden an der russischen Grenze. «Wenn die Truppen einsatzfähig sein sollen», sagte er, «brauchen sie warme Kleidung. Wir haben aber keine. Deshalb bitten wir die USA, sie uns so rasch wie möglich zu liefern.» Diese Forderung erschien mir etwas merkwürdig, denn die Truppen hatten ja auch die vergangenen Winter überstanden. Ich verstand die Bitte als einen Vorwand, die Zuverlässigkeit unseres Hilfsangebots zu testen. Ich widersprach also nicht. «Ich gebe Ihr Ersuchen an Washington weiter», versicherte ich ihm. «Wir werden alles tun, um die Lieferungen bald auf den Weg zu bringen. Uns ist auch der Heizölmangel bekannt.»

Toufanian: «Wir wissen, daß Sie unsere Öl-, Benzin- und Dieselknappheit kennen. Angesichts der Produktionserhöhung werden wir versuchen, das Militär besser zu versorgen. Doch glaube ich, ehrlich gesagt, nicht daran.» Ich erklärte: «Mr. Bachtiar muß wissen, daß er sich auf Sie verlassen kann, wenn es kritisch wird. Sie müssen rückhaltlos hinter ihm stehen. Bringen Sie die Situation wieder unter Kontrolle und schütteln Sie die schreckliche Lähmung ab, die das ganze Land befallen hat, und bereiten Sie den Iran schon jetzt auf die Rückkehr des Schah vor.» Erfreulicherweise riefen diese Vorschläge bei den Generalen größere Zustimmung hervor, obwohl ich mir nicht sicher war, ob dies nur der Gruppensituation zuzuschreiben war. Immerhin stimmte endlich die Richtung. Die ersten Ziele, wie sie mir von Präsident Carter aufgetragen waren, schienen fast erreicht. Die militärischen Führer würden im Iran bleiben und zusammenarbeiten.

Ich ging zum nächsten Punkt über: «Die Gruppe braucht ein schriftliches Konzept. Sie dürfen nicht nur von einem auf den anderen Tag planen. Wir müssen eine Methode entwickeln, mit der wir der psychologischen Kriegsführung des Ayatollah begegnen. Offensichtlich hofft er, sich des Landes bemächtigen zu können, ohne einen Schuß abzugeben. Wir haben eine Riesenmaschinerie zur Verfügung, doch sie ist seit Monaten ungenutzt.»

Nach einem ermüdenden Hin und Her erklärten sie sich schließlich bereit, mit einer schriftlichen Ausarbeitung solcher Pläne zu beginnen. Doch nun stand ich vor zwei neuen Problemen: sie zu überzeugen, daß sie es überhaupt konnten; und sie zu veranlassen, sofort damit anzufangen. Es konnte Stunden dauern, sie soweit zu bringen. Sie baten zwar um Rat und Tat. Tatsächlich aber wollten sie, daß wir ihnen die Pläne in allen Einzelheiten ausarbeiteten. Das lehnte ich ab. «Sie müssen die Planung selbst vornehmen, damit Sie detaillierte Informationen über das Öl- und Energiesystem bekommen. Sie müssen Ihre eigenen Strategien entwickeln.»

Sie waren entsetzt. Das würde mindestens einen Monat dauern, fatal, wenn der Schah vorher das Land verließe. Falls sie die Planungen selbst übernähmen, müßte Washington dem Schah erklären, was vor sich gehe, und darauf bestehen, daß er im Iran bliebe. Daraufhin feuerte ich eine Breitseite ab, die ich mir sorgfältig überlegt hatte: «Washington hat nicht die Absicht, sich in irgendeiner Weise in die bevorstehende Abreise des Schah einzumischen. Sie muß die persönliche Entscheidung Seiner Majestät sein.»

Nach einer Pause fragte Gharabaghi, wie lange ich im Iran zu bleiben gedächte. Noch bevor ich antworten konnte, wurde die Frage von den anderen wiederholt, am lautesten von Toufanian.

Ich antwortete: «Ich habe Präsident Carters Botschaft überbracht, und Sie können sicher sein, daß die USA hinter Ihnen stehen. Ich empfinde große Hochachtung für Ihren Entschluß, Ihre Haltung zu ändern und im Land zu bleiben. Durch die Zusammenarbeit in einer Gruppe können Sie Mr. Bachtiar in einer Weise unterstützen, die seine Erfolgsaussichten erheblich verbessert. Deshalb helfe ich Ihnen am besten, wenn ich in mein eigenes Hauptquartier nach Stuttgart zurückkehre. Von dort aus kann ich Ihnen logistische Unterstützung zukommen lassen. Darum habe ich vor, morgen abzureisen.»

Meine Worte lösten erregte Reaktionen aus. «Was können Sie denn von Stuttgart aus besser tun? Von Teheran haben Sie eine direkte Verbindung nach Washington!» rief einer aus. «Wenn Sie bleiben, können Sie uns an Ort und Stelle beraten! Wollen Sie uns in der Krise nach der Abreise des Schah nicht helfen?» fragte ein anderer.

Rabii fiel ein: «Wenn Sie von uns erwarten, daß wir Pläne zur Unterstützung von Ministerpräsident Bachtiar ausarbeiten, können Sie uns die erforderlichen Ratschläge nicht von Stuttgart aus geben! Sie dürfen auf keinen Fall abreisen, bevor die Arbeit abgeschlossen ist!»

Sie schienen noch immer an ihre eigene Haut und die drohende Abreise des Schah zu denken. Ich befürchtete, je länger ich im Iran bliebe, desto länger würden sie zögern, selber die Sache in die Hand zu nehmen. Um sie zu beruhigen, meinte ich: «Ich werde Ihre Ansichten natürlich nach Washington weitergeben und darauf drängen, daß man dort Verbindung zu Chomeini aufnimmt und außerdem bei der britischen Regierung wegen der BBC vorstellig wird. Ferner werde ich die sofortige Lieferung warmer Kleidung für Ihre Truppen anfordern.»

Dann wandte ich mich direkt an Rabii und Habiballahi und erörterte eingehend die Notwendigkeit, die moderneren Waffensysteme zu schützen. Beide hielten einen verstärkten Schutz für erforderlich, sie hätten bereits entsprechende Maßnahmen angeordnet. Wir sollten, sagte ich, so viele Geräte wie möglich in einsatzfähigem Zustand halten. «Damit wir sie bei einem raschen Handeln auch verwenden können. Auch wenn unsere Männer in den Vereinigten Staaten keine Flugeinsätze haben, halten sie alle Maschinen in einwandfreiem, flugfähigem Zustand. Ihre Männer konnten in letzter Zeit wegen des Treibstoffmangels nicht viel fliegen, und unbenutzte Flugzeuge werden leicht fluguntauglich, es sei denn, man wartet sie sorgfältig. Außerdem beschäftigen Sie damit Ihre untätigen Männer, was ihrer Moral zugute kommt.»

Es war an der Zeit, die Besprechung zu vertagen. Nachdem erst einmal ein Funken von Teamgeist erzeugt worden war, ließen sich weitere Fortschritte erzielen.

General Gast und ich begaben uns direkt zu den amerikanischen Offizieren im Generalstabskomplex. Ich wollte die Tagesereignisse mit Botschafter Sullivan besprechen und fragte an, ob er Zeit hätte, mich sofort zu empfangen. Ich wollte mit dem Botschafter auch noch meine Antwort an den Vorsitzenden Jones abstimmen. Gast und ich arbeiteten einen Entwurf für das Antwortschreiben aus: Die wichtigen militärischen Geräte seien bereits unter Sonderschutz gestellt und weitere Sicherheitsmaßnahmen angeordnet. Wir hielten auch den Zeitpunkt für gekommen, Washington meine Rückkehr nach Stuttgart vorzuschlagen. Deshalb fügte ich hinzu: «Ich beabsichtige, Teheran morgen mittag mit einer C-5 zu verlassen und auf direktem Weg nach Stuttgart zurückzufliegen.»

Mit dieser Nachricht in Händen verließen Gast und ich unser Büro. Auf dem Weg zur Botschaft sahen wir, daß sich die Aktivitäten auf den Straßen verstärkt hatten. Die Menschenmengen waren zwar auch in den vergangenen Tagen stetig angewachsen, doch heute begegneten wir mehreren sehr großen Gruppen. Wir änderten deshalb unterwegs unser Verhalten. Ohne Zweifel war ich durch die Aufmerksamkeit, die mir die Teheraner und die amerikanischen Zeitungen sowie die sowjetische *Tass*, die *Prawda* und Radio Moskau gewidmet hatten, zu einer Zielscheibe geworden. Umgehende Vorsichtsmaßnahmen erschienen ratsam. Angesichts der Genauigkeit, mit der die russischen Medien über jeden meiner Schritte berichteten, fragte ich mich ohnehin, woher sie diese Kenntnisse hatten. Sie waren durchaus zutreffender und detaillierter als die Meldungen der Teheraner und amerikanischen Medien. Nach später bekannt gewordenen Informationen geriet Generalmajor Fardust ins Zwielicht; er gehörte zu Gharabaghis persönlichem Stab und gab seine Kenntnisse wahrscheinlich an die Nationale Front weiter. Er wurde Chef des Savma, Chomeinis Nachfolgeorganisation des Savak. Im Dezember 1985 wurde er als Sowjetspitzel verhaftet.

Gleich nach unserer Ankunft unterrichtete ich Bill Sullivan über die Ereignisse. «Ich freue mich über die Fortschritte, die Sie zu machen scheinen», sagte er, «aber ich glaube, wir sollten nicht zu optimistisch sein. Die Stimmung des iranischen Volkes kann von einem Tag auf den anderen umschlagen, und die psychologische Kriegsführung der Opposition wird in ihrer Wirkung eher stärker als schwächer.» Wir kamen überein, daß mit dem Wiedererscheinen der Zeitungen und der Fortsetzung der BBC-Programme das Informationsangebot täglich stieg.

Offensichtlich hielt Botschafter Sullivan jeden Versuch, Bachtiar zu stützen, für vergebliche Liebesmüh. Immerhin ungewöhnlich, weil Washington zweifellos bestrebt war, Bachtiar mit allen Mitteln zu unterstützen. Augenscheinlich hielt der Botschafter sehr wenig von den Militärs, eine Auffassung die ich nicht teilte.

Diese abweichende Einschätzung erklärte sich teilweise aus unseren unterschiedlichen Blickwinkeln. Ich hatte in den letzten zehn Jahren beobachtet, wie die iranischen Streitkräfte ihre Schlagkraft von Null auf modernstes Niveau gebracht hatten. Die amerikanischen Militärberater im Iran waren mir in den letzten dreieinhalb Jahren direkt unterstellt gewesen, ich war oft dort gewesen, hatte die Fortschritte überprüft und die Einheiten besichtigt. Alles in allem waren sie sehr disziplinierte, gut ausgebildete Berufssoldaten. Gemessen an den amerikanischen oder englischen Truppen besaßen sie nur einen entscheidenden Nachteil: Sie waren nicht dazu ausgebildet, auf sich allein gestellt zu handeln oder Probleme zu lösen. Sie brauchten eine straffe Führung, und die hatten sie unter dem Schah. Wenn wir diese Einstellung auch nicht akzeptieren, so ist sie doch nicht ungewöhnlich. Jahrelang haben wir die enorme militärische Schlagkraft der Russen beschworen, und doch gingen sie bis in die achtziger Jahre, als sie ihre Ausbildungsrichtlinien zu ändern begannen, nach dem gleichen Prinzip vor. Deshalb besaßen sie eine Befehlskontrolle, die sicherstellte, daß die Befehle auch wirklich von oben kamen. In den Westen übergelaufene Piloten berichteten, daß sie ohne höheren Befehl nicht einmal einen Luftkampf beginnen durften.

Man kann schlecht für andere denken. Niemand weiß das besser als ich. Dutzende von Autoren haben über meinen Teheraner Auftrag spekuliert und sich in vielen Fällen geirrt. Trotzdem bin ich davon überzeugt, daß Botschafter Sullivan – und mit ihm viele seriöse Autoren – die Schlagkraft der iranischen Streitkräfte anders einschätzten als ich, weil er sie an rein westlichen Standards maß. Ich fand das falsch. Bei straffer Führung waren sie eine schlagkräftige Truppe. Deswegen drängte ich so darauf, die Führungsrolle Bachtiar zu übertragen. Bis heute glaube ich, daß das Militär professionell reagiert hätte, wenn von Bachtiar ein entsprechender Befehl gekommen wäre. Da Bill Sullivan und ich stets sehr offen miteinander sprachen, erkannten wir auch unsere verschiedenen Ansatzpunkte.

Ich teilte ihm meine Hoffnung mit, den Iran am folgenden Tag verlassen zu können. Washington hatte meinen Aufenthalt auf zwei oder drei Tage befristet – nicht länger, als erforderlich war, Verbindung zu den Generalen aufzunehmen, die Garantien des Präsidenten zu übermitteln und ihnen die Zusage abzugewinnen, im Lande zu bleiben und den neuen Ministerpräsidenten zu unterstützen. «All das ist geschehen», sagte ich, «wenn vielleicht auch nicht so gründlich, wie mir lieb gewesen wäre. Bleibe ich länger, werden sie möglicherweise von mir abhängig. Aber sie müssen lernen, auf eigenen Füßen zu stehen, wenn sie nach der Ausreise des Schah handlungsfähig sein wollen. Offensichtlich suchen sie jedoch jemanden, auf den sie die Verantwortung abwälzen können, und das muß sich ändern.»

Der Botschafter war mit dem Inhalt meiner Nachricht an General Jones einverstanden und auch mit meiner Absicht, am nächsten Tag abzureisen. Nachdem ich den Bericht abgeschickt hatte, machten General Gast und ich uns auf den Weg nach Hause. Kurz nach unserer Ankunft begann es zu schneien. Wir machten ein Feuer und erwärmten uns bei einem Cocktail. Wir waren jetzt einigermaßen zuversichtlich, daß sich die militärischen Führer ihrer Verantwortung in jeder Hinsicht stellen würden, ganz gleich, für welchen Weg sie sich entschieden: einen Putsch in eigener Sache oder eine Aktion zur Unterstützung von Ministerpräsident Bachtiar. Wir hatten das Gefühl, sie würden sich wohl für das letztere entscheiden, auch wenn sie noch gegen beide Möglichkeiten Vorbehalte hatten.

Das war in etwa der Stand der Dinge, als wieder der allabendliche Chorgesang «Allahy akbar!» (Allah ist mächtig) ertönte und Schüsse die Stadt erschütterten. In der Erkenntnis, wie dringend das Militär einen Führer brauchte, betete ich schließlich an diesem Abend, Botschafter Sullivan möge enger mit Bachtiar zusammenarbeiten.

Mittwoch, 10. Januar 1979

Das Schneetreiben hielt die ganze Nacht an. Am Morgen war die düstere braune Erde Teherans von einem fünfzehn Zentimeter dicken frischen Teppich bedeckt. Ich checkte beim Flughafen die Aussichten, nach Stuttgart fliegen zu können. Ich wußte bereits, daß die C-5 an diesem Tag nicht käme. Nun erfuhr ich auch noch, daß auf dem Flughafen Mehrabad niemand mehr da war, der die Rollbahnen vom Schnee räumte. Der Flugverkehr war durch den Fluglotsenstreik zum Erliegen gekommen.

Zur Untätigkeit verurteilt, beschlossen General Gast und ich, die Botschaft aufzusuchen und zu hören, was es Neues gab. Außerdem wollten wir uns um ein neues Treffen mit den militärischen Führern bemühen. Wir mußten eine Zeitlang warten, bis die verschneiten Straßen passierbar wurden, und erreichten das Botschaftsgebäude schließlich am späten Vormittag. Bei unserer Ankunft händigte uns der besorgte Botschaftssekretär ein Exemplar des *Tehran Journal* aus. Die fette Schlagzeile war nicht zu übersehen: ÄNDERUNG DER AMERIKANISCHEN POLITIK IM IRAN.

Im Artikel hieß es: «Offizielle Stellen in Washington erklärten, die USA haben sich in Abänderung ihrer bisherigen Politik dazu entschlossen, dem Schah einen vorübergehenden Auslandsaufenthalt anzuraten... Nach unseren Informationen sind höchste

Regierungsvertreter im Iran erbittert über diese ‹kolonialistische› Einmischung der USA in die iranische Krise, vor allem da sich Air Force-General Robert Huyser in Teheran aufhält, um die iranischen Generale für eine Unterstützung der Bachtiar-Lösung zu gewinnen.» Und weiter: «Aus unterrichteten Kreisen verlautet, daß erhebliche Spannungen zwischen der Umgebung des Schah und dem amerikanischen Botschafter William Sullivan existieren. Hinweise auf die Änderung der amerikanischen Politik gibt es seit zwei Wochen, aber offiziell wurde dieser Sinneswandel erst jetzt.» Erschwerend kam noch hinzu, daß es in einem anderen Artikel hieß, der Schah fürchte, die Bachtiar-Regierung würde scheitern, wenn er das Land verließe.

Ich konnte mich der Verantwortung für die veränderte Sachlage nicht entziehen und empfand es fast als Vorsehung, daß der Schnee mich im Iran festhielt. Allerdings müßte ich einer Gruppe von Männern gegenübertreten, die auf diese Nachrichten alles andere als vernünftig reagieren würden. Alle würden von der Richtigkeit der Nachrichten überzeugt sein – vor allem von der Meldung über die amerikanische Iranpolitik –, weil Perser offenbar alles Gedruckte glauben. Meine Fortschritte bei den Befehlshabern waren also alles andere als endgültig. Trotzdem hoffte ich noch immer, sie würden die Pläne beschleunigt ausarbeiten.

Inzwischen hatte Bachtiar seine eigenen Schwierigkeiten. Bei der Regierungsbildung waren keine Fortschritte erzielt worden. Die Sitzungen des iranischen Parlaments, des «Majlis», wurden ständig vertagt. Es war ungewiß, ob die neuen Regierungsmitglieder ihre Ämter überhaupt anträten. Es gab Berichte, nach denen die Opposition sie unter Druck setzte und auch vor körperlicher Gewaltandrohung nicht zurückschreckte.

Ich rief in General Gharabaghis Büro an, um ein Treffen der Generale für den Nachmittag abzuklären. Zu meiner großen Überraschung erklärte er, sie hätten meinen Anruf erwartet. Sie wußten, daß der Schnee meine Abreise verschoben hatte und wollten unbedingt mit mir reden. Ob ich um 16 Uhr 30 in seinem Büro sein könne? Gharabaghi teilte mir außerdem mit, daß ein neuer Chef des Heeres ernannt worden sei: General Badraie, der dem Treffen ebenfalls beiwohnen werde.

Am Nachmittag fanden General Gast und ich uns beim Generalstabssitz ein. Ich wußte, daß unser Erscheinen in Gharabaghis Büro wie ein Stich ins Wespennest wirken würde. Die Fünfergruppe begrüßte uns: Gharabaghi, Toufanian, Rabii, Badraie und Habiballahi. (In meinen Gesprächen mit Minister Harold Brown über das Sicherheitstelefon nannte ich sie die Fünfergruppe. Doch einige Male war auch General Jamschid Fathi Moghaddam, der Chef des Savak, dabei. Dann wurden sie zur Sechsergruppe.) An ihren niedergeschlagenen Mienen sah ich sofort, daß sie die Zeitungen gelesen hatten. Nicht zum letztenmal fielen mir die Stimmungsumschwünge in der Gruppe auf: Ihnen fehlte die straffe Führung des Schah, und sie neigten dazu, sich auf mich zu verlassen, statt selbst Initiative zu entwickeln.

Dann brach der Sturm los. Als erster sprach General Rabii. Er wedelte uns mit der Zeitung vor der Nase herum und schrie: «Sie haben doch sicherlich gelesen, was hier steht!» Sein Angriff richtete sich gegen Botschafter Sullivan: «Ihr Botschafter zwingt unseren Schah, sein Land zu verlassen! In den Zeitungen steht, er habe die Nachricht nur überbracht, aber wir wissen, daß *er* der Grund allen Übel ist!»

Ich versuchte, sie zu beruhigen. Doch die Generale hörten nicht auf mich und verlangten wütend, daß der Wandel der amerikanischen Politik rückgängig gemacht werde. Ich erklärte, mir sei nicht bekannt, woher die Informationen in den Artikeln stammten. Offiziell sei ich über keine Änderung der amerikanischen Politik unterrichtet. «Meine Regierung hat mir immer gesagt, der Schah muß selbst entscheiden, ob er ausreisen will. Es soll allein ihm überlassen bleiben. Wenn Washington Druck ausgeübt hat, so ist das für mich neu.»

Ich teilte ihnen meine Absicht mit, Botschafter Sullivan am folgenden Tag zu einer Audienz beim Schah zu begleiten. «Wir haben uns einen Termin geben lassen und werden bei dieser Gelegenheit sicherlich mehr über seine Reisepläne erfahren.» Zu meiner Überraschung erfuhr ich, daß jeder von ihnen an diesem Tag eine Einzelaudienz beim Schah gehabt hatte. Keiner wollte den Grund des Besuchs nennen. Es hieß lediglich, sie hätten eingehend die Situation erörtert.

«Hat der Schah Ihnen ein Abreisedatum genannt?» fragte ich.

General Rabii fand sich zu einer Auskunft bereit: «Er sprach von einer neuen Flugroute, aber...» Hier wurde er von General Gharabaghi auf Farsi unterbrochen. Ich glaube, er wollte mir das Datum nennen, wurde aber scharf zurechtgewiesen. Auch die anderen kannten wohl das Datum, denn sie sahen aus, als trügen sie das Gewicht der ganzen Erde auf ihren Schultern. Sie konnten sich nicht länger der Erkenntnis verschließen, daß er das Land verlasse.

Plötzlich meldete sich General Rabii erneut zu Wort: «Es gibt keine Alternative! Amerikas Haltung hat sich geändert! Der Schah wird den Iran verlassen! Er selbst hat gesagt, daß Bachtiar scheitern wird. Was können wir also anderes tun, als mit Seiner Majestät zu reisen oder zu putschen?»

Ziemlich ungeduldig antwortete ich ihm: «Sie sollten sich lieber beruhigen! Wir haben es mit einer sehr ernsten Situation zu tun. Das Schicksal Ihres Landes steht auf dem Spiel. Wie um Himmels willen wollen Sie einen Putsch zustande bringen? Haben Sie Pläne? Gibt es welche, von denen Sie mir nie erzählt haben? Haben Sie irgend etwas in der Hand, das Ihnen ermöglicht, die Macht an sich zu reißen? Etwas, von dem ich nichts weiß? Wie sehen Ihre Pläne aus für den Fall, daß Mr. Bachtiar Sie auffordert, den Zoll zu übernehmen, die Stromversorgung, das Öl oder irgendeinen anderen Wirtschaftsbereich? Was werden Sie tun? Wer von Ihnen wird die Führung übernehmen?»

Alle hatten sie den gleichen leeren Blick, dem ich immer bei solchen Fragen begegnete. Doch diesmal wollte ich der Sache auf den Grund gehen und eine Antwort auf die Frage finden, die mich seit meiner Ankunft beschäftigte: Verfügte diese Gruppe über Geheimpläne für einen Coup, die ich nicht kannte?

Endlich hatte ich die Antwort, nach der ich suchte. Die militärische Führung des Iran befand sich in einem Zustand völliger Hilflosigkeit. Die Gruppe hatte nichts in der Hand.

Dennoch erwiesen sich meine hartnäckigen Fragen als nützlich. General Gharabaghi sagte, sie seien sich alle des Ernstes der Lage bewußt. «Wir dürfen keine Zeit verlieren. Wir sind bereit, noch heute anzufangen, wenn Sie mitmachen.»

Nach guter persischer Sitte versuchte der Generalstabschef also, die Verantwortung auf mich abzuwälzen. Die iranischen Führer waren bereit, einen Anfang zu machen, wenn ihnen sofort unsere Berater zur Verfügung stünden. Jede Verzögerung wäre demnach unsere Schuld gewesen. Glücklicherweise war das kein Problem. General Gast und ich kannten die richtigen Leute, den Iranern bei der Ausarbeitung ihrer Pläne zu helfen. «Wir können noch heute abend zusammenkommen», sagte ich. «Packen wir es an!»

Wir schickten Kuriere aus, um die Teams zusammenzurufen. Endlich sah ich Land. Ich war der festen Überzeugung, daß wir einige der Probleme in den Griff bekämen. Drei Bereiche galt es anzugehen: Beendigung der Streiks, Festigung der Beziehungen zwischen Bachtiar und den Militärs sowie Maßnahmen, um den Zusammenbruch der Zivilregierung zu verhindern. Als einzig mögliche Alternative erschien mir ein hartes Durchgreifen des Militärs – ein strenges Kriegsrecht also. Als sich diese Lösung im November abzeichnete, hatten sich die Massen beruhigt. Warum nicht auch jetzt? Die Aufgabe unserer Leute bestand darin, detaillierte Informationen für militärische Aktionen zu liefern. Die iranischen Planer mußten sich ein Verzeichnis der Oppositionsführer anlegen und wissen, wo sich alle wichtigen Einrichtungen und Anlagen befinden, ob sie sich umgehen ließen und wie verwundbar die Öl- und Energieversorgung war. Wie stark mußten die Kräfte sein, die zu ihrem Schutz abgestellt wurden? Durch welche Sabotageakte konnte das System außer Betrieb gesetzt werden? Welche Reparaturmöglichkeiten gab es?

Nachdem die Vorbereitungen für die abendliche Besprechung getroffen waren, beruhigte sich die Gruppe wieder, und Gharabaghi gab uns einige neue Informationen. «Es wird Sie sicherlich interessieren, daß ich die Notwendigkeit von Planungsarbeiten mit Ministerpräsident Bachtiar besprochen habe. Er schlug vor, einen Nationalen Sicherheitsrat zu bilden.» Doch Bachtiar habe keine Möglichkeit gesehen, einen solchen Rat in weniger als drei Tagen einzuberufen. Als sie das hörten, äußerten die Fünf – die ja selber nicht gerade Vorbilder an Organisationstalent waren – herbe Kritik an der mangelnden Entschlossenheit des Ministerpräsidenten.

Gharabaghi fuhr fort: «Mr. Bachtiar hat keinen Zweifel daran gelassen, daß er die Regierungsgeschäfte zu übernehmen gedenkt. Er weiß, daß es schwer sein wird, aber er beabsichtigt, die Wirtschaft wieder in Gang zu bringen, sobald seine Regierung bestätigt ist. Seine Majestät hat ihm versichert, daß diese Bestätigung in wenigen Tagen erfolgen wird. Inzwischen will er alle erforderlichen Schritte unternehmen, um die Ordnung im Lande aufrechtzuerhalten. Er ist auch bereit, das Militär um Hilfe zu bitten, wenn es notwendig wird.»

Erfreuliche Neuigkeiten für mich. Infolge seines fast fremdenfeindlichen Mißtrauens hatte Gharabaghi mir kaum etwas über seine Verhandlungen mit Bachtiar erzählt. Ein echter Fortschritt also, daß er sich jetzt zu diesem Thema äußerte.

In der heiklen Beziehung zwischen Militär und Zivilregierung würde der Ernennung des Kriegsministers natürlich große Bedeutung zukommen. Da General Djam nicht zur Annahme des Postens überredet werden konnte, hatte der Ministerpräsident jemand anderen ernannt. Doch keiner der Generale wollte mir seinen Namen nennen. Durch einen weiteren Wutanfall Toufanians – bei dem er mit seinem Rücktritt drohte – erfuhr ich, daß der neue Minister ihm im Rang nachgeordnet war. Ich ließ Toufanian Dampf ablassen und sagte dann: «Wir haben schon darüber gesprochen, General, und es tut Ihnen sicherlich gut, wenn Sie Ihrem Herzen Luft machen, aber ich hoffe, wir können jetzt wieder auf Ihre Mitarbeit zählen.» Er sah etwas töricht drein und sagte dann, er verstehe. Er werde bis auf weiteres in der Gruppe bleiben.

Im Laufe des Gesprächs wurden sich alle darin einig, daß Bachtiar nur sehr wenig ausrichten könne. Er sei «nur ein Mann mit einem Schreibtisch». Ohne Mitarbeiter; keine Fortschritte bei Bestätigung seiner Regierung; die Opposition hindere die Leute gewaltsam daran, zur Arbeit zu erscheinen. Wie sollte er also Erfolg haben? Ich sagte, sie könnten ihm durch ihre Unterstützung einen Anfang ermöglichen. «Das Militär ist straff organisiert. Obwohl es Deserteure gibt, ist nach meiner Beobachtung die Moral noch gut. Wenn Sie sich mit Mr. Bachtiar abstimmen, können Sie viele Lücken füllen. Denn natürlich wird er viele zu schließen haben, natürlich muß er irgendwann auch die anderen Posten seiner Regierung besetzen. Aber diese Leute lassen sich finden, wenn Sie ihm die nötige Rückendeckung geben.» Mein Vorschlag kam gut an, so daß meine Hoffnungen stiegen. Es galt, den Militärs die Führungspersönlichkeit zu liefern, an die sie sich halten konnten. Das war entscheidend für sie.

Abermals verlangten sie von mir die Hilfe der Vereinigten Staaten. «Ihr Land muß während der ganzen Zeit zuverlässig hinter uns stehen!» forderten sie wiederholt. Es schien sich um eine Überreaktion auf die Morgenzeitungen zu handeln, in denen deutlich gestanden hatte, daß Washington Bachtiar voll unterstütze.

Schließlich begann General Toufanian mit einer Reihe von Fragen: «Warum sind wir als Gruppe zusammengekommen? Was tun wir eigentlich? Warum erörtern wir all diese Dinge?» Dann gab er sich selbst die Antworten: «Wir sind hier, um zu planen, und wenn wir das richtig anfangen, können wir eine starke und dauerhafte Zivilregierung in den Sattel heben. Mr. Bachtiar ist ein brillanter Mann und fähiger Führer. Alles, was er braucht, ist geeignete Unterstützung. Wenn wir entsprechende Pläne entwerfen, kann er ohne viel Blutvergießen an die Macht kommen. Alle unsere Pläne sollten zum Ziel haben, die Zahl der Opfer zu begrenzen und Aufruhr und Streiks zu beenden.»

Die kurze Rede unterschied sich erfreulich von der Haltung, die die Gruppe noch vor wenigen Stunden eingenommen hatte. Sie verlangten allerdings starke amerikanische Unterstützung, die zum Beispiel erforderlich wäre, wenn Bachtiar sich entschied, die Ölfelder zu besetzen. Ich versicherte ihnen, daß sie bei einer Unterstützung der Zivilregierung auch mit amerikanischer Hilfe rechnen könnten, selbst für den Fall, daß eine militärische Machtübernahme unvermeidlich würde.

Sie brachten die unvermeidliche rote Gefahr ins Spiel. Nach Meldungen ihres Geheimdienstes war eine persisch sprechende russische Division an der nordwestlichen Grenze in Stellung. Ferner zögen die Russen dort nicht nur beträchtliche Kräfte zusammen, sondern bauten auch die Zäune ab und träfen andere Vorbereitungen für eine Invasion. Mir war das neu. Unser eigener Nachrichtendienst hatte nichts von solchen Aktivitäten bemerkt. Es gab zwar Truppen dort, aber keine Anzeichen für ungewöhnliche Bewegungen.

Sie wiesen darauf hin, daß nach dem bilateralen Vertrag von 1921 die UdSSR das Recht hatte, Truppen in den Iran zu entsenden, wenn eine dritte Macht dort intervenierte. Das Abkommen war noch in Kraft, und obwohl die Iraner es aufgekündigt hatten, weigerte sich Moskau, es für nichtig zu erklären. Die Generale fürchteten – und ich konnte dies nicht von der Hand weisen –, daß Moskau nicht zögern würde, sich gegebenenfalls auf diese Klausel zu berufen. Indessen hatte Präsident Carter die Russen gewarnt, daß die USA gegen jegliches Vordringen auf iranischen Boden mit allen erforderlichen Mitteln einschreiten würden.

Die Gruppe verlangte, Washington müsse die Radiosender der freien Welt dazu veranlassen, die iranische Regierung zu unterstützen und die Welt vor der Gefahr einer sowjetischen Intervention zu warnen. Aus ihren nachrichtendienstlichen Informationen – die ich nicht überprüfen konnte – ginge hervor, daß Chomeini wahrscheinlich eine direkte Telefonverbindung nach Moskau habe und mit den Sowjets zusammenarbeite. Die Fünf waren überzeugt, daß die USA diese Verbindung trennen und Chomeini zwingen könnten, mit der Regierung Bachtiar zusammenzuarbeiten. Ich habe oft darüber nachgedacht, ob Chomeini tatsächlich Verbindungen nach Moskau gehabt hat. Obwohl sich die Grundeinstellung der Generale von meiner so sehr unterschied, war mir doch klar, daß Chomeini wahrscheinlich jede Hilfe finanzieller oder materieller Art annehmen würde.

Vor allem mußte Washington nach Auffassung der Gruppe die angebliche Änderung seiner Politik dementieren und zumindest versuchen, dem Schah eine sofortige Ausreise auszureden. Sie hätte katastrophale Folgen. Offensichtlich scheuten sie sich, ihre Gefolgschaftstreue auf Bachtiar zu übertragen. Im Grunde wußten sie aber sehr wohl, daß sie einen Führer brauchten, der die Streitkräfte in den Dienst einer praktikablen politischen Strategie stellte.

Es wurde spät, und wir mußten uns an die Sperrstunde halten. Deshalb vergewisserten wir uns nur noch rasch, daß die Arbeitsgruppen mit der Planung begonnen hatten. Dann brachen wir auf. Vorher rief ich noch Bill Sullivan an und unterrichtete ihn über die letzten Ereignisse. Er sagte, aus Washington sei die Anordnung gekommen, daß ich auf unbestimmte Dauer im Iran bleiben solle.

Wir fuhren nach Hause. Nach kaum einer Stunde rief der Botschafter zurück. Verteidigungsminister Harold Brown wolle mich so rasch wie möglich über das Sicherheitstelefon sprechen.

Da sich der einzige Apparat in der Botschaft befand, mußte ich also noch einmal in die Stadt. Es war Sperrstunde. Keine Wagen, keine Verkehrsmittel. Ich wußte nicht, was ich tun sollte. Der am ehesten erreichbare Wagen gehörte Brigadegeneral Kertesz, einem Staffelkommandeur der Luftwaffe. Wir riefen ihn an, und er sagte, kein Problem, in ein paar Minuten werde er da sein. Er fuhr uns quer durch Teheran. Eine haarsträubende Fahrt – durch pechschwarze, wegen der Sperrstunde leergefegte Straßen. Die Orientierung war schwierig. So verpaßten wir die Botschaft und fuhren ins südliche Teheran hinein, wo man sich schon bei Tag seines Lebens nicht sicher war. Als wir die Botschaft schließlich erreichten, wollte General Kertesz sofort wieder nach Hause fahren. Das überraschte mich unangenehm und ich bot ihm an, die Nacht in der Botschaft zu verbringen. Aber er sagte, seine Frau sei allein zu Hause und er müsse unter allen Umständen zurück.

Botschafter Sullivan hatte die Wachen und das Bedienungspersonal des Sicherheitstelefons in Bereitschaft versetzt, so daß für mein Gespräch mit Minister Brown alles bereitstand. Es war ein Sicherheitstelefon alter Art, das viel zu wünschen übrigließ. Wenn man schnell sprach, hörte man sich an wie Donald Duck und brauchte einen Dolmetscher. Und wenn man die Verbindung hergestellt glaubte, arbeitete es plötzlich nicht mehr synchron, und man mußte von vorne anfangen. Minister Brown hatte viele Fragen auf dem Herzen. Er wollte wissen, was der Tag gebracht hatte. Dann fragte er mich nach meiner Meinung über die Regierung Bachtiar: Ob sie Erfolg haben könnte, wenn der Schah bliebe. Ich beschrieb, wieviel Feindseligkeit sich gerade gegen den Schah richtete. Sie ließe sich kaum eindämmen, wenn er im Land bliebe. Bachtiar mußte freie Hand haben und die Öffentlichkeit wissen, daß er die Verantwortung trug.

Ich sei weitgehend mit dem Militär einer Meinung: Ayatollah Chomeini müsse zum Schweigen gebracht oder zumindest überredet werden, Bachtiar Unterstützung zu signalisieren, sonst könne die Situation sehr gefährlich werden. Wenn er weitermache wie bisher und seine Angriffe auf Bachtiar fortsetze, seien dessen Erfolgsaussichten nicht sehr groß.

Außenminister Brown wollte wissen, ob die Streitkräfte die Ölfelder und Kraftwerke schützen, die Streiks beenden und die

Ordnung wiederherstellen könnten. Ich bejahte seine Frage ohne Einschränkungen. Bei entsprechender Führung war das Militär dazu tatsächlich in der Lage. Ein entscheidendes Manko war nur das Fehlen entsprechender Pläne, aber damit hatte man ja gerade begonnen. Es ging zunächst um die logistischen Nervenzentren des Landes. Ich sagte, Botschafter Sullivan müsse angewiesen werden, ebenso eng mit Bachtiar zusammenzuarbeiten wie ich mit den Militärs. Von sich aus sei er dazu nicht gewillt.

Nach meinem Eindruck seien die Generale auf dem Wege der Erkenntnis, daß sie nicht nur dem Schah, sondern auch ihrem Lande zur Loyalität verpflichtet seien und offensichtlich bereit, enger mit Bachtiar zusammenzuarbeiten. Vor allem schiene ihnen jetzt bewußt zu sein, daß ein Militärputsch nicht in Frage käme, da es an den notwendigen Plänen und Informationen fehle.

Erneut schlug ich vor, Verbindung zu Chomeini aufzunehmen. Die USA sollten die Initiative ergreifen. Minister Brown schien in diesem Punkt skeptisch zu sein. Ich verstand nicht recht, warum, denn mir hatte man beigebracht, daß man stets soviel wie möglich über die Gegenpartei in Erfahrung bringen muß. Botschafter Sullivan und ich hielten eine direkte Verbindung zu Chomeini für die einzig wahre Möglichkeit. Schaden konnte der Versuch jedenfalls nicht. So aber wurde Chomeini immer mehr zum Nagel von Bachtiars Sarg.

Minister Brown wollte wissen, ob man womöglich Chomeini die Gunst der Massen abspenstig machen könne. Ich schloß diese Möglichkeit aus; die Situation war emotional viel zu aufgeladen. Überall hingen Bilder von Chomeini, die Menschenmengen trugen Plakate mit seinem Antlitz und intonierten ständig seinen Namen. Erfolgversprechender sei wohl, die Chancen einer Zusammenarbeit zu prüfen. Nach meiner Meinung werde Chomeini nur von zehn bis fünfzehn Prozent der Bevölkerung unterstützt, aber es handle sich um den aktiveren Teil des Volkes, der am meisten Lärm mache.

Ich sähe keinesfalls schwarz. Ich hätte bei den Generalen zum erstenmal Anzeichen für ein gemeinsames Vorgehen entdeckt, und auf ihre Einigkeit sei inzwischen Verlaß. Die Fünf hätten anscheinend Spaß an der gemeinsamen Arbeit, hielten mit ihrer Meinung nicht hinterm Berg und unterstützten sich sogar. Ein

Anlaß zur Sorge war allerdings die zunehmende Polarisierung. Die Konfrontation zwischen einer religiösen Chomeini-Partei und einer vom Militär unterstützten Bachiar-Partei barg außerordentliche Gefahren. Sie gab den anderen Parteien fast völlig freie Hand – vor allem der Tudeh-Gruppe. Durch eine Absprache zwischen Chomeini und Bachtiar konnte diese Lücke geschlossen werden, so daß der Handlungsspielraum für dritte Kräfte weitgehend eingeschränkt würde.

Minister Brown fragte nach den Fortschritten des Regentschaftsrates. Mit Freude hörte er, daß die Namensliste fast vollständig war. Er wollte wissen, was ich davon hielte, einen Vertreter des Militärs in den Rat aufzunehmen. Ich sagte ihm, ich hätte Sullivan und den Rat mit großem Nachdruck aufgefordert, General Gharabaghi zu berufen, und anscheinend wolle man das auch tun. Die Verbindungen zwischen Militär und Regierung mußten enger werden. Ein neuer Kriegsminister war ernannt worden, aber ich wußte nicht, wer. Er fragte, ob man immer noch hoffe, daß General Djam seine Meinung ändern werde. Aber das war wohl nicht der Fall.

Minister Brown fragte nach der Audienz des Botschafters am folgenden Morgen und wollte wissen, ob ich anwesend sein würde. Ich bejahte weisungsgemäß. Meine Order erlaubte mir, Botschafter Sullivan bei jedem Auftrag zu begleiten, was er bei meinen Gesprächen allerdings nicht durfte. Sullivan hatte keine Einwände, aber mir gefiel das nicht besonders. Nach meiner Erfahrung lassen sich in Krisen die besten Ergebnisse durch Teamwork erzielen. Ich ging davon aus, daß der Botschafter und ich uns in der Zielsetzung einig waren. Wir mochten unterschiedlicher Meinung sein, hatten aber doch wohl das gleiche Ziel. Jedenfalls unterrichtete ich ihn so ausführlich wie möglich über alle meine Schritte, auch diejenigen, die das iranische Militär und das amerikanische Verteidigungsministerium betrafen. Umgekehrt schien auch er mir gegenüber ziemlich offen zu sein. Rückblikkend meine ich allerdings, ich hätte mir Gedanken darüber machen müssen, was Minister Browns Anweisungen für meine Beziehungen zu Sullivan bedeuteten. Doch falls Washington irgendwelche Zweifel hinsichtlich seiner Aktivitäten hegte, sind sie mir gegenüber jedenfalls nie deutlich ausgesprochen worden.

Minister Brown wünschte fortan einen täglichen Bericht. Ich erklärte, in diesem Falle sei es mir lieber, ihn über das Sicherheitstelefon durchzugeben, nicht schriftlich. Dann wüßten wir mit absoluter Sicherheit, wer Zugang zu den Informationen habe; außerdem könnten keine Abschriften angefertigt werden. Der Minister war unter der Bedingung einverstanden, daß ich ihn bei jedem besonderen Vorfall sofort benachrichtigte.

Über Nacht blieb ich in der Wohnung des Botschafters.

Donnerstag, 11. Januar 1979

Beim Frühstück sprach ich mit dem Botschafter über meine Berichte an Minister Brown. Ich sagte ihm, daß ich nun jeden Abend in der Botschaft telefonieren müsse. Botschafter Sullivan hatte also einen neuen Stammgast. Er bot mir liebenswürdigerweise an, in der Botschaft zu wohnen, was ich mit Vergnügen annahm. Von diesem Tag an lebte ich also beim Botschafter und seiner Frau.

Anschließend besprachen wir unsere Audienz beim Schah, die für 11 Uhr 15 vorgesehen war. Ich wollte unbedingt wissen, wie die Fünfergruppe mit ihren Arbeiten vorankam. Deshalb beschloß ich, zuvor die Generale aufzusuchen und dann in die Botschaft zurückzukommen.

General Gast und ich fuhren in Gharabaghis Büro, wo sich die Gruppe bereits versammelt hatte. Ich fragte sofort nach dem Stand der Planung, hatte aber auf dem Weg schon schlimme Neuigkeiten erfahren. Kein Iraner war zum Dienst erschienen. Es war Donnerstag, der iranische Sonnabend. Doch trotz der Dringlichkeit der Situation und obwohl es auf jede Minute ankam, war niemand bereit, auf sein Wochenende zu verzichten. Ich sagte ihnen ziemlich deutlich, was ich davon hielt. Es stünde zu viel auf dem Spiel, als daß wir solch unverantwortliches Verhalten dulden könnten. Nach einigem Zureden entschlossen sie sich, ihre Leute zum Dienst zu rufen und die Dinge in Gang zu bringen. Gharabaghi sagte, sie würden sieben Tage in der Woche arbeiten und Überstunden machen, bis die Pläne fertig seien. Das war auch unbedingt erforderlich. Die Flut von Chomeini-Tonbändern,

Flugblättern, Bildern und Demonstrationen wuchs mit jeder Stunde. Entweder geschah jetzt etwas, oder wir waren verloren, und zwar bald.

Nachdem ich die Dinge ins Rollen gebracht hatte, kehrte ich in die Botschaft zurück, um Botschafter Sullivan in den Njarawan-Palast zu begleiten. Ich hatte den Schah seit einigen Monaten nicht gesehen und war betroffen, wie erschöpft er aussah. Sein Gesicht war gezeichnet von Anstrengung und Sorge. Er trug einen dunklen Straßenanzug, der in deutlichem Kontrast zu den Marine- und Luftwaffenuniformen stand, in denen ich ihn oft gesehen hatte. Er eröffnete das Gespräch mit ein paar verbindlichen Worten und fragte mich dann nach meinem Auftrag. Ich wußte sehr gut, daß er genauestens informiert war, erläuterte ihm aber wie gewünscht die Anweisungen meines Präsidenten und unterrichtete ihn über die neuen Entwicklungen in der Fünfergruppe. Eingehend beschrieb ich die angelaufenen Planungen. Er schien sehr interessiert zu sein und hielt sie ebenfalls für dringend, da es bisher nur Pläne gegen eine Bedrohung von außen gab.

Dann kam er auf seine Ausreise zu sprechen. Er sagte, er brauche Urlaub. Er sei erschöpft. Außerdem werde seine Abwesenheit sicherlich zu einer Beruhigung der Lage beitragen. Er fragte uns nach dem günstigsten Zeitpunkt. Botschafter Sullivan plädierte für eine möglichst baldige Abreise. Ich erhob Einwände, obwohl ich wußte, daß dies Sullivan gar nicht recht war. Ich hielt das Militär für nicht hinreichend auf die Abreise des Schah vorbereitet. Seine Beziehung zu den Generalen war sehr eng. Ein Aufschub von ein paar Tagen konnte viel bedeuten. Obwohl ich wußte, daß ich mich auf dünnem Eis bewegte, schlug ich ihm vor, bei einer Verbesserung des Kontaktes zwischen Bachtiar und dem Militär behilflich zu sein: Seine Streitkräfte brauchten einen Führer.

Daraufhin wechselte er das Thema und sprach von seiner Flugroute. Er wollte meinen Vorschlag wissen und sagte, er würde gerne in Ägypten Zwischenstation machen, um seinen alten Freund Sadat aufzusuchen. Ein weiterer Stop zur Treibstoffaufnahme war in Marokko oder Spanien vorgesehen. Von dort aus wollte er zum Air Force-Stützpunkt Andrews in Washington und weiter nach Palm Springs. Sein Ziel in den USA war der Landsitz Annenberg in Palm Springs. Die amerikanische Regierung hatte dort alles vorbereitet, einschließlich der Sicherheitsvorkehrungen.

Ich hatte bereits mit Minister Brown über die Route des Schah gesprochen und sagte deshalb, es sei vielleicht sicherer, über einen anderen Flughafen als Andrews in die Vereinigten Staaten einzureisen. Andere Luftwaffenstützpunkte könne man besser absichern. Der Air Force-Stützpunkt Charleston in South Carolina oder einer der Flugplätze im Nordosten der Vereinigten Staaten – Pease, Plattsburg, Loring oder Westover – wären sicherer und unproblematischer. Er war einverstanden und bat mich, die Einzelheiten mit General Rabii auszuarbeiten und sie dann an die Flugbesatzung weiterzugeben.

Ich erinnerte den Schah an das, was er mir im letzten Sommer gesagt hatte: Ich solle mir nicht zuviel Sorgen machen und an seinem Kommandokontrollsystem weiterarbeiten. Auch wenn er bei unserem Präsidenten in Ungnade falle, habe er nicht die Absicht, sich die Zügel aus der Hand nehmen zu lassen. Er wandte sich ab und starrte lange Botschafter Sullivan an. Mehrfach kratzte er sich am Hinterkopf und wechselte dann wieder das Thema. «Majestät», sagte ich, «ich habe eine Frage gestellt.» Eindringlich sah er mich durch seine dicken Brillengläser an. Schließlich antwortete er: «Sie verstehen gar nichts.» Und: «Ihr Oberbefehlshaber ist in einer anderen Situation. Ich trage eine Uniform und wäre, wenn ich die erforderlichen Befehle geben müßte...» Er unterbrach sich und fragte: «Könnten Sie als Oberbefehlshaber anordnen, Ihre eigenen Leute zu töten?» Ich antwortete: «Eure Majestät, ich stehe nicht zur Debatte, sondern Sie.» Doch er wechselte erneut das Thema, und ich bekam keine Antwort mehr.

Für mich ist immer noch ein Rätsel, was mit ihm geschehen ist. Ich habe lange darüber nachgedacht und die meisten Bücher und Artikel gelesen, die behaupten, eine Antwort zu wissen. Keine ihrer Erklärungen befriedigt mich. Ich möchte hier deshalb einige Überlegungen anstellen.

Wohl niemand, der den Schah gekannt hat, wird dessen Achtung und Sympathie für die Vereinigten Staaten anzweifeln. Er hatte auch allen Grund dazu. Wäre er noch auf dem Pfauenthron, wenn es nicht 1953 die Amerikaner und ihre Hilfe gegeben hätte? Die USA halfen ihm auch durch die sechziger Jahre, bevor er eigene Mittel hatte, sich selbst zu helfen, und selbst dann kamen sie seinen Wünschen immer noch ein gutes Stück entgegen. Bestimmt hat er auch sein Volk aufrichtig geliebt. Er subventionierte den Kauf von Rohstoffen, wie Zucker, die die Menschen dringend benötigten, sich aber nicht leisten konnten. Er zahlte die Studiengebühren und den Unterhalt der jungen Iraner, die im Ausland studierten. Es war schon so, wie er es mir vor fünf Monaten gesagt hatte: «Ausgerechnet die Menschen, die am meisten davon profitieren, haben sich gegen mich erhoben.» Sicherlich hat sein gesundheitlicher Zustand dabei eine Rolle gespielt. Er wußte, daß er Krebs hatte und nahm entsprechende Medikamente. Dieser Umstand zusammen mit den fast unerträglichen politischen Belastungen hätten wahrscheinlich jedem den Blick getrübt. Jedenfalls veranlaßte er, aus welchen Gründen auch immer, nicht die erforderlichen Maßnahmen, um die Ordnung aufrechtzuerhalten. So befand sich das Land im Januar 1979 in einem Zustand fast vollständiger Handlungsunfähigkeit.

Der Schah kam nun auf die Planungen des Militärs zurück. Ihm sei nicht klar, wer sie in die Tat umsetzen sollte. Ich meinte, am besten geschehe es unter Führung von Ministerpräsident Bachtiar. Falls erforderlich, könnten sie aber auch allein vom Militär ausgeführt werden. Das diene einem doppelten Zweck. Auch wenn seine Generale von einer militärischen Machtübernahme sprächen, so hätten sie doch keinerlei praktische Vorstellungen. Zweitens könnten die Planungen das Mißtrauen zwischen Bachtiar und den Generalen ausräumen.

Zu meiner Überraschung erklärte der Schah, ich ginge in meiner Unterstützung für Bachtiar ein bißchen zu weit. Dann sprach er über die Richtlinien und Grundsätze, die ich für seine Streitkräfte entwickelt hatte. Sie seien sicherlich vernünftig, bedürften aber noch einer straffen zentralen Kontrolle als Gegengewicht zur Macht der Streitkräfte. Ich fragte mich, ob er wirklich an die Pläne dachte, die wir gerade entwickelten. Als ich an seinem Konzept arbeitete, hatte er der Möglichkeit eines Militärputsches größte Bedeutung beigemessen.

Er verlor sich in einer längeren Was-wäre-wenn-Betrachtung der gegenwärtigen Lage. Die wichtigsten Überlegungen: Was passiert, wenn Chomeini nicht klein beigibt? Und was, wenn

Bachtiar scheitert? Das brachte ihn auf den Regentschaftsrat. Er hatte sich die Sache mit seinen Leuten sehr sorgfältig überlegt. Bachtiar sollte den Vorsitz übernehmen. Neben ihm sollten noch zwei oder drei Kabinettsmitglieder dazugehören. Ferner waren drei weitere Mitglieder vorgesehen: ein Vertreter einer religiösen Gruppe, General Gharabaghi als Vertreter des Militärs und ein dritter, den er aber nicht näher bezeichnete. Er wollte eine ausgewogene Zusammensetzung des Rates, so daß sich alle Teile der Bevölkerung repräsentiert fühlten. Sicherlich befürwortete er diese kollektive Lösung, damit nicht ein einzelner genügend Einfluß gewann, um ihn ersetzen zu können.

Das Elend und Blutvergießen in diesen unruhigen Zeiten müsse begrenzt, der Zusammenbruch der Wirtschaft, der ein Hauptgrund für die Leiden des Volkes sei, gestoppt werden. Durch die Schwierigkeiten bei der Zollabfertigung an der türkischen Grenze würden die dringend benötigten Lastwagen mit Lebensmitteln aufgehalten. Offensichtlich schätzte er die Situation richtig ein und kannte die Mittel dagegen. Die Frage war nur: Warum hatte er sie nicht angewandt?

Der Schah zeigte sich tief enttäuscht darüber, daß die USA sich nicht direkt an Chomeini gewandt hatten, um ihn zu überreden, das Leiden im Iran zu beenden. Nach seiner Meinung gab es keine Aussicht auf Besserung der Verhältnisse, solange Chomeini sich weigerte, die Regierung Bachtiar zu unterstützen. Er verstand Chomeinis Haltung nicht: schließlich gehörte Bachtiar doch zur Oppositionspartei. Von einer indirekten Kontaktaufnahme mit Chomeini über Mittelsmänner hielt er allerdings nichts. Wie Bill Sullivan und ich war er für eine eindeutige Initiative der Vereinigten Staaten.

Wir mußten unbedingt wissen, woran wir mit Chomeini waren. Das war für uns alle im Iran die entscheidende Frage. Sie ließ sich sicherlich beantworten; denn Botschafter Sullivan und seine Leute hatten sich eingehend um die Opposition gekümmert. (Häufig wünschte ich mir, sie würden sich mit Bachtiar und seinen Anhängern genausoviel Mühe geben.) Meine Verbindungen lagen alle am anderen Ende des politischen Spektrums. Ich besaß überhaupt keine Kontakte zu den Oppositionsparteien. Ich hatte sogar die ausdrückliche Anweisung, keine Verbindung zu ihnen aufzunehmen, von Einzelfällen abgesehen, die jedoch einer vorherigen Absprache mit Washington bedurften.

Der Schah berichtete dann, er werde den Iran in seiner 707 mit seiner Crew verlassen. Man solle das normale Kodewort verwenden, und er säße selbst im Cockpit. Ein erster Aufenthalt war in Assuan geplant, wo er mit Sadat zusammenkommen wollte, ein zweiter zum Auftanken in Rabat oder Madrid. Er war damit einverstanden, an der amerikanischen Ostküste einen Stützpunkt unserer Wahl anzufliegen. Er wollte dort das Flugzeug nicht verlassen, sondern auf dem Weg nach Palm Springs nur noch einmal auftanken. Seine Abreise sollte sich ruhig und geordnet vollziehen, damit nicht der Eindruck entstünde, er fliehe vor dem Chaos. Er nähme nur Urlaub. Er wolle warten, bis die Regierung Bachtiar vom Majlis bestätigt wäre, was für den kommenden Sonnabend zu erwarten sei. In sechs oder sieben Tagen könne er fliegen.

Botschafter Sullivan versprach, diese Fragen mit unserem Präsidenten zu besprechen. Der Schah war bereit, einen Tag auf die amerikanische Reaktion zu warten, wollte seine Abreise aber ungern auf einen späteren Termin als Mittwoch, den 17. Januar, festsetzen.

Wir waren zwei Stunden bei ihm. Er wirkte auf mich ganz anders als bei früheren Audienzen, was offenkundig an seiner Erschöpfung lag. Er begleitete uns zur Tür, wo er uns mit einem überaus herzlichen Händedruck entließ. Überschwenglich dankte er mir für mein Kommen und die Zusammenarbeit mit den Militärs. Er habe großes Vertrauen zu mir, genauso wie seine Generale, und er hoffe, ich würde in meiner Unterstützung für Bachtiar das richtige Maß finden. Er freute sich darüber, daß ich das Militär zu einer kollektiven Anstrengung hatte bewegen können. Das war mir ziemlich rätselhaft, weil er es selbst nie versucht hatte. Sogar gestern noch war er mit ihnen einzeln zusammengetroffen.

Unmittelbar vor seinem Büro nahm mich ein Wachtposten beim Arm, führte mich in einen Nebenraum und sagte: «Sie werden hier gewünscht.» Gleichzeitig begann ein anderer Wachtposten ein Gespräch mit Botschafter Sullivan. Als ich den Raum betrat, fand ich dort General Rabii und General Toufanian vor, beide im Zustand höchster Erregung. Offenbar wollten sie Genaueres über die Abreise des Schah erfahren.

Natürlich lautete ihre erste Frage: «Was haben Sie Seiner Majestät zu seiner Abreise gesagt?» In diesem Augenblick kam Botschafter Sullivan herein. Er hatte sich gewundert, warum ich von ihm getrennt worden war. Das führte zu einem abrupten Ende unseres Gespräches, weil Toufanian und Rabii davon überzeugt waren, daß Sullivan hinter der Abreise des Schah steckte. Rasch fragten sie, wann sie die Winterbekleidung bekämen, und was mit der BBC und Chomeini sei. Ich sagte ihnen, auf der Nachmittagssitzung würde ich ihnen alles erzählen.

Sullivan und ich fuhren zurück in die Botschaft. Unterwegs erzählte ich ihm, was die Generale wirklich gewollt hatten und was ich für die Sitzung der Fünfergruppe vorhatte. Ich mußte stets über den Stand der Planung informiert sein, weil jederzeit der Notfall eintreten konnte. Die Zeit verstrich ohne spürbare positive Ergebnisse. In ein paar Tagen würde der Schah fort sein, und die Bildung der neuen Regierung kam nicht voran. Es gab zwar einige ermutigende Anzeichen – die Zeitungen erschienen wieder, Benzin und Heizöl waren reichlicher erhältlich, die Sperrstunde war gelockert –, doch das genügte nicht. Wir mußten die Wirtschaft ankurbeln und die Regierung Bachtiar in den Sattel heben. Ferner brauchten wir mehr Presseunterstützung für Bachtiar, um der Propaganda der Opposition entgegenzuwirken.

Die antiamerikanische Kampagne hatte einen neuen Höhepunkt erreicht. Die Sprechchöre in den Straßen stellten die Vereinigten Staaten als den Satan des persischen Volkes hin. Die Gefahr für das amerikanische Personal wuchs. Deshalb mußten wir alle entbehrlichen Amerikaner außer Landes schaffen. Die Ausreise von Frauen, Kindern und anderen besonders schutzbedürftigen Personen hatten wir bereits in die Wege geleitet.

Als wir in der Botschaft eintrafen, zog ich sofort einen Zivilmantel über und machte mich auf den vier Kilometer langen Weg zum Sitz des Generalstabs. Beim Verlassen der Botschaft erhielt ich ein Telegramm von General Jones mit eingehenden Anweisungen zum Schutz der wichtigsten Waffen – der F-14, der Luftraketen vom Typ Phoenix und der dazugehörigen Geräte. Ich sollte die Iraner veranlassen, sie auf sichere Stützpunkte im Süden zu verlegen und dort zu sichern. Die iranischen Offiziere waren in diesem Punkt empfindlich. Nach ihrer Auffassung hatten sie die Ausrüstung gekauft und damit war sie ihr Eigentum geworden. Der Druck, der von Washington auf mich ausgeübt wurde, erschien mir nicht eben nützlich.

Im Generalstabskomplex teilte mir der iranische Verbindungsoffizier mit, daß man schon auf mich warte. In Gharabaghis Büro war die ganze Gruppe versammelt, dazu ein neues Mitglied: General Moghaddam, Chef des Savak. Sie brannten darauf, die Antwort zu hören, die ich Rabii und Toufanian im Palast nicht mehr geben konnte. Zunächst teilte ich ihnen mit, daß der Schah die Planung sehr begrüßte und bat, die Ergebnisse so bald wie möglich schriftlich festzuhalten. Das freute General Gharabaghi. Er teilte mir mit, daß die Arbeiten zu meiner Zufriedenheit angelaufen seien und gut vorankämen.

Als ich in unserem Büro vorbeisah, konnte ich mich selbst davon überzeugen. Sie legten gerade fest, welchen Teilen der Streitkräfte welche Aufgaben zufielen. Das Heer war verantwortlich für Lebensmittel, Wasser und Nachschubwege. Die Marine sollte sich um die Ölfelder kümmern. Man verfügte dort über das nötige technische Wissen; einige Marineangehörige arbeiteten sogar schon auf den Ölfeldern. Die Marine übernahm auch die Verantwortung für die psychologische Kriegsführung, Flugblätter, Plakate usw. Die Luftwaffe war zuständig für Elektrizität und Wasserversorgung. In allen Waffengattungen hatte man die Planungsarbeiten begonnen, und obwohl sie sich noch immer mit den Voraussetzungen beschäftigten, waren zweifellos Fortschritte erzielt worden.

Ihren Fragen zur Abreise des Schah wich ich aus, da der Termin noch nicht feststand. Ich bestätigte die Absicht des Schah, das Land zu verlassen. Alles solle ruhig und geordnet vonstatten gehen, jedoch nicht schrittweise, wie sie es vorgeschlagen hätten. General Rabii wußte mit ziemlicher Sicherheit über die Flugpläne des Schah Bescheid. Bei den anderen war ich mir nicht so sicher: Die alte Gewohnheit, den anderen immer um eine Nasenlänge voraus zu sein, war nicht so leicht abzulegen.

Sie hatten sich noch immer nicht über die äußeren Gefahren beruhigt: warum, wußte ich nicht. Es gab keine neuen Hinweise.

Sie waren sich absolut sicher, daß die Russen die Unruhen schürten und darauf spekulierten, ein oder zwei Provinzen von den anderen abzuspalten. Angeblich hatten sie auch Beweise für russische Bestrebungen, das Militär aufzuspalten. Zweifellos gab es einige Soldaten, die zu den Chomeini-Anhängern übergelaufen waren, doch für eine Streitmacht von einigen Hunderttausend Soldaten war die Zahl gering – vielleicht hundert am Tag. Uns waren tatsächlich Berichte über Fälle von Fahnenflucht zugegangen, aber bei vielen Männern handelte es sich um junge Wehrdienstpflichtige. Ihre Desertion bedeutete keine wesentliche Beeinträchtigung der militärischen Schlagkraft.

Ich empfahl der Gruppe, sich hundertprozentig auf die inneren Probleme des Landes zu konzentrieren. Um die äußeren Gefahren würden sich die Vereinigten Staaten kümmern. Ich hatte mit Washington darüber geredet und war mir meiner Sache sicher. Wir hatten sogar schon über konkrete Maßnahmen gesprochen, die zeigen sollten, daß wir es ernst meinten: Bewegung von Flottenverbänden im Indischen Ozean und die Stationierung von F-15-Maschinen in Saudi-Arabien.

Ich glaube, die Sechs begrüßten dies. Dafür bestürmten sie mich wieder heftig mit den alten Klagen über die BBC und den fehlenden direkten Kontakt zu Chomeini. Sie beschwerten sich auch über die Zeitungen in den USA und wollten von meinen Ausführungen über die amerikanische Presse nichts wissen. Ich hatte Minister Brown gebeten, mit Präsident Carter die Möglichkeit zu besprechen, die BBC zu einer zurückhaltenderen Berichterstattung über die Ereignisse im Iran zu bewegen. Meines Wissens hat sich auch ein Savak-Vertreter nach London begeben, um sich dort offiziell zu beschweren. Doch alle Versuche, auf die BBC einzuwirken, blieben erfolglos.

Ich konnte ihnen mitteilen, daß das erste Flugzeug mit Winterbekleidung bereits unterwegs war. Der Verteidigungsminister hatte hervorragend reagiert: die ersten Flugzeuge landeten in Teheran, bevor ich überhaupt ein Bestätigungsschreiben bekam. Bei der Erörterung der Reserven, vor allem des Treibstoffes, erklärten die Sechs, die Produktion sei zwar erhöht worden, doch die Versorgung des Militärs noch unzureichend. Ich riet ihnen, sich irgendwie einen größeren Produktionsanteil zu verschaffen. Inzwischen würde ich Washington über das Problem unterrichten. Sicherlich wüßte man dort Rat, und wenn man einen Tanker schickte. So ließen sich schon Ergebnisse erzielen, bevor die Pläne fertig waren.

Ein anderer Bereich, in dem wir nach meiner Auffassung frühe Resultate erzielen konnten, war der psychologische Kriegsschauplatz. Wir mußten zur Unterstützung der Kräfte, die für Recht und Ordnung eintraten, Flugblätter und Plakate drucken. Das war überfällig. Mit zunehmendem Verkehr entglitt die Lage auf den Straßen jeglicher Kontrolle. Abermals schlug ich eine genauere Beobachtung des Zolls vor, der jetzt große Mengen von Waffen hereinließ – die in den Moscheen gelagert wurden –, während er praktisch alle Nahrungsmittellieferungen unterband. Ich hob hervor, wie empört der Schah über die dadurch entstandene Not im Volk war.

Das Zollproblem bot sich zur raschen Lösung an, weil sie einerseits ein notwendiger Schritt zur Wiederherstellung der Regierungsgewalt und andererseits ein humanitärer Akt war. Beseitigte man dadurch doch die künstlich geschaffene Lebensmittelknappheit. Wenn die Gruppe mit dieser relativ leichten Aufgabe fertig würde, gab ihr das vielleicht auch den Mut, die schwierigeren Aufgaben anzugehen. Die Ölfrage war zwar genauso dringend, aber man hatte mir gesagt, daß die National Iranian Oil Company unter dem Einfluß der Nationalen Front stünde, und daß Bachtiar hoffe, die Versorgung durch seine politischen Verbindungen wieder ankurbeln zu können. Wenn das Militär eingreifen müsse, würde die Marine die Ölindustrie übernehmen. Sie hatte Erfahrungen mit den Großraffinerien, die sich in der Nähe der Tankerhäfen des Landes befanden.

Abermals kamen die Sechs auf die Abreise des Schah zu sprechen. Sie trauten Bachtiar nicht zu, sich behaupten zu können, und hielten deshalb einen Militärputsch sofort nach dem Aufbruch des Schah für die einzige Chance. Ich erwiderte, das sei nur sinnvoll, wenn sie genügend darauf vorbereitet seien. Wie oft ich das noch wiederholen müsse? Wir sollten aufhören, über die Planung immer nur zu sprechen.

Ich berichtete von der Absicht des Schah, im Regentschaftsrat für eine Repräsentation aller gesellschaftlichen Gruppen, auch des

Militärs, zu sorgen. Gharabaghi sagte, die Mitglieder des Nationalen Sicherheitsrates seien zwar bestimmt, aber er werde erst am Sonnabendnachmittag, also in zwei Tagen, zusammentreten. Der Ministerpräsident scheine den Sicherheitsrat ein bißchen auf die leichte Schulter zu nehmen.

Dann folgte eine Überraschung. Gharabaghi sah mich an und fragte, ob und wie weit er Bachtiar über die Pläne unterrichten dürfe. Ich sagte, er und der Ministerpräsident sollten sie doch zusammen ausarbeiten. Es dürfe überhaupt keine Geheimnisse zwischen ihnen geben. Abermals dachte ich, wie hilfreich es wäre, wenn Botschafter Sullivan meine Bemühungen durch entsprechende politische Absprachen mit Bachtiar unterstützen würde. Ich hatte den Botschafter eingehend über alle Treffen der Gruppe unterrichtet. Er wußte, daß nach meinem Konzept die Schlüsselpositionen des Landes zurückgewonnen werden sollten und das Militär dafür eine neue Führung brauchte.

Allerdings machte mir ein anderer Punkt noch mehr Sorge: der fehlende Dialog zwischen Bachtiar und Chomeini. Noch immer verteufelten die Chomeini-Anhänger den Ministerpräsidenten und lehnten jede Verhandlung mit der Regierung ab. Zweifellos glaubten sie, alle Trümpfe in der Hand zu halten. Ich hatte das unbestimmte Gefühl, daß die legale Regierung bei etwas Ermutigung Millionen von Anhängern gefunden hätte. Doch so hielten sich alle zurück.

Nach und nach gelang es mir, die Gruppe wieder aufzurichten, aber es war ein mühseliges Geschäft. Wenigstens schienen sie sich jetzt dazu durchgerungen zu haben, im Iran zu bleiben. Aber noch immer spielten sie mit der unausgegorenen Idee zu putschen.

Als die Sitzung gerade zu Ende ging, berichtete mir Gharabaghi, daß ein neuer Kriegsminister ernannt worden war: General Schafagat – ein Mann ohne besonders hohen Rang, aber mit einem guten Ruf. Alle schienen ihm zu vertrauen und ihn zu achten. Offensichtlich eine gute Wahl – wenn man schon General Toufanian nicht ernennen wollte. Ich sah Toufanian an. Er lächelte: «Das ist schon in Ordnung. Ich verstehe das und werde mit ihm zusammenarbeiten. Ich werde die Arbeit für ihn machen, und er darf den Ruhm einheimsen.» Ursprünglich hatte er mit dem Schah ausreisen wollen, schien jetzt aber bereit zu sein, meinem Rat zu folgen.

Dann passierte etwas ziemlich Verblüffendes. Gharabaghi sagte: «Eines sollten wir Ihnen noch mitteilen. Der Schah hat befohlen, daß wir auf Sie hören, Ihnen vertrauen und mit Ihnen zusammenarbeiten.» Ich fragte, wann das geschehen sei. Sie sagten, bei ihren Treffen mit dem Schah. Es mußten die Audienzen vom Vortag gewesen sein. Vielleicht hatte er sie auch gleich nach meinem Besuch zu sich gerufen. Jedenfalls waren die Befehle nach aller Meinung eindeutig.

Das war gut so. Aber ich mußte vorsichtig sein. Offensichtlich brauchten sie dringend einen neuen Führer. Auf rein militärischer Ebene war das Sache von General Gharabaghi, nicht von mir. Da er der ranghöchste Offizier war, hatte ich mir große Mühe gegeben, ihn in die Führungsrolle zu drängen. Tatsächlich jedoch war General Toufanian diese Rolle zugefallen. Wie schon erwähnt, änderte sich diese Situation jedoch allmählich. Gharabaghi schien das Heft in die Hand zu nehmen, wenn auch noch nicht sonderlich entschlossen. Auf politischer Ebene brauchten sie natürlich einen übergeordneten Führer. Nach meinem Eindruck freuten sie sich deshalb über jeden Erfolg Bachtiars.

Ich wisse die Worte des Schah zu schätzen, bemerkte ich. Ich wolle ihnen gerne mit Rat und Tat zur Seite stehen. Wenn sie irgendwann meinten, ich könne ihnen nicht mehr nützen, würde ich meine Regierung um meine Abberufung bitten. Bis dahin wolle ich ihnen helfen, soweit ich dazu in der Lage sei. Aber natürlich sei es ihr Land. Sie müßten handeln, und ihr Führer sei General Gharabaghi. Es gäbe zwar keinen Grund, besonders optimistisch in die Zukunft zu blicken, aber sie hätten einen guten Regierungschef. Wenn sie ihn rückhaltlos unterstützten und ihre Pläne fertigstellten, sei er ihre beste Karte. Je rascher ihre Fortschritte, desto größer ihre Erfolgsaussichten.

Damit nahmen wir herzlich voneinander Abschied. Offensichtlich meinten sie es wirklich ernst. Vielleicht war Wunschdenken im Spiel, aber ich hatte das Gefühl, daß sie nunmehr die besten Absichten hatten. Meine Sorge blieb, ob sie sich ihrer Verantwortung auch wirklich stellen würden.

General Gast und ich gingen in unser Büro. Ich sah die Post und die Berichte des Nachrichtendienstes durch, bevor ich dann in die Botschaftswohnung zurückkehrte. Ich aß mit dem Botschafter und seiner Frau zu Abend und unterrichtete ihn über die Ereignisse des Tages. Dabei ging ich alle Punkte durch, die ich auch in meinem Bericht an Minister Brown berücksichtigen wollte.

Ich fragte den Botschafter nach einer eventuellen Verabredung mit Bachtiar. Der Botschafter hatte ein solches Treffen angeboten, aber von Bachtiar bisher noch keine Antwort erhalten. Sullivan wollte nicht drängen, damit der Ministerpräsident nicht wie der Schah in den Ruf geriet, eine Marionette der Amerikaner zu sein. Einer seiner größten Vorteile für uns, so der Botschafter, sei seine Unabhängigkeit, seine Zugehörigkeit zur Opposition. Die Presseberichte, in denen von der rückhaltlosen Unterstützung der Vereinigten Staaten für Bachtiar die Rede war, könnten ihm deshalb nicht sehr angenehm sein. Meiner Meinung nach hätte man das Militär bei einer Verständigung zwischen dem Botschafter und Bachtiar eher zu einer Zusammenarbeit bewegen können. Doch meine Auffassung wurde von den Leuten im Außenministerium offensichtlich nicht geteilt. Der Weg wurde nicht beschritten. Sullivan und ich hatten vereinbart, daß sich jeder nur um seinen Bereich kümmerte, der eine um die Politik, der andere um das Militär. Deshalb mußte alles, was ich Bachtiar mitteilen wollte, über den Botschafter laufen. Während des gesamten Auftrags bin ich nie mit dem Ministerpräsidenten zusammengetroffen oder in direkter Verbindung mit ihm gewesen.

Botschafter Sullivan und ich tauschten unsere Eindrücke von der Audienz beim Schah aus. Augenscheinlich war dieser am Ende seiner Kräfte. Es machte keinen Sinn für ihn, noch länger im Iran zu bleiben und als Zielscheibe für die wachsenden Feindseligkeiten der Öffentlichkeit zu dienen. Uneins waren wir nur über den Zeitpunkt seiner Abreise. Meiner Meinung nach brauchten wir noch ein paar Tage, um sicherzugehen, daß das Militär im Lande bleiben und keinen übereilten Putschversuch unternehmen würde. Überdies würde es einfacher werden, sobald Bachtiar vom Parlament bestätigt war. Die Generale hatten des öfteren Vorbehalte angemeldet, mit einer Gruppe zusammenzuarbeiten, deren rechtlicher Status ungeklärt war.

Der Botschafter und ich waren davon überzeugt, daß der Schah meinte, was er sagte: Er hatte nicht vor, das Land auf Dauer zu verlassen, und er dachte überhaupt nicht daran, auf den Thron zu verzichten. Unter dem Vorwand, einen Urlaub anzutreten, ging er nur außer Landes, um der Regierung Bachtiar eine Chance zu geben. Sicherlich wollte er zurückkehren, sobald sich die Lage beruhigt hatte oder das Militär einen Putsch versuchte. Nach Meinung vieler Leute begab er sich nur nach Assuan. Das Militär würde putschen und er sofort zurückkehren. Wie ich es sah, scheute der Schah das unvermeidliche Blutvergießen und wollte sich deshalb nicht an einem Putsch beteiligen. Zu einem Zeitpunkt, als die Verluste wahrscheinlich noch in Grenzen zu halten waren, hatte er nicht hart genug durchgegriffen. Jetzt war er psychisch und physisch noch weniger in der Lage, sich zu einem harten Kurs durchzuringen. Doch abgesehen davon, was konnte ein Putsch bringen? Das Militär war bei seinem Versuch, die Regierungsgeschäfte zu führen, gescheitert. Erforderlich war ein strenges Kriegsrecht, durchgesetzt vom Militär unter Führung einer tüchtigen Zivilregierung. Um 22 Uhr 30 rief ich Minister Brown an und berichtete ausführlich über unsere Audienz beim Schah. Dann las mir der Minister die Instruktionen, die Botschafter Sullivan am 28. Dezember und mir am 4. Januar übermittelt worden waren, noch einmal sorgfältig vor. Das schockte mich. Glaubte man in Washington, ich würde diesen Befehlen nicht Folge leisten? Es war mir ein Rätsel. Ich war mir auch nicht bewußt, ins Stolpern geraten zu sein. Es gab lediglich eine Reihe tendenziöser Artikel. In einem wurde General Chosrodad zitiert: Wenn der Schah versuche, das Land zu verlassen, werde das Militär dies nicht zulassen, und falls es ihm dennoch gelänge, würde das Militär die Macht ergreifen. Auf der ersten Seite des *Tehran Journal* sollte ein Bericht gestanden haben, nach dem der Schah seine Generale zu sich gerufen und ihnen befohlen hatte, auf mich zu hören. Hatten diese Meldungen etwa Minister Brown beunruhigt? Befürchtete er, daß ich über die Rolle des Beraters hinausging?

Ich hörte aufmerksam zu. Es gab keine Änderungen. Er las die Anweisungen genauso vor, wie ich sie erhalten hatte. Dann hielt er mir einen längeren Vortrag. Das Militär müsse die Zivilregierung hundertprozentig unterstützen, wenn es seinerseits Hilfe von der amerikanischen Regierung erwarte. Wenn der Versuch fehlschlage, müßten wir alles Erdenkliche unternehmen, um die Ordnung wiederherzustellen.

Ich hatte allmählich das Gefühl, auf einem sehr schmalen Grat zu wandern. Man erwartete von mir alle möglichen Anstrengungen, einer prowestlichen Zivilregierung in den Sattel zu helfen – und zwar nicht irgendeiner Zivilregierung, sondern der Regierung Bachtiar. Die Gratwanderung aber bestand darin, daß ich bei einem Scheitern der Regierung genau im richtigen Augenblick für militärische Aktionen zu sorgen hatte. Das entsprach nicht ganz meinen bisherigen Richtlinien, nach denen ich keine Weisungen, sondern nur Ratschläge erteilen sollte. Ich legte Minister Brown diese Auffassung dar, und abermals erhielt ich von ihm die klare Anweisung, mich strikt auf die Rolle des Beraters zu beschränken und nur Empfehlungen auszusprechen.

Es war nicht leicht, über das antiquierte Sicherheitstelefon, das selbst zu besseren Zeiten kaum gelangt hätte, den genauen Sinn der neuen Anordnungen aus Washington zu begreifen. Deshalb hielt ich es für richtig, diese Anweisungen noch einmal zu wiederholen: Einer amerikafreundlichen Zivilregierung solle nach Washingtons Wunsch absoluter Vorrang eingeräumt werden. Wenn es den Anschein habe, daß dessen Haltung feindselig sei oder die Regierung scheitern würde, solle ich militärische Schritte veranlassen. Ich sagte, ich hätte mich genau nach diesen Anweisungen gerichtet. Das iranische Militär wisse, daß es bedingungslos hinter Bachtiar stehen müsse, um auf die Unterstützung der USA zählen zu können.

Minister Brown fragte, ob die Militärs auf ein mögliches Eingreifen vorbereitet seien. Die Frage überraschte mich, denn erst am Vorabend hatte ich mit ihm die Planungen besprochen. Um jedes Mißverständnis auszuschließen, ging ich sie noch einmal in allen Einzelheiten durch. Er müsse sich auch auf einige massive Hilfsgesuche gefaßt machen; denn das Heer verfüge über keine Kriegsreserven. Dringend erforderlich seien Benzin und Diesel für die Armee. Ich bat Washington nachzuforschen, wie sich dieser Bedarf decken ließe. Vielleicht befand sich ein Tanker auf hoher See, der in einen iranischen Hafen umgelenkt werden könnte.

Abermals wies ich ihn unmißverständlich auf die nachteiligen

Auswirkungen der BBC-Programme hin und bat ihn, etwas dagegen zu unternehmen. General Jones, der Vorsitzende der Vereinigten Stabschefs, warf ein, er habe dieses Thema bereits auf höchster Regierungsebene erörtert und die Zusage erhalten, daß man sich mit den Engländern in Verbindung setzen werde. Viel Hoffnung habe man ihm allerdings nicht gemacht.

Wieder bat ich um eine direkte amerikanische Kontaktaufnahme mit Chomeini. Nach meiner Überzeugung stand das Militär hinter Bachtiar. Im Augenblick waren die Generale entschlossen zu bleiben. Das mochte sich aber ändern, wenn der Tag der Abreise wirklich käme. Damit beendeten wir unser Gespräch.

Was für ein Tag! Die Menschenansammlungen hatten zugenommen und mit ihnen die Gefahren auf den Straßen. Ich hatte zwei Sitzungen mit der Fünfer- beziehungsweise Sechsergruppe gehabt, eine Audienz beim Schah, ein langes und kompliziertes Telefongespräch mit Minister Brown, und zu allem Überfluß hatte der es auch noch für nötig befunden, mir meine Anweisungen vorzulesen und anzudeuten, daß er über unsere Planungen nicht informiert sei.

Ich war völlig erschöpft und ging mit der Erwartung zu Bett, daß ich sofort in tiefen Schlaf falle. Doch das war ganz und gar nicht der Fall. Minister Browns Bemerkungen ließen mir keine Ruhe. Ich hatte das *Tehran Journal* nur überflogen, weil ich den ganzen Tag über zuviel zu tun gehabt hatte, also stand ich auf und holte mir die Zeitung. Auf der ersten Seite stand, Bachtiar habe Chosrodad zurechtgewiesen. Der General solle sich nicht einbilden, er könne ihn oder den Schah herumkommandieren. Wenn der Schah außer Landes gehen wolle, so sei das seine Sache und wahrscheinlich das Beste, was er für die neue Regierung tun könne.

In der nächsten Spalte hieß es, Chosrodad sei nach Kerman versetzt worden. Das kam offensichtlich einer Kaltstellung gleich. In demselben Artikel wurde berichtet, der Schah habe seine Generale angewiesen, auf den US Air Force-General Robert Huyser zu hören, der sich in Teheran aufhalte, um Bachtiar zu unterstützen. Weiter hieß es, der Schah habe sich für die von den Amerikanern – und Engländern – vorgeschlagene Bachtiar-Lösung ausgesprochen.

Das *Wall Street Journal* berichtete unter anderem von der Furcht der neuen iranischen Führung vor einem Militärputsch. Danach hatte Bachtiar erklärt, er wolle «alles in meiner Macht Stehende tun, um einen Staatsstreich durch schahtreue Offiziere zu verhindern». (Ähnliche Berichte waren in der *Washington Post* und *New York Times* zu lesen.)

Auch die Nachrichtensendungen der BBC hatten sich mit dem Thema befaßt. Laut Barry Dunsmore hatte Minister Vance abgestritten, daß die USA sich im Iran einmischten, um dort lebenswichtige amerikanische Interessen zu schützen. Zum Huyser-Auftrag habe Vance erklärt, ich hätte in Teheran nicht nur technische Fragen besprochen, sondern auch das Militär gedrängt, die Zivilregierung zu unterstützen. Dunsmore äußerte die Vermutung, ich würde die Generale von einem Putsch wahrscheinlich nicht nur mit freundlicher Überredung abzuhalten versuchen. Nach diesem Bericht besänftigte ich die Generale durch das Versprechen auf amerikanisches Militärgerät, und das, obwohl die iranischen Banken geschlossen waren und kein Geld zur Bezahlung der Lieferungen vorhanden war. Das sei vielleicht, hieß es, ein hinreichender Anreiz, komme aber wohl ebenso wie die Entscheidung, den Schah fallenzulassen, zu spät.

Vielleicht dachte Washington, diese Berichte gingen auf Kontakte zwischen General Chosrodad und mir zurück. Dabei hatte ich sorgfältig alle Begegnungen mit ihm vermieden. Zwar waren wir alte Freunde, aber er stand in dem Ruf, zu ungestüm und nicht verschwiegen genug zu sein. Außerdem befürchtete ich, daß die Gruppe solche Kontakte nicht gerne sähe. Keinesfalls will ich ihn hier aber schlecht machen; denn er war ein hervorragender Offizier, hochintelligent und außerordentlich tapfer. Vielleicht wäre alles viel besser gelaufen, wenn er Generalstabschef gewesen wäre.

Bevor ich wieder zu Bett ging, beschloß ich, gleich am nächsten Morgen einen schriftlichen Bericht nach Washington zu schicken. Ich hielt es für erforderlich, die gesamte Situation ausführlich darzulegen, um künftig jedes Mißverständnis zwischen mir und der amerikanischen Regierung auszuschließen.

Beim Einschlafen überlegte ich, was wir auf der Habenseite verbuchen konnten. Wir hatten einen Flugzeugträger in den Indischen Ozean entsandt. In Washington hatte man vor, F-15-Maschinen nach Saudi-Arabien zu verlegen. Winterbekleidung für die iranische Armee war schon unterwegs. Es gab eine neue Solidarität zwischen den militärischen Führern. Wir hatten guten Grund zur Annahme, daß sie blieben, wenn der Schah ins Ausland ging. Die Frage war nur, wie sie reagieren würden, wenn er es wirklich tat. Würden sie sich nach den Erfordernissen der Situation richten oder aus heiterem Himmel einen Putschversuch unternehmen, der nach meiner Meinung zum Scheitern verurteilt war?

Freitag, 12. Januar 1979

Ich stand um sechs Uhr auf. Dies schien mir notwendig, um der Menge auf der Straße zuvorzukommen, die mit jedem Tag anwuchs. Seit die Öffentlichkeit auf meine Anwesenheit aufmerksam geworden war, schwebte ich in immer größerer Gefahr, so daß die Vorsichtsmaßnahmen verschärft werden mußten. Wir erhöhten die Zahl der persönlichen Leibwächter und benutzten jeden Tag andere Routen und Wagen – keine amerikanischen, sondern iranische, die alt genug waren, keinen Verdacht zu erregen. Dabei mußten wir uns aber darauf verlassen können, daß sie nicht mitten auf der Straße stehenblieben; denn dort gab es genügend Leute, die mich liebend gern in die Finger bekommen hätten. All das führte zu einem Tagesablauf, der mir zwischen dem Anruf in Washington und dem frühmorgendlichen Aufbruch nicht mehr als drei bis vier Stunden Schlaf ließ. Gott sei Dank wußte ich nicht, daß es noch fast drei Wochen so weitergehen sollte!

Als ich in meinem Büro beim Generalstab vorbeisah, erfuhr ich, daß General Gharabaghi bei Bachtiar war und mich deshalb bat, die Sitzung auf den Nachmittag zu verschieben. Das störte mich nicht, im Gegenteil, mir war sehr daran gelegen, meine Position gegenüber Washington zu klären. Gerade als ich damit anfangen wollte, erhielt ich einen Anruf von General Rabii. Ob ich ihn in seinem Hauptquartier auf dem Stützpunkt Doschan Tappeh aufsuchen könne? Etwas heikel, weil nach meiner eigenen ungeschriebenen Regel doch nur alle gemeinsam in der Gruppe zusammenkommen sollten. Doch als ich die Angst in seiner Stimme hörte, schien es mir besser, ihn aufzusuchen. Meine Sicherheitsleute hielten Doschan Tappeh für den bei weitem gefährlichsten Ort in der Stadt. Sie nannten ihn «Little Bighorn». Ich war «General Custer», und der Leiter meiner Sicherheitsgarde, Frank Jones, hieß «Major Reno». Darüber war ich nicht besonders glücklich, weil doch bei «Custers letztem Gefecht» Major Reno als einziger überlebte. Ich muß hinzufügen, daß Frank Jones einer der pflichtbewußtesten und loyalsten Männer war, die mir je begegnet sind. Ich glaube, es ist nicht zuletzt sein Verdienst, daß ich noch lebe.

Meine Sicherheitsleute fragten noch einmal rasch beim Stützpunkt an. Es gab zwar Zusammenrottungen, aber keine schien gewalttätig oder unberechenbar zu sein. Als wir hinauskamen, stießen wir auf große Menschenansammlungen, und unsere Autokolonne erregte beträchtliches Aufsehen. Mehrfach versuchte man, uns zu stoppen. Menschen stellten sich in den Weg, warfen sich auf die Motorhauben oder schoben uns Fahrzeuge vor die Autos. Schließlich kamen wir aber doch durch. General Rabii empfing uns an der Eingangstür. Sobald wir in seinem Büro waren, geriet er völlig aus dem Häuschen. Die Abreise des Schah rücke immer näher, und er wisse aus sehr zuverlässiger Quelle, daß allen Generalen, bis hinab zu den Generalmajoren, sofort der Prozeß gemacht würde. Ich fragte, was man ihnen denn um Himmels willen vorwerfe. Er sagte, der Hauptvorwurf sei Bestechlichkeit. Es gebe aber auch Anhaltspunkte dafür, daß alle, die den Schah oder Bachtiar unterstützt hätten, vor Gericht gebracht würden.

Ich sagte, dies könne nur geschehen, wenn Bachtiar scheitere und die Chomeini-Anhänger an die Macht kämen. Er wich aus und erklärte, ihm werde sicherlich der Prozeß gemacht, sobald der Schah außer Landes sei.

Häufig habe ich mir während meiner Aufgabe ein Psychologie-Diplom gewünscht. Ich bearbeitete ihn mit allen Mitteln: Wenn er sich richtig ins Zeug lege und sich für die Zivilregierung einsetze, könne ihm gar nichts geschehen und den anderen Generalen auch nicht. Da Bachtiar vom Schah ernannt war, konnte ich beim besten Willen keine Gefahr für die hohen Offiziere erkennen.

Er wisse von meinen Bemühungen, meine Regierung zu einem Treffen mit Ayatollah Chomeini zu bewegen, um dessen Absichten herauszufinden und ihn für eine Zusammenarbeit zu gewinnen. Dafür sei ja auch er, Rabii, bisher eingetreten, doch nun halte er jeden Versuch, mit den religiösen Führern zu einer vernünftigen Einigung zu kommen, für vergeblich; denn sie seien von Kommunisten unterwandert. Er wisse zum Beispiel von einem, der vor fünfzehn Jahren in Rußland ausgebildet wurde und nun in den Iran geschickt worden sei, um den richtigen Augenblick abzuwarten. Dieser sowjetischen Methode begegnete ich nicht zum erstenmal. Ich glaube, nur wenige Leute machen sich eine Vorstellung davon, wie sorgfältig und langfristig die Russen planen, um ihre Ziele zu erreichen.

Wir gingen das Ganze noch einmal von vorne durch. Wenn er nicht mit dem Schah zusammen das Land verlasse, erklärte General Rabii, bliebe nur noch ein sofortiger Putsch. Ein weiteres Mal machte ich ihm klar, daß ein solches Unternehmen nur durchzuführen sei, wenn sie schnell mit der Planung zu Rande kämen. Zunächst aber sollte auf den ausdrücklichen Wunsch Washingtons die Zivilregierung eine Chance bekommen. Allerdings war ich bei entsprechender Planung nicht grundsätzlich gegen eine Machtübernahme durch das Militär. Tatsächlich ließen sich Situationen denken, in denen ich einen solchen Schritt wärmstens empfohlen hätte.

Wieder zog Rabii gegen die Vereinigten Staaten vom Leder. Bei unserer Stärke könnten wir Chomeini leicht in Schach halten. Zumindest könnten wir ihn so unter Druck setzen, daß er sich künftig auf die Religion beschränke und aus der Politik heraushielte. Ich entgegnete, so etwas habe Washington vielleicht in der Vergangenheit getan, heute aber ginge es nicht mehr. Wenn das Militär Chomeini für so wichtig halte, könne ich nicht verstehen, warum es nicht selbst etwas unternähme – schließlich sei für Geld fast alles zu haben.

Laut General Rabii war jedoch kein Iraner zu einer solchen Tat gegen einen religiösen Führer fähig: sie sei völlig unvereinbar mit dem Gesetz des Islam. Mir kam allerdings seltsam vor, daß das moslemische Gesetz eine solche Handlungsweise so lange duldete, wie jemand anderes die Schmutzarbeit erledigte.

Das Telefon klingelte. Man teilte Rabii mit, daß Seine Majestät am Apparat sei. Gast und ich wollten das Zimmer verlassen, aber Rabii winkte ab. Geheimnisse konnten wir ohnehin nicht erlauschen; denn das Gespräch fand auf Farsi statt. Als er auflegte, wurde er außerordentlich wütend. Der Schah hatte ihn aufgefordert, sich an den Flugplan zu machen. Der Zeitpunkt rücke näher, der Flugplan müsse fertiggestellt, die Mannschaft in Bereitschaft versetzt und das Flugzeug startklar gemacht werden.

General Rabiis Gemütsverfassung war beunruhigend. Er hatte fast einen Tobsuchtsanfall. Man könne den Schah nicht gehen lassen. Wenn er versuche zu starten, müsse man die Rollbahn blokkieren. Wenn er doch nach oben käme, müsse man ihn abschießen. Nur er könne das Land noch zusammenhalten. So fuhr er noch eine Zeitlang fort. Ich wartete ab, bis er seinem Herzen Luft gemacht hatte, dann brachte ich ihn mit ein paar barschen Worten zur Besinnung. Es wurde allmählich zur Gewohnheit in meinem Umgang mit Rabii, und es verfehlte auch diesmal seine Wirkung nicht. Aber ich mußte wieder von vorne anfangen: Unsere einzige Hoffnung sei, Bachtiar eine faire Chance zu geben etc. Abermals stimmte er mir zu, und abermals schien er sich ein bißchen zu schämen.

Eine seiner Ordonnanzen unterbrach uns. Ich wurde am Telefon verlangt. General Toufanian war am Apparat. Er hatte von meinem Besuch bei General Rabii erfahren und wollte mich noch vor der Nachmittagssitzung sehen. Es sei in einer persönlichen Angelegenheit. Ich erklärte mich bereit. Als ich ging, umarmte mich Rabii und gab mir einen herzlichen iranischen Kuß auf beide Wangen. Er stand unter großer Anspannung, weil der Mann, den er so sehr verehrte, offensichtlich im Begriff war, für immer von der politischen Bühne abzutreten.

Sie fingen also an, die Spielregeln zu verletzen und sich einzeln mit mir zu treffen. Noch hatte ich es im Griff, aber ich mußte es in der Nachmittagssitzung offen erörtern. Die anderen wußten von meiner langjährigen Freundschaft mit Rabii und Toufanian. Ich wollte nicht, daß sie irgendwelchen Verdacht schöpften. Vor allem wollte ich vermeiden, sie wie der Schah gegeneinander auszuspielen.

Wir trafen General Toufanian sehr nervös und aufgeregt an. Er versuchte zwar, seine Erregung zu verbergen und ruhig zu wirken, aber es war nur eine Frage der Zeit, bis er die Nerven verlieren würde.

Ich berichtete von meinem Treffen mit General Rabii. Er sei wieder mit von der Partie und bereit, die Gruppe zu unterstützen. Nun konnte Toufanian nicht mehr an sich halten. Ihm lag die Ernennung des neuen Kriegsministers auf dem Magen. Sie traf ihn in seiner Berufsehre und seinem persönlichen Stolz. Er verstand einfach nicht, wie der Schah ihn übergehen konnte. Er hatte den Schah nie hintergangen und sich nie auf krumme Geschäfte eingelassen. Er verstand nicht, warum er keinen Posten bekam, der seinen Fähigkeiten entsprach.

Zweifellos entsprach der Titel des Vizeministers, den Toufanian trug, weder seinen Fähigkeiten noch seinen Pflichten. Er nahm schließlich die Aufgaben des Ministers wahr und traf alle Entscheidungen. Er konnte sich das nur so erklären, daß die Leute fälschlicherweise glaubten, er habe sich unrechtmäßig bereichert, Gelder von den Rüstungskäufen abgezweigt und bei den Regierungsaufträgen an seine Fabrik in die eigene Tasche gewirtschaftet. Sicherlich habe er viel Geld verdient, meinte er, aber nur völlig legal.

Enttäuscht war Toufanian auch über die Abreise des Schah. Wenn es dazu käme, sei alles verloren. Ihn selbst werde man vor Gericht stellen und im günstigsten Falle umbringen, schlimmstenfalls aber vorher verstümmeln und foltern. Wenn der Schah sofort ausreise, würde Bachtiar stürzen. Jeder Versuch, ihn zu stützen, wäre vergeblich. Man müsse innerhalb weniger Stunden einen Militärputsch über die Bühne bringen.

Verärgert gab ich zurück, wenn das ihre Meinung sei, hätten sie sich das Ganze ein bißchen rechtzeitiger und gründlicher überlegen müssen. Mir fiel nicht leicht, so grob mit General Toufanian umzuspringen; denn er war ungefähr elf Jahre älter und zehn Jahre länger im Dienst als ich. Außerdem war er ein erfolgreicher Manager und ein feiner Mensch. Aber manchmal schien es bei ihm kein anderes Mittel zu geben, als laut zu werden und ihn wieder in die Wirklichkeit zurückzuholen. Auch bei dieser Gelegenheit ließ ich es denn nicht an der nötigen Lautstärke und Deutlichkeit fehlen.

In vernünftigerem Ton fragte er mich nun, was wir hinsichtlich der BBC unternommen hätten. Ich teilte es ihm mit. Dann kam er auf Chomeini zu sprechen. Wenn der endlich ausgeschaltet würde, gäbe es einen Haufen Probleme weniger. Nach seiner Ansicht mußte es einen Weg geben, den Ayatollah zu bremsen. Vielleicht, indem ihm die französische Regierung das Telefon sperrte. In den Moscheen würden Bänder jüngsten Datums abgespielt, die offensichtlich telefonisch besprochen wurden. Das müsse doch zu unterbinden sein. Ich schlug Toufanian vor, in der Gruppe einen Plan zur Übernahme des iranischen Fernsprechnetzes auszuarbeiten. Sie würden ihn sicherlich noch brauchen. Außerdem sei es töricht gewesen, den Zoll aus der Hand zu geben. So könnten Chomeinis Bänder wie auch Waffen und Munition ungehindert ins Land gelangen. Das leuchtete ihm ein, und wir einigten uns, die Planungsarbeiten mit großem Nachdruck voranzutreiben.

Bevor ich ging, teilte ich ihm mit, daß ich mich mit ihnen nicht mehr einzeln treffen werde, sondern nur noch in der Gruppe. Wir mußten als Team arbeiten, das Bachtiar hundertprozentig unterstützte. Wenn Bachtiar scheiterte, galt es, als *Gruppe* über den nächsten Schritt zu entscheiden.

Wie zuvor spürte ich unter General Toufanians rauher Schale aufrichtige Zuneigung. Diesmal schlug mir auch in den Vorzimmern eine ähnliche Stimmung entgegen: ein unterschwelliges Bedürfnis nach Freundschaft und Herzlichkeit. Als ich die Treppe hinunterging, gaben mir sogar die Gesten, Berührungen und freundlichen Worte der Wachen dieses Gefühl. Ein seltsames Unbehagen beschlich mich. Diese Menschen hatten offenbar das Empfinden, auf verlorenem Posten zu kämpfen. Trotzdem hatten sie noch nicht völlig aufgegeben. Sie brauchten Führung, sie brauchten Zuneigung und Freundschaft. Damit trug ich eine große Verantwortung.

Gegen 14 Uhr kamen wir mit der Fünfergruppe zusammen. Ich eröffnete die Sitzung, indem ich General Gharabaghi von meinen Einzelgesprächen mit Rabii und Toufanian berichtete. Daraufhin erzählte uns Gharabaghi von seinem Treffen mit Bachtiar am Morgen. Alle Gruppenmitglieder und Bachtiar waren beim Schah gewesen. Dieser habe seinen Entschluß bestätigt. Er werde in Urlaub fahren, und sie sollten Bachtiar nach besten Kräften unterstützen. Ferner habe er wiederholt, daß sie auf mich hören und mir vertrauen sollten. Schließlich habe er die Notwendigkeit einer rechtzeitigen Plaung bekräftigt.

Am Sonnabend sollte eine Sitzung des Nationalen Sicherheitsrates sein. General Gharabaghi wollte teilnehmen, unter Umständen auch die ganze Gruppe. Das sei großartig, erklärte ich. Bachtiar mache offensichtlich Fortschritte und beweise damit sein Vertrauen zum Militär. Sie sollten sich alle um eine Teilnahme bemühen. Gharabaghi wünschte ein abermaliges Treffen der Gruppe mit mir noch vor der Sitzung des Nationalen Sicherheitsrates sowie ein weiteres danach. Dann kam er auf die angeforderte Winterbekleidung zu sprechen, und ich konnte ihm melden, daß die erste Flugzeugladung bereits unterwegs sei – eine unglaublich schnelle Reaktion unserer Regierung. General Toufanian hatte versprochen, eine Empfangsbestätigung aufzusetzen.

Gharabaghi verlangte eine größere Zuteilung von Erdölprodukten für das Heer. Es besaß noch immer keine entsprechenden Reserven. Ebenfalls war es noch nicht gelungen, von der National Iranian Oil Company bessere Quoten für das Militär zu bekommen. Hinter dieser Weigerung schien die Absicht zu stecken, die Treibstoffvorräte des Heeres völlig auszutrocknen und so die Truppen bewegungsunfähig zu machen. Ich versicherte den Generalen, Washington werde bestimmt rasch handeln. Wir würden einen Tanker herbeiordern. Sie brauchten ihn nur zu entladen und die Fracht dorthin zu schaffen, wo sie am meisten gebraucht wurde. Ich schlug vor, diese Aufgabe einer Sondergruppe zu übertragen und ihr in der Gesamtplanung Vorrang einzuräumen. Die übrigen Planungen schienen inzwischen auf vollen Touren zu laufen. Die Iraner entwickelten viel Initiative, während unsere Leute sich strikt auf die Rolle der Berater beschränkten. Sie stellten nur Fragen und überließen die Planung den iranischen Stabsoffizieren. Gharabaghi hatte sie besucht, was ich für sehr gut hielt.

Dann sprach ich über die Abreise des Schah. Der Abgang sollte würdevoll sein, keine Flucht, mit einer feierlichen, vom Fernsehen übertragenen Verabschiedung am Flughafen Mehrabad. Bei dieser Gelegenheit sollte deutlich gemacht werden, daß nun Bachtiar die politische Verantwortung für das Land trug.

Während der Sitzung begann ich, General Gharabaghi in die Führungsrolle zu manövrieren. Er mußte Toufanian verdrängen. Zwar wackelten ihm noch etwas die Knie, aber er konnte es sicherlich schaffen. Ich forderte ihn auf, sich an die Spitze aller Streitkräfte zu stellen und ihnen klar zu machen, was sie für ihr Land tun könnten. Eine straffe Führung würde wahrscheinlich auch die Zahl der Fahnenflüchtigen vermindern. Zwar war sie noch immer gering, doch konnte irgendwann der Damm brechen, und dann war kein Halten mehr. Wahrscheinlich würde das Militär neue politische Initiativen entwickeln müssen. General Gharabaghi sollte sie ausarbeiten und Bachtiar unterbreiten.

Wir waren seit über vier Stunden zusammen und beschlossen, es für heute genug sein zu lassen. Es wurde Zeit, mich mit Minister Brown in Verbindung zu setzen. Ich wußte noch immer nicht genau, warum er mir die Richtlinien noch einmal vorgelesen hatte. Ich war ohnehin schon besorgt über die Unstimmigkeiten zwischen meinem eigenen Vorgehen und dem des Außenministeriums. Wenn mittlerweile in Washington der Eindruck herrschte, daß ich eigene Wege ging, brauchte ich Klarheit, bevor ich weitere Schritte unternahm. Deshalb setzte ich ein Fernschreiben an Minister Brown auf, in dem ich ihm eingehend darlegte, was ich hier tat.

Meine Instruktionen lauteten: Washington brauche dringend eine starke, stabile und amerikafreundliche Regierung im Iran. Der Präsident sei sehr beeindruckt vom iranischen Militär und wünsche, daß es die Zivilregierung unterstütze. Der einzige Kommentar, den ich von mir aus hinzufügte, war die Aufforderung, das Blutvergießen auf ein Mindestmaß zu beschränken. Doch das hatte mir Washington selbst mehr als einmal zu verstehen gegeben. Ebenso die Auflage, daß das iranische Militär nur dann auf bedingungslose amerikanische Unterstützung rechnen könne, wenn es sich eindeutig hinter Bachtiar stelle.

Ich nannte in meinem Bericht drei Möglichkeiten für Bachtiar, sich des Militärs zu bedienen. Erstens, er konnte mit Hilfe der Streitkräfte die legale Regierungsgewalt ausüben. Zweitens, wenn das fehlschlug, konnte er das Kriegsrecht einführen und entscheidende Einrichtungen vom Militär kontrollieren lassen. Drittens, wenn sich auch dieser Versuch als undurchführbar erwies, konnte der Ministerpräsident einen regelrechten Militärputsch veranlassen.

Ich wollte in Washington nicht den Eindruck erwecken, daß ich mich für einen Fachmann auf dem Gebiet der Regierungsbildung hielt. Meine Aufgabe war die Zusammenarbeit mit dem Militär. Trotzdem sollten sie wissen, welche politischen Optionen für mich erkennbar waren. Nachdem sich der Schah entschlossen hatte, das Land zu verlassen, war Option A die beste: eine erfolgreiche Regierung Bachtiar. Option B bedeutete einen zeitlich begrenzten Erfolg Bachtiars, der letztlich aber scheitern würde. Das schloß eine neue Zivilregierung nicht aus. Sie würde nicht nur dem Westen genehm, sondern auch für Chomeini und die religiösen Fraktionen akzeptabel sein müssen. (Zu diesem Zeitpunkt stand noch nicht fest, ob Chomeini zur Zusammenarbeit mit dem Westen überhaupt bereit war. Schließlich schien er sich aller Parteien zu bedienen, um seine Sache voranzubringen. Mehdi Bazargan erfüllte die oben genannten Voraussetzungen wohl am ehesten.)

Wenn Option B fehlschlug, bedeutete Option C einen Militärputsch mit entschlossenen Maßnahmen zur Beendigung der Streiks und Wiederherstellung der Ordnung. Die restlichen Optionen waren (D) eine Islamische Republik unter Chomeini und (E) eine kommunistische Regierung. Weder für den damaligen, noch für irgendeinen späteren Zeitpunkt schloß ich diese letzte Möglichkeit aus. Ich glaubte, mit Chomeini an der Macht würde sich die Lage derart verschlechtern, daß die Kommunisten ans Ruder kämen. Eine ihrer klassischen Strategien besteht ja darin, ausländische Umwälzungen und Unruhen anzuheizen, um dann zur Lösung der Probleme ihre geschulten Führungsleute einzuschleusen.

Ich hielt es für angebracht, von Toufanians und Rabiis Auffassungen zu berichten. Ich erzählte, daß beide für einen Militärputsch gleich nach der Abreise des Schah plädierten, weil sie nicht sicher waren, was sonst mit den Streitkräften geschieht. Ich kam auch auf Toufanians Angst zu sprechen, im Falle seiner Verhaftung könnten etliche technische Geheimnisse des Westens in falsche Hände geraten. Schließlich berichtete ich von Rabiis Auffassung, daß sich gleich nach dem Fortgang des Schah die Streitkräfte auflösen und alle jungen Männer zu Chomeini überlaufen würden. Ich selbst, sagte ich, glaube nicht eine Minute daran. Denn trotz des ganzen antiamerikanischen Tamtams hatte ich festgestellt, daß alle iranischen Soldaten begeistert Haltung annahmen und grüßten, wenn ich in amerikanischer Uniform bei den Truppen auftauchte. Da sie keinen ausländischen Offizier zu grüßen brauchten, war es offensichtlich Ausdruck ihrer freundlichen Gesinnung. Nach meiner Einschätzung war die Disziplin gut, und es bestand keine Gefahr, daß sich die Truppen mit der Abreise des Schah auflösten.

Ich versicherte dem Verteidigungsminister, weiterhin mein Bestes zu tun, um die Generale im Iran zu halten und für die Unterstützung Bachtiars zu gewinnen. Es würde keinen Militärputsch geben, bevor Bachtiar nicht seine Chance gehabt hatte. Allerdings müßten wir uns bei der Abreise des Schah auf jede Möglichkeit vorbereiten.

Indessen gab es nicht nur schlechte Nachrichten. Obwohl noch immer große Menschenmengen auf den Straßen demonstrierten, hatten Gewalttätigkeit und Zerstörungswut nachgelassen. Das war sicherlich auf die Vernunft des Militärs zurückzuführen, das friedliche Demonstrationen gestattete. In den Moscheen wurden die Menschen zwar zu Demonstrationen aufgefordert, aber auch zur Gewaltlosigkeit angehalten. Wir wußten von einer Großkundgebung, die Chomeini für den 19. Januar angekündigt hatte. Auch er hatte seine Anhänger bei dieser Gelegenheit zu friedlichem Verhalten aufgerufen.

Nachdem ich meinen Bericht fertig hatte, ging ich hinüber ins Botschaftsgebäude, um ihn noch mit Botschafter Sullivan durchzugehen. Dabei traten unsere unterschiedlichen Auffassungen deutlicher denn je zutage. Sullivan glaubte, eine iranische Republik unter Chomeini sei einem Militärputsch vorzuziehen. Er hatte kein Zutrauen zu Bachtiar und hielt es für besser, einer Regierung Chomeini den Weg zu ebnen. Ich respektierte seine Meinung, änderte meine Auffassung deshalb aber nicht im mindesten.

Wie Sullivan mir beim Abendessen mitteilte, hatten die Amerikaner inzwischen versucht, mit Chomeini Verbindung aufzunehmen – indirekt über die Franzosen. Der Botschafter war darüber sehr erbost. Man hätte seine wie meine Empfehlungen einfach in den Wind geschlagen. Er verstand nicht, warum der Präsident eine direkte Kontaktaufnahme scheute. In einem Telegramm an den Außenminister hatte er dieses Zögern der Regierung beklagt und auch in meinem Namen für sehr töricht erklärt. Ich war mir allerdings nicht so sicher, ob der Präsident wirklich als «Tor» zu bezeichnen war; denn immerhin kannte er vielleicht mehr Fakten als wir. Gewiß aber war ich mit Sullivan in dem Punkt einig, daß ein direkter Kontakt erforderlich war. Ich fügte meinem Bericht einen entsprechenden Absatz hinzu. Wie dies zu schaffen sei, entzog sich meiner Kenntnis und Kompetenz, aber ich war von den katastrophalen Folgen überzeugt, wenn der Ayatollah in den Iran zurückkehren würde, ohne daß man zuvor auch nur versucht hätte, sich mit ihm zu verständigen. Bis zum damaligen Zeitpunkt hatten sich seine Anhänger weitgehend friedlich verhalten. Erst später ließ Chomeini die Maske fallen.

Es war schon fast Mitternacht, als ich Minister Brown endlich auf dem Sicherheitstelefon anrufen konnte. Zu Chomeini teilte er mir mit, die Vereinigten Staaten hätten über Frankreich mit ihm Kontakt aufgenommen und versucht, ihn für die Unterstützung oder zumindest für eine gewisse Duldung der Regierung Bachtiar zu gewinnen. Chomeini habe abgelehnt. Vielleicht werde er sich aber in Zukunft zugänglicher zeigen. Minister Brown zweifelte nicht daran, daß Chomeini nach der Abreise des Schah zurückkehren werde, wahrscheinlich sogar sofort. Dies sei, wie ich ihm mitteilte, für die iranischen Generale zwar fast unvorstellbar, trotzdem spielten sie mit dem Gedanken, Chomeini bei seiner Rückkehr auszuschalten oder ihn an irgendeinen anderen Ort zu schaffen. Nach meiner Meinung bräche sofort ein Bürgerkrieg aus, wenn Chomeini bei seiner Rückkehr etwas zustoßen würde. Die Erregung war einfach zu groß und mußte sich in offener Gewalt entladen.

Der Minister kam auf die Möglichkeit eines Putsches zu sprechen. Ich erinnerte ihn daran, daß eine sofortige Machtübernahme in krassem Gegensatz zu den mir bekannten Wünschen des Präsidenten stünde. Danach war mein Auftrag, eine gesetzmäßige Zivilregierung zu unterstützen. Allerdings müßten wir uns die

Möglichkeit eines Putsches aus zwei Gründen offenhalten. Erstens, wenn die Zivilregierung scheiterte, war ein Putsch besser als jede andere Alternative. Zweitens, die Opposition mußte immer wieder an diese Möglichkeit erinnert werden. Eine Partei mit dem Militär auf ihrer Seite hatte jedenfalls die besseren Karten. Sie konnte die Entscheidung erzwingen, die Streiks beenden und die Macht im Land übernehmen, wenn vielleicht auch nicht ohne erhebliches Blutvergießen. Wie der Präsident war ich der Meinung, das Blutvergießen müsse auf ein Mindestmaß begrenzt werden. Doch wo lag das Mindestmaß? Fünf- oder zehntausend Opfer jetzt konnten den Tod von Millionen Menschen später verhindern. Dafür gab es Beispiele in der Geschichte. Wir mußten das Für und Wider sorgfältig abwägen.

Nach dem Gespräch sah ich die amerikanischen Zeitungen durch. Ein sehr interessanter Artikel in der *New York Times* berichtete eingehend über die Meinungsverschiedenheiten zwischen Dr. Brzezinski und Außenminister Vance. Das konnte die offensichtliche Uneinigkeit zwischen Botschafter Sullivan und mir erklären. Es hieß dort unter Berufung auf das Außenministerium, ich hätte bei meiner Entsendung nach Teheran vom Weißen Haus die Anweisung erhalten, die Botschaft zu umgehen. Das stimmte nicht. Nichts dergleichen hatte man mir gesagt. Ich hätte auch niemals einen solchen Befehl akzeptiert. Ich bin heute wie damals der Überzeugung, daß der rechtmäßige Vertreter des Präsidenten im Ausland der Botschafter ist. Allerdings hatte das Weiße Haus mir zu verstehen gegeben, daß ich selbständig handeln solle.

In dem Artikel hieß es weiter, Brzezinski verhandle direkt mit dem iranischen Botschafter in den Vereinigten Staaten, Ardeschir Zahedi, einem engen Mitarbeiter des Schah. Damit wäre Bill Sullivan übergangen worden, was mehr als wahrscheinlich schien und sich später auch als wahr erwies.

Tatsächlich war mir nie ganz klar, woher Botschafter Sullivan seine Anweisungen bezog. Es hieß, die Leute, mit denen er zu tun habe, seien David Newsom und Henry Precht, der Leiter der Iranabteilung im Außenministerium. Ich hatte immer angenommen, er habe einen direkten Draht zum Außenminister oder sogar zum Präsidenten, so wie ich ihn zum Verteidigungsminister hatte. Meine Anweisungen kamen direkt von oben, und die Informationen, die ich lieferte, gingen auch unmittelbar dorthin.

In anderen Zeitungen war von vielen Aktivitäten im Landesinneren des Iran die Rede. In Schiras im Süden hatte es eine große Anti-Schah-Demonstration mit heftigen Angriffen auf den Sitz des Savak gegeben. Der Mob stürmte das Gebäude, setzte es in Brand und nahm alles mit, was man für spätere Dokumentationszwecke benutzen konnte – Protokolle etwa und Folterinstrumente. Sie wurden in eine Moschee geschafft und sollten in künftigen Prozessen als Beweisstücke dienen.

Auch über die Streikenden im Iran gab es Neuigkeiten. Die Bankangestellten erklärten, sie wurden am 13. Januar die Arbeit zeitweise wieder aufnehmen, aber keine Devisengeschäfte mit Israel, den USA oder Südafrika abwickeln. Auf eine Aufforderung Chomeinis hin waren sie vor zwei Monaten in Streik getreten. Bachtiar hatte angekündigt, man werde kein iranisches Öl nach Israel oder Südafrika liefern. Das war eine der Hauptforderungen der streikenden Ölarbeiter. Damit war der Weg frei zu einer Erhöhung der Förderung. Die streikenden Zollbeamten sagten, sie würden lebenswichtige und humanitäre Güter ins Land hereinlassen, aber keine Lieferungen für die diplomatischen Vertretungen der USA, Englands, Israels oder irgendeines anderen Landes, das der iranischen Revolutionsbewegung feindselig gegenüberstehe. Vielleicht brachte das den Stau der Lebensmittellastwagen an der türkischen Grenze wieder in Bewegung.

Als ich zu Bett ging, blieben mir noch drei Stunden Schlaf. Morgen sollte die erste Sitzung des Nationalen Sicherheitsrates stattfinden.

Sonnabend, 13. Januar 1979

Beim Frühstück berichtete ich dem Botschafter, daß ich Minister Brown am Vorabend zu direkten Gesprächen mit dem Ayatollah geraten hatte, mit meinen Vorschlägen aber auf wenig Gegenliebe gestoßen sei. Ich machte mich sofort auf den Weg ins Büro, da der Straßenverkehr bereits erheblich zugenommen hatte und ich infolge der Presseberichte zweifellos zu einem gesuchten Mann geworden war. Wir sahen in General Gharabaghis Büro vorbei, zumal er gestern gesagt hatte, daß er uns vor der Sitzung des Sicherheitsrates noch einmal sehen wolle.

Zu meiner Überraschung war nur General Rabii anwesend. Alle anderen seien beschäftigt. Man habe ihn zum Sprecher der Fünfergruppe ernannt. Zunächst ließ Rabii wieder eine seiner Tiraden vom Stapel. Sie seien sich alle einig, erklärte er, daß die Streitkräfte sofort nach der Ausreise des Schah auseinanderliefen, wenn sich die militärische Führung nicht zu sofortigem Handeln entschlösse. Wieder erschien es mir notwendig, Klartext mit ihm zu reden. Ich verlangte, daß sie Bachtiar eine Chance gäben. Ich hatte es allmählich satt, immer wieder die gleichen Punkte durchzukauen.

Während unseres Gesprächs rief der Schah an und verlangte von Rabii, ständig ein Flugzeug startklar zu halten, weil er früher zu fliegen beabsichtige, als eigentlich vorhergesehen. (Ursprünglicher Reisetermin war der kommende Mittwoch gewesen.) Rabii versuchte, dem Schah sein Vorhaben auszureden und erklärte ihm, es bestünde keine Möglichkeit, eine Starterlaubnis zu bekommen. Doch der Schah wies ihn an, sich nur um das Flugzeug zu kümmern. Die Abfertigung solle er ihm, dem Schah, überlassen. Sie werde keine Schwierigkeiten machen, weil er nur Saudi-Arabien überfliegen wolle, um in Ägypten zu landen. Ich hielt den Befehl für einen Vorwand, um die Luftwaffe in Alarmbereitschaft zu halten. Doch General Rabii und später seine Kollegen waren sicherlich aufgeschreckt, weil sie nun glaubten, er wolle schon am Montag aufbrechen.

Ich benutzte die Gelegenheit, Rabii nachdrücklich zu befragen, ob jemand aus der Gruppe Kontakt zu Chomeinis Anhängern aufgenommen habe. Ich hielt es für unwahrscheinlich, und tatsächlich verneinte er es auch. Ob er es nicht für förderlich hielte? Sie müßten doch einige der Mullahs und Ayatollahs persönlich kennen. Sollte man diese Beziehungen nicht pflegen, um das Mißtrauen zwischen den beiden Parteien abzubauen? Dieser Meinung, so Rabii, sei keiner von ihnen. Es endete, wie es immer endete: Rabii versprach, auch nach der Abreise des Schah auf seinem Posten zu bleiben.

Ein paar Stunden später riefen sie, nach der Sitzung des Nationalen Sicherheitsrates, an und fragten, ob ich in Gharabaghis Büro herunterkommen könne. Sie waren alle da, ausgenommen Gharabaghi selber, der beim Schah war und mit ihm die Zusammensetzung des Regentschaftsrates besprach. Sie wollten nicht so recht mit der Sprache heraus, wer von ihnen auf der Sitzung des Sicherheitsrates gewesen war. Vielleicht alle sechs, denn diesmal war auch General Moghaddam anwesend. Sicherlich aber mindestens fünf.

Der wichtigste Punkt auf der Tagesordnung des Sicherheitsrates waren die Probleme gewesen, die durch die Abreise des Schah aufgeworfen wurden. Man hatte Bachtiar von der Entscheidung unserer Gruppe unterrichtet, die Streitkräfte in den Kasernen zu halten, so daß wir wußten, wo sie waren. Diese Maßnahme konnte sich auch als nützlich erweisen, falls die Opposition sich der Regierungsgebäude bemächtigen wollte.

Bachtiar hatte erklärt, er werde in einer Fernsehansprache die Richtlinien seiner Politik erläutern und das Versprechen ablegen, die Ordnung wiederherzustellen. Er sei bereit, wieder gegen die Demonstranten vorzugehen, notfalls mit Gummikugeln und Tränengas. Die Generale warnten, daß sich diese Maßnahmen in der Vergangenheit nicht als sonderlich wirksam erwiesen hätten und daß man eventuell zu härteren Mitteln greifen müsse. Um Warnschüsse in die Luft kümmerten sich die Demonstranten nicht mehr, so daß man möglicherweise tiefer und letaler zielen müsse. Bachtiar vertagte die Sitzung und damit auch endgültige Beschlüsse auf den folgenden Tag.

Ich war froh, daß Bachtiar diese wichtigen Fragen mit den Generalen offen besprach, allerdings weniger glücklich, daß es noch immer keine konkreten Pläne für die verschiedenen Möglichkeiten gab. Die meiste Zeit des Nachmittags verbrachte ich damit, Optionen zur Aufrechterhaltung der Ordnung auszuarbeiten. Jede Maßnahme mußte Schritt für Schritt geplant werden. Wenn Bachtiar stürzte, mußte die Solidarität in der Gruppe so stark sein, daß sie seinen Sturz überlebte. Ihnen grauste davor. Bachtiar hatte ihnen erklärt, er brauche vor allem Zeit, dreißig bis sechzig Tage, um seine Regierung auf eine solide Grundlage zu stellen. Wenn Chomeini jedoch zu rasch zurückkäme, gäbe es eine Katastrophe. Die Gruppe verlangte von den Vereinigten Staaten, Chomeinis

Rückkehr zu verhindern. Ob wir ihn nicht gemeinsam mit den Franzosen länger in Frankreich halten könnten? Ich sagte, ich hätte Washington wiederholt dazu gedrängt, und man tue, was man könne.

Ich fragte, warum Bachtiar Chomeinis Rückkehr für so katastrophal hielt. Hatte er Angst, sie würde ihn daran hindern, die Wirtschaft wieder anzukurbeln? War er sich des Militärs nicht sicher? Ich bekam keine Antwort. Ich wies auf unsere bisherigen Erfolge hin. Wir brauchten zwar noch mehr, aber es war doch immerhin ein Anfang.

Trotzdem war nicht zu übersehen, daß die Fünf auch nicht annähernd rasch genug vorankamen. Ein Problem hieß Gharabaghi. Wenn Toufanian das Sagen hatte, wie jetzt zum Beispiel, ging alles flott von der Hand. Ganz offensichtlich akzeptierten ihn die anderen als Führer. Bei Gharabaghi war es anders. Irgendwie mußte er es schaffen, daß sie ihm genausoviel Vertrauen und Loyalität entgegenbrachten. Die Zeit arbeitete gegen uns. Ich konnte nicht ewig bleiben. Sie mußten mehr Eigeninitiative entwickeln.

Wir verließen Gharabaghis Büro und begaben uns auf direktem Wege zur Botschaft, wo ich Sullivan sogleich über das Tagesgeschehen unterrichtete. Rasch kamen wir auf das schwierige Thema der Kontakte zu den religiösen Gruppierungen zu sprechen. Bei dieser Gelegenheit erfuhr ich, daß Sullivans Leute ausführliche Gespräche mit ihnen führten. Aus irgendeinem Grunde hatte er mir davon noch nie erzählt. Auch jetzt wurde mir nicht ganz klar, zu wem sie eigentlich Verbindung unterhielten. Jedenfalls hatten sie keine Kontakte mit Bachtiars Leuten. Sullivan gefiel der Gedanke, daß meine Freunde beim Militär sich mit der religiösen Opposition in Verbindung setzten. Er drängte mich, diesen Ansatz weiterzuverfolgen.

Später erledigte ich von der Botschaftskanzlei aus meinen allabendlichen Anruf bei Minister Brown. Er bestätigte den Eingang meines Telegramms und sagte, es habe wesentlich zur Klärung der Situation beigetragen. Es sei dem Präsidenten vorgelegt worden, und ich würde bald eine schlüssige Antwort erhalten. Ohne große Zuversicht bestätigte er nochmals, daß man die Franzosen überreden wolle, Chomeinis Rückkehr zu verzögern. Wieder fragte er mich, warum ich dieser Sache soviel Bedeutung beimäße. Ich erklärte ihm, daß wir noch nicht weit genug seien. Von Chomeinis Rückkehr würde eine Signalwirkung ausgehen; denn die Iraner ließen sich leicht von einem Lautsprecher faszinieren und brauchten jemanden, an den sie sich halten konnten. Chomeinis Ankunft würde Hunderttausende auf die Straßen bringen. Wenn Bachtiar noch etwas Zeit bekäme, um seine Autorität zu festigen, würde er auch mehr zuverlässige Anhänger gewinnen.

Minister Brown wiederholte seine Anweisungen vom 11. Januar. Auf keinen Fall dürfe es zu einem Militärputsch kommen, bevor nicht alle Möglichkeiten für eine Zivilregierung erschöpft seien. Nur auf den äußersten Notfall müsse das Militär jederzeit vorbereitet sein. Ich selbst hätte mich für diesen Fall psychisch und physisch bereitzuhalten. Abermals war ich seltsam berührt von Harold Browns Worten. Eigentlich müßte er doch wissen, daß ich genau das tat.

General Jones fragte nach dem Rüstungsverkaufsprogramm. Ich erwiderte, daß im Moment wirklich nichts laufe. Über diesen Punkt ließ sich noch nicht einmal ein normales und vernünftiges Gespräch führen. Irans Bedürfnisse wechselten von Tag zu Tag. Jones schien nicht zu begreifen, daß alle Banken geschlossen waren und sich das Land in einem Zustand völliger Lähmung befand. Es gelte, legte ich dar, erst einmal dringende Mängel wie das Fehlen militärischer Winterbekleidung zu beheben, in der Hoffnung, irgendeines Tages dafür auch das Geld zu erhalten.

Minister Brown wollte wissen, ob ich etwas Neues über General Djam gehört hätte. Ich sagte ihm, das Thema sei auch nach Meinung des Schah wohl endgültig erledigt. Djam war kein überragender Offizier gewesen. Auch deshalb hatte er seinen Abschied genommen. Jetzt würde er wegen des Kummers mit seinem rauschgift- und trunksüchtigen Sohn wahrscheinlich noch weniger leisten. Soweit ich wußte, befand sich Djam wieder in London. Ich hatte ihn nicht mehr auf der Rechnung.

Dann wollte der Minister eine Schätzung der Fahnenflüchtigen. Ich sagte, man solle sie nicht übertreiben. Das Heer war 450000 Mann stark, und selbst wenn täglich 1000 Soldaten desertierten, was nicht der Fall war, würde die Schlagkraft der Truppe noch lange nicht spürbar beeinträchtigt. Nach meinem Eindruck wurde die Zahl von der Presse ohnehin erheblich aufgebauscht; sie mochte eher bei 100 liegen. (Die Schätzung der Gruppe wurde übrigens von den Informationsquellen des amerikanischen Militärs und unserer Botschaft bestätigt.) Die unteren Dienstgrade konnten zwar durch den täglichen Kontakt mit den religiösen Gruppen und politischen Parteien angesteckt werden, aber das Heer war trotzdem noch außerordentlich leistungsfähig. Solange für Führung und Befehle gesorgt wurde, war auf die iranischen Soldaten Verlaß. Das hatte sich schon bei zahlreichen Gelegenheiten in verschiedenen Teilen des Landes gezeigt, als Schlüsseleinrichtungen wie Regierungsgebäude und militärische Anlagen geschützt werden mußten. Wir hatten ihnen gesagt, die Sache ernst zu nehmen, und das hatten sie auch getan. Ich erwähnte aber auch, daß Botschafter Sullivan die Dinge anders sähe. Er glaubte, bei Chomeinis Rückkehr würden sich die Streitkräfte auflösen. Dem pflichtete ich nicht bei.

Ich fragte den Minister, ob er den Bericht von Botschafter Malcolm Toon aus Moskau kenne, doch er hatte ihn nicht zu Gesicht bekommen. Er trug die Überschrift «*Prawda* verschärft Angriff auf General Huyser» und verwies auf einen Artikel von W. Outschinnikow in der *Prawda* vom 13. Januar. Unter dem Titel «Was ist Einmischung sonst?» versuchte der Autor nachzuweisen, daß ich die iranischen Militärs veranlassen solle, den Gang der Ereignisse zu Washingtons Gunsten umzubiegen. Outschinnikow beschrieb meine Funktion als «Koordination der amerikanischen Aktionen», bestimmt zur Erhaltung des gegenwärtigen Regimes oder der Schaffung einer neuen, ebenso proamerikanischen Regierung. Washingtons Beteuerungen, es gäbe keine Einmischung, wurden als unglaubwürdig abgetan.

Die sowjetischen Medien verfolgten meinen Auftrag mit großer Aufmerksamkeit, und sie schienen über meine täglichen Aktivitäten besser unterrichtet als andere Presseorgane, auch als die amerikanischen und iranischen. Seit meiner Ankunft erschienen bei Tass, Radio Moskau und in der *Prawda* durchaus zutreffende Meldungen. Doch so scharf wie dieser Angriff waren sie noch nie gewesen. Das machte mich besorgt, weil ich wußte, daß er nicht nur von den sowjetischen Medien, sondern auch von der BBC und der iranischen Presse aufgenommen werden würde. Es erhöhte die Gefahr für meine Person. Noch umfangreichere Schutzmaßnahmen waren erforderlich.

Nach meinem Überseegespräch sah ich trotz der fortgeschrittenen Stunde noch einmal die Pressenachrichten durch. Auch in den deutschen Zeitungen *Die Zeit* und *Die Welt* waren Artikel über mich erschienen, desgleichen in der Europa-Ausgabe von *Stars and Stripes*. Das machte mir Kummer; denn bislang hatte sich die europäische Presse ziemlich ruhig verhalten. Meine Sorge galt natürlich meiner Familie in Stuttgart. Recht drastisch hatte mehrfach in der Presse gestanden, wie gefährdet mein Leben sei. Solche Artikel hätte ich meiner Familie lieber erspart. Sie war ohnehin besorgt genug, weil ich zu einer zweitägigen Reise aufgebrochen, aber nun schon neun Tage fort war. Gewiß betete meine Frau täglich darum, daß mir nichts geschähe und ich meine Aufgabe lösen könne.

Zum Schluß las ich ein Telegramm, in dem Minister Vance die bevorstehende Abreise des Schah ankündigte. Das würde wahrscheinlich auch in der iranischen Presse stehen und mir einige Probleme verursachen. Die Iraner würden daraus schließen, daß Washington hinter der Ausreise steckte.

Sonntag, 14. Januar 1979

Am nächsten Morgen sah die Welt nicht besser aus. Es war sogar noch kälter geworden. Mit der näherrückenden Abreise des Schah wurde das Geschehen allenthalben hektischer. Im Senat sollte heute über die Regierung Bachtiar abgestimmt werden. Die Debatte hatte schon begonnen. Bachtiar straffte sie dadurch, daß er die Redezeit für jeden Sprecher auf dreißig Minuten begrenzte.

Ein rascher Blick auf die Pressemeldungen zeigte, daß die russischen Zeitungen den Vereinigten Staaten lautstark die Schuld an den Auseinandersetzungen und Unruhen im Iran gaben. Soweit ich sehen konnte, blieb das in den amerikanischen Medien weitgehend unwidersprochen. Unsere Journalisten schienen die Vorgänge objektiv von allen Seiten zu beleuchten. Doch selbst die Kommentatoren nahmen offenbar gegen unsere Regierung Stellung. Im Iran wirkte sich dies außerordentlich ungünstig aus. Die

Iraner verstanden nicht, wieso unsere eigenen Medien Washington Einmischung und Unentschlossenheit vorwarfen. Ganz unverhohlen wurde in der amerikanischen Presse erklärt, es scheine zwei Regierungen in Washington zu geben: die eine geneigt, Chomeini zu unterstützen; die andere auf Bachtiars Seite. Leider kam das der Wahrheit ziemlich nahe.

In Moskau warnte Wladislaw Kosjakow, der Iran sei ein Rückfall in die fünfziger Jahre. Der CIA infiltriere das Land wie einst in Chile. Washington übe Druck auf die iranische Regierung aus. Wir hätten sogar, hieß es, Hubschrauber, Tränengas und andere Geräte zur Bekämpfung von Demonstranten ins Land geschafft. Die amerikanische Militärpräsenz sei aufgestockt worden. Washington hätte den Stellvertretenden Oberkommandierenden der amerikanischen Streitkräfte in Europa, General Robert Huyser, in den Iran geschickt, die Entsendung des Flugzeugträgers *Constellation* in den Indischen Ozean bekanntgegeben und eine Staffel F-15 in Saudi-Arabien stationiert.

Wohlwollend ging der Autor auf die Erstürmung des Savakgebäudes in Schiras ein und berichtete, die amerikanische Flagge vor dem Konsulat sei heruntergerissen worden. Die Menge sei auf Foltergeräte gestoßen, die, so der Autor, aus den USA stammten. Er bezog sich auf einen Artikel in der *New York Times*, wo der ehemalige CIA-Agent Jess Leaf erklärt hatte, er habe dem Savak Foltermethoden beigebracht. Der CIA hatte dem iranischen Geheimdienst angeblich Techniken vermittelt, die die Nazis im Zweiten Weltkrieg entwickelten.

Diese Art der Desinformation fand weite Verbreitung und schürte die antiamerikanischen Gefühle, die jeden Tag heftiger wurden. Ganz gleich, wer die Kampagne für Chomeini steuerte, er verstand sein Geschäft. Manchmal fragte ich mich allerdings, ob sie es nicht auch von ihrem eigenen Standpunkt aus übertrieben, da sie Gefahr liefen, im Augenblick der Abreise des Schah einen Bürgerkrieg heraufzubeschwören. Gewiß war er noch wahrscheinlicher, falls Chomeini bei seiner Rückkehr ermordet würde.

Nach dem Frühstück machten wir uns auf den Weg zum Sitz des Generalstabes. Ohne Frage hatte sich die Situation noch weiter zugespitzt. Ich wußte, daß wir die amerikanische Anwesenheit auf das absolute Mindestmaß zurückschrauben und alle, die dann noch blieben, hinreichend schützen mußten.

Bei unserer Ankunft stellte ich fest, daß die Planung sehr gut vorankam, vor allem auf dem Gebiet der psychologischen Kriegsführung. Von amerikanischer Seite war für diesen Bereich Admiral Frank Collins zuständig, ein tatkräftiger und einfallsreicher Mann. Er half den Iranern beim Entwurf von Plakaten, Flugblättern, Zitaten, Parolen, Pressemeldungen und Radioprogrammen. Gleichzeitig wurden Methoden entwickelt, sie unter die Leute zu bringen.

Die Planung im Bereich Öl und Elektrizität ging langsamer vonstatten, verständlicherweise, weil das Militär zum erstenmal versuchte, die wesentlichen Elemente der betreffenden Systeme zu ermitteln. Diese Aufgabe war nicht gerade ein Pappenstiel, weil sich beide Systeme in der Gewalt der Opposition befanden. Zumindest aber wußten die Offiziere, worum es ging und daß der Erfolg der Regierung Bachtiar ganz entscheidend von ihrer Arbeit abhing. Es gab auch eine gewisse Liberalisierung. Bachtiar hatte alle Pressebeschränkungen aufgehoben, an sich hervorragend, nur daß sich fast die gesamte Presse in der Hand der Opposition befand. Das ärgerte mich. Ich war durchaus für Pressefreiheit. Nur wäre mir eine gewisse Ausgewogenheit lieber gewesen.

Zu unserer freudigen Überraschung trafen wir in General Gharabaghis Büro die Fünfergruppe strahlend und voller Tatendrang an. Ohne Zweifel verbreiteten die Planungsfortschritte Zuversicht und Selbstvertrauen. Doch der Reisetermin des Schah rückte immer näher, und es blieb noch viel zu tun, wollte man die heikle Klippe ohne Katastrophe umschiffen. Deshalb sprach ich noch einmal die Frage möglicher Kontakte zu den religiösen Führern an. Während Bachtiar die Regierung lenkte, ließen sich möglicherweise weitere Vereinbarungen mit der Opposition aushandeln. Von Botschafter Sullivan wußte ich, daß Oppositionsführer wie Bazargan und Ayatollah Beheschti bereit waren, sich mit den Generalen zu treffen. Ich hatte ihre Namen und Telefonnummern bei mir, damit nach Möglichkeit gleich feste Termine ausgemacht wurden.

Die Gruppe hatte Bedenken, führte aber schließlich einige Telefongespräche. Allerdings ergab sich dabei ein echtes Problem: Für beide Seiten wurde der *Ort* des Treffens zu einer Grundsatzfrage; jede wollte, daß er auf eigenem Boden läge. Sie ließen in diesem Punkt nicht mit sich reden. Die einzige Lösung schien ein neutraler Ort zu sein. Nach Rücksprache mit dem Botschafter schlug ich ein amerikanisches Territorium vor, doch keine der beiden Seiten war von dieser Lösung begeistert. Die Amerikaner waren als die bösen Buben mit den schwarzen Hüten abgestempelt. Ich sagte der Gruppe, daß wir bis zum nächsten Tag eine für beide Seiten akzeptable Lösung finden müßten. Die Lage duldete keinen Aufschub, weil Chomeini jederzeit zurückkommen konnte.

Während unserer Sitzung kam wieder ein Anruf des Schah. Er verlangte, daß sein Flugzeug startklar gemacht werde. Einen Abflugtermin nannte er nicht. Ich war noch immer der Meinung, er werde bis zur Bestätigung der Regierung Bachtiar warten, die für heute oder morgen zu erwarten war.

Auf unsere Bitte hin erklärte sich Seine Majestät bereit, eine Radio- und Fernsehsendung aufzunehmen, die in erster Linie für die Streitkräfte bestimmt sein sollte. Der Schah wußte von den neuen Plänen und ihm war klar, daß sie nur von den Truppen ausgeführt werden konnten. Deshalb wollte er in seiner Botschaft die Streitkräfte auffordern, zusammenzuhalten, ihrem Land zu dienen und die neue Regierung zu unterstützen. Der Schah forderte General Gharabaghi auf, in den Palast zu kommen und die Botschaft zusammen mit ihm zu formulieren. In den nächsten Minuten gingen wir mit Gharabaghi noch einmal die wichtigsten Punkte durch, dann brach er auf. Ich hielt diese Fernsehansprache für äußerst wichtig. Wenn es gelang, die Truppen die ersten beiden Tage nach der Abreise des Schah bei der Stange zu halten, bestanden gute Aussichten, sie auf Dauer zusammenzuhalten.

Die Parlamentsdebatte über die Regierung Bachtiar schien günstig zu verlaufen. Bachtiar wurde allerdings auch vorgeworfen, mit den Vereinigten Staaten gemeinsame Sache zu machen. Der Abgeordnete Ghorbani Nassab beklagte, Washington habe gebrauchte Waffen zu überhöhten Preisen verkauft, ohne daß von Bachtiar zu hören gewesen sei, was er dagegen zu tun gedenke. Ferner habe Bachtiar abgestritten, etwas von General Huysers Anwesenheit im Iran zu wissen. Zwar war mir nicht bekannt, daß

Bachtiar dergleichen behauptet hätte, aber es ist interessant, was Nassab sagte:

«Das iranische Volk versteht nicht, wie der Ministerpräsident von der Anwesenheit bewaffneter Afghanen in den Straßen von Teheran erfahren kann, aber nichts von der Anwesenheit eines amerikanischen Generals weiß. Zu Ihrer Information möchte ich Ihnen eine Meldung aus der Zeitung *Kajhan* vorlesen: ‹Das amerikanische Außenministerium hat bekanntgegeben, daß der Stellvertretende Oberbefehlshaber der amerikanischen Streitkräfte in Europa in den Iran gereist ist, um die iranische Militärführung bei der Unterstützung der Zivilregierung ihres Landes zu beraten.› Als Arbeiter [Ghorbani Nassab war Führer der iranischen Arbeiterorganisation] war ich tief enttäuscht, weil ich bisher immer glaubte, die Soldaten seien unsere Brüder und an dem Schicksal unseres Landes mehr interessiert als an diesem amerikanischen General. Sie haben noch einen Punkt in Ihr Programm aufgenommen, der mich interessiert. Ich meine die Unabhängigkeit unserer Nation. Lassen Sie sich gesagt sein, Herr Ministerpräsident, daß die nationale Unabhängigkeit des Iran Sache des iranischen Volkes und der iranischen Streitkräfte ist. Dazu brauchen wir keinen General Huyser.»

Mir behagten diese antiamerikanischen Gefühle im Parlament ganz und gar nicht, aber der Ministerpräsident würde schon damit fertig werden. Dagegen freute ich mich über die positive Einstellung zum Militär, denn sie konnte uns bei dem Versuch helfen, einen Dialog herzustellen.

Erfreulicherweise war bei der Gruppensitzung kaum noch die Rede davon, daß irgend jemand das Land verlassen wollte. Nur ein einziges Mal wurde diese Möglichkeit erwähnt, als mich nämlich General Toufanian um ein Gespräch unter vier Augen bat. Wie sich herausstellte, wollte er unbedingt noch vor dem Schah das Land verlassen. Seine Entlassungspapiere, datiert auf den 1. Januar 1979, waren bereits ausgestellt, sollten aber im Safe bleiben, solange alles gut ging. Mir war auch aufgefallen, daß er seine Unterschrift unter die Empfangsbestätigung für die Winterbekleidung auf den 1. Januar 1979 zurückdatiert hatte. Wenn das offizielle Datum seines Abschieds vor dem Amtsantritt der neuen Regierung lag, konnte er natürlich seine Hände in Unschuld waschen, falls Bachtiar scheiterte. Ich machte mir keine großen Sorgen, da er wohl nur wieder seinem Ärger Luft machen wollte und in Wirklichkeit vorhatte zu bleiben. Jedenfalls begann Gharabaghi, allmählich das Heft in die Hand zu nehmen, wozu er durchaus fähig war. Toufanian spielte nicht mehr die erste Geige.

Ein iranischer Unteroffizier brachte eine Teheraner Zeitung, nach deren Lektüre sie große Augen und lange Gesichter machten. Alle redeten auf Farsi durcheinander. Die Erregung wuchs zusehends. Sie teilten mir mit, daß die Schlagzeile Chomeinis baldige Rückkehr ankündigte. Wie meist in solchen Situationen fragten sie mich, was sie tun sollten, falls der Ayatollah gleich nach der Abreise des Schah zurückkehrte. Ich mußte sie auf irgendeine Weise wieder beruhigen. Deshalb schlug ich ihnen vor, sich vierundzwanzig Stunden lang eine Lösung des Problems zu überlegen. Ich versprach, bei meiner Regierung anzufragen, ob schon irgendein Kontakt zu Chomeini hergestellt sei.

Wir sprachen über die Bereitschaft und Schlagkraft der Streitkräfte. Noch einmal wies ich sie auf die Notwendigkeit hin, daß sie über den Zustand der Truppen auf dem laufenden seien. Zu diesem Zweck sollten sie ein Nachrichtennetz aus alten, zuverlässigen Kameraden bilden. So etwas läßt sich nicht auf bürokratischem Wege regeln, weil Untergebene zu einer allzu rosigen Darstellung der Sachlage neigen. Es galt, einen persönlichen Kontakt zu den Truppen herzustellen. Über ein Alarmsystem mußte uns gemeldet werden, wenn es irgendwo Schwierigkeiten gab, und zwar rasch, solange noch Zeit war, etwas dagegen zu tun.

Rabii hielt solche Bemühungen für nutzlos, weil nach der Abreise des Schah die Truppen sowieso auseinanderliefen. Ihm mußte wieder einmal der Kopf zurechtgesetzt werden. Eine Möglichkeit, für Disziplin zu sorgen, erklärte ich ihnen, sei die Erhöhung des Alarmzustandes. Damit konnten sie sofort beginnen, so daß sich die Streitkräfte bei der Abreise auf einer ziemlich hohen Bereitschaftsstufe befänden. Dadurch ließen sich die Soldaten in den Kasernen halten und in Alarmbereitschaft versetzen, am besten auch noch ein paar Tage über die Abreise hinaus; zumindest so lange, bis man mit einiger Zuversicht in die Zukunft blicken könne. Die Truppen wären von den Straßen und hätten weniger Berührung mit den religiösen und politischen Elementen. Die

Gruppe erklärte sich schließlich mit diesen Vorschlägen einverstanden, wenn auch nicht sehr überzeugt, wie mir schien.

General Gharabaghi kam mit der Nachricht zurück, für morgen sei ein weiteres Treffen des Nationalen Sicherheitsrates angesetzt. Das beunruhigte sie etwas; denn sie wußten nicht, was man von ihnen erwartete und welche Position sie vertreten sollten. Ich sagte ihnen, es sei eine wunderbare Gelegenheit, Bachtiar zu zeigen, wie wertvoll sie für ihn seien.

Als Gharabaghi mich fragte, wie er Bachtiar veranlassen könne, sich zum Einsatz des Militärs zu äußern, bereitete ich ein paar Fragen zur Kontrolle der Wirtschaft vor. Sie sollten Bachtiar nach dem Zugriff auf die Raffinerien fragen, wie sich die Ölleitungen von Abadan nach Teheran schützen ließen, wie er die Ölquellen selbst und die Stromleitungen und Kraftwerke zu schützen gedächte. Dieses und vieles anderes sollte dem Ministerpräsidenten klarmachen, daß er die Streitkräfte brauchte, daß er ohne sie hilflos wäre. Gharabaghi selbst sollte auf jede Frage eine Antwort parat haben, und zwar stets unter Bezugnahme auf die neuen Pläne. Gharabaghi schien begeistert. Er sprach über die Pläne zur Eindämmung der Demonstrationen in den nächsten Tagen – nach der Abreise des Schah, den Kundgebungen am 19. und der möglichen Rückkehr Chomeinis. Auf dieser Grundlage konnten sich der Ministerpräsident und Gharabaghi über die jeweils erforderlichen Maßnahmen einigen. Als wir das Thema durchdiskutiert hatten, war die Gruppe über die neuen Chancen ebenso erfreut wie ich.

Weniger angenehm war Gharabaghis Bericht über die Unruhen der Kurden in den westlichen Provinzen. Sie suchten nach neuen Verbündeten, möglicherweise bei ihren Stammesbrüdern in der Türkei.

Empört war die Gruppe über Leninbilder, die eine der Demonstrationen im Nordwesten beherrscht hatten. Für alles machten sie die Kommunisten verantwortlich, obwohl sie genau wußten, daß im Lande noch viele andere Parteien aktiv waren. Ich machte ihnen klar, daß sie einige wichtige Dinge außer acht ließen. Beispielsweise hatte Bachtiar eine eindrucksvolle Rede gehalten: Wenn sich die Einheit wiederherstellen ließe, könnte auch die Not gelindert und die Versorgung der Bevölkerung weitgehend normalisiert werden. Doch die Rede hatte kaum Beachtung gefunden. Sie war von den Medien ignoriert worden. Das mußte anders werden, und sie, die Militärs, mußten es ändern. Die Gruppe versprach, diesen Punkt im Nationalen Sicherheitsrat zu diskutieren.

Es wurde Spätnachmittag. Bevor wir gingen, wiederholte ich die wichtigsten Punkte unseres Gesprächs und unterstrich noch einmal, daß bei allen Vorbereitungen für die Abreise des Schah sowie Chomeinis Rückkehr der wichtigste Faktor die Zeit sei.

Ich kehrte in die Wohnung des Botschafters zurück. Bill Sullivan war sehr verärgert über das Scheitern unseres Versuchs, die religiösen und militärischen Führer zusammenzubringen. Er gab dem Militär die Schuld daran. Ich war anderer Meinung. Es war für beide Seiten schwierig, einen akzeptablen Treffpunkt auf neutralem Boden zu finden. Wenn es undichte Stellen gäbe, würde die Presse sicherlich berichten, daß das Treffen in einem Büro der Regierung stattgefunden habe. Umgekehrt wäre es schlecht für die Moral der Truppe, wenn die Generale einen Treffpunkt der religiösen Partei akzeptierten.

Wir sprachen über Chomeinis Rückkehr und haderten beide mit Washington, da man nichts unternahm, um eine Verständigung mit dem Ayatollah zu erreichen. Unsere Regierung erschien uns außerordentlich ängstlich, ohne daß wir einen Grund dafür erkennen konnten. Einig waren wir uns auch darüber, daß mit einer baldigen Rückkehr Chomeinis ein unlösbares Problem geschaffen und die ganze Sache aus den Fugen geraten würde.

Nach dem Abendessen ging ich mit schweren Schritten durch die schwarze Nacht, um Minister Brown Bericht zu erstatten. Wir hatten Fortschritte erzielt. Die militärische Führung schien sich mit der Abreise des Schah abgefunden zu haben und zur Unterstützung Bachtiars bereit. Ärger war jedoch nach der Abreise des Schah und Chomeinis Rückkehr zu erwarten.

Meine vorgeschlagenen Optionen A bis E hatten, wie Minister Brown mir sagte, Washingtons Beifall gefunden. Sie setzten die richtigen Prioritäten und lieferten eine logische Abfolge der Alternativen. Allerdings gab es Bedenken bei der Option B – dem kurzfristigen Erfolg Bachtiars, mit anschließendem Scheitern. Ich war davon ausgegangen, daß er von einer anderen Zivilregierung ersetzt werden konnte. Washington befürchtete, eine solche Regierung könnte antiamerikanischer sein als die Regierung Bachtiar und sich sogar der Sowjetunion annähern. Im Zuge dieser politischen Manöver konnten Einheit und Loyalität des Militärs verlorengehen. In diesem Falle müsse sofort Option C in Kraft treten – der militärische Sicherheitsbereich. Das unterschied sich nicht sonderlich von meinen Empfehlungen, nach denen bei Option B jede akzeptable Regierung dem Westen freundlich gesinnt sein müsse. Ungelöst erschien mir allerdings die Frage, wer nach einem Staatsstreich das höchste Staatsamt übernehmen würde.

Auch Washington machte sich jetzt große Sorgen um Chomeinis Rückkehr. Die Situation konnte sich rasch verschlechtern, die Regierung Bachtiar von ihm gestürzt werden. Man hatte Washington vorausgesagt, daß in dem Augenblick, da der Schah abreist und Chomeini zurückkehrt, die Soldaten sofort die Kasernen verlassen und auseinanderlaufen werden. Dem widersprach ich. Aber es sei schon von entscheidender Wichtigkeit, Chomeinis Rückkehr möglichst aufzuschieben oder ihn zumindest zu einer Zusammenarbeit mit der Regierung Bachtiar zu bewegen.

Minister Brown sagte, die Franzosen versuchten weiterhin, Chomeini von einem baldigen Abflug abzuhalten, da es sonst zu großem Blutvergießen komme. Ich bezweifelte, daß Chomeini sich davon beeindrucken ließ; denn der Schah hatte ihn mir vor fast einem Jahr als außerordentlich rachsüchtig geschildert. Wahrscheinlich tat ihm sein Volk gar nicht so leid. Zuerst kam sein Ehrgeiz. Ansonsten verfuhr er nach der Melodie «Que serà, serà».

Ich erzählte Minister Brown, noch seien wir nicht vor die Wahl zwischen Option B und C gestellt. Wir mußten abwarten, wie für Bachtiar die Wahl im Parlament ausging. Es konnte knapp werden, aber wir mußten uns noch ein paar Tage gedulden. Die einzige Alternative war ein aktiveres Eingreifen der Vereinigten Staaten. Aber darüber machte ich mir keine Illusionen; denn die amerikanische Presse warf Washington schon jetzt ungebührliche Einmischung vor. Die ausländische Presse, vor allem Moskau, erging sich in weit heftigeren Angriffen. Tatsächlich mischten sich die Sowjets weitaus direkter ein als die Vereinigten Staaten. Ich erlebte schließlich aus nächster Nähe, wie sie sich der Tudeh-Partei bedienten – wie sie die Demonstrationen lenkten und wie exakt ihre täglichen Informationen waren. Sie taten alles, um das Feuer zu schüren. Wahrscheinlich wäre ihnen nichts lieber gewesen als ein Bürgerkrieg, der ihnen den Iran als leichte Beute serviert hätte. Angesichts dieser Umstände war ich zu einer wesentlich stärkeren und solideren Unterstützung der Regierung Bachtiar bereit.

Zum Schluß wurde Minister Brown noch sehr schmeichelhaft. Angefangen beim Präsidenten über Mr. Brzezinski und Minister Vance bis hin zu ihm selbst seien alle Beteiligten der Meinung, daß ich ausgezeichnete Arbeit leiste. Diese Lobeshymne war wohl ehrlich gemeint und ich freute mich über soviel Ermutigung; denn das tägliche Auf und Ab von Erfolg und Mißerfolg war recht frustrierend. Vor allem beunruhigte mich die Frage, warum sie den Botschafter nicht stärker einbezogen.

Auf meinem Zimmer ließ ich die Geschehnisse des Tages Revue passieren und entdeckte einige Pluspunkte. Der Schah hatte den Regentschaftsrat einberufen, der nun genügend gefestigt schien, auch in Abwesenheit des Schah zu handeln. Der Herrscher bemühte sich um eine Bestätigung der Regierung Bachtiar durch das Parlament. Er hatte General Gharabaghi zu sich gerufen, damit dieser ihm bei der Ansprache an die Streitkräfte half. Eine weitere Sitzung des Nationalen Sicherheitsrates war bereits anberaumt, in der möglicherweise noch engere Beziehungen zwischen Bachtiar und den Militärs geknüpft würden. Am meisten aber freute ich mich über die Forschritte in der Planung.

Es gab auch einige Minuspunkte. So die jüngsten Zwischenfälle bei Demonstrationen in Isfahan und Schiras. Dann ein Ereignis, von dem ich kurz vor dem Schlafengehen erfuhr und das Ärger für den nächsten Tag versprach. In einem Fernsehinterview in Paris hatte Chomeini bekanntgegeben, daß er dabei sei, einen Rat der Islamischen Republik zu bilden, und daß er nach seiner Rückkehr in den Iran eine Regierung einsetzen werde. Die Nachricht mußte verheerende Auswirkungen auf die Fünfergruppe haben. In dieser Nacht fand ich kaum Schlaf, weil ich mir den Kopf zerbrach, wie man die Generale davon überzeugen könne, daß es sich lediglich um einen Propagandatrick handele.

Aus Washington hatte ich von einem Artikel des einflußreichen Journalistengespanns Roland Evan und Robert Novak erfahren, in dem mein Auftrag kritisiert wurde. Sie hatten ihn bereits als Fehlschlag bezeichnet. Vermutlich war ihnen nicht klar, daß ich erst am Anfang stand. Sie berichteten ausführlich, wie unglücklich General Al Haig über meinen Einsatz sei. Der Präsident habe den falschen Mann für eine so schwierige und heikle Aufgabe gewählt. Ich sei zwar ein Militärexperte mit großen logistischen Kenntnissen, aber ohne diplomatische oder politische Erfahrung. (Wahrscheinlich haben sie mich mit Armeegeneral Joe Heiser verwechselt, der Logistiker ist, während ich keinesfalls über «große logistische Kenntnisse» verfüge.) Tatsächlich habe ich jedoch jahrelang Erfahrungen auf hoher diplomatischer Ebene sammeln können. Politische Erfahrung brauchte ich nicht; denn mein offizieller Auftrag besagte, daß ich in Teheran mit dem Militär zusammenarbeiten sollte. Für den politischen Bereich war der Botschafter zuständig.

In dem Artikel wurde außerdem die Bachtiar-Regierung als linkslastig und sowjetfreundlich verurteilt. Auch das würde sicherlich wieder Unruhe in die Gruppe tragen, weil ich ihre Besorgnis zur Person Bachtiars wohl noch nicht ganz zerstreut hatte. Bei dem geringsten Hinweis auf kommunistische Umtriebe gerieten sie aus dem Häuschen. Hinter jeder Moschee sahen sie einen Kommunisten. Wenig dazu angetan, ihr Vertrauen zu festigen, war auch die Frage der beiden Autoren, wie entschlossen Washington eigentlich sei, Bachtiar zu unterstützen. Carter hatte zwar den Flugzeugträger *Constellation* in Richtung Persischer Golf auslaufen lassen, dann aber in Singapur vor Anker gehen lassen. Wie ernst meinte er es also wirklich mit der Hilfe für seine Freunde?

Montag, 15. Januar 1979

Am Morgen sah ich zunächst die Meldungen und Zeitungen durch. Die wichtigste Nachricht: Botschafter Sullivan hatte auf Bitte des Schah Ägypten davon in Kenntnis gesetzt, daß er dort am 16. Januar gegen 14 Uhr einträfe. Er würde Teheran also mittags verlassen. Das war der erste konkrete Hinweis auf den Abreisetermin.

Man rekapitulierte die Ereignisse vom Vortage in Teheran. An der Hauptdemonstration hatten mehrere Tausend Menschen teilgenommen. Sie hatte insofern neue Maßstäbe gesetzt, als sie geordnet und friedlich verlaufen war. Auf Anweisung Chomeinis unternahm die Menge einen völlig neuartigen Angriff auf das Militär – mit den Waffen der Liebe. Die Demonstranten hatten Blumen in die Gewehrläufe der Soldaten gesteckt und Girlanden über die Geschützrohre der Panzer geworfen. Sie hatten sich außerordentlich freundlich und höflich gegenüber den Soldaten verhalten, die ihrerseits mit Zurückhaltung reagierten. Die Kundgebungen endeten so friedlich, wie sie begonnen hatten, so daß es den ganzen Tag über nur zu geringfügigen Zwischenfällen kam.

Diese Verbrüderungstaktik bedeutete eine neue Gefahr, vor allem für die jungen Soldaten, die sich dadurch vielleicht abwerben ließen. Zur Bekanntgabe des neuen Programms hatte Chomeini Tonbänder geschickt, die in allen Moscheen abgespielt wurden. Die Streitkräfte des Iran müßten vor der Unterwanderung durch ausländische «Strolche geschützt» werden. Ausländische Unruhestifter versuchten, die Truppen gegen das Volk aufzuhetzen. Das müsse verhindert werden. Die «illegale» Regierung Bachtiar bereite die Streitkräfte auf eine direkte Konfrontation vor. Das ginge nicht an. Die Öffentlichkeit müsse den Angehörigen der Sicherheitskräfte und der Armee mit Liebe und Brüderlichkeit begegnen. Dann würden sie sich dem Volk sicherlich im gleichen Geiste zuwenden. Diese Botschaft kam auch in den Parlamentsdebatten über Bachtiars Regierung immer wieder zur Sprache. Es gab etliche Appelle an Volk und Truppen, sich gegen die ausländische Einmischung zu verbünden.

Das Teheraner Blatt *Kajhan* brachte Bilder von neun Mitgliedern des Regentschaftsrates, unter anderem auch von Bachtiar und General Gharabaghi. Unter der Schlagzeile «Lächelnde Truppen grüßen Straßendemonstranten» wurde von der freundlichen Haltung des Volkes gegenüber dem Militär berichtet. Auf Zetteln, die die Demonstranten an Telefonzellen, Wände und Laternenpfähle geklebt hatten, wurde die amerikanische Hilfe für den Schah und Bachtiar verflucht. Auf einem Aufkleber hieß es: «Was kann schändlicher sein, als Waffen mit iranischem Geld zu kaufen und mit ihnen dann das Blut der herrlichen iranischen Jugend zu vergießen? Die Vereinigten Staaten haben uns das Geld aus der Tasche gezogen und das Blut unserer Landsleute vergossen: Sollen wir diesen Kolonialismus noch länger dulden? Schande über jeden Iraner, der solchen Befehlen gehorcht!»

Der Zeitung zufolge war das Poster eine Reaktion auf Berichte, nach denen General Robert Huyser in den Iran gekommen sei, um die Militärführung zur Unterstützung der neuen Zivilregierung zu zwingen. Auf der ersten Seite hieß es in einem Artikel mit Kairoer Datumszeile ferner, es könnte in Assuan zu einer Begegnung zwischen dem Schah und Sadat kommen. Offensichtlich stammte diese Information aus Kairo. Danach hatten sich die Schahmutter und seine Schwester Prinzessin Schams auf dem Annenbergbesitz im kalifornischen Palm Springs aufgehalten, wo auch der Schah in Kürze erwartet werde, sich dann aber infolge örtlicher Anti-Schah-Demonstrationen einen neuen Zufluchtsort gesucht.

Angesichts dieser Neuigkeiten machte ich mich auf eine schwierige Sitzung mit der Gruppe gefaßt. Ohnehin in größter Sorge wegen der bevorstehenden Abreise, hatten sie die Blumen-und-Liebe-Anbiederung der Menge und die Reaktion des Militärs darauf wahrscheinlich völlig aus dem Gleichgewicht geworfen. Nach der stark übertriebenen Darstellung der Presse mußten die Leser den Eindruck gewinnen, Soldaten und Demonstranten hätten sich in Liebe vereint. Aber das stimmte ganz und gar nicht. Wir hatten die Situation sorgfältig beobachtet. Tatsächlich waren nur sehr wenige Soldaten zur Opposition übergelaufen, während sehr viele der Menge lediglich mit der gleichen Freundlichkeit begegneten. Eine vernünftige Methode, das Beste aus einer verfahrenen Situation zu machen. Für mich ein weiterer Beweis für die gute Ausbildung und Disziplin der Truppen.

Ich erfuhr, daß die Ölförderung auf 240000 Barrel pro Tag erhöht worden war. In einer weiteren Woche sollte sie schon bei einer halben Million Barrel liegen. Teheran hatte eine Zuteilung von ungefähr 23000 Barrel täglich erhalten, was nur um 3500 Barrel unter der Normalration lag. Es war sogar die Rede davon, wieder Öl zu exportieren. Allerdings fiel zuviel Schweröl in der Raffinerie von Abadan an. Sie mußten es erst absetzen, um mehr Öl raffinieren zu können. Deshalb suchten sie nach einem Überseemarkt. Wir überlegten, ob wir ihnen helfen sollten, denn eine erhöhte Erdölproduktion lag in unserem Interesse.

Ich fragte in meinem Hauptquartier in Stuttgart an, ob für den Notfall im Bereich des Persischen Golfs Treibstoff verfügbar sei und die iranischen Streitkräfte unverzüglich versorgt werden könnten. Wie man mir mitteilte, lag ein Marinetanker in der Nähe, allerdings mit dem falschen Treibstoff. Doch der Tanker konnte gelöscht werden, den richtigen Treibstoff laden und ziemlich rasch zur Verfügung stehen.

Bei unserer Ankunft im Generalstabssitz stellten wir fest, daß die Planungen gute Fortschritte machten, vor allem wieder auf dem Gebiet der psychologischen Kriegsführung. Wir wußten jetzt auch, wo die entscheidenden Zollübergänge waren und wie viele Truppen wir brauchten, um sie zu kontrollieren. Hinsichtlich der Öl- und Stromversorgung fehlten uns noch ein paar wichtige Informationen. Dafür wußten wir sehr gut über die Wasserversorgung Bescheid und hatten auch einen hervorragenden Überblick über das Nachrichtenwesen.

In General Gharabaghis Büro trafen wir eine Sechsergruppe an, da auch General Moghaddam anwesend war. Grund ihrer Vollzähligkeit war die unmittelbar bevorstehende Abreise des Schah. Die Stimmung war sehr gespannt, und ich muß zugeben, daß Chomeinis neue Strategie zur Abwerbung der Truppen auch mir ein unangenehmes Gefühl in der Magengrube verursachte. Wir mußten rasch etwas unternehmen, oder es konnte passieren, daß wir die Soldaten verlören, ohne zu wissen, wie uns geschah. Die Ansprache des Schah in Fernsehen und Radio würde nützlich sein. Doch mußte auch General Gharabaghi unbedingt im Rundfunk sprechen. Es war zwar ein absolutes Novum, daß sich ein Offizier mit einer politischen Stellungnahme an die Öffentlichkeit wandte. Aber ich drängte ihn, Bachtiar anzurufen und ihn zu fragen, ob er irgendwelche Einwände hätte. Dann sollten wir die einzelnen Punkte der Rede durchgehen. Gharabaghi rief also an. Bachtiar hatte keine Einwände. Zweifellos war dem Ministerpräsidenten klar, daß seine eigene Zukunft von der Loyalität der Streitkräfte abhing.

Vor allem kam es jetzt auf rasches Handeln an. Die iranischen Generale hatten den gleichen Informationsstand wie ich. Uns blieben noch vierundzwanzig Stunden bis zur Abreise. Ich fragte Gharabaghi nach der gestrigen Sitzung des Nationalen Sicherheitsrates. Er hielt sie für sehr nützlich. Der Ministerpräsident hatte bekundet, dem Gesetz Geltung zu verschaffen und jeden ins Gefängnis zu stecken, der ihn daran hindere.

Wieder kam ein Anruf vom Schah. Er hielt das Militär in Atem: Flugzeug und Crew sollten jederzeit startklar sein. Offensichtlich sollte das bis zu seiner endgültigen Abreise zur täglichen Übung werden. Er wollte jederzeit alles stehen und liegen lassen und das Land ordnungsgemäß verlassen können.

Danach mußte ich mir abermals die tägliche Litanei über die BBC, die lasche amerikanische Haltung gegenüber Chomeini und die einseitige Berichterstattung der amerikanischen Presse anhören. Sicherlich lag das zum Teil auch an den westlichen Regierungen. Weder die USA noch eine andere westliche Nation hatte auf Chomeinis Äußerungen mit einer Gegendarstellung geantwortet. Mit den offenen Angriffen auf die Savak-Hauptquartiere in Täbris, Schiras und Isfahan hatte er seine Gangart deutlich verschärft. In Verbindung mit der neuen Liebe-und-Blumen-Methode wuchs die Gefahr. Die Gruppe brauchte mehr Hilfe aus Washington denn je. Trotzdem sprachen alle weit seltener davon, dem Land den Rücken zu kehren. Rabii und Toufanian wollten putschen, sobald der Schah das Land verließ. Aber Gharabaghi widersprach ihnen entschieden. Das sei völlig unnötig. Er sagte es derart nachdrücklich, daß ich den Eindruck hatte, er schließe es unter *allen* Umständen aus. Das machte mir Sorgen.

Wir waren uns alle darüber einig, daß wir genauestens über die Aktivitäten Chomeinis und der Sowjets informiert sein müßten. Die Generale sollten sich ganz auf die innere Gefahr konzentrieren, sagte ich. Wenn es eine von außen gäbe, würde sich der Westen einschalten.

Im letzten Teil der Sitzung halfen wir General Gharabaghi bei seiner öffentlichen Erklärung. Sie mußte genügend Zuversicht ausstrahlen, um Moral und Disziplin der Truppen aufzurichten. Dann mußten wir sichergehen, daß sie auch über die Sender ging und gedruckt wurde. Das gleiche galt für die Ansprache des

Schah, wobei wir möglicherweise einigen Druck ausüben mußten, weil mit Widerstand zu rechnen war. Wir konnten diese Dinge nicht länger aufschieben. Die Planungsgruppe berichtete, daß der erste Schub Flugblätter und Plakate für den nächsten Tag bereitlag.

Während der Sitzung erfuhren wir, daß auf den Straßen gerade eine weitere Großkundgebung anlief. Die gleichen Techniken: Freundschaftlich streckte die Menge dem Militär und der Polizei die Hände entgegen. Sie zeigte eine nahezu zügellose Begeisterung, hob die Sicherheitsbeamten auf die Schultern und trug sie wie Helden umher. Wir schnappten auf, daß die Tudeh-Partei dennoch den bewaffneten Kampf forderte. Offensichtlich machte sie Chomeinis Versöhnungstaktik ungeduldig. Sie wollte das Shoot-out.

Als wir gerade die Sitzung vertagen wollten, kam die Kunde, daß sich der Senat mit achtunddreißig zu einer Stimme für die Regierung Bachtiar ausgesprochen hatte. Das übertraf unsere kühnsten Erwartungen und machte uns Mut – wir würden ihn in den nächsten Tagen gut brauchen können.

Ich fragte Gharabaghi, wie die Aussichten für ein Treffen mit den religiösen Führern stünden. Ob er irgendeinen Erfolg gehabt habe? Möglicherweise, sagte er, würde sich General Moghaddam mit ihnen treffen. Er sagte nicht, wo und wann, aber man schien einige Verhaltensregeln für die Zeit nach der Abreise des Schah aushandeln zu wollen. Weiter mochte die Gruppe offenbar nicht gehen. Ich sagte ihm, daß der Botschafter und ich bei der Koordinierung des Treffens in jeder Weise behilflich sein würden.

Im Laufe des Tages hatten wir also einige beachtliche Erfolge erzielt. Die wichtigsten Punkte von Gharabaghis Rede waren ausgearbeitet. Die Erklärung des Schah war aufgezeichnet und sollte zum Teil noch am heutigen Abend ausgestrahlt werden. Den restlichen Teil wollte er auf einer morgigen Pressekonferenz unmittelbar vor seiner Abreise verkünden. Als nächstes galt es, Gharabaghis Ansprache an die Truppen in die Presse zu bekommen.

Wir fuhren zurück in die Botschaft, wo ich wieder Botschafter Sullivan über alles informierte. Lange sprachen wir über die Gefahren einer voreiligen Rückkehr Chomeinis; denn wir hatten noch immer nicht alle Pläne für den Notfall fertig. Zwei Ereignisse hatten Bachtiar die Initiative aus der Hand genommen: die Angriffe auf die Savak-Hauptquartiere und die Verbrüderungskampagne auf den Straßen. Ein Treffen mit der Opposition war dringend erforderlich. Nach Sullivans Auskunft waren die religiösen Führer noch immer dazu bereit, sofern das Militär mit einem Treffpunkt auf religiösem Territorium einverstanden sei. Ich wollte der Sache nachgehen.

Ungefähr um 22 Uhr wurde ich zu einem Telefonat mit Minister Brown hinüber in die Botschaftsräume gerufen. Als ich vom Wohngebäude zur Kanzlei hinüberging, bemerkte ich einen allgemeinen Stimmungswandel. Die Sicherheitsvorkehrungen waren verschärft worden; Wachen in Zivil versteckten sich zwischen den Bäumen; an den Toren stand eine große Zahl uniformierter Männer. Der Sicherheitschef der Botschaft, Colonel Holland, verstand sein Geschäft. Einer der besten Leute, die ich je zu Gesicht bekam. Eine abenteuerliche Erscheinung. Einen Meter fünfundsiebzig groß, stämmig, aber ohne ein Gramm Fett am Leib. Mit einer 357er Magnum an der Hüfte, die fast so groß war wie er selbst. Alle iranischen Wachen wußten, daß mit ihm nicht zu spaßen war.

Am anderen Ende der Sicherheitsleitung hatte sich diesmal zum Vorsitzenden der Vereinigten Stabschefs und dem Verteidigungsminister noch Dr. Brzezinski hinzugesellt. Wer seine eigenen Fähigkeiten wirklich auf die Probe stellen möchte, sollte einmal versuchen, Dr. Brzezinski auf einem der klapprigen Sicherheitstelefone zu verstehen. Wie schon gesagt, hörten sich die meisten Leute mehr oder weniger wie Donald Duck an, aber bei Dr. Brzezinskis Akzent und Sprechtempo spottete das, was aus dem Telefon herauskam, jeglicher Beschreibung.

Ich unterrichtete sie über das Tagesgeschehen. Dann fragte mich Dr. Brzezinski nach Plänen des Militärs bei einem Scheitern Bachtiars. Ich war verblüfft, schließlich hatte ich darüber gerade berichtet. Dennoch sagte ich, ja, wir arbeiteten seit vier oder fünf Tagen daran. Im Augenblick seien sie allerdings noch kaum brauchbar. In den Bereichen psychologische Kriegsführung und Zoll jedoch konnten die Aktionen praktisch anlaufen. Noch wichtiger sei mir die Sicherung der Öl-, Strom-, Wasser- und

Nachrichtenversorgung. Erst nach Abschluß dieser Pläne hätte das Militär eine Überlebenschance.

Er fragte nach der Einstellung der mittleren Offiziersdienstgrade. Ließe sich einschätzen, ob diese Leute bei der Stange blieben? Nach meiner Meinung zeigten die höheren Offiziere eine bemerkenswerte Geschlossenheit, und das färbte auf die mittleren Ränge ab. Diese Einschätzung war mir von meinen eigenen Offizieren und vom Botschaftspersonal sowie von den Berichten der iranischen Kommandeure bestätigt worden. Auf der untersten Ebene gab es zwar Verbrüderung und Fahnenflucht, die aber von den Medien weit übertrieben wurden. Solange die Führung nicht wankte, bestand kein Grund zur Gefahr. Ich erwähnte, daß sich General Gharabaghi an die Öffentlichkeit wenden würde, was in den Vereinigten Staaten nicht als sensationell empfunden werden mochte, aber im Iran ein enormer Fortschritt sei. So etwas habe es noch nie gegeben.

Minister Brown fragte, ob ich mit den ganzen Plänen zufrieden sei. Ich verwies auf meine Antworten an Dr. Brzezinski. Wir müßten zufrieden sein. Aber wir brauchten bis zu Chomeinis Rückkehr unbedingt noch ein paar Tage Zeit, sonst könnte die ganze Planung umsonst gewesen sein.

Minister Brown hatte erfreuliche Nachrichten für mich. Auf Drängen der USA und mit Hilfe der Franzosen hatte einer von Chomeinis Männern (ich nahm an, Ibrahim Jazdi) ihn gebeten, seine Rückkehr noch ein paar Tage aufzuschieben. Nach Meinung des Ministers würde Chomeini dieser Bitte folgen. Meine iranischen Kollegen hörten das wirklich gern.

Washington schien nicht zu wissen, daß der Schah am nächsten Tag um zwölf Uhr abzureisen gedachte. Ich nannte als Wahrscheinlichkeit mindestens neunzig Prozent. Die Regierung Bachtiar war vom Senat bestätigt. Er konnte sich einen geordneten Abgang verschaffen.

Eindringlich sagte ich Harold Brown, daß wir ein Maximum an Informationen über Chomeinis Maßnahmen brauchten. Jede verfügbare Quelle müßte angezapft werden. Denn auf keinen Fall durften wir uns von Chomeini oder von sowjetischen Truppenbewegungen an der Grenze überraschen lassen. Zu meiner Freude sollte ich den Iranern ausrichten, sich auf ihre innenpolitischen

Probleme zu konzentrieren. Um Bedrohungen von außen würden sich die Vereinigten Staaten kümmern. Scharf bemerkte Dr. Brzezinski, daß wir bestimmt nicht untätig zusähen, wenn sich irgendein Nachbar einmische. Er klang sehr aggressiv, als wäre es ihm geradezu lieb, wenn das iranische Militär sofort aktiv würde. Aus dem kurzen Gespräch und allem, was ich gelesen hatte, schloß ich, daß er Option C, den Militärputsch, befürwortete und sicher sein wollte, daß wir auf ihn vorbereitet seien.

In diesem Zusammenhang wies ich abermals auf unser größtes Handikap, den Mangel an Treibstoff für Fahrzeuge und Panzer, hin und bat um sofortige Abhilfe. Ich hätte deswegen schon in meinem Hauptquartier in Stuttgart angefragt. Sowohl der Verteidigungsminister wie der Vorsitzende versicherten mir, ich würde in dieser Sache bald von ihnen hören. Ich zweifelte nicht daran; denn bisher hatten sie mich vorzüglich unterstützt.

Minister Brown fragte mich noch einmal nach der Moral und Disziplin der Truppen. Ob wir nicht ein Informationssystem einrichten könnten, durch das wir die Stimmung besser erfaßten. Ich versprach, es am nächsten Tag erneut mit den Militärs zu besprechen. Ein Problem blieb der Mangel an klaren Stellungnahmen Washingtons zu Chomeinis Verlautbarungen. Wie ich erfuhr, beabsichtigten die Vereinigten Staaten eine Stellungnahme bei der Ausreise des Schah. Ich hielt den Zeitpunkt für gut. Einige Leute fürchteten, zuviel amerikanische Unterstützung könnte der Regierung Bachtiar schaden. Doch ich war immer noch davon überzeugt, daß wir ihn hundertprozentig öffentlich unterstützen sollten.

Botschafter Sullivan war zu mir in den Sicherheitsraum gekommen. Er war zu einem fernschriftlichem Meinungsaustausch mit dem Außenminister gerufen worden, und das Gerät stand im selben Raum. Da ich meinen Bericht eigentlich beendet hatte, fragte ich den Botschafter, ob er mit Minister Brown sprechen wolle. Sullivan nahm den Hörer und tauschte ein paar Scherze mit dem Minister aus. Dann berichtete er, daß auch nach Bachtiars Auffassung die größte Gefahr von einer baldigen Rückkehr Chomeinis ausginge. Ich freute mich über diese völlig unerwartete Bestätigung. Bachtiar brauche nach seinen eigenen Worten noch einen vollen Monat, bevor Chomeini zurückkehren könne.

Dann meldete sich das Außenministerium auf dem Fernschreiber für den Botschafter. Nach einem Grußaustausch lautete die erste Äußerung aus Washington: «Wir hoffen, Sie sind allein im Sicherheitsraum. Das folgende ist nur für Sie bestimmt, nicht für General Huyser.» Wir sahen uns an; denn ich hatte mich über seine Schulter gebeugt und mitgelesen. Ich bot ihm natürlich sofort an, den Raum zu verlassen, aber der Botschafter sagte: «Entweder machen wir diese Sache gemeinsam oder gar nicht. Sie können gerne bleiben.»

Es war ein weiteres Beispiel dafür, was in Washington geschah oder eben nicht. Für uns beide ein völliges Rätsel. Es schien endlich an der Zeit, daß dort jemand das Heft in die Hand nahm und klare Entscheidungen traf, sonst könnten wir die ganze Sache bald in einem anderen Land wiederholen.

Während ich wartete, bis der Botschafter seine Fernschreibkonferenz beendete, sah ich die jüngsten Nachrichten durch, die über den normalen Ticker hereinkamen. Ein Artikel im *Wall Street Journal* trug die Überschrift «Schah wird Iran vermutlich Mitte der Woche verlassen, doch Abreise kann das Chaos verschlimmern». Nach einem Hinweis auf Chomeinis geplanten islamischen Revolutionsrat, mit dem er das Land nach der Ausreise des Schah regieren wolle, hieß es, diese Entscheidung «bedeutet eine weitere Schwächung der von den Vereinigten Staaten unterstützten neuen Zivilregierung von Ministerpräsident Bachtiar. Nach offizieller amerikanischer Meinung wächst dadurch die Gefahr eines blutigen Bürgerkriegs zwischen den Anhängern des Ayatollah und der iranischen Streitkräfte.» Es gäbe keinen Grund zur Annahme, daß das Militär bei einer Machtübernahme Chomeinis untätig zusehen würde.

Offensichtlich war der Ayatollah in der CBS-Sendung «Face the Nation» aufgetreten und hatte wilde Reden geschwungen. Wenn die Vereinigten Staaten bereit sind, hatte er gesagt, dem Schah und Bachtiar ihre Unterstützung zu entziehen, dann sei vielleicht auch er bereit, dem amerikanischen Volk mit Freundschaft und Gerechtigkeit zu begegnen. Weiter hieß es in dem Artikel, die Carter-Administration unterstütze die Regierung Bachtiar, und General Huyser sei in Teheran, um die militärische Führungsspitze zur gleichen Haltung zu überreden. Ich hätte den

Auftrag, das iranische Militär zur Geschlossenheit anzuhalten. Ein Riß in dessen Reihen würde nach Ansicht offizieller Stellen den Zusammenbruch der letzten Ordnungsmacht im Iran bedeuten. All das versprach Ärger für unsere Sitzung am nächsten Tag.

Der Botschafter beendete seine Konferenz, und wir gingen wieder hinüber in seine Residenz. Wie angenehm, auf diesem reichlich unheimlichen Weg zur Abwechslung einmal Gesellschaft zu haben. Wir spürten beide Sehnsucht nach unserem Bett; denn es ging schon gegen Morgen, und ich konnte nur ins Büro kommen, wenn ich das Botschaftsgebäude bis sechs Uhr verließ. Wenn der Schah wirklich außer Landes ging, mußte ich bei der Gruppe sein.

Obwohl ich mit jedem Tag erschöpfter war, konnte ich noch keinen Schlaf finden. Zu viele Dinge gingen mir durch den Kopf. Wie würde die Zivilbevölkerung reagieren, wenn der Schah das Land verließ? Beendete sie die Streiks? Beruhigte sich die Lage dann allmählich? Würden die Soldaten in Massen desertieren? Gingen die Chomeini-Anhänger zum offenen Angriff auf Bachtiar über? Sie bereiteten etwas vor, aber was, ließ sich schwer vorhersagen.

Dienstag, 16. Januar 1979

Nach einem unruhigen, häufig unterbrochenen Schlaf von drei bis vier Stunden stand ich auf und fuhr zum Sitz des Generalstabs. Auch General Gast hatte die Nacht in der Residenz verbracht, weil wir nicht wußten, wie es in seinem Stadtviertel aussah und ich unbedingt mit der Gruppe zusammenkommen wollte. Die Straßen waren überraschend ruhig, so daß wir rascher als gewöhnlich vorankamen. Es war ein kalter, grauer Morgen, und ich wußte, der Tag würde so bleiben, innerlich und äußerlich.

Bei unserer Ankunft im Büro stellten wir fest, daß nicht geheizt war. Das erschien uns merkwürdig, weil sich die Ölversorgung verbessert hatte und wir allmählich wieder an warme Büroräume gewöhnt waren. Wir nahmen an, daß wir einfach zu früh gekommen waren, hüllten uns in Pullover und Mäntel und hofften aufs

Beste. Die ersten beiden Stunden verbrachte ich mit der Durchsicht von Schriftstücken, der Ergänzung meiner Aufzeichnungen und der Prüfung aller Pläne. Wiesen sie Lücken auf? Was hatten wir vergessen? Waren wirklich alle Möglichkeiten berücksichtigt?

Nach dem Wecken beobachteten wir, wie die Soldaten sich zur Flaggenhissung aufstellten. Das Ganze wirkte sehr diszipliniert und straff. Bei dem Ruf aus voller Brust «*Javid Schah*» («Lang lebe der Schah») lief mir ein kalter Schauder den Rücken hinunter.

Zwischen sieben und acht Uhr trafen die anderen ein, mit Ausnahme von Colonel Arthur Heinhott, dem Verwaltungschef. Das war ungewöhnlich. General Gast ordnete eine sofortige Nachforschung an, da Heinhott ein außerordentlich zuverlässiger Offizier war und gewöhnlich früh zum Dienst erschien. Wegen der von Chomeini geschürten antiamerikanischen Kampagne waren wir sehr besorgt um die Sicherheit unserer Leute. Zwei Tage zuvor war der Zivilangestellte Martin Berkovits aus San Francisco in Kerman erstochen worden. Die genauen Hintergründe kannten wir nicht, aber auf den Wänden hatte «Go home» gestanden. Es sah ganz danach aus, als habe man sich bewußt einen Amerikaner ausgesucht. Als Gasts Stellvertreter Major Burnette hereinkam, schickten wir ihn gleich weg, um die Morgenzeitungen zu holen. Besonders interessierte mich, wie General Gharabaghis Pressekonferenz aufgenommen worden war. Burnette kam mit dem *Tehran Journal* und dem *Kajhan* zurück. Mit großer Freude erblickte ich auf der Titelseite des *Journal* oben links den Gharabaghi-Artikel. Er trug die Überschrift «Gharabaghi schließt Militärputsch aus» und zeigte ein Bild des Generals. Damit hatten wir mit einer alten Regel gebrochen und den Generalstabschef in die Zeitung gebracht. Etwas völlig Neues für den Iran.

Gharabaghi erklärte, nach der Abreise werde es keinen Militärputsch geben. Nach seiner Auffasung ließ sich eine Meuterei der Streitkräfte jedoch nicht ausschließen. Aber er ging nicht weiter darauf ein. Das Militär unterstütze jede rechtmäßige Regierung und schütze die Verfassung. Man habe die Armee vor kurzem in Täbris, Schiras und andernorts provoziert. Aus diesem Anlaß warnte er die Demonstranten vor weiteren «Provokationen» der Armee, deren Aufgabe es sei, die Ordnung aufrechtzuerhalten.

Zur Frage rivalisierender Gruppen in den Streitkräften meinte er, während jegliche Rebellion gemäß den militärischen Vorschriften niedergeschlagen werde, könne «durch Gemeinsamkeit und Verständnis zwischen den Streitkräften und der Gesellschaft jeder Versuch einer vom Ausland angezettelten Intrige erstickt werden». Er sei Soldat und verstehe sich nicht auf die Sprache der Politiker. Aber in jeder Organisation gebe es schwarze Schafe, und wer sich in der Armee etwas zuschulden kommen ließe, werde bestraft. Kein Patriot könne wünschen, daß es nach der Abreise Seiner Majestät zu einer Konfrontation zwischen dem Militär und dem Volk komme. Das würden weder die Streitkräfte noch die Nation überleben. Eine ziemlich unklare Aussage, vor allem, wenn man sie an seinem Versprechen maß, daß es keinen Putsch geben werde. Ich war mir einfach nicht sicher, ob Gharabaghi genügend Rückgrat zeigen würde, falls es zu einem Militärputsch kommen sollte. Aber mir gefiel, wie er sich zur iranischen Verfassung und zur rechtmäßigen Regierung Bachtiar bekannte. Niemand könne garantieren, daß es keine Revolte in der Armee geben werde. «Aber eines steht fest, wir werden jeden Versuch entschlossen niederschlagen.»

Alles in allem hielt ich den Artikel für sehr nützlich. Schon die Tatsache, daß sein Bild auf der ersten Seite stand, war ein Pluspunkt für unsere Sache. Begrüßenswert auch die Hauptschlagzeile: «Schah will sich vor seiner Abreise an die Presse wenden». Diese Ankündigung seiner Rede an die Nation erfreute uns. Die Zeitung berichtete über Bachtiars großen Abstimmungssieg im Senat und erklärte, nach der für diesen Tag erwarteten Abstimmung im Majlis würde der Iran wissen, ob er nun eine Regierung habe.

Die Tudeh-Partei forderte immer noch eine bewaffnete Auseinandersetzung, hieß es in einem Artikel mit Pariser Datumszeile. Wir vermuteten schon lange eine Verbindung zwischen Chomeini in Paris und der Tudeh-Partei im Iran. Es gab unbestätigte Gerüchte über direkte Telefonverbindungen des Ayatollah nach Moskau und Libyen. Sein persönlicher Haß auf den Schah machte es allerdings wahrscheinlich, daß ihm ohne ideologische Rücksichten jedes Mittel für seinen Kampf recht war. Radio Moskau brachte heftige Angriffe gegen die Regierung Bachtiar. Sie hatten vor allem zum Ziel, Unruhen zu schüren und einen Keil zwischen den Iran und die Vereinigten Staaten zu treiben.

Am späten Vormittag ließ uns Gharabaghi über sein Büro bestellen, die Gruppe sei versammelt und erwarte uns. Bei unserer Ankunft beschloß ich, die Klagen über die Abreise des Schah durch eine praktische Bestandsaufnahme der Planungen zu unterbinden. Ich war ausgesprochen froh, daß sie ihnen Vorrang einräumten und gratulierte General Gharabaghi zu seiner Presseerklärung, die ein Zeugnis wahrer Stärke sei. In diesem Zusammenhang verwies ich auch auf die Artikel über die Pressekonferenz und die Bachtiar-Abstimmung.

Doch die Gruppe hatte keine Augen für die Silberstreifen am Horizont. Sie zeigten mir die Überschrift auf der Mitte der ersten Seite: «Chomeini plant neue Regierung». Dem Ayatollah zufolge stand die Geburt einer islamischen Republik unmittelbar bevor: «Weder werde ich die Macht des Schah für mich in Anspruch nehmen, noch werde ich Ministerpräsident. Ich gebe mich damit zufrieden, der Nation den Weg zu weisen.» Allein die Vorstellung, Chomeini könne zurückkommen oder gar die Macht übernehmen, versetzte die Gruppe in helle Aufregung. Dann zeigten sie auf einen Artikel unmittelbar darunter: «Amerikaner in Kerman ermordet». Ich sagte, ich wisse davon, hoffe aber, es handle sich um einen Einzelfall. Ich machte mir noch immer Sorgen um den Colonel, der morgens nicht zum Dienst erschienen war. Hoffentlich kündigte sich damit nicht eine neue Eskalation an, denn dann würden sich solche Gewaltakte wie ein Buschfeuer ausbreiten.

Was alle aber am meisten beschäftigte, war die fette Schlagzeile: «Der Schah verläßt heute das Land». Einige von ihnen wollten es noch immer nicht wahrhaben, vor allem Rabii, Badraie und Gharabaghi. Toufanian war wohl zu sehr Realist, noch daran zu zweifeln, während Admiral Habiballahi es stoisch als eine Voraussetzung zum Abbau der Spannungen hinnahm.

Obwohl der Schah keinen festen Termin genannt habe, sagte ich, würde er heute gewiß abreisen, wahrscheinlich gegen zwölf Uhr. Deshalb müßten wir alle Eventualitäten noch einmal durchgehen. Ob Informationssysteme eingerichtet seien, um die Stimmung in der Truppe zu erfassen? Wir mußten nach der Abreise sofort die Reaktion der Soldaten erfahren. Ich bekam zu hören, daß sie ihre Streitkräfte in höchsten Alarmzustand versetzt hatten und Moral und Disziplin durch ihre Truppenkommandeure beobachten ließen. Unter den Mannschaften gab es keine Unruhe, auch keine Gerüchte über Massendesertionen. Der Zustand der Streitkräfte erschien sogar besser als üblich, nichts Ungewöhnliches bei Truppen im Alarmzustand. Eine angespannte Situation steigert das Zusammengehörigkeitsgefühl.

Von nahezu gleicher Dringlichkeit war die Frage nach Chomeinis Rückkehr. Damit hatten sie sich noch nicht abgefunden. Sie schienen zu glauben, man könne ihn dazu bringen, sich wie ein Dschinn in Luft aufzulösen. Oder sie wollten ihn auf der Reise oder sogar bei seiner Ankunft ausschalten. Sie waren einfach unfähig, sich nüchtern mit dem Problem auseinanderzusetzen.

Wie sich herausstellte, hatte die Gruppe am Vorabend Bachtiar getroffen und bis spät in die Nacht mit ihm konferiert. Am selben Abend hatte der Ministerpräsident auch mit dem Regentschaftsrat getagt, so daß Gharabaghi zweimal mit ihm zusammengekommen war. Die Gruppe war die Pläne mit ihm durchgegangen, was sicherlich beiderseits die Beziehung festigte. Bachtiar war dabei wohl endgültig klar geworden, wie die Streitkräfte ihm helfen konnten, die Macht im Land zu übernehmen, die Streiks zu beenden und die Lage zu normalisieren. Nach ihren Angaben brauchte die Gruppe noch vierundzwanzig Stunden, um Strom, Treibstoffversorgung, Nachrichtenverbindungen und so weiter sicherzustellen. Wir waren endlich auf dem richtigen Weg.

Plötzlich hörten wir Hubschrauber über uns. Da wir wußten, daß der Schah den Weg vom Njarawan-Palast zum Flughafen Mehrabad im Hubschrauber zurücklegen würde, und da die Route fast direkt über dem Hauptquartier verlief, gingen wir sofort auf den Balkon. Natürlich war es der Schah mit seiner Eskorte. Sechs Hubschrauber mit Kurs auf Mehrabad. Uns allen schlug das Herz im Halse.

General Rabii erzählte uns, daß Flugzeug und Crew startklar waren. Er selbst hatte noch am Morgen einen Probeflug unternommen. Daraufhin fragte mich General Gharabaghi ziemlich aufgeregt, was nun zu tun sei. Ich fand, er solle sich als Vertreter des Militärs zum Flughafen Mehrabad begeben. Wir würden in seinem Büro bleiben und alle Ereignisse genau verfolgen.

Es war die erste Probe aufs Exempel, denn schließlich hatten alle wiederholt den Wunsch geäußert, das Land mit dem Schah zu verlassen. Wie würden sie sich nun verhalten? Mich auffordern, sie in Ruhe zu lassen, und das Weite suchen? Oder meinem Rat folgen?

Äußerlich ruhig fuhr ich mit meinen Empfehlungen fort und riet ihnen vor allem, ein sehr wachsames Auge auf die Streitkräfte zu haben. Aber mein Puls schlug von Minute zu Minute schneller. Es wollte mir kaum in den Kopf, daß sie nicht alle zum Flughafen eilten, um dem Schah Lebewohl zu sagen. Da ich wußte, wie emotional sie reagierten und wie rasch sie ihre Meinung änderten, wäre ich nicht überrascht gewesen, wenn sie *mir* Lebewohl gesagt und das Land mit ihrem Herrscher verlassen hätten. Deshalb war ich sehr erleichtert, als sich General Gharabaghi mir gegenüber einverstanden erklärte und die anderen ihm zustimmten.

Für dringende Flüge standen innerhalb des Gebäudes ständig Hubschrauber bereit, zumal es fast unmöglich geworden war, am Tage mit dem Auto durchzukommen. General Gharabaghi nahm Mütze und Handschuhe und verließ das Büro. Ich konnte fast den Herzschlag seiner Kollegen hören und fühlte mit ihnen. Ich wußte, wie tief bewegt sie waren. Sicherlich empfanden sie große Angst und Ungewißheit. Doch alle bewahrten Haltung, auch wenn sie bestimmt lieber ihren Tränen freien Lauf gelassen hätten.

Wir schalteten den Fernsehapparat in Gharabaghis Büro ein. Während wir noch warteten und den Bildschirm im Auge behielten, erinnerten sie sich an die gute alte Zeit unter dem Schah und ergingen sich dann über die Fehler, die ihr Herrscher gemacht hatte. Nach ihrer Auffassung hatte er seine Willens- und Entschlußkraft verloren und seine Machtmittel nicht ausgeschöpft. Ich hörte sie zum erstenmal so reden.

Je näher der Abflug rückte, desto erregter wurden die Gemüter, nicht nur hier im Büro, sondern auch auf dem Fernsehschirm und den Straßen. Um die Menge vom Flughafen Mehrabad fernzuhalten, hatte man rundherum die Kaiserliche Garde, die Elitetruppe der iranischen Armee, postiert. Nur wenige Leute erhielten Zutritt zum Inneren. Bei der Feindseligkeit auf den Straßen war die

Gefahr einer Explosion zu groß, als daß man irgend etwas dem Zufall überlassen konnte.

Die Abschiedszeremonie fand unter Leitung von Ministerpräsident Bachtiar und zwei oder drei seiner Kabinettsmitglieder statt. Wir entdeckten auch Gharabaghi auf dem Fernsehschirm und wußten also, daß er eingetroffen war. Als der Zeitpunkt des Abflugs näherrückte, wuchs auch die Rührung des Schah zusehends. Sicherlich fragte er sich, ob er jemals zurückkehren würde. Er selbst wird es sich wohl kaum eingestanden haben, aber vielen anderen dürfte klar gewesen sein, daß er den Pfauenthron aufgab, sobald sein Flugzeug vom Boden abhob.

Die Gefühlsskala bei uns im Büro reichte von Schluchzen – einer der höheren Offiziere legte seinen Kopf auf meine Schulter und weinte – bis hin zu Witzeleien. Doch es waren nur verschiedene Symptome der Angst und Enttäuschung. Admiral Habiballahi wirkte fast frivol; dabei wußte ich, daß er den Schah liebte. Als das Flugzeug startete, sagte er auf seine ruhige Art: «Wenn die Vergewaltigung nicht mehr zu vermeiden ist, entspann dich und genieße sie.»

Überall in der Stadt hatten sich gewaltige Menschenansammlungen gebildet, und als das Flugzeug des Schah sich in die Luft erhob, war es, als hätte man einen gigantischen Startschuß abgegeben. Alle schienen sie auf diesen Augenblick gewartet zu haben. Hupen ertönten, Demonstrationen formierten sich. In der ganzen Stadt erhob sich Jubelgeschrei. Ein einziger unbeschreiblicher, spontaner Freudentaumel, der zwei oder drei Stunden anhielt und noch an Lautstärke und Begeisterung zunahm. Berichte trafen ein, nach denen die Menge alle Denkmäler des Schah und seiner Familie niederriß. Vor dem Teheraner Fernsprechamt am Sepah-Platz befand sich ein riesiges, schönes Reiterstandbild von Reza Schah, dem Schahvater. Mit Seilen holte es die Menge von seinem Sockel. Im Laufe des Nachmittags hörten wir, daß sechs oder sieben solcher Standbilder – Wahrzeichen der Stadt, die sich seit Jahrzehnten an ihrem Platz befunden hatten – zerstört worden waren. Sie töteten den Schah – symbolisch.

Vor seiner Abreise hatte er eine Presseerklärung abgegeben, die dem Militär helfen sollte. Er fahre in Urlaub, sagte er, den er nach

Monaten eines belagerungsähnlichen Zustandes dringend brauche. Er habe gewartet, bis die Regierung Bachtiar fest im Amt sei. Er appellierte an das Nationalgefühl des iranischen Volkes. Das Land müsse aus der wirtschaftlichen Misere herausgeführt werden. Die neue Regierung werde hoffentlich die Schäden der Vergangenheit beseitigen und die Grundlagen für eine bessere Zukunft legen. Dazu bedürfe es der Zusammenarbeit aller national gesinnten Kräfte. Die Menschen müßten ihr Leben ändern und einen neuen Anfang machen.

Etwa eine halbe Stunde nach dem Abflug hörten wir General Gharabaghis Hubschrauber zurückkehren. Er sah sehr ernst und aschgrau aus, wie nicht anders zu erwarten. Mit den ersten Worten brachte er seinen Stolz auf die Kaiserliche Garde zum Ausdruck. Sie hatte den Flughafen abgeschirmt und ihre Aufgabe ausgezeichnet erledigt, eine sehr disziplinierte Truppe. Dann äußerte er seine eigene Trauer und berichtete, der Schah und die Schahbanuh hätten geweint.

Ich überlegte, was am besten in dieser Situation zu tun sei. Sollte ich eine Schockbehandlung probieren, um sie auf andere Gedanken zu bringen, oder ihnen mein Mitgefühl zeigen? Ich entschied mich, ihren Gefühlen freien Lauf zu lassen. Zweifellos waren sie jetzt gewillt, sich ihrem Land und Bachtiar zur Verfügung zu stellen. Zwar redeten sie noch immer von einem Putschversuch in dieser Nacht – sogar den Zeitpunkt hatten sie schon festgelegt: zwei Uhr dreißig –, doch einige praktische Fragen zur Planung brachten sie rasch wieder zur Vernunft. Was sprach schließlich auch gegen den Ministerpräsidenten? Wer könnte schon an seiner Stelle die Macht übernehmen?

Als sie über Chomeinis nächsten Schritt nachdachten, kam es zu einer erregten Diskussion. Nach ihrer Überzeugung würde er sofort zurückkehren. Was sollte ihn daran hindern? Warum sollte er nicht unverzüglich heimkehren? Die Wogen gingen so hoch, daß ich alle wieder zur Vernunft bringen mußte. Jetzt müßten wir Bachtiar beweisen, daß wir ihn unterstützten. Gharabaghis und Rabiis Reaktion war überraschend. Jawohl, riefen sie aus, der Schah hat uns aufgetragen, Ihnen zu vertrauen, auf Sie zu hören und Ihnen zu gehorchen.

«Gehorchen» war neu. Das Wort schockierte mich. Ich fragte

sofort nach, doch alle bestätigten es. Das ginge meiner Regierung sicherlich zu weit. Mehrfach hatte man mich davor gewarnt, zuviel Einfluß zu nehmen. Andererseits hatte ich nach Auffassung Washingtons natürlich dafür zu sorgen, daß etwas geschieht und zwar das Richtige zur rechten Zeit. Meine Position war wenig beneidenswert. Wenn ich von nun an eine Meinung äußerte, würden sich die Generale danach richten. Das schuf eine ganz neue Situation. Vor allem hatte ich Angst, diese Information könnte durchsickern. In der russischen Presse waren bereits entsprechende Anspielungen zu lesen. Wenn irgend jemand von dem Wort «gehorchen» erfuhr, konnten den Vereinigten Staaten daraus gewaltige Probleme im Iran erwachsen.

Wir plauderten ein wenig. Ich wollte nicht gehen, bevor ich nicht sicher war, daß sie sich jede übereilte Aktion aus dem Kopf geschlagen hatten. Außerdem brauchte ich die absolute Gewißheit, daß sie das Land nicht doch noch verließen.

General Toufanian brach das Eis. Er habe ernsthaft daran gedacht, bekannte er, noch vor dem Schah außer Landes zu gehen, zumindest aber mit dem Schah, weil das seine letzte Chance wäre. Doch Regierungsvertreter hatten seinen Paß eingezogen. Er sagte nicht, wer diese Vertreter waren, obwohl es höchst ungewöhnlich schien, daß ein so hoher Offizier keinen Paß mehr hatte. Er stünde, fügte er hinzu, auf einer Liste von Leuten, die wegen Korruption angeklagt werden sollten, doch habe er sich wohl richtig entschieden. Er wolle sein ganzes Gewicht in die Waagschale werfen, um der gegenwärtigen Regierung zum Erfolg zu verhelfen. Dadurch ermutigt, fragte ich rundheraus: «Können wir uns also den törichten Gedanken an eine Militäraktion heute nacht endgültig aus dem Kopf schlagen? Ist Ihnen nicht klar, daß unsere Planungen noch nicht weit genug gediehen sind, als daß wir Aussicht auf Erfolg hätten? Zum gegenwärtigen Zeitpunkt können wir nur Teile in die Tat umsetzen.»

Sie versicherten mir, nichts dergleichen werde geschehen. Mehrfach erklärte General Gharabaghi, daß er auch gemeint habe, was er in seiner Erklärung gesagt habe. Er wisse, daß wir noch nicht genügend vorbereitet seien, außerdem sei es noch gar nicht an der Zeit. Bachtiar sei im Amt und brauche unsere Unterstützung. Statt dessen sollten wir uns lieber überlegen, wie wir die

Menge in Schach hielten, die sich am 19. auf den Straßen versammeln werde.

Es war spät geworden. (Ungefähr siebeneinhalb Stunden hatte ich mit ihnen verbracht.) Ich war wieder recht zuversichtlich: Die Menschenansammlungen waren kleiner geworden, und die Streitkräfte zeigten keinerlei Auflösungserscheinungen. Ich fand, ich könne in die Botschaft zurückfahren. Ich mußte Washington über diese Nacht der Nächte berichten. Wir verabschiedeten uns und gingen hinüber in unser Büro.

Wir erfuhren sogleich, daß der vermißte Colonel erhängt in seiner Wohnung aufgefunden worden war. Unser erster Gedanke war Mord, denn am Morgen hatte die Geschichte von dem Amerikaner in Kerman in den Zeitungen gestanden. Doch die Untersuchungsbeamten meinten, es sehe nicht danach aus. Wir befragten sie gründlich, aber sie blieben dabei. General Gast ordnete eine sorgfältige Sachverständigenuntersuchung an: Mord oder Selbstmord?

Als wir in die Botschaft zurückkehrten, erörterten wir die Tagesereignisse mit Botschafter Sullivan, der den ganzen Tag über dort geblieben war. Er ließ nicht erkennen, was er von der Abreise des Schah hielt. Der Tag war anstrengend für General Gast und mich gewesen, aber besser verlaufen als erwartet.

Während ich darauf wartete, meinen Bericht durchzugeben, sah ich die UPI-Meldungen auf dem Fernschreiber durch: eine gute Zusammenfassung von Gharabaghis Rede und eine längere Beschreibung der neuen «Kampagne der Liebe» mit Konfekt, Blumen und Küssen. Zu Gharabaghis Erklärung, es werde keinen Putsch geben, erklärte UPI, dies sei ausführlichen Gesprächen zu verdanken, die der Schah und General Huyser mit führenden Militärs geführt hätten, um sie für eine Unterstützung der Regierung Bachtiar zu gewinnen. Ich sei zu meinen Gesprächen im Iran viel länger als vorgesehen geblieben.

Um zweiundzwanzig Uhr dreißig ging ich über das dunkle Gelände, um Minister Brown Bericht zu erstatten. Die Nacht war kühl und ungewöhnlich still. Vielleicht waren die Menschen vom Feiern erschöpft. Es lag jedenfalls eine andere Stimmung in der Luft.

Abermals hatte sich Dr. Brzezinski zu Minister Brown und General Jones gesellt. Zunächst erklärte ich, wenn die Lage die nächsten vierundzwanzig oder achtundvierzig Stunden unverändert bliebe, sei mein Auftrag eigentlich erfolgreich abgeschlossen: Die Soldaten seien bei der Truppe, die Militärs im Lande, und Bachtiar konnte mit ihrer Unterstützung rechnen. So weit, so gut. Doch wie lange würde es gutgehen? Die Situation konnte sich über Nacht verändern. Nach meiner Auffassung war mein Auftrag erst beendet, wenn sich die Regierung Bachtiar zum Handeln entschloß. Die Pläne hatten wir gemacht, nun war es an der Zeit, daß einige von ihnen verwirklicht wurden. Mit der Abreise des Schah endete Phase eins – nämlich die Erledigung der Aufträge, die ich vom Präsidenten erhalten hatte. Nun sei ich bereit, die Verantwortung für Phase zwei zu übernehmen. Sie erhoben keine Einwände.

In aller Ausführlichkeit schilderte ich ihnen die ungewöhnlichen Ereignisse des Tages. Minister Brown fragte nach der Solidarität innerhalb der Gruppe. Ich verwies auf General Toufanians Ansprache, der sie alle bedingungslos zugestimmt hatten. Das war auch mein Stichwort, zu berichten, daß der Schah die Gruppe angewiesen hatte, mir zu «gehorchen». Das bringe mich in eine Zwickmühle, sagte ich. Da Dr. Brzezinksi an unserem Gespräch teilnahm, hoffte ich, Washington werde mir nun mehr Spielraum für Phase zwei einräumen. Doch meine Erklärung wurde mit tiefem Schweigen entgegengenommen.

Der Minister fragte mich nach der Wahrscheinlichkeit eines Putsches. Ich erklärte, die Gruppe hätte sogar schon den Zeitpunkt festgelegt, doch inzwischen könne ich ihn mit absoluter Sicherheit für die kommende Nacht ausschließen. Die Gruppe war bereit, Ministerpräsident Bachtiar eine Chance zu geben. Allerdings waren sie in ihrer Angst vor Chomeinis Rückkehr nahezu unberechenbar.

Ich berichtete, daß noch kein Treffen zwischen den militärischen und religiösen Führern zustande gekommen sei. Die Militärs hatten es an diesem Tag zwar versucht, doch ohne Erfolg. Ich hielt es in diesem Zusammenhang für erforderlich, Bedingungen für die Demonstration in zwei Tagen auszuhandeln. Ich erinnerte den Minister daran, daß sie von Chomeini gesteuert wird. Es war nicht nur meine Meinung – sondern auch die des Schah, der iranischen Generale und des amerikanischen Botschafters –, daß Washington eine direkte Verbindung zu Chomeini herstellen müsse. Harold Brown sagte, in Washington gebe es Zweifel an der Richtigkeit eines solchen Schrittes. Natürlich mag es gute Gründe dafür geben, antwortete ich, aber ob man mir keine Hinweise auf sie geben könne, da ich sie in Teheran erklären müsse. Wieder bekam ich keine Antwort. Erneut fragte mich der Minister nach der Moral der Truppe. Ich gab ihm die letzten Berichte weiter: in der Luftwaffe und Marine hervorragend; beim Heer, das größer und schlechter ausgebildet sei, stünde es mit der Disziplin nicht ganz so gut, vor allem in den unteren Rängen. Trotzdem war ich noch immer zufrieden. Die jüngeren Soldaten wurden vielleicht von den Verbrüderungsszenen beeindruckt, für die älteren waren sie jedoch nicht mehr als ein Spaß. Entscheidend war, daß trotz der Abreise des Schah der Zusammenhalt der Streitkräfte gewahrt blieb.

Nun mischte sich Dr. Brzezinski ein und drängte mich, die Option auf den Militärputsch unbedingt offenzuhalten. Er verwies in dem Zusammenhang auf den Vorteil einer offenen Planung: Wir könnten die Opposition einschüchtern und dazu zwingen, Bachtiar zu unterstützen, weil als Alternative nur die Armee blieb. Da werde sich sogar der Ayatollah zweimal überlegen, ob er zurückkäme.

Ich erklärte, genau das täten wir, nur räumten wir unseren Plänen mit Ministerpräsident Bachtiar Vorrang ein. Ich fragte mich allmählich, ob diese ziemlich entscheidende Frage in Washington wirklich hinreichend diskutiert worden war. Jedenfalls hätte es längst geschehen müssen. Ich hatte schließlich oft genug mit dem Verteidigungsminister darüber gesprochen.

Ich hoffte zu hören, daß ich auf dem richtigen Weg sei. Schließlich wurde es mir bestätigt. Ich durfte also weitermachen wie bisher. Harold Brown hatte mich verstanden. Die Dinge seien in ein kritisches Stadium getreten, sagte ich. Wir befänden uns erstmals an einem Punkt, wo wir einige der Pläne in die Tat umsetzen müßten. Wir hatten schon mit den Propagandamaßnahmen begonnen, mit der Verteilung der Handzettel auf den Straßen, dazu General Gharabaghis öffentliche Erklärung. Doch wenn wir nach einem der Pläne Panzer und Fahrzeuge einsetzen wollten, brauchten wir eine neue Quelle für Dieselöl und Benzin. Zwar war die Ölförderung gestiegen, die Raffinerie in Abadan hatte ihre Produktion erhöht und es gelangte mehr Benzin nach Teheran, doch bekamen wir keine größere Zuteilung für das Militär. Minister Brown sagte, das Kriegsministerium werde einen Tanker chartern. Eine gute Nachricht, denn wenn Harold Brown etwas sagte, dann tat er es auch. Ich konnte mich immer auf ihn verlassen.

Ich kam noch einmal auf die Aussichten für die Demonstration am 19. zu sprechen. In den Moscheen wurde die Parole ausgegeben, friedfertig zu bleiben. Das Verhalten dritter Parteien konnte ich aber nicht vorhersagen. Das Militär hatte auf Grund unserer Vorschläge Richtlinien herausgegeben: Die Truppen sollten nur an Schlüsseleinrichtungen aufmarschieren, aber keinen Zweifel daran lassen, daß bei jedem Übergriff eingeschritten werde. Mit anderen Worten: keine halbherzigen Maßnahmen wie Gummikugeln oder Warnschüsse. Bachtiar hatte der Bevölkerung erklärt, er werde die Ordnung aufrechterhalten und gegebenenfalls auch das Militär einsetzen.

Minister Brown fragte nach Bachtiars Ansehen in der Öffentlichkeit, jetzt, da der Schah fort war und die Regierung den größten Teil des Tages überstanden hatte. Es sei noch viel zu früh für ein solches Urteil, erwiderte ich. Die Menschen auf den Straßen waren zum größten Teil Anhänger der Opposition und außer sich vor Freude über den Abflug des Schah. Irgendwelche Hinweise auf eine Unterstützung Bachtiars hatte es jedoch noch nicht gegeben. Sein politisches Überleben hing von zwei Dingen ab: Chomeinis Rückkehr mußte verzögert werden; und es mußte Bachtiar gelingen, die vorbereiteten Pläne auch zu verwirklichen. Nach seinen eigenen Worten brauchte er noch ein bis zwei Monate. Wenn Chomeini sofort zurückkäme, gäbe es das totale Chaos. Chomeini würde wahrscheinlich getötet werden. Das wiederum würde mit Sicherheit zum Bürgerkrieg führen, an dem sich alle Parteien beteiligten. Die Opposition verfügte dafür über genügend Waffen.

Noch einmal drückte mir Minister Brown sein Vertrauen aus. Auch Dr. Brzezinski dankte mir und bat mich, weiterhin so gute

Arbeit zu leisten. Damit verabschiedeten wir uns für diesen Abend.

Als ich ging, gab mir der Mann am Fernschreiber einige Nachrichten, unter anderem auch einen Artikel aus der deutschen Tageszeitung *Südkurier* vom 15. Januar. Die Überschrift lautete «Irans Fieberkurve wird in Stuttgart gemessen», und die Unterzeile «Stuttgarter Hauptquartier der US-Streitkräfte auch für Mittleren Osten zuständig – General Huysers Mission in Teheran». Autor war Hans Willauer. Ich will den Artikel hier zitieren, weil er eine gute Beschreibung unserer Stuttgarter Befehlszentrale und meiner damaligen Funktion in Europa enthält. Außerdem lieferte er eine Erklärung für die heftige Reaktion der sowjetischen Propagandamaschinerie auf meine Ankunft in Teheran. Willauer schrieb:

«... Das US-Hauptquartier in Stuttgart ist bei jeder politischen Krise in Europa, dem Nahen Osten, in Nordafrika oder in den Ländern am Persischen Golf die Stelle, wo alle Nachrichten aus den Konfliktgebieten zusammenlaufen. Von hier aus werden sie dann nach Washington weitergegeben. Die Kommandozentrale in Stuttgart weiß zu jeder Minute, wo der amerikanische Präsident, sein Stellvertreter sowie die wichtigsten Minister und Befehlshaber sich aufhalten und wie sie zu erreichen sind. Zwei Knöpfe sind zu drücken, und innerhalb von Sekunden meldet sich in Washington eine Zentrale, die sofort jede Verbindung, bis zum Präsidenten direkt, herstellen kann.

Das Stuttgarter Hauptquartier untersteht direkt Washington, ist also kein NATO-Kommando. Da der Oberbefehlshaber der US-Truppen in Europa, General Haig, zugleich und vor allem NATO-Befehlshaber ist, fungiert sein Stellvertreter praktisch als eigentlicher Kommandeur der amerikanischen Streitkräfte. Ihm unterstehen die fünf Heeresdivisionen in der Bundesrepublik, die Luftwaffengeschwader in der Bundesrepublik, in Großbritannien und Spanien genauso wie die im Mittelmeer operierende 6. Flotte – oder die Schiffe im Persischen Golf.

Und dies ist auch der Grund, weshalb dieser stellvertretende Oberbefehlshaber, der 54 Jahre alte Vier-Sterne-General der US-Luftwaffe Robert E. Huyser, sich seit einer Woche im Iran aufhält. General Huysers Mission im Iran dient offiziell dazu, sich einen Überblick zu verschaffen, wie sich die Ereignisse auf die dortigen Einrichtungen der US-Streitkräfte auswirken können. Im Iran sind schließlich einige Tausend amerikanische Militärberater tätig, und außerdem haben die USA dort einige Horchposten eingerichtet, deren elektronische Ohren weit in die Sowjetunion hineinhorchen. Nicht weiter verwunderlich, daß Moskau daher an der Anwesenheit General Huysers in Persien heftige Kritik übt ...»

2

Warten auf Chomeini

Mittwoch, 17. Januar 1979

Beim Aufwachen galt mein erster Gedanke dem Militär. Hatte es die Nacht über Disziplin bewahrt? Wenn nicht, würde ich es beim Frühstück erfahren. Hoffentlich war es bei der Stange geblieben, hoffentlich brachte der neue Tag auch neue politische Verhältnisse: einen den Schah vertretenden Regentschaftsrat und eine mit dem Vertrauen des Parlaments ausgestattete Regierung Bachtiar.

Beim Frühstück fragte ich den Botschafter nach dem Stand der Dinge. Nachts hatte es keine lokalen Unruhen gegeben. Der Schah war sicher in Assuan eingetroffen und wärmstens von Präsident Sadat empfangen worden. Botschafter Sullivan sagte, wir müßten jetzt die Initiative ergreifen. Ob ich die Militärs zu einem Treffen mit den religiösen Führern überreden könne? Ich versprach ihm, diesen Punkt ganz oben auf die Dringlichkeitsliste zu setzen. Wenn wir die beiden Gruppen zur Zusammenarbeit bewegen konnten, waren die anderen destruktiven Elemente sehr viel besser in den Griff zu bekommen.

Neben der Tudeh-Partei gab es mit Gewißheit noch eine große Anzahl von Radaumachern und jugendlichen Strolchen, die Abenteuer und Aufregung suchten. Mehr als die Hälfte der vierunddreißig Millionen Iraner war unter sechzehn und keiner von ihnen in der Schule (die Schulen waren geschlossen). Sie konnten sich nach Belieben auf den Straßen herumtreiben – und sich Waffen verschaffen. Sie verfügten also über schier unbegrenzte Möglichkeiten, Unruhe zu stiften. Ein dritter Herd der Gewalt war unter Chomeinis Leuten selbst zu suchen, wo beileibe nicht nur Liebenswürdigkeit und Einsicht herrschten. Aus iranischen und amerikanischen Quellen wußten wir, daß einige dieser Männer bei Gaddafi in Libyen ausgebildet worden waren. Zu schaffen machte uns auch die PLO. Durch ihre Kanäle wurden Waffen ins Land geschmuggelt, und sie hatte zweifellos auch ihre Vertreter im Iran. Wir hatten wenig zuverlässige Informationen über ihre Aktivitäten, aber wir vermuteten, daß sie sich als Anhänger der Nationalen Front und der militanten Chomeini-Leute tarnten.

Im Büro warteten die Morgenzeitungen auf mich mit Schlagzeilen, die die Generale sicherlich wieder in helle Aufregung versetzen würden. Das *Tehran Journal* brachte über dem Bild eines deprimierten Kaiserpaares, das kurz vor der Abreise stand, die alles entscheidende Frage: «Letztes Lebewohl?». Der Artikel schilderte die gefühlsreiche Abschiedszeremonie auf dem Flughafen.

In einem Artikel auf der ersten Seite hieß es, die Behörden würden dem Gesetz unnachsichtig Geltung verschaffen und jeden Verstoß bestrafen, Sicherheitskräfte bewachten auch weiterhin militärische und öffentliche Einrichtungen, bereit, jeden Angriff im Keim zu ersticken.

Unter der Überschrift «Selbstmord oder Mord?» wurde auf der ersten Seite auch über den Fall Colonel Arthur W. Heinhott berichtet. Sein Tod werde gründlich untersucht.

Auf der Rückseite stand das Ergebnis der Abstimmung im Parlament: 149 Stimmen für Bachtiar, 43 dagegen und 33 Enthaltungen. Das war ein phantastischer Anfang für die neue Regierung, wenn auch noch alles von den nächsten Tagen abhing. Chomeini versuchte, den Regentschaftsrat zu unterminieren, bezeichnete ihn als illegal und forderte seine Mitglieder zum Rücktritt auf.

Die Fünfergruppe war weit hoffnungsfreudiger als erwartet. Sie zeigten sich zwar noch betrübt über die Abreise des Schah, waren aber erfreut über dessen herzlichen Empfang durch Ägyptens Präsident Sadat. Ich ermahnte sie, kaltes Blut zu bewahren, ihr großes Land nicht im Stich zu lassen, sich zu keiner übereilten Handlung hinreißen zu lassen und ihre Truppen zusammenzuhalten. Als erstes hatten wir uns auf Freitag, den 19., vorzubereiten. Dazu mußte eine Verbindung zu den religiösen Führern hergestellt werden. Sie schienen zu einer gewissen Zusammenarbeit bereit, zumindest was einen friedlichen Verlauf der Demonstration anging. Es gab jedoch noch weitere Gruppen, die Unruhe stiften konnten. Bei einer Einigung mit den religiösen Führern konnten wir die Störenfriede leichter herausfinden und isolieren.

General Gharabaghi erklärte, er werde sich um einen Kontakt bemühen. Danach brachte ich das Gespräch auf Chomeini. Wenn kein Wunder geschähe, werde er zurückkommen. Damit mußten wir uns abfinden. Wir konnten nur versuchen, seine Ankunft so lange zu verzögern, bis Bachtiar erste wirtschaftliche Erfolge vorzuweisen hatte und dadurch auch Unterstützung in der Öffentlichkeit fand. Die Gruppe stimmte zu.

Jetzt konnten wir damit beginnen, Nachträge zu einigen Plänen auszuarbeiten. So war zum Plan Psychologische Kriegsführung ein Anhang Öffentliche Angelegenheiten nötig, damit wir regelmäßig Reden wie gerade die von General Gharabaghi und Ministerpräsident Bachtiar veröffentlichen konnten. Außerdem brauchten wir einen Anhang Finanzen für das Militär, da es nicht mehr die gewohnten Einnahmen aus dem Öl hatte. Nach unseren Berechnungen betrugen die Rücklagen ungefähr zehn Milliarden Dollar, die beim gegenwärtigen Stand der Ausgaben etwa zwei Monate reichten. Wenn es uns nicht bald gelang, den Ölfluß wieder in Gang zu bringen oder eine andere Einnahmequelle aufzutreiben, würden wir bald auf dem trockenen sitzen.

Ich berichtete von Minister Browns Versprechen, einen Tanker zu schicken. Wir mußten genau planen, wie das Öl vom Hafen zum Militär gelangte. Am besten schien mir, Gharabaghi bäte Bachtiar, für eine sichere Entladung des Tankers zu sorgen. Der General erklärte sich dazu bereit.

General Toufanian berichtete, daß die Nahrungsmittel zu Ende gingen. Nach Informationen des Militärs wurden bereits 8000 Lastwagen an der türkischen Grenze festgehalten. Wir mußten versuchen, die Sperre aufzuheben. Dazu brauchten wir nur den Zollplan zu realisieren. Ob nicht das Militär Bachtiars Erlaubnis besorgen könne, den Zoll zu übernehmen? Wieder allgemeine Zustimmung.

Ich fragte sie nach Moral und Zustand der Truppe. Alles schien bestens. Bei Luftwaffe und Marine war der Leistungsstand fast doppelt so hoch wie normal. Beim Heer gab es nach Auskunft von General Badraie seit der Blumen-und-Liebe-Kampagne einige Fahnenflüchtige in den unteren Rängen, doch keinen Grund zur Sorge. Im allgemeinen war die Moral ausgezeichnet. Das bestätigte meine eigenen Erfahrungen. Obwohl der Schah fort war, hörte ich von Soldaten immer wieder den Ruf *«Javid Schah»*.

Wir waren jetzt seit fast vier Stunden zusammen. Unsere wichtigste Entscheidung betraf den Zollplan. Er konnte Nahrungspakete aus der Türkei und Getreide aus den südlichen Häfen bedeuten. Er konnte auch das Löschen des Öltankers erleichtern, sowie den Zustrom von Waffen, Munition, Propagandamaterial und anderen gefährlichen Dingen eindämmen.

Ich hatte es eilig, in unser Büro zurückzukommen und Neues über Colonel Heinhotts Tod zu erfahren. Es schien keine Anzeichen für Gewaltanwendung und Fremdverschulden zu geben. Augenscheinlich war er von einem Stuhl gesprungen, der noch dastand. Die Untersuchung war zwar noch nicht abgeschlossen, aber bislang hatten wir nichts finden können, was auf Mord schließen ließ. Ein tragischer Vorfall. Aber zumindest diesen konnte man nicht den Iranern zum Vorwurf machen.

Wir begaben uns direkt zur Botschaft. Ich fragte Bill Sullivan und seine Leute, wie sie die Zuverlässigkeit des Militärs einschätzten. Der Botschafter und einige seiner Mitarbeiter hielten die Armee noch immer für einen Papiertiger. Das wußte ich besser. Dann unterrichtete man mich über die Kontakte der Botschaft mit den religiösen und oppositionellen Führern. Noch immer hielt man es für besser, wenn die Regierung Bachtiar und der Regentschaftsrat zurückträten, Chomeini zurückkehre und einen eigenen Rat ernenne. Eine Islamische Republik sei die einzige Chance.

Botschafter Sullivan und ich waren uns in vielen Punkten uneinig, wußten aber beide, wie wichtig es war, Chomeini so lange wie möglich fernzuhalten. Und beide hielten wir eine direkte Verbindung Washingtons zu Chomeini für nötig.

Nach dem Abendessen rief ich wieder Harold Brown an und berichtete ihm. Er schnitt die Frage einer militärischen Machtübernahme an. Ob die von mir aufgestellten Prioritäten nicht gewisse Gefahren mit sich brächten? In der Zeit, in der die Regierung Bachtiar versuchte, Fuß zu fassen, könnte sich doch der Zustand des Militärs so verschlechtern, daß es kaum noch schlagkräftig, geschweige denn zu einem Putsch in der Lage wäre. Das konnte ich kaum leugnen, zumal wir täglich an Leistungsfähigkeit verloren. Trotzdem ließen sich die Pläne sicherlich noch realisieren. Natürlich konnte sich die Situation rasch verändern. Ich vermochte dem Minister zwar keine Garantie zu geben, doch im Augenblick war die Stimmung in der Truppe noch gut. Die Fünfergruppe bewies mit jedem Tag mehr Kompetenz, alldieweil Gharabaghi immer besser in seine Führungsrolle hineinwuchs. In etwa einer Woche würden wir zu einem Militärputsch in der Lage sein. Die Gruppe war dazu bereit, falls die verfassungsmäßige Regierung scheitern sollte, würde es aber weiterhin vorziehen, unter Bachtiar zu arbeiten.

Minister Brown wollte unbedingt Genaueres über Gharabaghi erfahren. Ich sagte, ich sei dabei, ihm meine und Toufanians Entscheidungen zu übertragen. Mit jedem Tag übernähme er mehr Verantwortung. Der Minister wollte wissen, ob das Militär das Land überhaupt regieren könne. Nicht besonders gut, sagte ich. Sie hatten es ja schon einmal versucht und kläglich versagt. Allerdings hatte ihnen damals wohl auch der Schah das Geschäft erschwert. Sie waren nach Ausbildung und Erfahrung einfach nicht auf solche politischen Aufgaben vorbereitet. Doch wenn sie die Macht übernähmen und es schafften, die Leute wieder an die Arbeitsplätze zu bringen, konnten sie die Regierungsgeschäfte schließlich qualifizierten Zivilisten anvertrauen.

Minister Brown wollte weiter wissen, mit wie vielen Opfern im Falle eines Putsches zu rechnen sei. Ich bemerkte, die Zahl könne ziemlich groß sein, aber das sei eine Frage der Perspektive. Menschenleben zu opfern ist eine bittere Entscheidung, und doch muß man wie in einer Schlacht Verlust und Gewinn abwägen. 10000 Tote jetzt können später eine Million Menschenleben retten.

Noch einmal erinnerte ich den Minister daran, daß wir uns einem weiteren entscheidenden Datum näherten, dem 19. Januar. Das Militär hatte auf meinen Rat intensive Vorbereitungen getroffen. Bei unserem morgigen Treffen sollte vor allem darüber gesprochen werden.

Als ich zur Residenz zurückkehrte, war ich zur Abwechslung einmal in ziemlich zuversichtlicher Stimmung. Minister Brown hatte mich sehr gelobt, und die Voraussetzungen für einen Erfolg der Regierung Bachtiar waren gegeben. Trotzdem, die wirklichen Prüfungen lagen noch vor uns. Wenn ich an die nächsten Tage dachte, hatte ich das Gefühl, ich müßte den Mount Everest ohne Sauerstoffflasche besteigen. Als ich ins Bett ging, bat ich unseren Herrn, er möge die Hoffnungen dieses Tages Wirklichkeit werden lassen.

Donnerstag, 18. Januar

Ich kam sehr früh mit der Sechsergruppe zusammen – General Moghaddam war anwesend, ein schweigsamer Mann, der sich nie äußerte, nur zuhörte. Immer wenn er erschien, fragte ich mich, ob die Gruppe irgendwelche dramatischen Ereignisse erwarte. An diesem Tag traf es zu. Ihr Gruß war verhalten und ihre Stimmung auf dem Nullpunkt. Sie waren überzeugt, die Regierung Bachtiar werde am folgenden Tag stürzen. Sie erwarteten eine gewaltige Demonstration von vielleicht zwei Millionen Menschen. Bei dieser Gelegenheit, meinten die Generale, werde Chomeini seine eigene provisorische Regierung proklamieren lassen. Die Anführer der Menge würden die derzeitige Regierung und den Regentschaftsrat für unrechtmäßig erklären und die Chomeini-Regierung ausrufen. Für die Gruppe besaß eine solche Proklamation offiziellen Charakter. Und davon waren sie nur schwer abzubringen. Für sie war es der Augenblick der Wahrheit. Sie hielten den Zeitpunkt für gekommen, sich für die militärische Option zu entscheiden. Nach ihrer Meinung waren die Pläne inzwischen weit genug gediehen, um erfolgreich verwirklicht zu werden. Ihre Leute hatten rund um die Uhr gearbeitet.

Auch von äußeren Gefahren war die Rede. Nach ihrer Darstellung gab es erhöhte Alarmstufen im Irak, in der Türkei, der Sowjetunion und in Afghanistan. Nach meiner Meinung war das nicht ungewöhnlich, wenn es in einem Nachbarstaat kriselte. Darin konnte ich noch keine aggressiven Absichten erkennen. Außerdem hatte mir unser Verteidigungsminister bekanntlich versichert, daß sich die Vereinigten Staaten um alle Gefahren von außen kümmerten.

Es kostete einige Mühe, ihre Aufmerksamkeit auf die Pläne für die Demonstration zu lenken. Wir würden es mit einer der größten Ansammlungen aller Zeiten zu tun haben, und wenn wir uns unsere Maßnahmen nicht sehr sorgfältig überlegten, hätte die Regierung Bachtiar einen sehr schlechten Start.

Man brachte General Gharabaghi eine Nachricht. Er las sie und gab bekannt, eine Sitzung des Nationalen Sicherheitsrates sei angesetzt worden. Offensichtlich wollte auch Bachtiar Entschlüsse fassen. Ich nahm die Gelegenheit wahr, eine Reihe möglicher Szenarien für den 19. zu skizzieren – sieben an der Zahl, wie ich mich erinnere. Sie berücksichtigten alle Möglichkeiten von einer völlig friedlichen Kundgebung bis hin zu einer von der Tudeh-Partei ausgelösten offenen Schlacht. Unter Umständen war dann militärisches Eingreifen erforderlich, und Bachtiar müßte den Einsatz koordinieren und leiten. Das schien sie auf andere, konstruktivere Gedanken zu bringen. Ausführlich erörterten wir angemessene Reaktionen auf verschiedene Stufen der Gewalt. Nach meiner Meinung konnten sie die Truppen von den Straßen fernhalten und sie auf die wichtigsten militärischen und zivilen Bereiche beschränken. Wenn sich die Menschen auf den Straßen unbedingt gegenseitig umbringen wollten, sollten sie es tun; wenn sie Gebäude in Brand stecken wollten, sollten sie es tun. Entscheidend blieb, die Einrichtungen zu schützen, die für die Handlungsfähigkeit der Regierung lebenswichtig waren. Ein hinreichender Beweis unserer Stärke.

Sie erzählten mir, sie hätten jetzt eine Verabredung mit den religiösen Führern vereinbart. Der Verbindungsmann war General Moghaddam. Er würde mit ihnen die Regeln für die Demonstration durchgehen. Passierscheine sollten ausgestellt, gegen Übergriffe aber mit aller Macht vorgegangen werden. Ich fand, sie müßten Bachtiar veranlassen, diese Bedingungen in Presse, Radio und Fernsehen bekanntzugeben und auf die schwerwiegenden Konsequenzen von Verstößen hinzuweisen. Ferner empfahl ich General Gharabaghi, sich öffentlich an seine Truppen zu wenden, so daß sie wußten, was er von ihnen erwartete und warum er es erwartete. Das würde die Reihen schließen und sie beieinander halten.

Mit dem Nationalen Sicherheitsrat sollten sie noch den Zollplan besprechen. Er mußte einfach ein Erfolg werden, da er mit seinem Versprechen auf mehr Essen und weniger Waffen bei den Menschen gut ankommen würde. Es wurde inzwischen Zeit für die Sitzung des Sicherheitsrates. Deshalb trennten wir uns, nachdem wir übereingekommen waren, uns noch einmal am Spätnachmittag zu treffen.

Während des Gruppentreffens hatte mir Admiral Habiballahi die geeigneten Häfen für den Tanker genannt. So setzte ich bei meiner Rückkehr ins Büro ein Telegramm an den Verteidigungsminister auf. Es gab zwei Häfen, die über entsprechende Pumpen zum Entladen des Tankers verfügten: Abadan (für Schiffe mit einem Tiefgang bis zu 8,10 m) und Bandar e Maschur (bis zu 13 m), so daß wir auf Tanker aller Größen vorbereitet waren. Allerdings gab es noch erhebliche Probleme mit der National Iranian Oil Company. Sie hatte die Lieferungen an das Militär stark eingeschränkt, was natürlich in erster Linie den Engpaß verursachte. Die Gruppe machte den Einfluß der Tudeh-Partei dafür verantwortlich. Ich fand, wir sollten die religiösen Führer bei einer Kontaktaufnahme um Hilfe bitten.

Über Fernschreiber wurde mir mitgeteilt, daß der Verteidigungsminister und General Jones sich Sorgen um das Rüstungsverkaufsprogramm machten. Sie wollten meinen alten Freund Eric von Marbod schicken. Er sollte mit dem Botschafter, General Gasts Leuten und den Iranern zusammenarbeiten, um die Geschäfte wieder in Schwung zu bringen. Ich rief Botschafter Sullivan an und sprach mit den Leuten vom MAAG darüber. Niemand hatte Einwände. Allerdings machten wir uns in Teheran nicht die Illusionen, die man in Washington offensichtlich noch hatte. Das Bankwesen befand sich in völlig chaotischem Zustand. Es war absolut kein Geld verfügbar, und die Iraner hatten derart viele dringende Probleme, daß niemand Monate oder Jahre vorausdachte. Es war lächerlich, das Problem auch nur anzuschneiden. Doch wenn es der Wunsch Washingtons war, wollten wir uns nicht querstellen. In jedem Falle könnte Eric uns von Nutzen sein; denn er hatte Anfang der siebziger Jahre im Iran gearbeitet und kannte sich aus.

Wir begannen mit der Ausarbeitung des Anhangs Finanzen. Allerdings wußte niemand von uns genau, was augenblicklich in den

Banken los war. Die Angestellten arbeiteten wieder drei Tage in der Woche, waren aber in bezug auf ihre Kunden sehr wählerisch oder zugeknöpft. Geschäfte mit Amerika oder den iranischen Militärs wickelten sie überhaupt nicht mehr ab. Vermutlich steckte die Tudeh-Partei dahinter; denn es gab Berichte, nach denen nur Zahlungen an Rußland prompt geleistet wurden und sonst nirgendwohin.

Am späten Nachmittag traf ich erneut mit der Gruppe zusammen. Ihre Besprechung mit Bachtiar hatte etwa vier Stunden gedauert. Offensichtlich war sie sehr konstruktiv verlaufen. Bachtiar war völlig damit einverstanden, Passierscheine für die Demonstration auszugeben. Allgemein wurden zwei bis drei Millionen Demonstranten erwartet. In den Moscheen wurden die Menschen angewiesen, sich friedlich zu verhalten. Allerdings versuchten andere Gruppen, die Situation anzuheizen. Wir kamen überein, alle Truppen von den Straßen abzuziehen und an den wichtigsten Einrichtungen zu postieren. Wenn jemand versuchen würde, eine Proklamation zu überreichen, sollte sie nicht entgegengenommen werden. Man wollte sie behandeln wie ein beliebiges Stück Papier. Gemessen an der bisherigen Einstellung war das ein wesentlicher Fortschritt.

Bachtiar wollte außerdem dafür sorgen, daß der Treibstoff gelöscht und im Hafen gelagert wurde. Ich fragte sie, wie Bachtiar das schaffen wolle, doch das schienen sie nicht zu wissen. Ich mußte mich auf seine Verbindungen zur NIOC verlassen oder daß er von einigen religiösen Führern die Erlaubnis erwirkt hatte. Ihnen war auch bewußt, daß der Lebensmittelnachschub wieder in Gang kommen mußte. Er unterstützte unsere Pläne, die türkische Grenze und die südlichen Häfen zu öffnen. Er hatte Seyed J. Tehrani, den Vorsitzenden des Regentschaftsrates, zu Gesprächen mit Chomeini nach Paris geschickt. Anscheinend hatte Tehrani dem Ayatollah unter der Schahherrschaft das Leben gerettet. Deshalb meinten sie jetzt, gerade er könne einen Dialog mit dem Ayatollah anknüpfen. Vor allem sollte Tehrani Chomeini vor der Gefahr einer dritten Partei warnen. Seine fanatische Kampagne gegen die Regierung könne den Kommunisten den Weg zur Macht bahnen. Das ließ sich nur durch ein gewisses Maß an Zusammenarbeit zwischen Chomeini, der Regierung und dem Militär verhindern.

Bis spät in den Abend gingen wir noch einmal alle Möglichkeiten des folgenden Tages durch. Dann fuhren General Gast und ich zurück in die Residenz und unterrichteten den Botschafter.

In der Botschaft traf ich Eric von Marbod, der gerade aus Saudi-Arabien eingetroffen war. Es kostete uns alle den Rest des Abends, ihn ins Bild zu setzen. Die Situation im Iran war weit schlimmer, als er sich vorgestellt hatte. Ich riet ihm, den folgenden Tag in der Botschaft zu bleiben und alle greifbaren Berichte durchzugehen.

Es war fast Mitternacht, als ich über das Sicherheitstelefon mit Washington verbunden war. Ich informierte Minister Brown und sprach über die bevorstehende Demonstration. Nach meiner Einschätzung würde es zunächst friedlich zugehen, doch im weiteren Verlauf konnte es zu unkontrollierten Ausschreitungen kommen. Gestern waren im Westiran vom Mob Soldaten verhöhnt, einige sogar verwundet und getötet worden. Auf Tehrani angesprochen, sagte der Minister, Tehrani sei aus dem Sicherheitsrat ausgetreten und wolle zu Chomeini überlaufen. Das war mir völlig neu.

Dann fragte er mich, was ich von Bachtiar hielte. Ich bescheinigte ihm viel Geschick und Mut. Von allen Anwärtern auf den Posten des Ministerpräsidenten war er sicherlich der geeignetste. Ich berichtete, daß er uns Zugang zum Hafen und zu Lagerplätzen verschaffen wolle. Der Minister versprach, mich bald wissen zu lassen, wie und wann der Treibstoff geliefert werde.

Ich sagte ihm, Eric von Marbod sei angekommen, aber man dürfe keine Wunder erwarten. Offensichtlich begreife man in Washington nicht, wie chaotisch die Verhältnisse im Iran seien. Dann fragte er ungeschminkt nach einer echten Führungspersönlichkeit unter den iranischen Militärs. Käme jemand von ihnen bei einem Putsch in Frage? Besonders interessierte ihn Gharabaghi, da er wußte, daß ich erhebliche Vorbehalte ihm gegenüber hatte. Ich mußte zugeben, daß ich ihm nicht genügend Entschlossenheit für den Job zutraute; Chosrodad schon eher, Toufanian und Badraie ebenfalls, am ehesten aber Rabii. Bei Admiral Habiballahi war ich mir nicht sicher, weil ich nie genau wußte, ob er eine Machtübernahme durch die Militärs tatsächlich befürwortete. Allerdings hatte ich die Hoffnung nicht aufgegeben, Gharabaghi werde es noch schaffen. Er machte Fortschritte und gewann vielleicht noch genugend Selbstvertrauen. Garantieren allerdings konnte ich es nicht.

Zum Schluß erwähnte ich noch das gute Verständnis zwischen Bachtiar und dem Militär. Dennoch sah ich dem kommenden Tag mit Sorge entgegen. Ich wollte um sechs Uhr dreißig mit der Gruppe zusammenkommen und den ganzen Tag bei ihr bleiben, eventuell bis kurz vor der Sperrstunde, so daß ich abends vielleicht nicht mehr Bericht erstatten könne.

Wieder lobte mich Minister Brown über den grünen Klee. Seine Kollegen in Washington hätten großes Vertrauen zu mir. Sie würden mich wissen lassen, wenn wir genug erreicht hätten und ich Teheran verlassen könne. Ich freute mich über sein Lob, auch wenn ich mich nicht für so erfolgreich hielt. Manchmal fragte ich mich, was dieses Schulterklopfen sollte. War ihnen überhaupt klar, wie unbeständig die Lage war? Gewiß hatte ich einiges mit der Gruppe erreicht. Doch auf zwei Schritte vorwärts kam mindestens einer zurück. Und selbst diese bescheidenen Fortschritte ließen sich nur durch unablässiges Drängen erzielen. Wurden in Washington unsere Leistungen nicht überschätzt?

Als ich aufgelegt hatte, zeigte mir der Telefonist einen Artikel aus der *New York Times* mit Washingtoner Datumszeile. Danach hatte die amerikanische Regierung gefaßt auf die Abreise des Schah reagiert, doch insgeheim der Regierung Bachtiar nur eine Chance von fünfzig zu fünfzig gegeben. Die Wette fand ich nicht schlecht und hätte sie jederzeit angenommen. Wenn unsere Aussichten so gut standen, konnte also ständiger Druck tatsächlich die Gewichte verändern. Weiter hieß es in dem Artikel, da Washington selber den Schah zum Urlaub gedrängt habe, um die Regierung Bachtiar zu stützen, sei die Carter-Administration von seiner Abreise nicht überrascht gewesen. Das stimmte mich ein bißchen nachdenklich, zumal ich nie hatte ganz abschätzen können, wie weit die amerikanische Regierung tatsächlich auf den Schah eingewirkt hatte. Zweifellos ist dies geschehen. Aber bis heute weiß ich nicht, in welchem Maße.

Präsident Carter hatte in einer Pressekonferenz gesagt, er setze weiter auf gute Beziehungen der Vereinigten Staaten zum Iran.

Eine noble Haltung. Ich fragte mich nur, ob der Präsident wirklich wußte, wie entschlossen Chomeini seine «Nieder mit den USA»-Kampagne betrieb. Laut Präsident Carter bedeutete ein Führungswechsel keinesfalls, daß der Iran als wichtige Macht von der politischen Bühne abträte. Das sei bestimmt nicht der Fall, und Washington hoffe, daß der Iran nach den Umwälzungen frei von allen äußeren Einflüssen durch die Sowjetunion, die USA oder andere ein Faktor der Stabilität bleibe. Ich fand, wir könnten ruhig zugeben, daß wir intervenierten, um die Dinge ins Lot zu bringen. So zimperlich moralistisch und sauber brauchten wir nun auch nicht zu tun.

Der Präsident gab der Regierung Bachtiar kein langes Leben, aber er wünschte ihr eine längere Periode der Stabilität. Auch diese Stellungnahme gefiel mir nicht. Nach meiner Meinung sollten wir weniger halbherzig hinter Bachtiar stehen. Nach Carters Überzeugung war auch die Sowjetunion an einem stabilen Iran interessiert. Er distanzierte sich von der früheren amerikanischen Auffassung, der Iran sei entscheidend für die Sicherheit der Region. Vergebens versuchte ich, mir einen Vers auf diese Erklärungen zu machen. Wenn er die Sowjetunion dazu bringen wollte, sich nicht einzumischen, so war das nutzlos. Sie war durch gute Beispiele nicht zu überzeugen. Auch konnte kein vernünftiger Mensch die Bedeutung des Iran für die Sicherheit dieser Region leugnen.

Außerdem hieß es in dem Artikel, nach Ermittlungen des amerikanischen Nachrichtendienstes gebe es keine sowjetischen Militärbewegungen entlang der Grenze. Mit Beruhigung würde die Gruppe zur Kenntnis nehmen, daß unser Nachrichtendienst die Situation wachsam beobachtete. Ferner wurde berichtet, ich hätte am Vortage die Wahrscheinlichkeit eines Putsches als gering bezeichnet. Wieder fragte ich mich, ob es bei uns eine undichte Stelle gab. Entscheidend war, ob Bachtiar sich die politische Unterstützung der einst feindseligen Oppositionsführer und der Chomeini-Anhänger verschaffen konnte.

Damit machte ich Schluß für diesen Tag. Mir blieben nur noch ein paar Stunden bis zum Anbruch eines sehr wichtigen Tages.

Freitag, 19. Januar 1979

Ich traf um halb sieben im Generalstabsquartier ein und ging sofort zu unserem Büro. Mit als erstes legte man mir Bachtiars Rede vor. Welch willkommene Lektüre, unmißverständlich und entschlossen! Er hoffe, daß die heutige Demonstration nicht ausufere, und ordnete an, den Einsatz des Militars auf wichtige Einrichtungen zu beschränken, Rowdys sollten jedoch unnachsichtig verfolgt werden. Es sei höchste Zeit, die Streiks zu beenden. Wer am nächsten Monatsersten des mohammedanischen Kalenders – also Sonntag, 21. Januar – die Arbeit nicht wiederaufgenommen hätte, erhielte keinen Lohn oder kein Gehalt mehr. (Die Streikenden hatten bis jetzt Geld bekommen, so daß der Ausstand keinerlei finanzielles Risiko für sie bedeutete.) Die Rede war stark und optimistisch. Sie zeigte, daß er genug Mut und Entschlossenheit besaß, um das Land zu führen.

Ich fragte, ob General Gharabaghi seine Ansprache an die Truppe gehalten hatte. Sie sagten, sicherlich nein, die Presse habe nichts erwähnt.

Inzwischen sammelten sich die Menschenmengen. Auf den Straßen wurde es unruhig. Ich hatte kurz nach sechs auf dem Weg zum Generalstabsquartier bemerkt, daß Männer ihre Motorräder auftankten. Sie überbrachten jene Nachrichten, die die Massen zu manipulieren schienen. Ich habe mich oft gefragt, woher sie wohl kommen mochten. Wie Mitglieder einer religiösen Vereinigung sahen sie ganz gewiß nicht aus. Sie sahen eher wie eine Motorradbande aus und operierten meist sehr erfolgreich.

Um halb acht gingen wir zu General Gharabaghis Büro hinüber. Die Gruppe war sehr nervös, und ihre Besorgnis wuchs mit dem Lärm der Menge. Ich war begeistert von Bachtiars Rede und dankte dem General, daß er ihn dazu ermutigt hatte. Ich fragte, warum er denn seine Ansprache nicht gehalten habe, und es stellte sich heraus, daß nach einem ungeschriebenen Gesetz Generalstabschefs ihre Rede mit den Worten «Lang lebe der Schah» schließen mußten. Er tat also wohl recht daran zu schweigen; kein passender Augenblick für solche Schlußworte. Obwohl es für ihn undenkbar war, mit jener Gewohnheit zu brechen, fand ich aber, daß nun die Zeit für einige Veränderungen gekommen war.

Die in der Luft liegende Spannung sagte mir, daß die Gruppe den heutigen Tag für schlimmer hielt als den der Abreise des Schah. Drei Millionen Menschen würden auf die Straße gehen, eine Proklamation sollte verkündet werden, und Chomeinis Leute wollten einen neuen Exekutivrat ernennen.

Um ihre Aufmerksamkeit auf das Wesentliche zu lenken, fragte ich nach dem Stand der Planung. Ihr Bericht war positiv; wir hatten gute Fortschritte gemacht. Die Gruppe, der die psychologische Kriegsführung anvertraut war, konnte jederzeit zuschlagen. Ich sagte, wir sollten nun den Ministerpräsidenten bearbeiten, damit er jede einzelne Leistung seiner Regierung im Fernsehen herausstrich und dabei notfalls schamlos übertrieb. Wem immer auch das Verdienst daran zukomme, er solle es für sich beanspruchen. Die Zunahme der Ölförderung, die Wiederöffnung der Banken – solche Dinge wirkten auch auf den einfachen Mann. Als Regierungschef könne er auf diese Weise eine Menge Pluspunkte sammeln.

Ich glaubte, daß der Zollplan nun ausgeführt werden konnte; Bachtiar war bereit, ihn zu unterstützen. Ich wollte etwas Spektakuläres, und dies schien eine gute Gelegenheit. Bei der Übernahme des Zolls würde, wenn überhaupt, nur wenig Blut fließen, und die Ergebnisse würden zweifellos von den Massen begrüßt werden. Wir mußten die Schlacht um die Gunst der Bevölkerung gewinnen, weil die Opposition alles tun würde, um die Sache auf ihr Konto zu buchen. Der Zollplan konnte die volle Handlungsfähigkeit der Regierung demonstrieren. Der Plan war gut, gründlich ausgearbeitet und praktikabel. Wir hatten bereits bestimmt, wer nach Norden und wer nach Süden gehen sollte, um ihn auszuführen. Das militärische Personal war in Stellung. Schließlich überredete ich die Fünf, sich um die sofortige Zustimmung des Ministerpräsidenten zu bemühen.

Dann kam ich auf den Tanker zu sprechen, den Minister Brown geschickt hatte, und sagte, wir sollten Vorbereitungen treffen, den Treibstoff für militärische Zwecke zu entladen. Die Kontrolle über den Zoll war zwar wichtig, aber wir mußten auch die Einrichtungen der National Iranian Oil Company in unsere Hand bekommen. Wir müßten den Treibstoff vom Tanker durch die Röhren pumpen, die normalerweise zum Beladen von Schiffen dienen. Wir hatten bereits festgestellt, daß dies funktionieren würde. Wir könnten den Treibstoff in die Vorratstanks in Abadan pumpen. Erste Fühlungnahmen hatten ergeben, daß die NIOC wahrscheinlich einverstanden wäre. Allerdings war Vorsicht geboten; denn sobald der Treibstoff in den Tanks wäre, könnten sie versuchen, ihn für sich zu behalten. Dann müßte die Anlage besetzt werden.

Eingehende Meldungen besagten, daß die Demonstrationen zunahmen. Die Straßen rings um den Generalstabskomplex waren voll von Menschen. Alles schien in normalen Bahnen zu verlaufen, nicht mehr Lärm, Parolen und Chomeini-Poster als üblich. Trotzdem wuchs die Spannung innerhalb der Gruppe. Ich schlug eine Pause vor, in der Gharabaghi Bachtiar aufsuchen solle, um das Okay für den Zollplan und die Treibstoffentladung einzuholen. Er hatte zwar für beides seine Unterstützung zugesagt, aber wir brauchten seine ausdrückliche Ermächtigung. Ich schlug vor, die Zollkommandos heute in Stellung zu bringen und schon morgen den Plan durchzuführen.

Dann fragte ich, ob General Moghaddam es geschafft habe, mit den religiösen Führern zu sprechen. Die Antwort war ja: Er hatte ihnen tatsächlich die Anweisungen für die Demonstration erläutert und betont, daß weder die Regierung noch das Militär irgendwelche Zwischenfälle wünschten und wir erwarteten, daß die Teilnehmer in ihren Reihen selbst für Ordnung sorgten. Außerdem hatte er darauf hingewiesen, was wir als die wahren Gefahren erachteten – die bewußte dritte Kraft. Die religiösen Führer hatten dem zwar keine große Bedeutung beigemessen, sahen aber gewisse Gefahren ein. Ich fragte, ob er weitere Besprechungen vereinbart oder angeregt habe, was aber nicht der Fall war.

Da die Meldungen, die wir über die Demonstration bekamen, nicht eindeutig waren, schlug ich vor, die Sache selbst in Augenschein zu nehmen und mit einem Hubschrauber über die Menge zu fliegen. Die anderen waren einverstanden. General Toufanian und General Rabii erboten sich, einen Hubschrauber zu nehmen und sich einen Eindruck von Größe und Stimmung der Menge zu verschaffen.

So blieb ich mit Admiral Habiballahi und General Badraie allein. Ich befragte Badraie eingehend über Moral und Zustand seiner Truppen. Er antwortete, er sei selbst bei ihnen gewesen und habe sie in weit besserer Verfassung vorgefunden, als die Presse berichte. Die Uniformen seien untadelig, in den Einheiten herrsche ungebrochener Stolz, der Ausbildungsstand sei vorzüglich, Ausrüstung, Disziplin und allgemeines Verhalten ließen nichts zu wünschen übrig. Er gab zu, die Loyalität einiger unterer Dienstgrade sei zweifelhaft, und einige seien kommunistisch beeinflußt, meinte jedoch, ziemlich genau zu wissen, um wen es sich dabei handele. Er bestätigte, daß Soldaten desertiert seien, aber längst nicht so viele, wie die Medien behaupteten.

Admiral Habiballahi stellte seinen Seestreitkräften ebenfalls ein gutes Zeugnis aus, und ich glaube, daß er in diesem Moment wahrscheinlich recht hatte. Die Marine hatte keinen Kontakt zu den Massen und schien für unsere Sache vergleichsweise aufgeschlossen. Ein großer Teil der damaligen Ölförderung war der Marine zu verdanken. Wir hofften, sie noch stärker einzubeziehen und zur Beendigung der Streiks einsetzen zu können.

Als Toufanian und Rabii zurückkehrten, waren sie bester Laune. Sie sagten, die Menge sei nirgendwo auch nur annähernd so groß, wie in Rundfunk und Fernsehen behauptet. Sie hatten auf einem Stadtplan die Gebiete markiert, wo sich die Demonstranten versammelten. Da wir Länge und Breite der betreffenden Straßen kannten, waren wir in der Lage, die Teilnehmerzahl grob zu schätzen. Wir kamen auf 300000 bis 500000 und nicht auf zwei bis drei Millionen, wie Rundfunk und Fernsehen meldeten. Eine gute Nachricht. Die Opposition hatte eindeutig nicht den prophezeiten Erfolg, das Volk auf die Straße zu bringen, trotz Chomeinis persönlichem Appell an jeden einzelnen. Die Zeitungen hatten ihn bis zum Überdruß verbreitet, außerdem war er in den Moscheen und auf den Straßen über Lautsprecher ausgerufen worden. In Anbetracht dessen war die Kundgebung alles andere als der überwältigende Erfolg, den sich der Ayatollah versprochen hatte.

Dann kehrte Gharabaghi mit einer weiteren guten Nachricht zurück. Bachtiar war voll und ganz mit unserem Zollplan einverstanden. Wir gingen ihn unverzüglich ein letztes Mal durch, und Gharabaghi fing an, die Befehle für die Ausführung zu erteilen. Wir freuten uns riesig, denn dies war auch in den Augen der ganzen Nation der erste konkrete und entschiedene Schritt der Regierung nach vorn.

Es tat wohl, wie sich die Räder unter Gharabaghis Leitung in Bewegung setzten. Badraie benachrichtigte seine Generale und Truppen, die den Zoll übernehmen sollten. Habiballahi, der für die Häfen zuständig war, spornte seine Männer an. Rabii gab Anweisung, alle für den Transport nötigen Flugzeuge zur Verfügung zu stellen.

Da Toufanian und ich im Moment nichts weiter zu tun hatten, benutzte ich die Gelegenheit, mit ihm über Eric von Marbod zu reden, den er sehr gut kannte. Ich sagte, er sei gekommen, um den Fortgang des Rüstungsverkaufsprogramms zu besprechen. Toufanian entgegnete natürlich sofort, dies sei ein lächerlicher Zeitpunkt. Das Militär habe kein Geld und wisse nicht einmal, welche Waffen es künftig überhaupt brauche. Ich stimmte zu, hielt Vorsorge jedoch für angebracht. Wenn wir es schafften, den Zoll zu übernehmen und andere Fortschritte zu machen, würden wir einen weitergehenden Plan für die in den letzten drei Monaten entstandenen Lücken in der Ausrüstung benötigen.

Ich fragte, ob er schon mit dem neuen Kriegsminister, General Schafagat, gesprochen habe. Er verneinte und zeigte auch keine Neigung. Ich bat ihn dennoch darum, da wir mit ihm zusammenarbeiten müßten und sein volles Vertrauen brauchten. Ob es nicht besser sei, persönlichen Stolz hinter das Wohl des Landes zu stellen? Schafagat könnte das nötige Verbindungsglied sein, zumal er von Bachtiar persönlich ernannt worden war. Auch Gharabaghi hatte offenbar keinerlei Kontakt zum neuen Kriegsminister, was neues Unheil verhieß. Ich wollte mit Gharabaghi darüber reden. Toufanian erklärte sich einverstanden, mit Marbod über das Rüstungsverkaufsprogramm zu sprechen.

Am Nachmittag hatten die meisten Demonstranten ohne Zwischenfälle den Schahjad-Platz erreicht, und sie schienen sich viel früher zu zerstreuen, als wir erwartet hatten. Offenbar sollte es keine Proklamation geben und weder die Regierung noch das Militär herausgefordert werden. Fast unglaublich. Die Gruppe war ungeheuer erleichtert.

Ein guter Zeitpunkt, den Tag zu beschließen. Alle fühlten sich in der Gruppe wohler als je zuvor. Wir hatten echte Fortschritte gemacht. Auf den Straßen hatte es weniger Ärger als befürchtet gegeben, und mit den Plänen hatten wir etwas in der Hand. Trotzdem bat ich sie, sorgsam die Public-Relations-Aspekte des Tages zu bedenken. Wir mußten sichergehen, keine Chance zu verpassen. Die PR war beinahe so wichtig wie die Ereignisse selbst. Wir mußten die Nachricht verbreiten, der Ministerpräsident halte alle Fäden in der Hand. Das würde helfen, einen Teil der Öffentlichkeit auf unsere Seite zu ziehen.

Während ich zur Botschaft fuhr, leerten sich die Straßen zunehmend, und zuletzt herrschte beinahe normaler Verkehr. Nach meiner Ankunft gab ich Botschafter Sullivan einen ausführlichen Lagebericht und sagte, daß ich nun endlich zuversichtlich sei. Er äußerte sich ähnlich. Wir waren beide zufrieden. Ich ging früh hinüber, um auf der Geheimleitung zu telefonieren, und kam sofort nach Washington durch.

Nachdem ich Minister Brown recht überschwenglich von den Ereignissen berichtet hatte, erwähnte ich den Artikel, der Bachtiar eine Überlebenschance von 50 Prozent gab. Diese Chance sei ermutigend, aber noch hilfreicher wäre, wenn die amerikanische Presse etwas über das Vertrauen amtlicher amerikanischer Stellen zu Bachtiar brächte. Alle Militärs wären spürbar beruhigt, wenn mächtige Freunde erklärten, der Ministerpräsident schaffe es. In dieser Schlacht um Herz und Verstand der Iraner spiele die amerikanische Presse eine wesentliche Rolle.

Ich sagte dem Minister, das iranische Volk sei es meiner Ansicht nach leid, keine Arbeit zu haben, nichts zu produzieren und unter solchen anomalen Bedingungen leben zu müssen. Die Menschen wollten nichts mehr von Aufruhr und Umwälzungen wissen und statt dessen lieber ihre Lebensbedingungen verbessern. Wenn Bachtiar irgendein positives Ergebnis an der wirtschaftlichen Front erziele, hätten wir unseren Fuß schon in der Tür des Erfolgs. Wir brauchten nur Zeit. Die vorgesehenen Aktionen für morgen seien ein erster Schritt, aber ich wisse noch nicht, wie schwer der nächste werde. Der Minister fragte, ob ich Bachtiar immer noch für den richtigen Mann hielte. Ich war mehr denn je davon überzeugt. Seine gestrige Rede und sein jüngstes Verhalten hatten bewiesen, daß er charakterfest genug war, das Nötige zu tun. Die meisten seiner Probleme wurzelten darin, daß er immer noch keine handlungsfähige Regierung besaß, die ihn unterstützte. Die Demonstranten und Streikenden taten alles, was sie konnten, um seine Ressortchefs nicht einmal in ihre Büros zu lassen, und schreckten dabei auch nicht vor physischer Gewalt zurück. Er war aber unbedingt darauf angewiesen, daß seine Regierung die Geschäfte aufnahm.

Minister Brown bat mich dann, der Fünfergruppe und über sie auch Bachtiar mitzuteilen, daß die US-Regierung sich Sorgen mache, das Regime könne nach links abdriften. Etwas geheimnisvoll fügte er hinzu, Washington wolle Bachtiar natürlich nicht zu einer Koalition mit seinen Feinden zwingen, aber eine gewisse *Koordinierung* zwischen den religiösen Gruppen und der Regierung wäre eine gute Sache. Dann teilte er mir mit, daß neue Instruktionen für mich wie auch für Botschafter Sullivan vorbereitet würden. Der Präsident arbeite persönlich daran, und sobald sie fertig seien, wahrscheinlich morgen, gingen sie an mich ab. Er rechne jedoch nicht mit größeren Änderungen, sie würden meine früheren Instruktionen lediglich in Anbetracht der jüngsten Entwicklung ergänzen.

Er erkundigte sich nach meiner persönlichen Sicherheit. Der Präsident hatte offenbar auch mit seiner Zustimmung vorgeschlagen, für den Notfall eine Maschine auf dem Flughafen Mehrabad für mich zu stationieren. Ich hielt das allerdings nicht für notwendig, weil meine eigene Maschine in Europa jederzeit startbereit war.

Ich fühlte mich auch insofern einigermaßen sicher, als General Rabii mir in Anwesenheit aller anderen Militärführer zugesichert hatte, seine Luftwaffe würde mich aus dem Land bringen, falls es hart auf hart gehen sollte. Dazu hatte ich unbedingtes Vertrauen. Jedenfalls meinte Brown schließlich auch, daß eine Sondermaschine überflüssig sei. Er dankte mir noch einmal für meine Bemühungen, versicherte mir, daß ich die Instruktionen tadellos ausgeführt hätte, und sagte, ich solle mir wegen der neuen Anweisungen keine Sorgen machen.

So neigte sich einer meiner besseren Tage im Iran dem Ende zu. Als ich zu Bett ging, war ich zuversichtlicher denn je.

Sonnabend, 20. Januar 1979

Ich frühstückte zeitig, da ich so schnell wie möglich mit der Gruppe sprechen wollte. In der Pressemappe von gestern lag ein Artikel der *New York Times* mit der Überschrift «Iranisches Militär wartet stumm». Er berichtete, die iranischen Streitkräfte, ein Kind der Dynastie Pahlewi, hätten gelassener als erwartet auf die Abreise Schah Mohammed Reza Pahlewis reagiert. Hohe Offiziere schienen das, was viele von ihnen noch vor sechs Wochen als unannehmbar bezeichnet hatten, nunmehr akzeptiert zu haben: Befehle einer Zivilregierung entgegenzunehmen. Im Augenblick jedenfalls betrachteten sie Ministerpräsident Bachtiar widerwillig als das kleinere Übel. Aber die Möglichkeit eines Putsches bestehe weiter. Jedenfalls sei dies die Ansicht westlicher Beobachter und der meisten oppositionellen Politiker, vor allem, solange es so aussähe, als ob Ayatollah Chomeini Dr. Bachtiar durch eine Islamische Republik ersetzen wolle.

Der Artikel zitierte einen Amerikaner mit guten Verbindungen, der Krawalle für die nächste Woche prophezeit habe, falls Bachtiar es weiterhin nicht schaffe, die Leute wieder an die Arbeit zu bringen. Das Militär würde nicht länger zusehen und, wenn Chomeini mit dem erklärten Ziel zurückkomme, den Schah abzusetzen und die Verfassung außer Kraft zu setzen, losschlagen. Ich hoffte, daß der Reporter recht hatte, denn dies entsprach ganz und gar unserer Planung. Er schrieb weiter, daß iranische Offiziere eine Reihe von Gründen dafür nannten, warum die Streitkräfte nicht die Macht übernommen hätten. Einige der wichtigsten:

1. Im Oberkommando herrschte die Ansicht, eine Militärregierung werde womöglich ebensowenig Erfolg haben wie die von General Azhari, dessen Scheitern ein General «eine äußerst lehrreiche Erfahrung» nannte.
2. Loyalität gegenüber dem Schah. Sie wollten seine Wünsche sogar in seiner Abwesenheit erfüllen. Auch habe er seinen Generalen vor der Abreise gesagt, er sei gegen einen Putsch, weil das nur zu weiterem Blutvergießen führen würde.
3. Die Generale befürchteten, daß die eingezogenen Wehrpflichtigen, aus denen die Hälfte der Streitkräfte bestand, nicht mitmachen würden.

4. Die Gefahr, ein erfolgloser Putsch würde ein wirtschaftliches und politisches Chaos auslösen, das die Sowjetunion – in den Augen der meisten Generale der wahre Feind – ausnützen könnte.
5. Das Eintreten der Amerikaner für Bachtiar. Die Intensität dieses Drucks könne kaum hoch genug eingeschätzt werden, obgleich er meist verdeckt ausgeübt werde. General Robert E. Huyser halte sich seit zwei Wochen im Iran auf und komme regelmäßig mit alten Freunden beim Militär zusammen, um sie mit allem Nachdruck darauf hinzuweisen, daß ein Staatsstreich weder moralische noch materielle Unterstützung in Washington finden würde. (Hier irrte der Reporter ein wenig, denn ich hatte gewiß nichts dergleichen behauptet. Ich hatte ihnen nur gesagt, ein schlecht geplanter oder vorzeitig ausgeführter Putsch werde nicht von den Amerikanern unterstützt werden.)

Der Autor fuhr fort, die 175 Mann starke Gruppe der US-Militärberater und die 400 Mitglieder zählende technische Hilfsgruppe hätten sich ebenfalls in diesem Sinn geäußert. Die iranischen Generale wüßten zwar, daß die USA wenig tun könnten, um einen Staatsstreich zu verhindern, seien aber auf Grund der langjährigen amerikanischen Hilfe bei der Ausbildung ihrer Truppen geneigt, auf General Huyser und andere zu hören. Aber die Frage laute, einem der Iraner zufolge: «Wie lange können wir es uns noch leisten, weiter auf sie zu hören?»

Es folgten die Namen dreier Männer, die bestimmt an einem etwaigen Putsch beteiligt sein würden: General Gharabaghi, General Rabii und General Badraie. Der Autor erklärte, Badraie kontrolliere zwar die Armee, würde aber genau das tun, was der Schah ihm gesagt habe. Ich war dessen nicht so sicher. Ich glaubte, daß er durchaus imstande sein würde zu putschen, falls er es für richtig hielt.

Ein Artikel der *Washington Post* trug die Überschrift «USA betrachten iranische Verhandlungen optimistisch». Alle Seiten führten Gespräche miteinander, und die Carter-Administration glaube, diese Gespräche könnten stabilisierend wirken und einen neuen nationalen Konsens herbeiführen. Angeblich hatte sich ein hoher US-Beamter dahingehend geäußert. Das war mir neu.

Nach dem Frühstück fuhr ich zum Generalstabsquartier und bat, sofort zu General Gharabaghi vorgelassen zu werden, ohne erst auf die Gruppe zu warten. Gharabaghi bat mich herein, und meine erste Frage war: Wie kommt der Zollplan voran? Er antwortete, sie hätten ihn abgeblasen.

Ich erstarrte. Ich konnte kaum glauben, was ich soeben gehört hatte. Ich antwortete: «Sie haben die Generale losgeschickt, um ihn durchzuführen, und dann haben Sie ihn abgeblasen?» Er entgegnete, die Opposition habe ihre Kontrolle des Zolls gelockert. Sie erlaube jetzt, daß die Lastwagen die türkisch-iranische Grenze passierten, und die Generale hielten es deshalb für unnötig, den Plan weiter zu verfolgen.

Ich wurde wütend und nicht sonderlich höflich. Es war ein schwerer Schlag für mich. Ich verlangte eine Untersuchung, ob es eine undichte Stelle gäbe. Wieso die Opposition auf einmal beschlossen habe, ihre Kontrolle zu lockern? Ob dies wirklich ein zufälliges Zusammentreffen sei? General Gharabaghi zog es vor, nicht zu antworten. Ich fragte ihn, ob der Rückzieher mit Bachtiar abgesprochen worden sei, und wieder lehnte er eine Antwort ab. Ich weiß sie bis zum heutigen Tag nicht. Aber ich denke nicht, daß Bachtiar zugestimmt hatte. Mehr Nahrungsmittel ins Land zu bringen, war nur ein Zweck des Zollplans. Ebenso wichtig war, den Zustrom von Gewehren und Munition zu stoppen. Wichtiger als beides war vielleicht noch: Bachtiar mußte dem Volk beweisen, daß er imstande war zu regieren. Aber die Sache war abgeblasen worden.

Ich war so erregt, daß ich ging. Ich sagte Gharabaghi, ich würde zur Vormittagssitzung zurückkommen. Er wußte, daß ich mich nicht länger zum Narren halten lassen wollte.

Wieder in meinem Büro, fing ich gerade an, die iranische Presse zu lesen, als Major Ray Burnette meldete, General Toufanian und General Rabii möchten mich sprechen. Das war höchst ungewöhnlich, weil sie noch nie in unserem Büro erschienen waren, und wenn gleich zwei auf einmal kamen, bildeten sie praktisch eine Delegation. Sie traten ein, und ich fand, daß sie entschieden mitgenommen wirkten. Als erstes sagten sie, General Gharabaghi habe sein Rücktrittsgesuch eingereicht. Ich dachte kurz, das sei vielleicht gar nicht so übel. Er schien nie genug Rückgrat zu haben, um das Nötige zu tun. Doch was war passiert? Sie berichteten, Ministerpräsident Bachtiar habe gestern abend in einer Presseerklärung mitgeteilt, er werde alles tun, damit die Regierung erfolgreich arbeite, doch im Fall eines Scheiterns würde das Land dem Militär übergeben werden. Deshalb, sagten sie, habe Gharabaghi um seinen Abschied gebeten. Sie machten sich große Sorgen und erklärten, soweit dürfe es keinesfalls kommen. Jetzt, wo sie gerade im Begriff seien, das Land zu einen, wäre es eine Katastrophe. Ich müsse sofort zu Gharabaghi gehen und ihn bewegen, sein Rücktrittsgesuch zurückzunehmen.

Ich sagte, vielleicht sollten wir drei es erst einmal eingehend diskutieren. Aber sie erwiderten, sie hätten bereits mit Admiral Habiballahi und General Badraie gesprochen und seien alle einer Meinung. Sie hatten sich sogar mit General Chosrodad beraten. Sie alle meinten, ich müsse Gharabaghi überreden, das Gesuch zurückzuziehen. Ich äußerte, daß sie beide einen guten Generalstabschef abgeben würden, doch zu meiner Überraschung wiesen sie diesen Gedanken weit von sich.

Ich erklärte mich also bereit, mit Gharabaghi zu sprechen. Wir drei gingen sofort zu ihm und betraten sein Büro, ohne uns vorher groß anmelden zu lassen. Ich fragte, ob er tatsächlich schon zurückgetreten sei. Noch nicht offiziell, entgegnete er, aber er habe soeben einen maßgeblichen Abgeordneten angerufen und ihm seine Absicht mitgeteilt. Bachtiar und zwei andere führende Abgeordnete habe er auch bereits unterrichtet. Er könne sich einfach nicht mit der Aussicht auf eine Machtübernahme durch das Militär abfinden und wolle dafür nicht verantwortlich sein.

Ich redete frei von der Leber weg und erklärte, wir als Offiziere müßten damit rechnen, daß man uns zu diesem Schritt auffordern würde. Ob er, wie ich schon lange vermutet hätte, keine Rolle in der Exekutive spielen wolle? Oder ob er in seinem Stolz als Perser gekränkt sei, weil Bachtiar ihn nicht vor der Presseerklärung konsultiert habe? Bei einem emotionalen Menschen wie Gharabaghi waren beide Motive denkbar. Vielleicht auch eine Kombination beider – das erste als wahrer Grund, das zweite als vorgeschobener.

Ich bearbeitete ihn und sagte, ich halte es für absolut unverantwortlich, in diesem Augenblick zurückzutreten. Dies sei illoyal dem Schah gegenüber, illoyal seinem Land gegenüber, und ich sei nicht sicher, daß Gott Verständnis dafür hätte. Er sei es seiner Nation einfach schuldig, alles in seiner Macht Stehende zu tun, damit sie überlebte. Während die anderen mich nach Kräften unterstützten, erklärte ich ihm, alle Spitzenoffiziere wollten, daß er sie führe und sie beim Ministerpräsidenten vertrete. Ich war allerdings nicht sicher, daß wir irgendeinen Eindruck auf ihn machten. Er war verstockt und schien nicht zu reagieren. Außerdem rang ich ein wenig mit mir selbst, weil ich insgeheim doch meinte, daß es ganz gut sei, wenn er resigniere.

Bachtiars Erklärung war sehr klug. Er hatte eine klare Linie abgesteckt und Chomeini unmißverständlich darauf hingewiesen, daß die Streitkräfte womöglich keine andere Alternative hätten, als zu putschen, wenn er seinen Ton nicht ändere. Ich bezweifle, daß Gharabaghi sich im klaren war, unter welchem Druck Bachtiar einige seiner Entscheidungen treffen mußte.

Ich kam zu dem Schluß, daß ich die neue Lage umgehend mit Botschafter Sullivan besprechen mußte. Ich war mir immer noch unschlüssig. Die Sache konnte natürlich ausgerechnet in dem Moment hinderlich werden, in dem wir Fortschritte zu machen schienen. Gleichzeitig stand für mich fest, daß Gharabaghi nicht der Mann war, einen Militärputsch anzuführen, falls wir ihn tatsächlich durchziehen wollten. Letzten Endes müßten wir also auf jeden Fall einen anderen an die Spitze stellen. Dennoch kam ich mir ziemlich klein und häßlich vor.

In der Botschaft erklärte ich Sullivan, daß der Zollplan gestoppt worden war. Er war ebenso verblüfft wie ich, aber es schien ihn lange nicht so besorgt zu machen. Er tat, als hätte er beinahe damit gerechnet. Der Grund war wahrscheinlich sein mangelndes Vertrauen in die Militärs. Da ich täglich mit ihnen arbeitete, traute ich ihnen weit mehr als er. Dann berichtete ich von Gharabaghis Rücktrittsabsicht und erwog das Für und Wider. Wir kamen zu dem Ergebnis, daß es alles in allem doch das beste wäre, wenn Gharabaghi bliebe. Der Botschafter rief Bachtiars Büro an und vereinbarte einen Termin mit ihm. Meines Wissens war es das erste Mal seit meiner Ankunft in Teheran, daß er den Ministerpräsidenten persönlich aufsuchte.

Als er gegangen war, benutzte ich die Gelegenheit, die Depeschenmappe durchzusehen. Minister Brown hatte die neuen Anweisungen für mich geschickt: Die Marschrichtung sollte im wesentlichen unverändert bleiben; wir würden die Regierung Bachtiar weiterhin unterstützen und das Militär drängen, in diesem Sinn mit uns zusammenzuwirken. Dann hieß es freilich, Bachtiars Erfolg hänge vom Dialog mit den anderen nichtkommunistischen Flügeln ab. Bachtiar brauche zusätzliche Unterstützung, nicht zuletzt von den religiösen Gruppierungen, und deshalb könnten Gespräche mit ihnen hilfreich sein. Es sei nicht daran gedacht, die Regierung in eine Koalition mit Chomeini zu treiben, aber sie brauche ein breiteres Fundament und mehr Unterstützung als bisher.

Ein entscheidendes Kriterium all dieser Manöver war die Haltung des Regimes zu den Großmächten. Ich solle vor allem versuchen, eine Abwendung vom Westen oder Fraktionsbildungen im Militär zu verhindern. Unser Hauptziel sei ein stabiler Iran, der aufrichtig mit dem Westen kooperiere. Da ich schließlich die ganze Zeit in dieser Richtung gearbeitet hatte, leuchtete mir der Sinn der neuen Instruktionen nicht ganz ein. Möglicherweise hatte Botschafter Sullivan eine Koalitionsregierung mit Chomeini empfohlen. Washington lehnte diese Option jedoch eindeutig ab. Es riet zu einem Dialog mit Chomeini, aber nicht mehr.

Ein anderes Dokument, das mich erstaunte, war eine Bewertung der iranischen Streitkräfte, die die Botschaft an das State Department depeschiert hatte. Sie besagte, die Streitkräfte seien nichts weiter als ein Papiertiger, völlig unfähig und ständig in Gefahr, sich aufzulösen. Viele Soldaten seien desertiert, und sobald es hart auf hart gehe, würden sie alle auf die religiöse Seite überwechseln. Wenn Chomeini zurückkehre, würde praktisch der ganze Haufen auseinanderlaufen.

Diese Einschätzung war ohne die mir zur Verfügung stehenden ausführlichen Informationen getroffen worden, die nicht nur tägliche Meldungen über Moral und Zustand der Truppe umfaßten, sondern auch Gutachten von General Gast und seinem Stab. Ich hatte festgestellt, daß das Militär bei Bedarf sehr gut reagierte. Trotz der Abreise des Schah waren die Einheiten intakt, diszipliniert und einsatzfähig. Ich hielt sie für loyal. Die Medien berichteten von 2000 bis 3000 Desertionen täglich, aber das war Unfug. 100 bis 200 kam der Wahrheit näher – von rund 450000. Uns blieben also weit mehr, als wir im Ernstfall benötigten, so daß wir die besten Einheiten auswählen konnten. Wie die Geschichte schon oft gezeigt hat, braucht man bei umsichtiger Planung nicht allzu viele Truppen, um ein Land unter Kontrolle zu bringen. Unsere Pläne waren sehr präzise und verlangten keine Konfrontation mit der Bevölkerung. Die Strategie bestand darin, die Schlüsseleinrichtungen so zu besetzen, daß die Massen keine Chance hatten, sie in die Hand zu bekommen. Wir wollten gar nicht erst versuchen, jede Stadt und jede Durchgangsstraße zu beherrschen, weil das eine große Zahl von Truppen erfordert und viele Opfer gekostet hätte. Unsere Methode war einfacher und effektiver.

Ich hielt es für das beste, unverzüglich den Verteidigungsminister anzurufen. Ich wollte ihm berichten, was vorging, ehe es undichte Stellen gab und Washington schwach wurde. Da Minister Brown fort war, sprach ich mit Unterstaatssekretär Charles Duncan und dem Vorsitzenden der Vereinigten Stabschefs. Ich erläuterte Bachtiars Presseerklärung und ihre Wirkung auf General Gharabaghi in allen Einzelheiten. Als Duncan fragte, wie die anderen Militärführer dazu stünden, sagte ich, sie seien bestürzt und wünschten, daß wir General Gharabaghi am Rücktritt hinderten. In Anbetracht dessen, daß zwei von ihnen – Rabii und Toufanian – selber durchaus für das Amt geeignet seien, müsse ich ihre Unterstützung Gharabaghis sehr ernst nehmen. Charlie Duncan fragte mich, wer der beste Mann für den Job sei, falls Gharabaghi doch demissioniere. Ich antwortete, ich sei noch nicht soweit, diese Frage beantworten zu können. Ich würde wieder anrufen, sobald ich von Botschafter Sullivan gehört hätte.

Als der Botschafter zurückkam, sah ich schon an seinem Gesicht, daß er erfolgreich gewesen war. Bachtiar hatte ebenfalls gemeint, Gharabaghi müsse bleiben und ihn bereits gebeten, seinen Entschluß rückgängig zu machen.

Das Telefon klingelte. Am anderen Ende waren Duncan und General Jones, die das Ergebnis nicht abwarten konnten. Ich berichtete kurz von Sullivans Erfolg. Binnen einer halben Stunde war General Jones wieder in der Leitung und sagte mir, was der Verteidigungsminister für den morgigen Tag vorhabe. Ich benutzte die Gelegenheit, ihm mitzuteilen, daß ich die Einschätzung der iranischen Streitkräfte gelesen hatte, die von der Botschaft an das State Department abgegangen war, und in keinem Punkt mit ihr übereinstimme. Ich legte ihm meine Gründe recht ausführlich dar und wies auf ihren Schneid, ihr geordnetes Verhalten bei den Kundgebungen und die relativ geringe Zahl der Desertionen hin. Schlechte Moral in der Truppe läßt sich im allgemeinen kaum verheimlichen, da die Männer gerade dazu nicht bereit sind. Falls Chomeini jetzt zurückkehre, könne sich das Blatt freilich wenden. Ich drückte allerdings meine Sorge über den Mangel an Erfahrung und differenziertem Denken unter den Befehlshabern aus und sagte, bei einem politischen Eingreifen hätte ich Zweifel an Gharabaghi. Es sei das beste, alle Entscheidungen Bachtiar zu überlassen. Damit verabschiedeten wir uns.

Inzwischen gab es verschiedene andere aufschlußreiche Entwicklungen. Zum einen hatte Bachtiar rund 160 politische Gefangene freigelassen, was ich mit gemischten Gefühlen betrachtete. Er versuchte wie der Schah, die Nation auf einen liberaleren und populäreren Kurs zu bringen. Im Prinzip gut und schön, aber viele dieser Gefangenen waren echte Unruhestifter, und ich war nicht sicher, ob sie gerade in diesem Augenblick auf die Straßen gehörten.

Zweitens hatte Ayatollah Schariat-Madari unter dem Vorwand, auf den Märkten herrsche ernsthafter Nachschubmangel, eine Änderung der Zollabfertigungsbestimmungen bekanntgegeben. Was wichtige Lebensmittel wie Babynahrung betraf, hatte der Ayatollah gewiß recht, und sein Ruf nach prompter Abfertigung schnell verderblicher und lebenswichtiger Güter für das Volk war berechtigt. Er gehörte zu den gemäßigteren Ayatollahs und hatte Freunde beim Militär. Ich fragte mich aber wieder einmal, ob die Opposition vorab darüber informiert worden war, daß das Militär die Zollbehörde unter seine Kontrolle bringen wollte.

Drittens hatte Gesundheitsminister Manouchehr Razmara der Presse erklärt, sein Ministerium sei bankrott. Sein jährlicher Etat von 100 Millionen Rial sei weitgehend falsch verwendet, verschwendet und veruntreut worden, so daß er nun gezwungen sei, Mittel für die laufenden Ausgaben aufzunehmen. Die Ärzte und

Apotheker hätten schon seit acht Monaten kein Geld mehr bekommen. Das hätte ihn nicht überraschen sollen; denn die Regierung hatte ihre Außenstände schon seit letzten September nicht mehr eingetrieben.

Dr. Razmara machte die Korruption früherer Minister für die Lage verantwortlich. Auch die USA bekamen ihr Fett ab: Das Rechenzentrum habe in den letzten beiden Jahren 100 Milliarden Dollar verschlungen und sei, obgleich von 200 hochbezahlten amerikanischen Spezialisten betrieben, immer noch nicht voll einsatzfähig. Die meisten seiner Vorwürfe richteten sich jedoch gegen seine Vorgänger und ihr Luxusleben: ihre Hubschrauber, ihre Yachten und die schamlose Prunksucht in ihren Büros. Die Ärzte zogen sich aus der Affäre, indem sie den Patienten einfach die Behandlung berechneten, was das ganze System durcheinanderbrachte; denn die medizinische Versorgung sollte eigentlich gratis sein.

Wegen des Zusammenbruchs der Wirtschaft erfaßte die Korruption alle Bereiche. Als Allheilmittel wollte man die Ölförderung so sehr steigern, daß genügend exportiert werden konnte. Bei der Ausarbeitung unseres Plans zur Übernahme der Förderanlagen hatten wir berechnet, daß rund zwei Millionen Barrel täglich gepumpt werden müßten, um den Bedarf des Landes zu dekken und eine gewisse Menge zu exportieren. Aber bis jetzt wurde nicht einmal eine Million Barrel pro Tag gefördert. Solange sich das nicht änderte, war die wirtschaftliche Katastrophe unabwendbar.

Wir hatten Meldungen bekommen, daß die heilige Stadt Ghom seit Freitag unter totaler islamischer Kontrolle stand. Wir wußten mit Sicherheit, daß das Militär die Stadt bis Donnerstag uneingeschränkt beherrscht hatte. Unsere Meldung besagte, daß seit Freitag eine halbe Million Menschen dem Kriegsrecht trotzten und die Soldaten dem Ayatollah Schariat-Madari das Feld überlassen hatten. Das bedrohte unsere Planung nicht weiter, da es in Ghom nichts gab, was die Regierung brauchte. Zu Strafmaßnahmen bestand also kein Anlaß. Die konnten wir für wichtigere Dinge aufheben. Aber die Situation spitzte sich zu. Inzwischen fanden täglich Demonstrationen statt, und das einzige, was sich änderte, war ihre Größe. Wenn Chomeini Großkundgebungen ausrief, wie zum Beispiel gestern, waren sie ziemlich lautstark. Selbst an anderen Tagen gingen Tausende auf die Straße, und lautstark waren sie immer. Allabendlich ertönten Gesänge, begleitet vom Lärm automatischer Waffen.

Ich verbrachte den Abend bei meinem alten Freund Eric von Marbod. Zu Jim Schlesingers Zeit als Verteidigungsminister wollten die USA die Schlagkraft des kambodschanischen Militärs steigern. Damals gab Schlesinger Eric und mir den Auftrag, gemeinsam mit Botschafter Dean die Luftstreitkräfte des Landes aufzubauen. Eric war ein guter Mann, der die Dinge schnell und effektiv anpackte. Ohne Rücksicht auf Hindernisse und Bürokratie kam er zum Kern der Sache. Ein hochintelligenter Mann.

Wir arbeiteten auch bei der Evakuierung von Saigon zusammen. Er flog mit zwei oder drei Leuten ein und versuchte, noch möglichst viel amerikanisches Gerät abzutransportieren. Ich erinnere mich an einen seiner letzten Anrufe, nachdem er gerade wieder eine Maschine losgeschickt hatte. Im Hintergrund hörte ich Gewehrfeuer und Bombendetonationen. Als ich ihm sagte, er solle seinen Koffer packen und machen, daß er wegkomme, sagte er nein, sie seien gerade dabei, eine weitere Maschine auf den Weg zu schicken. Er verschwendete nie Zeit.

Ich war froh, Eric wiederzusehen und unsere böse Situation gründlich mit ihm durchsprechen zu können. Ich mußte ihm klarmachen, daß es hier im Moment keine Organisation gab, mit der er wegen der Rüstungsverkäufe Nägel mit Köpfen machen könne. Das Militär hatte erstens kein Geld und war zweitens so sehr mit akuten Problemen beschäftigt, daß es nicht vorausplanen konnte. General Toufanian war nicht geneigt, Verpflichtungen einzugehen. Ich glaubte nicht, daß er auch nur den Wunsch hatte, irgend etwas über eine künftige Zusammenarbeit zu unterzeichnen. Aber Eric kannte ihn gut. Und wenn man General Gharabaghi dazu bringen konnte, ein bißchen Dampf zu machen, war vielleicht doch etwas zu erreichen.

Jedenfalls begrüßte ich Erics Besuch sehr, und sei es nur, weil er daheim aus erster Hand berichten würde, wie die Dinge lagen. Washington schien immer noch nicht begriffen zu haben, wie wenig die Regierung, abgesehen von den militärischen Einrichtungen, unter Kontrolle hatte.

Sonntag, 21. Januar 1979

Ich frühstückte mit dem Botschafter und Eric. Keiner von uns sah irgendeinen Anlaß zum Optimismus, und es war nicht leicht, ein Szenario für den weiteren Verlauf zu entwerfen. Eric hatte einen Termin bei General Toufanian. Ich war um halb neun mit der Gruppe verabredet und fuhr sofort in unser Büro. Ich entschloß mich, das iranische Spiel mitzumachen, und wartete, daß General Gharabaghi mich kommen ließ. Da ich gestern, als es um seinen Rücktritt ging, sehr hart zu ihm gewesen war, lag es nun an ihm, den ersten Schritt zu tun.

Ich bekam fast unverzüglich Mitteilung, daß er mich gern sofort sehen würde. General Badraie und General Rabii waren bereits mit dem Hubschrauber eingetroffen, da sie ziemlich weit entfernt wohnten und dichter Verkehr herrschte. Admiral Habiballahis Hauptquartier befand sich in der Nähe, so daß er ebenso wie General Toufanian mit dem Wagen kam.

Als ich den Raum betrat, war die Gruppe um General Rabii versammelt, der eine Zeitung in der Hand hielt und erschüttert wirkte. Er wedelte mit der Zeitung in meine Richtung, und ich fragte, was denn um Gottes willen los sei. Er zeigte mir die Schlagzeilen, die in Balkenlettern verkündeten: «Imam Chomeini trifft Freitag ein». Es stand im *Tehran Journal*. Wie es hieß, wolle der exilierte geistliche Führer Freitag zurückkommen und wöchentliche Gebete in einer Teheraner Moschee abhalten.

Die Fünf waren sichtlich außer Fassung, und Rabii war wie üblich am aufgeregtesten. Er drückte sich immer ungehemmter aus als die anderen, abgesehen von Toufanian, der sich aber absolut unter Kontrolle hatte und seine Emotionen nur gezielt einsetzte, um einen bestimmten Effekt zu erzielen. Gharabaghi wirkte gewöhnlich sehr beherrscht, doch dann und wann, so auch heute morgen, legte er sich keine Zügel an. Der riesige Badraie war ruhig, gelassen und machte eine fast steinerne Miene. Habiballahi hatte sich praktisch immer unter Kontrolle. Aber im Moment blickten alle verzagt und niedergeschlagen drein.

In dem Artikel hieß es weiter, in Paris weise alles darauf hin, daß der Ayatollah Vorbereitungen zum Aufbruch treffe. Er selbst habe kein bestimmtes Datum genannt, aber angekündigt: «Ich werde sehr bald zu euch kommen und euch mit Gottes Hilfe in wenigen Tagen dienen können.» Offenbar hatte Jazdi, einer seiner wichtigsten Helfer, den Tag bestimmt. Wie es weiter in dem Bericht hieß, bedeute dies nichts Gutes für den Ministerpräsidenten. Ein Mitarbeiter Bachtiars hatte erklärt, dieser sei bereit, Chomeini als Freund zu behandeln, aber Chomeini habe keine hohe Meinung von dieser Regierung. Wenn die beiden nicht irgendeine Einigung erzielten und es nicht zumindest zu einer Absprache zwischen dem Ayatollah und dem Militär käme, sei mit einem neuen Ausbruch von Gewalt zu rechnen.

Jazdi warnte auch, man werde baldigst einen fünfköpfigen Revolutionsrat ernennen, um den Regentschaftsrat zu ersetzen. Von einer Begegnung zwischen dem Ayatollah und Tehrani, dem Vorsitzenden des Regentschaftsrats, der Donnerstag nach Paris geflogen war, stand nichts in dem Artikel. Es hieß jedoch, der frühere US-Generalstaatsanwalt Ramsey Clark reise nach Paris und wolle versuchen, mit Chomeini zu sprechen.

Wie man sich vorstellen kann, begann ich sofort, fieberhaft zu überlegen. Das Problem mußte unverzüglich angegangen werden, und mein Adrenalinpegel stieg. Die Gruppe meinte, wenn Chomeini am Freitag – in fünf Tagen – zurückkomme, sei alles vorbei. In dem Augenblick, in dem er seinen Fuß auf iranischen Boden setze, sei das Regime des Schah am Ende und damit das Leben aller seiner Vertrauten. Die Streitkräfte würden sich auflösen.

Ich stoppte diesen Klagechor mit scharfen Worten. Es blieb das einzige Mittel, um mir Gehör zu verschaffen, obschon mir so etwas an sich gegen den Strich geht. Ich sagte, ich hätte all dies erst gestern mit ihrem Chef diskutiert. Wenn sie sich nicht zusammenrissen und als Team arbeiteten, könne ich ebensogut abfliegen. Ich sagte, auch auf mich warte wichtige Arbeit, und wir hätten in den Vereinigten Staaten ebenfalls unsere Verteidigungsprobleme. Ich würde ihnen gern helfen, aber wenn ich hier doch nichts ausrichten könne, würde ich sofort wieder an meinen Schreibtisch im Stuttgarter Hauptquartier zurückkehren.

Als erster antwortete mir General Rabii. Erregt fragte er, warum ich nichts tun könne, um Chomeini fernzuhalten, da doch die Vereinigten Staaten den Iran angeblich so nachdrücklich unterstützten? Rabii gab mir einmal mehr zu verstehen, daß wir uns vor unserer Pflicht drückten, und das machte er stets sehr geschickt. Ich mußte mich jedesmal beherrschen und zweimal überlegen, ehe ich ihm antwortete. Jetzt aber erwiderte ich gelassen, wie er nur zu gut wisse, wäre dies nicht mit den Grundsätzen der Vereinigten Staaten zu vereinbaren. Wenn das Militär so sehr darauf erpicht sei, Chomeini auszuschalten, warum sie dann nicht selbst jemanden für diese Aufgabe bezahlten? Keine Antwort. Und so sagte ich, damit sei das Thema wohl erledigt, und warum wir nicht mit unserer Arbeit fortfahren könnten.

Ich wandte mich an Gharabaghi. Ich fände zwar, daß er mir eine Erklärung schuldig sei, warum er zurücktreten wollte, aber ich wisse auf jeden Fall zu würdigen, daß er Manns genug gewesen sei, seine Meinung zu ändern. Er war sehr offen und berichtete von seinen Gesprächen mit Bachtiar. Seine Version deckte sich weitgehend mit der von Botschafter Sullivan, und deshalb wußte ich, daß er die Wahrheit sagte. Er meinte, er habe sich bei Bachtiar darüber beschwert, daß man ihn als Generalstabschef nicht vorab darüber informiert habe, was der Ministerpräsident beabsichtige. Der Ministerpräsident habe öffentliche Erklärungen abgegeben, ohne sie mit dem Militär abzusprechen. Einige seiner Erklärungen hätten ohne Vorwarnung direkt das Militär betroffen. Bachtiar habe im Süden erneut einen kommissarischen Gouverneur durch einen Mann vom Militär ersetzt, ohne ihn, Gharabaghi, zu konsultieren.

Ich sah ein, daß Gharabaghi allen Grund hatte, vor den Kopf gestoßen zu sein. Aber er reagierte überempfindlich. Ich war sicher, daß seine Furcht, einen Militärputsch anführen zu müssen, der wahre Grund für sein Demissionsgesuch gewesen war. Alles in allem war dieses Zwischenspiel jedoch nicht ganz so schlimm; denn es reinigte die Atmosphäre zwischen den beiden Männern und leitete einen regelmäßigen Dialog ein.

Ich fragte, ob die Pläne auf dem neuesten Stand seien. Sie meinten, dies sei ein guter Augenblick, sie noch einmal durchzugehen; denn sie hätten heute abend eine Sitzung des Nationalen Sicherheitsrats. Bachtiar hatte sie gebeten, ihn ausführlich über zweierlei zu informieren: den Zustand ihrer Truppen und den Stand ihrer Planung. Alle Garnisonen berichteten laufend über Moral und

Disziplin der Truppe und Anzahl der Deserteure. Was die Pläne betraf, klangen sie recht zuversichtlich, und mir war, als ob wir nun endlich alles Wichtige geklärt hatten und nur noch die letzten Einzelheiten besprechen mußten. Sie freuten sich offenbar, daß sie Bachtiar soviel Positives melden konnten. Ich erinnerte daran, daß selbst die besten Pläne nichts taugen, wenn sie nicht im richtigen Augenblick durchgeführt werden. Dann sagte ich, daß ich immer noch nicht verstünde, warum der Zollplan abgeblasen worden sei. Aber sie gaben keine Erklärung.

Ich erinnerte, daß wir uns vernünftig mit Chomeinis Rückkehr beschäftigen müßten. Sie sollten ihre Vorstellungen revidieren und sich möglichst mit der Tatsache abfinden, daß es vollkommen legal sei, wenn er als religiöser Führer zurückkäme. Ich drängte sie, sich mit den anderen Ayatollahs zu verständigen, damit beide Seiten einander wenigstens verstünden und die Opposition merke, daß es den Streitkräften ernst sei. Sie behaupteten zwar, es gebe einen fortgesetzten Dialog mit den religiösen Flügeln, aber es klang ein bißchen vage. Es war nahezu unmöglich, sie dazu zu bringen, über Chomeinis Rückkehr zu reden, darüber nachzudenken und einen entsprechenden Plan auszuarbeiten – obgleich wir, wenn das *Tehran Journal* recht hatte, einigermaßen rasch handeln mußten. Wir brauchten Pläne, die auf denen für die letzte Krise basierten, als wir die Truppen von den Straßen fernhielten, aber in Alarmbereitschaft versetzten, so daß wir sie fest unter Kontrolle hatten.

Ein ermutigendes Zeichen war, daß die meisten Minister heute zum erstenmal seit Bestehen der Regierung ins Büro gelangt waren. Mehr Leute denn je waren zur Arbeit erschienen. Einige der oppositionellen Streikführer hatten die Leute aufgefordert, in beschränktem Umfang zu arbeiten, aber nichts zu tun, was mit Auslandsgeschäften zusammenhing. Die Banken führten mit wenigen Ausnahmen nur inländische Transaktionen durch; die Raffinerien produzierten für den einheimischen Bedarf, aber noch lange nicht genug für das ganze Land, ganz zu schweigen vom Export.

Ich empfahl ihnen mit allem Nachdruck, den Ministerpräsidenten bei der Sitzung des Sicherheitsrats zu einer regierungsfreundlichen Demonstration aufzufordern. Sie wollten nicht so recht darauf eingehen, weil sie Angst vor einem Mißerfolg hatten. Ich erklärte, selbst wenn sie nur sechs Menschen auf die Straßen brächten, wäre es mehr an sichtbarer Unterstützung, als die Regierung bisher bekommen habe. Ich dachte, es würde schon klappen, daß Millionen von Menschen die verfassungsmäßige Regierung unterstützten. Zuletzt erklärten sie sich bereit, das Thema im Sicherheitsrat zu diskutieren.

Wir hatten auch einen nicht zu unterschätzenden Erfolg bei unseren Bemühungen, den Truppen ihren Sold bar auszuzahlen. Da die Regierung keinerlei Kontrolle über die Banken hatte, war sie bisher dazu nicht in der Lage gewesen. Der Sold war früher mit Hilfe eines Computerprogramms auf Konten überwiesen worden, was jetzt, wo die Banken nicht richtig funktionierten, der Moral nicht gerade förderlich war. Wir hatten beschlossen, das System zu schlagen, im Ausland Geld drucken und es auf dem Luftweg herbringen zu lassen und die Männer in bar zu bezahlen. Inzwischen war das erste Geld verteilt worden, natürlich zur Freude der Soldaten.

Wir diskutierten die Treibstofflage. Beim Militär bestanden nach wie vor erhebliche Engpässe. Den offiziellen Unterlagen zufolge produzierte die Teheraner Raffinerie 200000 Barrel pro Tag. In Abadan machte man Fortschritte, das Schweröl loszuwerden. Ein Tanker war bereits beladen, und der nächste lag an der Leitung. Der Verkauf dieses Schweröls war ein Geschenk des Himmels, denn die Kapazität von Abadan stieg drastisch – von 160000 Barrel täglich auf rund 240000. Die Ölfelder von Khusestan förderten etwa 475000 Barrel am Tag. Aber selbst damit konnte der Winterbedarf des Landes nur etwa zur Hälfte gedeckt werden.

Die Gruppe hatte einen ganz guten Draht zur National Iranian Oil Company, weil die Marine bei den Förderanlagen aushalf, aber er genügte nicht, um die Zuteilungen für das Militär zu erhöhen. Sie war erbost, daß ein französisches Unternehmen Presseberichten zufolge ein finanziell verlockendes Angebot zum Betreiben der Ölfelder gemacht hatte. Vielleicht hatte das opportunistische Gründe der Franzosen gegenüber dem Ayatollah.

Was den Zoll betraf, konnte ich sie nicht zu weiteren Schritten bewegen. Sie schienen zu denken, alles Notwendige getan zu haben. Sie wollten auch nichts in der Ölsituation unternehmen, weil sie glaubten, das Problem würde sich mit dem Ansteigen der Förderung von allein lösen. Alles gut und schön, aber sie verfügten über keine *Kontrolle,* und Öl war lebenswichtig für Wirtschaft und Militär. Tatsache war nun mal, daß die NIOC der Regierung Bachtiar nicht wohlgesonnen war, und die NIOC bestimmte, wieviel gefördert wurde und wer wieviel bekam. Wenn die Gruppe nicht die Kontrolle übernahm, konnte die Opposition jederzeit den Hahn zudrehen.

Als ich wieder in der Botschaft war, ging ich die Depeschen und die neuen Presseausschnitte durch. Ich wurde sowohl in der *New York Times* als auch in der *Washington Post* erwähnt. Der Artikel jedoch, der meine größte Aufmerksamkeit fand, stand in der *Prawda*. Es hieß dort, ich halte mich in Teheran auf, um notfalls drastische Schritte zu veranlassen, damit die revolutionären Kräfte nicht die Macht übernähmen. Dieses Gerede konnte nur zur Gefährdung meiner persönlichen Sicherheit beitragen; denn solche Meldungen wurden in den iranischen Zeitungen genüßlich aufgebauscht und auch von Rundfunk und Fernsehen ausgeschlachtet.

Ich rief Minister Brown an und sagte, das gestrige Debakel habe doch noch etwas Gutes gebracht: Ministerpräsident Bachtiar und General Gharabaghi verstünden einander nun endlich besser. Der Minister fragte, ob ich etwas Neues über den Zusammenhalt des Militärs wisse: ob er wirklich bestehe? Ich wiederholte meine Vorbehalte gegenüber Gharabaghi, sagte aber, ich hätte viel Vertrauen zu Badraie, Rabii und Toufanian. Wenn nötig, könnte jeder von ihnen Gharabaghi ablösen.

Ich berichtete über die morgendliche Besprechung, bei der die Gruppe mir den Artikel über Chomeinis Rückkehr gezeigt und verlangt hatte, daß die Vereinigten Staaten etwas unternähmen. Mir schien, als ob er der gleichen Meinung sei, und wünschte mir, daß er etwas tun könnte. Aber er erweckte nicht den Anschein. Er würde es sich aber noch einmal durch den Kopf gehen lassen. Ich wies ihn erneut daraufhin, daß die geplante Rückkehr am Freitag zu früh sei, und bat, zumindest über Chomeinis Schritte informiert zu werden. Minister Brown versprach, die Aktivitäten des Ayatollah noch sorgfältiger überwachen zu lassen, damit er nicht plötzlich und unerwartet in Teheran landete.

Er sprach von den US-Truppen in der Gegend und meinte, einige der in Europa stationierten Einheiten könnten doch in Alarmbereitschaft versetzt werden. Ich riet davon ab. Die Anwesenheit unserer Schiffsverbände im Indischen Ozean und der F-15-Besuch in Saudi-Arabien seien fürs erste genug. Wir müßten die Dinge im rechten Gleichgewicht halten und die nächste Stufe militärischer Aktionen für eine äußere Bedrohung aufsparen. Er sorgte sich um unsere Geheimdienste im Iran. Die Presse hatte berichtet, daß einer noch tätig und ein anderer eingestellt worden sei. Ich sagte, daß Botschafter Sullivan und ich die Sache aufmerksam verfolgten.

Dann machte Minister Brown eine Bemerkung, die mich zunächst verwirrte. Er drückte seine Besorgnis aus, das iranische Militär erweise sich als schwach und unterstütze die Regierung nicht im erhofften Maße. Ich war einigermaßen konsterniert, aber dann fiel mir ein, daß er inzwischen die Depesche gelesen haben mußte, die Botschafter Sullivan nach seinem Zusammentreffen mit Bachtiar und Gharabaghi geschickt hatte. Sie äußerte sich nicht sehr wohlwollend über die Streitkräfte im allgemeinen und ihre Führung im besonderen. Ich opponierte lang und breit gegen diese Ansicht. Zwar sei eine Menge nicht in Ordnung, aber ich hätte bei meiner täglichen Arbeit mit dem Militär feststellen können, daß in den meisten Fällen sofort Maßnahmen ergriffen würden. Sie hätten streng gegen Truppenteile durchgegriffen, die Ärger machten oder Gesetze überträten. Sie hätten auch sehr viel getan, um die Truppen zu informieren; sie hätten deshalb sogar mit einer Tradition gebrochen und eine Militärzeitung gegründet. Sie würden auf allen Gebieten stärker, die sie bisher vernachlässigt hätten.

Nachdem wir uns verabschiedet hatten, dachte ich über Browns Angebot nach, die US-Militärpräsenz in dem Gebiet zu vergrößern. Obgleich es mitten in der Nacht war, beschloß ich, meine Gedanken zu Papier zu bringen und ihm am Morgen eine Depesche zu schicken. Der Minister hatte gesagt, es sei immerhin mein Vorgesetzter Al Haig gewesen, der darauf gedrängt habe, das Militär in dem Gebiet zu verstärken. Al habe vorgeschlagen, Flugzeugträger hierher zu beordern, zusätzliche US-Einheiten einzufliegen und die in Europa stationierten Truppen in erhöhte

Alarmbereitschaft zu versetzen. Ich kam zu dem Schluß, auch Al Haig zu telegrafieren, damit Harold Brown und er über meinen Standpunkt unterrichtet waren.

Ich machte zwei Einwände gegen diese Vorschläge geltend. Erstens hielt ich die erhöhte Alarmbereitschaft für verfrüht. Wir sollten damit warten, bis wir definitive Hinweise auf eine neue äußere Bedrohung hätten. Sicher, unfreundliche Kräfte belauerten wie Geier das Land von allen Seiten und waren jederzeit bereit zuzustoßen; die innere Bedrohung durch Linkselemente war groß. Aber wir sollten unsere Trümpfe so lange aufsparen, bis die äußere Bedrohung merklich zunehmen würde. Was, zweitens, die Entsendung der Flugzeugträger und weiterer Truppen betreffe, sollten wir Ministerpräsident Bachtiars Ersuchen im Auge behalten, die US-Präsenz nicht zu sichtbar zu machen. Es könnte gerade das Gegenteil vom Erhofften bewirken, es sei denn, daß wir mit *konkreter* Hilfe überkämen. Die Opposition stelle ihn als Marionette Washingtons hin, und überall im Land mache sich deshalb eine antiamerikanische Stimmung breit. So etwas hätten wir vor Monaten tun sollen. *Wenn wir es jetzt täten, dürften wir nicht auf halbem Weg stehenbleiben.* Eine begrenzte Truppenverstärkung klinge ja ganz hübsch, sei aber nichts Halbes und nichts Ganzes.

Washington müsse die eigentliche Bedrohung begreifen, meinte ich unter dem Stichwort «brenzlig», nämlich die frühe Rückkehr Chomeinis. Zwar werde ein Großteil der Streitkräfte dem Schah treu bleiben, aber ein gewisser Teil sei für Chomeini, und einige Soldaten seien sogar Kommunisten. Die Streitkräfte glaubten, daß die Rückkehr Chomeinis endgültig das Aus für den Schah bedeute.

Ich nahm mir die Freiheit, einige Szenarios zu skizzieren. Ich begann mit dem wünschenswertesten, aber auch unwahrscheinlichsten: daß Chomeini nur als religiöser Führer zurückkehrt und nicht sogleich versuchen wird, Bachtiar den Teppich unter den Füßen wegzuziehen. Doch selbst dann konnte man der Reaktion des Militärs nicht hundertprozentig sicher sein. Ich meinte jedoch, sie würden standhaft bleiben und nichts unternehmen.

Am anderen Ende des Spektrums bestand die Möglichkeit, daß Chomeini der Regierung Bachtiar sofort die Luft abschneiden wird. In diesem Fall dürfte die Reaktion des Militärs weitgehend von Bachtiars Verhalten abhängen. Wenn er den Befehl gab, für die Regierung einzuschreiten, würde es meiner Ansicht nach gehorchen und vermutlich die wesentlichen Instrumente der Macht, Öl, Nachrichtenwesen, Wasserversorgung und Zoll, mehr oder weniger sichern. Allerdings würde es viel Blutvergießen geben.

Wenn Bachtiar keine Truppen einsetzte, schlicht abdankte und das Militär aufforderte, die Macht zu übernehmen, könnte es ganz anders ausgehen. General Gharabaghi würde an diesem Punkt wahrscheinlich nicht mehr mitmachen. Die Befehlshaber der Teilstreitkräfte würden ihr Bestes tun, um das Land unter ihre Kontrolle zu bringen, und wahrscheinlich würde nur eine Minderheit der Kommandeure Gharabaghis Beispiel folgen. Die eigentliche Frage sei jedoch: Was wird passieren, nachdem das Militär erfolgreich geputscht hat? Wäre jemand von ihnen in der Lage, die Geschäfte eines Regierungschefs wahrzunehmen und das Land politisch und wirtschaftlich zu leiten?

Das waren meine Gedanken. Ich wollte sie vor allem Haig übermitteln, zum einen als Stellungnahme zu seinen eigenen Ansichten, zum anderen aber auch, weil er eng mit den Franzosen zusammenarbeitete, deren Stellenwert noch wichtiger zu sein schien.

Ich ging mit der gleichen Hoffnung und dem gleichen Gebet zu Bett wie immer: daß morgen endlich das Wunder geschehen möge und Militär und Bachtiar im Gleichschritt marschierten. Bis jetzt konnten die verbesserten Umstände weder auf Bachtiar noch auf die Streitkräfte zurückgeführt werden. Allein die Oppositionsführer waren bereit, die Zustände zum Besseren zu wenden; denn sie wußten, daß sie die Hebel in der Hand hatten und die Lage je nach ihren Bedürfnissen ändern konnten. Es war höchste Zeit, daß die Regierung Bachtiar ihre Muskeln spielen ließ.

Montag, 22. Januar 1979

Beim Frühstück las ich die amerikanischen Zeitungen von gestern und war von einigen Punkten eines Artikels in der *Washington Post* beeindruckt. Er besagte, daß die religiösen Führer sich in ihrer Opposition gegen den Schah zwar mehr oder weniger einig seien, doch einige meinten, Chomeini ginge zu weit. Ihre Religion verlange von ihnen, die Handlungen des Staats zu überwachen, aber nicht, in die Tagespolitik einzugreifen. Ich fragte mich, ob das nicht ein geeigneter Ansatz für uns sei. In dem Bericht stand außerdem, für Leute, die Chomeini in Paris gesehen hätten, liege auf der Hand, daß er nach seinen fünfzehn Jahren im Irak und den vier Monaten in Frankreich vollkommen den Kontakt zu den Entwicklungen im Iran verloren habe. In seiner Abwesenheit hätten sich die Dinge gewaltig verändert.

Außerdem erregten die Londoner Zeitungen meine Aufmerksamkeit. Eine zitierte die *Prawda* vom 20. Januar:

«Ein Militärbotschafter, General Huyser, arbeitet jetzt seit mehreren Wochen in Teheran mit US-Botschafter Sullivan zusammen: ein Beispiel für unmittelbares Eingreifen in die Ereignisse im Iran. Die US-Presse verheimlicht nicht, daß Huyser entsandt wurde, um iranische Generale in der Unterdrückung von Volkskundgebungen zu unterweisen, und diese Aufgabe auch ausführt. Politische Beobachter sehen gewisse Parallelen zwischen den gegenwärtigen Ereignissen und dem iranischen Staatsstreich von 1953. Damals verließ der Schah ebenfalls vorübergehend das Land, um nicht im Weg zu sein, und kehrte später zurück.»

Meine Gedanken arbeiteten fieberhaft; denn der Schah hielt sich immer noch in Ägypten auf und war nicht wie geplant weitergeflogen. Ich wußte nicht, ob er nur Präsident Sadats Gesellschaft genoß oder die Weiterreise hinauszögerte, um nötigenfalls schneller in sein Land zurückkehren zu können. Ich war sicher, daß er mit seinen Generalen in Verbindung stand, obgleich sie es bestritten. General Rabii hatte zugegeben, daß er mit der Flugzeugcrew geredet hatte, wenn angeblich auch nur über die Flugpläne. Ich war davon überzeugt, daß sie einen direkten Draht zum Schah hatten, der zweifellos über Chomeinis geplante Rückkehr informiert war und vielleicht dachte, er solle sich bereithalten, falls die Dinge außer Kontrolle gerieten.

Im Büro angekommen, griff ich als erstes zum *Tehran Journal*, das zur Abwechslung mal mit herzerfrischenden Schlagzeilen aufmachte. Quer über der ersten Seite stand: «Ich bin der mächtigste aller iranischen Ministerpräsidenten», und darunter, ebenfalls fettgedruckt: «Bachtiar: Ich denke nicht an Rücktritt». Unter einem Bild des Ministerpräsidenten mit erhobenem Zeigefinger vor dem Mikrofon stand, daß er Rücktrittsgerüchte dementiere: «Ich werde ein Bollwerk der Verfassung bleiben und sie schützen.» Er forderte die Bevölkerung auf, die Streiks zu beenden und wieder an die Arbeit zu gehen. Eine Demokratie brauche Ruhe und Fleiß: «Ich bin überzeugt, daß die Mehrheit des Volkes der Streiks und Demonstrationen, die sehr ernste Gefahren für die Wirtschaft des Landes darstellen, müde ist.» Er bezeichnete die Streiks als antidemokratisch und sagte, sie hätten der Nation mehr Schaden zugefügt als alle Diebereien der letzten fünfzehn Jahre.

Er erteilte der Presse einen strengen Verweis wegen der Verbreitung von «giftigen Meldungen». Er sagte auch, er werde keine weiteren Beleidigungen der Streitkräfte durch die Medien dulden. Er griff die Leute an, die sich als Patrioten hinstellten, aber gegen die Interessen des Landes handelten. «Ich werde unter keinen Umständen meine Pflicht versäumen, die Verfassung zu schützen. Ich werde nicht zulassen, daß dieses historische Land zerfällt.»

Bachtiar sagte, die Streikenden hätten zwei Bündel von Forderungen gestellt. Die wirtschaftlichen seien bereits erfüllt worden, und er sei nun dabei, auch den politischen Forderungen nachzukommen. Was sie also sonst noch wollten? Er warf ihnen vor, ihre Befehle aus dem Ausland zu erhalten, und bezeichnete die betreffenden Elemente als «Verräter an der Heimat». Dann erklärte er, er brauche eine starke Zentralregierung, um mit den Feinden des Landes fertig zu werden und das Überleben des Iran zu sichern. Er mache sich keine Sorgen um eine ausländische Invasion, weil sie gar nicht praktikabel sei. Doch wenn es im Iran zur Explosion käme, würden Nachbarstaaten gewiß versuchen, Kapital daraus zu schlagen.

Er bezeichnete eine der bei einer kürzlichen Demonstration gesungenen Parolen – *«Bachtiar bi echtiar»* («Bachtiar der Machtlose») – als Trugschluß. Er sei der «mächtigste aller Ministerpräsidenten, die je im Iran amtierten». Dann wandte er sich gegen die Verleumdung, daß im Land Mangel an Weizen herrsche. «Das iranische Volk wird hiermit unterrichtet, daß wir genügend Weizen gekauft und importiert haben und mit Hilfe der Streitkräfte schnellstens entladen und von Lastwagen in die verschiedenen Landesteile bringen lassen. Es besteht kein Grund zur Sorge, und Sie können versichert sein, daß diese Regierung, deren Programm auf uneingeschränkter Offenheit gegenüber dem iranischen Volk beruht, die Bevölkerung von sich aus informieren wird, wenn eine Notlage entsteht und sie Ihre Hilfe benötigt. Ich fordere das iranische Volk hiermit auf, leeren Gerüchten keine Beachtung zu schenken und volles Vertrauen in die Aufrichtigkeit der Regierung zu haben.» Bei einem abschließenden Rundumschlag erklärte er: «Der ganze Quatsch über meinen Rücktritt entbehrt jeder Grundlage. Ich werde niemals zurücktreten und das Land in eine völlig ungewisse Zukunft schlittern lassen.» Er werde zur Verfassung stehen.

All das war für mich sehr hilfreich. Die Gruppe könnte an mehreren der von ihm aufgeworfenen Punkte ansetzen.

Ebenfalls auf der ersten Seite stand ein Bericht über die gestrige Demonstration der Kommunisten. Die Überschrift lautete: «Marxisten veranstalten erste Großkundgebung». Die Zeitung schätzte die Teilnehmerzahl auf rund 5000 Studenten, die linken, vor allem studentischen Organisationen angehörten. Einer ihrer Slogans hieß: «Weder für noch gegen Gott». Sie seien nicht bereit, die Tyrannei des Schah gegen eine islamische Diktatur einzutauschen. Die Kundgebung hinterließ einen sonderbar ambivalenten Eindruck. Trotz der antireligiösen Parolen hatten einige Teilnehmer Chomeini-Bilder getragen, sehr merkwürdig. Nichtsdestoweniger waren sie unterwegs von religiösen Gruppen und Chomeini-Anhängern gestört worden, von denen viele ihnen zuriefen, sie seien «Savak-Agenten». Andere schrien: «Kommunisten sind Verräter» und «In unserem Volk ist kein Platz für Kommunisten». Als sie die Schah-Avenue erreichten, erschien ein Mullah mit einem Lautsprecher und forderte sie auf, keine religiösen Parolen zu verkünden und sich nicht mit Chomeinis Bild zu schmücken. Eine andere islamische Gruppe legte los: «Die einzige politische Partei ist die Partei Gottes!»

Das Blatt brachte auch einen zutreffenden, niederschmetternden Bericht zur Wirtschaftslage. Die Tätigkeit der National Iranian Copper Industries (NICI) war offenbar total zum Erliegen gekommen, weil sie es nicht schafften, Material und Geräte vom Zoll abfertigen zu lassen. Schlimmer noch, einer der ausländischen Angestellten war getötet worden, und die ausländischen

Partner hatten beschlossen, ihre Angestellten aus Sicherheitsgründen zu evakuieren. Von 174 Technikern waren nur noch 27 da, und auch diese würden binnen einer Woche gehen. Es war aber unmöglich, die Kupferindustrie – oder irgendeine andere – ohne ausländische Techniker und Hilfe zu betreiben. Alle gingen nun jedoch um ihrer persönlichen Sicherheit willen.

Zur heutigen Besprechung erwarteten wir auch General Moghaddam. Nach den einleitenden Formalitäten richtete ich ihre Aufmerksamkeit auf Bachtiars Rede und lobte seine Entschlossenheit und Führungsqualität: Er unterstütze das Militär, und sie sollten nun auch entsprechend reagieren. Zu General Gharabaghi sagte ich, an seiner Stelle würde ich mich an die Presse wenden und erklären, daß das Militär völlig mit dem Ministerpräsidenten übereinstimme, die Truppen loyal seien und hundertprozentig hinter ihm stünden. Ich war ein wenig überrascht, daß er den Vorschlag sofort aufnahm. Ein echter Wendepunkt. Bisher hatte er immer Vorbehalte gegen Presseerklärungen gehabt. Ich verbuchte es als Fortschritt.

Ich erwähnte, daß Lastwagen der Armee Weizen verteilten, und regte an, das publizistisch auszuschlachten. Wie sich herausstellte, hatte ich damit bei General Toufanian einen wunden Punkt berührt. Es waren seine Laster, und er selbst hatte das Programm in Gang gesetzt. Aber Chomeinis Leute besaßen die Frechheit, ihre eigenen Schilder an den Lastern anzubringen und zu verbreiten, der Weizen komme vom Ayatollah. General Toufanian war stocksauer, da er nicht wußte, wie er dem begegnen sollte. Ich sagte, er müsse Chomeinis Leute mit ihren eigenen Mitteln schlagen.

Anschließend berichtete General Gharabaghi, sie hätten bei der Sitzung des Sicherheitsrats gestern abend über Chomeinis Rückkehr diskutiert, und Bachtiar sei einverstanden gewesen, zeitgleich mit der Ankunft des Ayatollah eine regierungsfreundliche Demonstration zu organisieren. Ich war dagegen: In einem so emotionsgeladenen Augenblick zwei gegnerische Parteien am selben Tag auf den Straßen zu haben, bedeutete Aufruhr, wenn nicht Schlimmeres. Nachdrücklich trat ich dafür ein, die Kundgebung baldmöglichst, auf jeden Fall aber vor Chomeinis Rückkehr zu veranstalten. Wir müßten allen sichtbar machen, wie die amtierende Regierung unterstützt werde.

Bachtiar hatte gesagt, er wolle Chomeini warnen; denn es verstoße gegen die Verfassung, wenn er als politischer Führer zurückkehre. Chomeini hatte zwar erklärt, er werde einzig und allein als religiöser Führer kommen und die Regierung lediglich im Auge behalten, aber das war alles andere als glaubwürdig. General Rabii hatte Bachtiar vorgeschlagen, falls Chomeini mit dem Flugzeug nach Teheran komme, sollten sie seine Maschine abfangen und in den südlichen Teil des Landes umleiten. Rabii glaubte, auf diese Weise die Massen erheblich besser kontrollieren und Chomeinis Chance, die Regierungsgeschäfte zu übernehmen, verringern zu können. Der Vorschlag war offenbar ausführlich, aber ohne Ergebnis diskutiert worden. Das Ganze ermutigte mich ein wenig; denn immerhin erörterten sie nun ernsthaft Chomeinis Rückkehr, statt bei ihrer bloßen Erwähnung in die Luft zu gehen. Das hatte Bachtiar geschafft.

Ich fragte, ob sie bei der Beschaffung von Treibstoff für das Militär irgendwelche Fortschritte gemacht hätten. Bachtiar hatte offenbar inzwischen mit der NIOC vereinbart, daß der einlaufende US-Tanker entladen und der Treibstoff im ganzen Land verteilt würde. Sie schienen allerdings noch nicht zu wissen, ob dies per Pipeline oder Tankwagen geschehen solle.

Auf General Gharabaghis Frage informierte ich sie über die äußerst heikle Situation bei der Zollabfertigung, wie sie mir unser Botschaftspersonal geschildert hatte. Ich hätte die Aktivitäten Ayatollah Schariat-Madaris aufmerksam beobachtet. Er fordere die Zöllner auf, bei der Abfertigung mehr an Nahrungsmittel zu denken. Doch sie hätten schon geantwortet, sich nie geweigert zu haben, Nahrungsmittel oder Medikamente abzufertigen – nicht einmal freitags, der eigentlich ihr zum Gebet bestimmter freier Tag sei –, damit das Volk nicht auf lebenswichtige Güter verzichten müsse. Seit Beginn des Streiks am 5. November seien rund 170000 Tonnen Nahrungsmittel abgefertigt worden, darunter Butter, Käse, Fleisch, Eier und Trockenmilch. Sie gaben zu, daß einige Laster und Schiffe immer noch nicht abgefertigt seien, aber nur, weil die Ladung auch Waffen, Munition und Kanister mit Tränengas enthielte. Sie sagten, Chomeini habe ihnen nur befohlen, derartige Güter nicht abzufertigen, und behaupteten, die Regierung sei für die Verzögerung verantwortlich.

Bei der Planung für die Übernahme des Zolls hatten wir festgestellt, daß es rund 6000 Zöllner gab und 26 Zollabfertigungsstellen, davon sechs in Teheran. Ich wies darauf hin, daß die Sache mit den Waffen, der Munition und den Tränengasbehältern wahrscheinlich zutreffe. Sie würden aber nicht etwa aufgehalten, sondern geradewegs zur Opposition weitergeleitet. Auch stimmte nicht, daß so viele Nahrungsmittel ins Land gelassen worden waren. Viele LKWs und Schiffe warteten immer noch auf Abfertigung.

Ich regte ferner an, daß sie mit dem Ministerpräsidenten über die Einschleusung von Saboteuren reden sollten. Aus Meldungen des Geheimdienstes ging hervor, daß zweifelsfrei ein Kontakt zwischen den Palästinensern, Libyen und dem Libanon bestand und daß sie iranische Guerillas ausbildeten, die bald ins Land zurückkämen. Unseren Berichten zufolge waren bereits bis zu 2000 Mann ausgebildet worden. Wir waren auch darüber informiert, daß sie von Gaddafi finanziert und mit russischen Waffen ausgerüstet wurden. Wir besaßen zuverlässige Informationen, daß Chomeini in den letzten drei Wochen Verbindung zur PLO und zu libyschen Elementen aufgenommen hatte, und wußten, daß etliche iranische Marxisten in Palästinenserlagern im Südlibanon aufgetaucht waren.

Ich begrüßte die Tatsache, daß die Marxisten jetzt aus der Versenkung aufgetaucht waren. Bewies es doch, daß sie tatsächlich existierten und kein Phantasieprodukt der Militärs waren. Wir sollten eigentlich in der Lage sein, mit den religiösen Führern irgendwie gemeinsame Sache gegen diese Bedrohung zu machen, die eindeutig gegen die Interessen des iranischen Volks gerichtet war. Die Kommunisten hatten viele Aktivitäten der religiösen Gruppen geschickt manipuliert und sich ihrer bedient. Ihre wahren Ziele sollten nun endlich bloßgelegt werden.

Ich fragte die Fünf, ob sie wüßten, warum der Schah seinen Aufenthalt in Ägypten verlängert habe. Sie antworteten, ihres Wissens wolle er noch heute nach Marokko fliegen und von dort direkt weiter in die Vereinigten Staaten.

Da General Moghaddam bei der vierstündigen Besprechung kaum den Mund aufgemacht hatte, fragte ich ihn nach seinen Verbindungen zu den religiösen Gruppierungen. Er antwortete, man sei wegen der inzwischen täglichen Demonstrationen immer noch in Kontakt. Aber mehr konnte ich nicht aus ihm herausbekommen. Als Chef des Savak war er ein unübertroffener Meister in der Kunst, direkten Fragen auszuweichen.

Ich ging zurück in unser Büro, wo man mir eine Depesche von General Al Haig gab. Er dankte mir für meine Berichte und teilte mit, er dränge in der Tat darauf, die amerikanische Militärpräsenz in dem Gebiet zu verstärken, aber irgend jemand habe die Prämisse übersehen. Diese Aktionen wären erst dann unerläßlich, wenn (a) Bachtiar und das Militär drastische Maßnahmen ergriffen, um eine Anarchie zu verhindern, oder (b) das Militär einseitig vorginge. In beiden Fällen wäre eine erhöhte Bereitschaft erforderlich – Flugzeugträger in der Nähe, die F-15 in Saudi-Arabien –, die der UdSSR, unseren europäischen Verbündeten und den nahöstlichen Nachbarn des Iran unsere Absicht unmißverständlich signalisierten. Sie würde jedem klarmachen, daß die USA das Vorgehen Bachtiars oder des Militärs voll unterstützten. Ansonsten ergäbe eine Verstärkung der amerikanischen Militärpräsenz allerdings keinen Sinn.

Da momentan offenbar mit keinem der beiden Fälle zu rechnen sei, sollten die USA jetzt besser nichts Militärisches unternehmen. Auch sähe es meinem Bericht zufolge so aus, als sei ein einseitiges Vorgehen des iranischen Militärs kaum möglich. (Da ich vom Gegenteil ausging, wußte ich nicht, wie er zu diesem Schluß kam. Mir blieb wohl nichts anderes übrig, als ihm ein ergänzendes Telegramm zu schicken.) Er teile meine Ansicht, daß Chomeinis Rückkehr «der letzte Tropfen» wäre.

Zuletzt versetzte er der Carter-Administration einen Hieb. «In Anbetracht dessen, daß ich so mangelhaft darüber informiert werde, was hier eigentlich gespielt wird», erklärte er mir, «wäre es meines Erachtens alles anderes als produktiv, wenn ich in diesem Augenblick meinen Senf dazugäbe. Ich benachrichtige Sie nur, damit Sie wissen, daß ich noch nicht den Verstand verloren habe. Lassen Sie mich bitte wissen, was ich von hier aus tun kann, um zu helfen. Alles Gute, Al.»

Ich fuhr zur Botschaft und berichtete Minister Brown. Mein heutiges Bulletin war nicht ganz so düster, wie ich befürchtet hatte. Ich konnte ein paar positive Dinge berichten: einige Punkte aus Ministerpräsident Bachtiars Rede und Gharabaghis Zusage, sie morgen bei einer Pressekonferenz zu bekräftigen. Wir hatten auch eine längere Diskussion über Chomeinis Rückkehr. Ich sagte, daß ich die Gruppe endlich dazu gebracht habe, sie zu erörtern. Brown meinte, es könnte gefährlich sein, übereilt vorzugehen. Wir würden eventuell eine vorzeitige Aktion des Militärs auslösen oder einige der hohen Offiziere so verschrecken, daß sie ins Ausland flüchteten. Beides könne passieren, räumte ich ein. Bachtiar habe sehr gut daran getan, Vorbereitungen für Chomeinis Rückkehr zu fordern, aber wir hätten noch nichts Konkretes geplant. Stundenlange Beratungen seien noch nötig.

Botschafter Sullivan und ich hatten inzwischen über das State Department eine gemeinsame Einschätzung der Streitkräfte und ihrer Fähigkeit geschickt, die Zivilregierung zu übernehmen. Sie war mir ein wenig zu pessimistisch, aber ein Kompromiß unserer Ansichten. Ich schätzte zumindest die militärische Tüchtigkeit der Streitkräfte bekanntlich weit höher ein als der Botschafter.

Schließlich berichtete ich Minister Brown noch von dem neuen Polizeichef, der gleichzeitig als Gouverneur von Teheran amtiere. Diese Doppelfunktion werde immer üblicher. Der neue Mann, General Rahimi, sei jedoch eine integre Persönlichkeit.

Abschließend sagte der Minister, man sei in Washington sehr zufrieden mit mir, was aus berufenem Mund natürlich tröstlich zu hören war. Aber ich kann nicht sagen, daß ich diese Zufriedenheit teilte. Die Zeit wurde knapp, und ich hatte die Gruppe immer noch nicht bewegen können, die Macht der Streikenden endlich zu brechen.

Dann gab mir der Chiffrierbeamte einige neue Meldungen. Die erste stammte vom Geheimdienst: Tehrani, der Vorsitzende des Regentschaftsrats, der zu Verhandlungen mit Chomeini nach Paris geflogen war, hatte sein Amt niedergelegt. Eine andere Geheimdienstmeldung besagte, die Tudeh-Partei werde Chomeini unterstützen.

Zu den Presseausschnitten gehörte ein nützlicher Artikel des Pariser Korrespondenten der *Washington Post* über Chomeinis Ansprache an seine Anhänger im Iran. Der Ayatollah hatte gesagt, die Vertreibung des Schah sei erst der Anfang der Revolution. Er werde Freitag zurückkehren und soziale Gerechtigkeit und religiöse Toleranz in der Islamischen Republik durchsetzen. Er klang gewiß nicht wie jemand, der am Rand der Bühne agieren wollte.

Ein anderer Artikel enthielt eine gute Nachricht. Der Datumszeile nach kam er aus Teheran, sicher von einem Auslandskorrespondenten des Blattes. Die Überschrift lautete: «Hintermänner des Ayatollah fürchten frühzeitige Rückkehr». Der Verfasser schrieb, die wichtigsten Helfer Chomeinis seien über seinen Entschluß, am Freitag zurückzukommen, geschockt, entrüstet und sogar alarmiert, und hätten ihm abgeraten. Sie seien sich der Unterstützung des Militärs noch nicht sicher genug und befürchteten einen Staatsstreich. Sie glaubten nicht, daß die Militärs Chomeinis Forderung nach Abschaffung der Monarchie schlucken würden. Viele Offiziere seien der Meinung, schon seine Rückkehr sei Hochverrat.

Ferner hieß es, die Anhänger Chomeinis seien dabei, ein großes Netz auszuwerfen. Sie hätten mit pensionierten Obersten und Generalen gesprochen, die der Schah wegen abweichender Meinungen in den Ruhestand versetzt hatte, und hätten auch Bazargan hinzugezogen, den dreiundsiebzigjährigen Oppositionsführer, den viele für den künftigen Vorsitzenden des Islamischen Revolutionsrats hielten.

Warum ignorierte Chomeini diese gewichtigen Ratschläge seiner Gefolgsleute? Dem Artikel zufolge vertraute er auf Gott. Schon in den letzten fünf oder sechs Monaten habe er entgegen den Empfehlungen seiner Berater seltsame Entschlüsse gefaßt, die sich dann aber überraschend als richtig erwiesen hätten. Diesmal meinten seine Berater, er solle warten, bis Bachtiar und der Regentschaftsrat zurückgetreten seien und man den Islamischen Rat ins Leben gerufen hätte. Dann würden die Militärs nachgiebiger sein, und er könne gefahrlos zurückkehren. Aber er würde wohl auch diesmal nicht auf sie hören. Ich war sicher, daß der Artikel von der Nationalen Front angeregt worden war, da er genau im Sinne Bazargans war. Er maß meiner Mission eine wichtige Rolle zu und erklärte, ich hätte die Aufgabe, meine iranischen Kollegen davon zu überzeugen, daß Mäßigung und nicht etwa ein Staatsstreich nötig sei, um eine Machtübernahme der Kommunisten zu verhindern. Diese Warnung dürfte ihre Wirkung nicht verfehlen, weil ein Putsch nur dann Erfolg haben könne, wenn eine der Supermächte ihn unterstütze oder wenigstens billige.

Dienstag, 23. Januar 1979

Beim Frühstück besprach ich mit Botschafter Sullivan den Zustand der Streitkräfte. Obgleich ich die Kampfkraft der Truppen im Gegensatz zu ihm positiv beurteilte, teilte ich seine Befürchtungen über die Anführer, insbesondere General Gharabaghi. Ich erinnerte an einen Ausspruch von General John D. Ryan, einem früheren Befehlshaber der US-Luftstreitkräfte: Wenn ein Offizier sein Rücktrittsgesuch eingereicht hat und es dann zurückziehen will, sollte man nein sagen; denn seine ursprüngliche Absicht wird unterschwellig weiterbestehen, und in Krisenzeiten ist auf einen solchen Mann kein Verlaß. Nun denn, Gharabaghi hatte zumindest seine Absicht deutlich gezeigt. Vermutlich würde er bei einer weiter tragenden Entscheidung erneut zurücktreten wollen.

Der Verkehr war heute morgen dichter denn je, und die Fahrt zum Büro stellte meine Geduld auf eine harte Probe. Ich konnte nämlich kaum erwarten, die hiesigen Zeitungen zu sehen. Das *Tehran Journal* machte mit «Tehrani verläßt Regentschaftsrat» auf, aber die nächste Spalte war erfreulicher: «Gharabaghi Militär wird Bachtiar unterstützen». Gharabaghi hatte nachdrücklich erklärt, daß die Streitkräfte geschlossen hinter dem Ministerpräsidenten stünden, und einen *coup d'état* weit von sich gewiesen. Er warnte die Bevölkerung, Angehörige der bewaffneten Streitkräfte vorsätzlich zu provozieren. Die Offiziere hätten zwar ihre Männer aufgefordert, Zurückhaltung zu üben, doch von nun an würden derartige Handlungen nicht mehr geduldet werden. Dies war das zweite Mal, daß der Generalstabschef auf der ersten Seite Schlagzeilen machte, und das bedeutete Gutes.

Tehranis Rücktritt wurde ausführlicher behandelt. Jazdi, Chomeinis wichtigster Helfer in Paris, hatte erklärt, obgleich Tehrani sein Amt als Vorsitzender des Regentschaftsrats niedergelegt habe, werde Chomeini ihn erst empfangen, wenn er den Regentschaftsrat für illegal erkläre. Tehrani wurde mit den Worten zitiert, ursprünglich habe er «den Vorsitz des Regentschaftsrats zum Schutz der nationalen Interessen angenommen», doch seit seiner Abreise aus Teheran sei «der Rat nicht zusammengetreten und habe seine Geschäfte nie aufgenommen». Inzwischen habe sich «die innenpolitische Lage geändert, und ich halte es aus Respekt vor der öffentlichen Meinung für notwendig, meinen Rücktritt zu erklären». Diese Erläuterung wurde dann auf typisch persische Art ad absurdum geführt, als Tehrani anderen Berichten zufolge bei einem Telefongespräch sagte, er sei einzig und allein aus familiären Gründen in Frankreich zurückgetreten, wo er lange gelebt habe. Und um die Sache noch mehr zu vernebeln, ließ er später bei einem Gespräch mit Chomeinis Leuten wissen, die Gründe für seinen Entschluß gingen nur ihn etwas an.

Überrascht las ich dann im *Tehran Journal* die Überschrift «Bradshaw führt die Steelers zum dritten Gewinn der Super Bowl». Unter der Datumszeile Miami war zu lesen, daß Terry Bradshaw den Ball viermal über die Grundlinie getragen und zwei Super Bowl-Zuspielrekorde aufgestellt hatte, so daß die Pittsburgh Steelers mit 35 zu 31 gegen die Dallas Cowboys zum drittenmal die amerikanische Footballmeisterschaft errangen. Es tat gut zu wissen, daß das Leben drüben weiterging, und es war kaum zu fassen, solche Nachrichten in einem so zerrissenen Land wie hier zu lesen.

Bei der Besprechung drückte ich meine Genugtuung über General Gharabaghis Pressekonfernez aus und bezeichnete sie als echten Fortschritt. Er habe sich als wahrer Führer der Streitkräfte durchgesetzt, was alle anerkennen würden. Er trage dazu bei, sie zu einen und ihnen Mut zu machen. General Rabii stimmte zu, berichtete jedoch, er habe einige ernsthafte Probleme mit dem Luftwaffenstützpunkt Khatami bei Isfahan und in geringerem Maß mit dem Luftwaffenstützpunkt Schiras. Die Homofars (Wartungstechniker mit Sonderstatus), waren offenbar bewaffnet im Hauptquartier der Stützpunkte erschienen und hatten dem Zivilpersonal soviel Angst eingejagt, daß es erwog, die Arbeit niederzulegen. Rabii war im Begriff, hohe Offiziere zur Untersuchung der Angelegenheit zu entsenden, und fragte, ob ich es für ratsam halte, Brigadier General Kertesz, unseren Abschnittskommandeur der Air Force, ebenfalls hinzuschicken. Es waren die beiden wichtigsten

Luftwaffenstützpunkte, wo die F-14 mit der sensibelsten Ausrüstung stationiert waren. Ich stimmte deshalb zu, und wir veranlaßten sofort das Nötige.

Da wir gerade dabei waren, erwähnte ich die Zustände auf dem Flughafen Mehrabad, wo eine PanAm-Maschine unserem Militärattaché Colonel Tom Schaefer zufolge um ein Haar die Landebahn verfehlt hatte. Die Fluglotsen streikten natürlich gerade. Der Tower war mit Angehörigen der Luftwaffe besetzt, aber sie überwachten nur den Sichtverkehr in den örtlichen Kontrollzonen. Maschinen mit Instrumentenanflug waren auf sich angewiesen und konnten nur versuchen, den Tower zu fragen, ob sich andere Flugzeuge in ihrem Gebiet aufhielten. Ich hatte ein Verfahren aus den alten Tagen der Luftfahrt vorgeschlagen: Sobald eine Maschine die Kontrollzone erreicht hat, informiert sie den Tower. Das ist zwar alles andere als präzise, aber immer noch sicherer, als ins Blaue zu fliegen. Außerdem übernimmt der Tower in diesem Fall eine gewisse Verantwortung und stimmt die Höhe der einzelnen Maschinen ab, damit sie nicht kollidieren, und sagt den Piloten, wann sie beim Niedergehen zum Sichtflug übergehen können. General Rabii war sofort einverstanden, das System einzuführen.

Dann sprachen wir über die streikenden Piloten der Iran Air, von denen einige erklärt hatten, sie wollten mit einer Boeing 707 ihrer Luftfahrtgesellschaft Chomeini aus Paris abholen. Wir waren nicht gerade erbaut darüber. Ich war froh zu hören, daß es bei der Sitzung des Nationalen Sicherheitsrats zur Sprache gekommen war und der Ministerpräsident geäußert hatte, er werde es nicht dulden. Trotzdem waren die streikenden Piloten dabei, eine Maschine auf Hochglanz zu polieren und startklar zu machen. Ich hatte volles Vertrauen, daß General Rabii diese Sache verhindern werde.

Aber was war, wenn Chomeini doch eine Maschine bekam? General Rabii befürwortete Präventivmaßnahmen, um ihn an der Landung in Teheran zu hindern. Er schlug drei Möglichkeiten vor: das Flugzeug abfangen und umleiten; versuchen, ein drittes Land zu veranlassen, es unterwegs abzufangen und zu zerstören; die Piste blockieren. Ich muß gestehen, daß mir diese Taktiken nicht gerade aus dem Herzen sprachen. Die Blockierung der

Landepiste schien immerhin eine vernünftige Lösung. Sie würde zeigen, daß die Regierung den Flugplatz unter Kontrolle hatte und die Autorität des Ministerpräsidenten öffentlich unter Beweis stellen. Außerdem konnten wir damit Zeit gewinnen – einige Stunden oder sogar ein bis zwei Tage. Daß sie den Flughafen noch länger sperren könnten, glaubte ich nicht.

Laut Presseberichten wurde Chomeini nach neuerlichen Todesdrohungen nun doppelt so scharf bewacht wie bisher, wenn er sein Haus verließ. Die Franzosen stöhnten über die hohen Kosten dieser Sicherheitsmaßnahmen. Ich fragte die Generale eindringlich, ob sie irgend etwas gegen Chomeinis Leben unternommen hätten, und registrierte eine Menge verstohlener Blicke, bekam aber keine klare Antwort. Sie erwähnten eine Gruppe in der Schweiz, die sich mit derartigen Dingen beschäftige, aber ich konnte nicht feststellen, ob irgendwelche Verbindungen zu ihr bestanden.

Da ich inzwischen wußte, daß der Schah seine Weiterreise von Marokko in die USA verschoben hatte, und da gemunkelt wurde, er würde eventuell zurückkehren, fragte ich die Fünf, ob sie etwas über seine Absichten wüßten. Sie hatten gehört, daß er noch in Marokko war, und wollten eine Rückkehr nach Ägypten nicht ausschließen. Ich fragte, ob seine Heimkehr nach Teheran im Gespräch sei. Keine Antwort. Deshalb sagte ich, das wäre eine Katastrophe, nicht minder beunruhigend als Chomeinis Rückkehr. Diese Äußerung gefiel ihnen gar nicht, aber ich glaube, sie waren realistisch genug einzusehen, daß ich recht hatte. Der Regierung Bachtiar würde es jedenfalls nicht helfen.

Wir hatten die gesamte Planung grundsätzlich erledigt und brauchten nur noch Bachtiars Befehl, um sie – oder zumindest einen Teil – in die Tat umzusetzen. Ich fragte, ob sie weitere Schritte wegen des Zolls beabsichtigten. General Gharabaghi verneinte. Es kämen genügend Nahrungsmittel ins Land. Eine grobe Übertreibung. Ich hätte in diesem Augenblick lieber eine Befehlsfunktion gehabt als eine Beraterrolle. Washington hatte mich viele Male davor gewarnt, aber wenn ich das Sagen gehabt hätte, wäre der Zollplan in Kraft getreten; denn von nun an hatte ich das Gefühl, daß die ins Land kommenden Gewehre und Patronen entscheidend sein würden. Eine Flut geheimdienstlicher Meldungen aus ihren und unseren sowie ausländischen Quellen besagte, daß immer mehr Gewehre und Munition über die Grenze geschleust wurden.

General Toufanian sagte, er sei dabei, den Streik der Transportarbeiter zu brechen. Er werde Beförderungsmittel der Regierung sowie Laster und Fahrer vom Militär einsetzen, um den Bedarf des Landes zu decken. Ich war sehr erfreut, ein positiver Schritt unserer Seite, während alle anderen Maßnahmen, die Lage zu entspannen, von der Opposition ausgegangen waren. Alles in allem hatten wir jedoch längst nicht genug geschafft. Wir machten einfach keine ausreichenden Fortschritte, Chomeinis Rückkehr zu begegnen. Alles wies darauf hin, daß sie zu einem Desaster werden würde. Als ich wieder einmal nachbohrte und fragte, warum Bachtiar nicht den Plan durchführe und die Streiks beende, sagten sie, er wolle das Militär nur als letztes Mittel einsetzen. Vielleicht irrte ich, aber der entsprechende Zeitpunkt schien mir schon seit einigen Tagen gegeben.

Wir sprachen noch über Verschiedenes, so auch darüber, daß die Regierungsleute jetzt offenbar ungehindert in ihre Büros kommen konnten. Nachdem bereits eine Flut von Majlis-Abgeordneten ihr Mandat niedergelegt hatten, war am Wochenende ein Umschwung eingetreten, und siebzehn von ihnen hatten ihre feste Absicht bekundet, komme was wolle weiterzumachen.

In den iranischen Auslandsvertretungen dagegen griffen niederschmetternde Entwicklungen um sich. Viele der diplomatischen Posten waren unbesetzt. Einige Amtsinhaber hatten sich einfach verdrückt. Die Regierung Bachtiar rief alle diejenigen zurück, die als Schah-Anhänger ernannt worden waren, so Botschafter Zahedi aus Washington. Das Chomeini-Lager nutzte das unverzüglich aus, entweder seine eigenen Leute zu schicken oder aber die Leute an Ort und Stelle abtrünnig zu machen und Chomeini-Botschaften zu errichten. Auf Chomeinis Seite waren so viele schlaue Schachzüge zu verzeichnen, daß ich mich fortwährend fragte, wer sie wohl planen mochte, und noch heute wüßte ich gern die Antwort.

Ich fragte General Moghaddam wieder nach seinen Kontakten zu den religiösen Führern. Ich interessierte mich nun besonders dafür, weil wir Chomeinis Rückkehr vielleicht abwenden konnten, indem wir ihn über diese Kanäle wissen ließen, daß er eine gute Chance hatte, umgebracht zu werden. Moghaddam sagte, es fänden Gespräche statt, zwar nicht auf sehr hoher Ebene, aber er halte sie doch für wichtig. Er berichte ihnen die nackten Tatsachen, wie er sie sehe, und warne sie vor den Machenschaften dritter Parteien und Chomeinis Verrat. Er habe keinen Zweifel daran gelassen, daß jeder Versuch des Ayatollah, die Regierungsgewalt zu übernehmen, ungesetzlich wäre und die bewaffneten Streitkräfte dagegen einschreiten würden.

Ich sagte ihnen, Washington habe mich wieder nach der Sicherheit der sensiblen Ausrüstung gefragt, besonders nach den F-14 und den Phoenix-Raketen, und ich würde gern wissen, ob wir nicht mehr tun könnten, um sie zu schützen. Wir hatten bei unserer Planung eine Idee aus den frühen sechziger Jahren wiederbelebt, die vorsah, militärisches Gerät auf die südlichsten Stützpunkte zu verlegen. Da die Streitkräfte auf Grund neuer Basen im Süden wie Charbahar und Bandar e Abbas viel schlagkräftiger geworden seien, wäre es plausibel, militärische Einheiten dorthin zu schaffen. Bei einer Krise könnten sie sich wieder nach Norden vorkämpfen, und im Extremfall eines Bürgerkriegs könnte das die Lage retten.

Sie schienen mir schon einen Schritt voraus. Rabii sagte, er habe bereits Bomben, Flugzeuge und Nachschub zu diesen südlichen Stützpunkten verlegt. Er zögerte sichtlich, ehe er den Mund aufmachte, sicher weil er und Toufanian die einzigen Beteiligten waren und sie Gharabaghi nicht alles erzählt hatten. Sie befürchteten wohl seine Einwände. Ich unterstützte ihr Vorgehen nachdrücklich.

Ich fragte nach der Demonstration für die Regierung. Sie war genehmigt und sollte Donnerstag stattfinden. Eigentlich war dieser Zeitraum zu knapp, um sie gründlich zu organisieren, aber General Gast und auch ich ermutigten sie, alles Menschenmögliche zu tun.

Diese Schritte Rabiis und Toufanians trugen dazu bei, eine Depesche Minister Browns zu erklären: Sie hätten gehört, daß General Djam in seiner Zeit als Generalstabschef mit Zustimmung des Schah Pläne für den Fall eines Zusammenbruchs von Gesetz und Ordnung ausgearbeitet habe. Sie sähen den Rückzug der Truppen und der Zentralregierung nach Khusestan am nördlichen Ende des Persischen Golfs vor. Dort würden sie die Ölfelder besetzen und einen Brückenkopf für das Zusammenwirken mit westlichen Staaten errichten. Dann würden sie versuchen, sich von dort vorzuarbeiten und den Rest des Landes nach und nach wieder unter ihre Kontrolle zu bringen. Aus diesen Quellen ging auch hervor, daß General Djam den Schah kürzlich gefragt hatte, ob der Plan noch existiere. Zweifellos, habe der Schah angebliche geantwortet. Doch niemand hatte den Plan auf den neuesten Stand gebracht. Ich diskutierte ihn übrigens am 11. Januar bei meiner Audienz mit dem Schah. Er hatte sich aus irgendeinem Grund in den Kopf gesetzt, daß ich daran mitgearbeitet hätte, aber das traf nicht zu. Er hielt ihn für so veraltet, daß er wertlos sei.

Nun wollte der Minister einen Bericht über den Plan haben. Ob er noch bestünde, und welchen Stellenwert er besäße? Ich hätte aus dem Stegreif einen Bericht schreiben können, zog es aber vor, mich bei General Gharabaghi und der Gruppe zu vergewissern, und verschob die Antwort bis nach der nächsten Besprechung der Gruppe.

Ich erwartete dringend General Kertesz' Bericht über die F-14 auf den südlichen Stützpunkten und beschloß, die Zeit bis zu seinem Eintreffen zu nutzen, um General Haigs Depesche von gestern zu beantworten. Die Stellungnahme sollte viel später – am 3. Juni 1980 – internationales Aufsehen erregen. An jenem Tag veranstaltete Chomeinis Regierung Prozesse über die «US-Intervention im Iran», und Ramsey Clark reiste heimlich hin, um sie zu beobachten. Die Iraner behaupteten, sie hätten die Unterlagen aus einem Computer, und benutzten sie als Beleg für die amerikanischen «Verbrechen». Ramsey Clarks Kommentar wurde in zwei Versionen – «sehr schmerzlich» und «sehr beunruhigend» – verbreitet, und die Iraner schlachteten ihn weidlich aus. (Inzwischen wissen wir, daß sie viele als vertraulich gekennzeichneten Depeschen rekonstruierten, indem sie Papierfetzen aus dem Reißwolf zusammensetzten.) Soweit ich mich erinnern kann, entsprach die in den Medien zitierte Stellungnahme Wort für Wort dem Original.

Hier der Text meiner Antwort an General Haig mit meinen persönlichen Anmerkungen in eckigen Klammern. A und B bezeichnen die beiden Hypothesen, die Haig in seiner Depesche aufgestellt hatte, nämlich (a) gemeinsames Vorgehen durch Bachtiar und das Militär und (b) Militärputsch.

Gen. Huyser an Gen. Haig – persönlich und vertraulich

1. Ihre Antwort 20. Jan. 79 22.51 [Tag und Uhrzeit der Depesche] erhalten. Wie ich jetzt sehe und nach Gespräch mit Washington gestern abend weiß, wurde Ihre Nachr. [Nachricht] an Vert. min. [Verteidigungsminister] weitergeleitet.
2. Bezügl. Abs. 2 Ihrer Nachr. möchte ich der Klarheit halber zu a und b bemerken: Von hier aus gesehen tun wir das, was Sie in 2a sagen. [Das bezog sich auf die laufenden Pläne, die unter Bachtiars Führung in Kraft gesetzt werden sollten.] Es wird schrittweise in angemessenem Tempo in die Wege geleitet, ohne die gegen die Reg. Bachtiar arbeitenden Flügel vollends in Aufruhr zu versetzen. Ich möchte das Tempo beschleunigen und habe sie dazu ermutigt. Es bedurfte erheblichen Drucks, um sie mit der inzwischen eingeschlagenen Geschwindigkeit arbeiten zu lassen, aber ich glaube, sie werden in naher Zukunft zulegen, wenn sie zusammenhalten. Die Aktionen, auf die ich dringe, sind Militäreinsatz bei Zoll, Öl und Banken. Wir haben auf allen drei Gebieten einen gewissen Fortschritt gemacht, aber noch liegt ein langer Weg vor uns. Nun zu Ihrem 2b [Militärputsch]. Diese Option wird nicht ausgeschlossen. Ich möchte etwas zu dem «nun» in Ihrem Statement bemerken. Mein Ansatz zum Problem ist im wesentlichen 2b, aber unter Bachtiars Leitung. [Übernahme aller wesentlichen Einrichtungen – Öl, Zoll, Elektrizität, Wasser, Banken und Medien – durch das Militär, jedoch unter Bachtiars Führung. Mit anderen Worten: eine Regierung stärken, statt sie zu ruinieren.] Ich habe ihn ermutigt, diese Schritte zu tun. [Ich tat es über das Militär.] Er zeigte Bereitschaft, und eben dieses Tempo möchte ich beschleunigen. Wenn das scheitert, empfehle ich ihnen Machtübernahme des Militärs [Haigs 2b]. Wie Sie sehen, ist die Planung für beide Optionen die gleiche. Wir arbeiten rund um die Uhr mit höchster Priorität an diesen beiden Plänen.

3. Bezügl. Ihres Abs. 3. Ich würde nicht sagen, daß Fall b nicht länger machbar ist. Alles geschieht stufenweise, und sie sind meines Erachtens durchaus fähig, die Sache zu erledigen. Wir beziehen diese Option übrigens in unsere Planung ein, falls sie notwendig werden sollte. Ich möchte Washington besonders darauf hinweisen, daß das Militär nicht imstande ist, nach der anfänglichen Machtübernahme einen komplizierten Regierungsapparat zu leiten. Einfach nicht genug gute Leute, weil sie ihre Militärs immer auf eine strikt militärische Rolle beschränkt haben. Das schließt Erfolg nicht aus, denn ich kenne nur wenige Länder, wo die Regierungsfunktionen nach einer solchen Aktion nicht eine Zeitlang total stillagen. Anschließend kamen sie aber wieder in Gang.
4. Chomeinis derzeitige Rückkehr inopportun, weil wir nicht genügend Stabilität entwickeln [die Pläne nicht hinreichend durchführen] können, um mit emotionalen Aktionen und Reaktionen fertig zu werden. Ich denke, es würde einen großen Aufruhr geben und alles den Bach runtergehen. Das Ergebnis wäre wahrscheinlich Ihr 2b, aber ohne Bachtiar am Drücker. [Das geschah nicht.] Ich glaube auch, daß es verschiedene Elemente außerhalb der Reg. gibt, die einen totalen Bürgerkrieg wollen. Ein gutes Mittel dazu wäre, Chomeini zurückkehren zu lassen und dann zu ermorden. Emotionen würden alles wegfegen, und das Resultat wäre meines Erachtens ein Bürgerkrieg.
5. Hoffe, dies wird etwas zum Bild der hiesigen Zustände beitragen. Wenn Chomeini diese Woche nicht zurückkommt und die Aktivitäten Sonnabend nicht außer Kontrolle geraten, werde ich bitten, Sonntag abgelöst zu werden.

Alles Gute, Dutch

Ich ließ die Depesche tippen, unterzeichnete sie und bat die Chiffrierungsleute, sie nach Mons in Belgien durchzugeben.

Brigadier General Kertesz kam zurück und berichtete, alle F-14 auf dem Stützpunkt Khatami seien sicher. Er sagte, die Homofars hätten sich ein bißchen aufgespielt, aber sie seien weit geschulter und seriöser als die meisten anderen Leute vom Militär. Sie hätten in letzter Zeit nicht sehr viel zu tun gehabt, weil nicht genug

Treibstoff da war, um die Maschinen zu fliegen, das alte Problem des Auf-dumme-Gedanken-Kommens. Er erklärte, Disziplin und Moral der meisten Soldaten auf den Luftstützpunkten seien gut. Er hatte das Gefühl, sie seien absolut in der Lage, ihre Aufgaben zu erfüllen.

Ich ging zu General Gharabaghis Büro, da ich das Problem mit ihm und General Rabii diskutieren wollte. Rabii zufolge hatten die Schwierigkeiten mit den Presseberichten über unsere Pläne begonnen, die F-14 und anderes kostbares Gerät zu schützen. Die Homofars dachten, wir könnten versuchen, die Ausrüstung außer Landes zu schaffen. Sie gehöre aber ihnen, da ihr Land sie gekauft und bezahlt hatte, und sie fühlten sich voll und ganz imstande, selbst für ihren Schutz zu sorgen. Natürlich war sie wichtig für die Verteidigung ihres Landes, und sie ließen nicht zu, daß sie fortgeschafft wurde. Gharabaghi und Rabii empfahlen beide, ihnen den Schutz der militärischen Ausrüstung anzuvertrauen.

Ich fuhr zur Botschaft zurück. Ein strapaziöses Unternehmen, weil wieder demonstriert wurde, nun auch für die Regierung. An einem Sportplatz in der Nähe der Botschaft hatte sich eine regierungsfreundliche Gruppe versammelt, groß genug, den Verkehr zu behindern. Aber sie prallte noch mit anderen Gruppen zusammen, und es war schwer zu sagen, wer zu welcher Gruppe gehörte. Ihre Poster waren so ziemlich das einzige Unterscheidungsmerkmal. Einige Leute musterten uns sehr eingehend, und wir hatten das Gefühl, praktisch jeden Augenblick aus dem Wagen gezerrt zu werden. Ich war froh, daß ich inzwischen eine kugelsichere Weste trug.

Vor dem Botschaftstor stand eine Extra-Wagenladung iranischer Sicherheitsleute. Wir stoppten, um uns auszuweisen, was nun jeden Tag ein bißchen länger dauerte. Während wir warteten, sah ich durchs Seitenfenster, daß einer der Soldaten sein Gewehr genau auf meinen Kopf gerichtet hielt. Die Mündung kam mir mindestens fünf Zentimeter groß vor, und er hatte den Finger um den Abzug gekrümmt. In Wirklichkeit dürfte es Kaliber 30 gewesen sein, aber es wirkte ziemlich furchterregend.

An jenem Abend fragte Minister Brown mich während unserer reichlich gestörten Telefonate nach den Unannehmlichkeiten auf dem Stützpunkt Khatami und den Leuten von Grumman. Die

Angelegenheit hatte sich schnell bis Washington herumgesprochen, zweifellos weil Grumman Aircraft am Nachmittag beschlossen hatte, seine Leute nach Haus zu holen. Ich berichtete ausführlich, was wir von Brigadier General Kertesz erfahren hatten, und sagte, es sei vielleicht ratsam, das Risiko mit dem Gerät einfach einzugehen. Der Vorfall werfe im Grunde ein gutes Licht auf die Homofars und zeige, daß sie ihrem Land wirklich ergeben seien. Wenn sie bereit seien, ihre Flugzeuge schon vor den Amerikanern zu retten, würden sie sie, wie ich zuversichtlich hoffte, vor unfreundlichen Zeitgenossen noch wirksamer schützen.

Ich berichtete, daß wir mit unseren Vorbereitungen für Chomeinis Rückkehr kaum weitergekommen seien. Die Diskussionen der Gruppe drehten sich weitgehend darum, ihn an der Landung in Teheran zu hindern, indem sie die Piste blockierten usw. Der Minister fragte abermals nach der Loyalität und Stabilität der Truppen. Meine Freunde in Washington hatten offenbar Zeitung gelesen und fingen an, daran zu glauben. Ich antwortete, wir hätten unsere Schlagkraft nicht eingebüßt und viele Leute unterstützten Bachtiar. Außerdem gab ich General Kertesz' Beobachtungen über die Moral der Truppe weiter. Auf keinen Fall brauchten wir alle 400000 Mann, um die Sache ins reine zu bringen. Mit rund 20000 Mann der Elitetruppen wäre alles zu schaffen. Ich fragte mich manchmal, ob den Leuten in Washington überhaupt klar war, was man mit 20000 Soldaten alles anstellen kann. So viele zählte allein die Kaiserliche Garde, und ich wußte, daß sie absolute Spitze waren. Die Russen brauchten viel weniger in Äthiopien.

Ob ich glaube, daß jemand vom Militär den Schah heimlich auf dem laufenden halte? Ich sagte, ich hätte zwar lang und breit mit ihnen darüber gesprochen, sei aber nicht sicher. Meiner Ansicht nach laufe der Kontakt über Rabii, vielleicht aber nicht direkt. Die Gruppe habe mir erklärt, der Schah mache sich Sorgen, daß er in den USA *persona non grata* sein könne. Nach meiner Meinung absoluter Quatsch. Die USA hatten ihn eingeladen, und er wäre willkommen.

Was meines Erachtens passieren würde, falls der Schah in den Iran zurückkehre? Ich sagte, die einzige Aussicht auf Stabilität bestehe, wenn Chomeini und auch der Schah fortblieben. Bachtiar sei hart im Nehmen und könne einiges wegstecken. Meine einzige

Sorge sei, daß er sich nicht des Militärs bediene, um die Streiks zu brechen und das Land unter Kontrolle zu bringen. Ich beklagte, daß Statements aus den Staaten immer noch eine negative Wirkung hätten. Die Iraner neigten dazu, ihnen zu glauben, als seien es Koransuren.

Auf dem Rückweg zur Residenz erschien plötzlich wie aus dem Nichts ein iranischer Sicherheitsmann in Zivil und fragte mich in gebrochenem Englisch, ob ich mich auf die Heimreise vorbereite. Er war bewaffnet, und ich wußte wirklich nicht, ob er Freund oder Feind war. Ich sagte nur barsch nein und gute Nacht. Das war alles, aber die Stufen zur Tür der Residenz schienen kein Ende zu nehmen und sorgten einige weitere Momente für Spannung.

Mittwoch, 24. Januar 1979

Unter den morgendlichen Neuigkeiten befand sich ein sowjetischer Bericht, nach dem die Ereignisse im Iran die Nahost-Beamten in Washington an den Rand einer Nervenkrise gebracht hätten. Die antiamerikanische Stimmung im Iran habe einen solchen Grad erreicht, daß Washington nicht damit rechne, seine Geheimdiensteinrichtungen noch lange halten zu können. Wir suchten verzweifelt einen nahegelegenen Standort, um die komplizierten Geräte neu aufzustellen. Weiter hieß es:

> «Während der amerikanische General Robert Huyser die Angelegenheit im Iran selbst ‹erledigt›, lädt das US-Außenministerium den Ersten Stellvertretenden Ministerpräsidenten von Saudi-Arabien, Kronprinz Fahd, der örtlichen Presse zufolge zu ‹äußerst wichtigen Gesprächen› nach Washington ein. Wie aus amerikanischen Pressekreisen verlautet, wird die elektronische Spionageausrüstung jedoch zur Installation auf türkischem Gebiet vorbereitet.»

Der Bericht besagte, türkische Regierungsvertreter hätten sich gegen jede weitere Militärbasen auf ihrem Gebiet gewandt, aber wir würden die Sachen möglicherweise auf einem unserer dortigen Stützpunkte installieren. Der Artikel verurteilte Washingtons ausgeklügeltes System von Spionageeinrichtungen, Kriegsschiffen im Persischen Golf und Militärflugzeugen in Saudi-Arabien und warnte vor der ernsthaften Bedrohung der Völker jener Region und der Sache der nationalen Befreiung.

Ich wünschte manchmal, ich besäße wirklich die Befugnisse, die die Sowjets mir in ihren Medien zuschrieben. Sie waren bestimmt davon überzeugt, daß ich diese Befehlsgewalt hatte; denn wenn sie selbst in ein Land einmarschieren, um ihre Interessen zu schützen, fackeln sie nicht lange. Rückblickend dürften allerdings viele Amerikaner der Meinung sein, wir hätten im Iran kräftiger durchgreifen müssen.

Kurz nach sieben Uhr fuhr ich von der Botschaft zum Generalstabskomplex. Der Verkehr war bereits beängstigend. Er wurde übrigens jeden Tag dichter und chaotischer. Der Teheraner Verkehr war zwar noch nie sonderlich diszipliniert gewesen, aber jetzt war die Polizei nahezu hilflos, und Passanten sprangen zu ihrer Hilfe ein. Unsere Sicherheitsleute bezeichneten den morgendlichen Trip in ihrem Fahrtenbuch als «absolute Schwitztour». Das hohe Eisentor des Generalstabsquartiers an ihrem Ende war ein willkommener Anblick.

Die Schlagzeilen des *Tehran Journal* und des *Kajhan* auf meinem Schreibtisch waren beunruhigend. Im *Journal* lautete sie: «Bazargan kündigt für nächste Woche Chomeini-Rat an»; im *Kajhan*: «Bazargan: Bachtiar hat keine Wahl.»

Mehdi Bazargan, der Anführer der iranischen Befreiungsbewegung, Chomeinis oberster Vertreter und der Mann, in dem viele seinen Ministerpräsidenten sahen, hatte eine große Pressekonferenz abgehalten. Er sagte, obwohl er Chomeini weiterhin unterstütze, würde er, Bazargan, es vorziehen, wenn der Ayatollah bis zur Bildung einer provisorischen Revolutionsregierung – womöglich sogar unter Bachtiar – mit der Rückkehr warte. Bazargan erklärte, er kenne Bachtiar seit vierunddreißig Jahren als vernünftigen, klugen und patriotischen Mann.

Aber, fuhr er fort, es solle nicht sein. Chomeini werde Freitag zurückkommen, und sein persönlicher Entschluß sei unwiderruflich. Bazargan sorgte sich um die wackelige Regierung Bachtiar. Sie könnte an ihrer eigenen inneren Schwäche scheitern, und wenn das geschähe, würde die Armee keine Aktionen gegen die Verfassung dulden. Das könnte zu einem Blutbad führen. Er bezog sich auf General Gharabaghis Rundfunkansprache an die Truppen – so etwas sei «noch nie dagewesen» –, in der das Militär aufgefordert worden war, die religiösen Führer zu ignorieren und sich geschlossen hinter Bachtiar, das Oberhaupt der «legalen und verfassungsmäßigen Regierung», zu stellen.

Er argumentierte, Bachtiar könne sich einzig und allein auf die Streitkräfte stützen. Aber sie könnten ihn nicht retten, weil die Streiks weitergehen und die Regierungsangestellten nicht tätig sein würden. Bachtiar müsse also zurücktreten. Das sei das beste Mittel, die Streitkräfte am Eingreifen zu hindern. Andernfalls erscheine ein Blutvergießen unvermeidlich; denn die Anhänger des Ayatollah seien entschlossen, Chomeini einen stürmischen Empfang zu bereiten. Chomeini werde Freitag oder kurz darauf seinen Revolutionären Islamischen Rat ernennen. Bazargan behauptete, Bachtiar müsse danach ohnehin zurücktreten, weil seine Regierung dann illegal wäre.

Bachtiars offizieller Standpunkt war dem natürlich diametral entgegengesetzt. Er ging davon aus, daß Chomeini als religiöser Führer zurückkehre. Wenn Chomeini einen Rat ernenne, könne man diesen ignorieren; es sei denn, er unternähme konkrete Schritte, ihn in Regierungsgebäuden unterzubringen. Das würde einem versuchten Staatsstreich gleichkommen und schnelle und unmittelbare Maßnahmen provozieren. Bazargan und Bachtiar befanden sich eindeutig auf Kollisionskurs.

Auf der ersten Seite des *Tehran Journal* war ein großes Foto von marschierenden Elitetruppen zu sehen. Sie trugen Kampfuniformen und Waffen. Unter der Überschrift «Königliche Unsterbliche halten noch Wacht» hieß es:

«Wenn Ayatollah Chomeini meint, er brauche nur in den Iran hereinzuspazieren und die Zügel der Macht zu übernehmen, als schlüpfe er in seine schwarze Kutte, hat er nicht mit der Unsterblichen Brigade der Kaiserlichen Garde gerechnet. Das war zumindest der Eindruck, den sie ausländischen Pressevertretern gestern morgen auf dem schneeumwehten Militärgelände Lavizan mit allem Nachdruck zu vermitteln versuchte.

Ihr Wahlspruch, der ihnen in Monaten und Jahren härtester Ausbildung eingeimpft wurde, lautet ‹*Javid Schah*› gleich ‹Lang lebe der Schah›. Er ertönte gestern immer wieder rings um die Kaserne, als 1500 Mann der iranischen Elitetruppen vor den Augen der Auslandspresse exerzierten. Von Männern, die dafür ausgebildet wurden, ohne Zögern ihr Leben für den Schah zu lassen, kann man nichts anderes erwarten. Für sie hat der Schah nur eine Urlaubsreise angetreten, und wer anders darüber denkt, macht sich besser auf etwas gefaßt.»

Diese Demonstration militärischer Schlagkraft gehörte zu unserem Plan, die Stärke und Entschlossenheit der Truppe vor Augen zu führen. Wir planten noch andere Zurschaustellungen, größer und sichtbarer. Das Militär sollte in den nächsten Tagen in Teheran zu Lande und in der Luft demonstrieren, welche Macht die Regierung Bachtiar stütze. Die Bevölkerung mußte begreifen, daß die Streitkräfte in der Lage waren, die Opposition niederzuschlagen und die Streiks zu brechen. Ich betete zu Gott, daß Ministerpräsident Bachtiar den Wert dieser Unterstützung einsehen möge. Wenn unser Botschafter oder irgendein anderer amerikanischer Regierungsvertreter ihn nur darauf stoßen würde.

Der *Kajhan* brachte auf der ersten Seite noch ein Bild Ramsey Clarks und zitierte ihn mit den Worten: «Chomeini wird von neunundneunzig Prozent unterstützt.» Er behauptete, bei seinem achttägigen Besuch im Iran habe das «jedermann sehen können». Die Meldung war herausgegangen, nachdem Clark anderthalb Stunden in Chomeinis Haus in Neauphle-le-Château verbracht hatte. Chomeini habe ihm mitgeteilt, daß im Iran unmittelbar Gefahr bevorstehe.

Clark griff den CIA an. Er hoffte, dieser und die amerikanischen Berater würden nicht versuchen, den Ausgang der nationalen Revolution zu beeinflussen. Washington verstoße gegen seine eigenen Prinzipien von Freiheit und Selbstbestimmung, da es Bachtiar unterstütze. Er sei vom Schah ernannt worden und besäße keine Anhängerschaft oder politische Basis. Clark sagte, wenn die Chomeini-Bewegung den Sieg davontrage, sei er voller Hoffnung, daß sich die soziale Gerechtigkeit durchsetze. (Was er wohl heute darüber denkt?)

Es überraschte mich nicht, daß dieser Artikel in Gharabaghis Büro für alle sichtbar auf dem Tisch ausgebreitet lag. Ich hatte jedoch nicht damit gerechnet, wie stolz die Gruppe auf das Bild der Soldaten sein würde. Ihre Begeisterung war beinahe rührend, denn sonst hatten sie sich immer als erstes auf die schlechten Neuigkeiten gestürzt. Ich hatte selbst dann noch ein gutes Gefühl, als Gharabaghi die Chomeini-Schlagzeilen zunächst ignorierte und über Ramsey Clarks Bemerkungen sprach. Er sagte, Clark und Senator Church seien äußerst destruktiv. Clark besäße hier die Autorität eines Regierungsvertreters, weil er schließlich früher einer gewesen sei, und im Iran behalte man auch dann noch dieses Prestige, wenn man sein Amt längst niedergelegt habe.

Die Gruppe sorgte sich auch darum, wie diese Erklärungen auf die iranischen Studenten in Amerika und nicht zuletzt auf ihre eigenen Angehörigen dort wirken würden. Bekanntlich hatten Offiziere aller Ränge ihre Frauen und Kinder aus Sicherheitsgründen in die USA geschickt. In den letzten Tagen konnten sie nicht mehr mit ihnen telefonieren, so daß die Medien deren einzige Informationsquelle waren. Das Telefonsystem funktionierte zwar noch, aber Auslandsgespräche wurden willkürlich gestört und unterbrochen. Wenn man nicht gerade mit Paris sprach, war die Leitung meist nach wenigen Sekunden tot. Außerdem war klar, daß die Gespräche abgehört wurden.

Wir wußten nicht, mit welchen Mitteln die Opposition die Telefonate überwachte, aber sie schien alles kontrollieren zu können, was sie wollte. Was den Schaden betraf, den Clark und Church anrichteten, stimmte ich vollkommen mit General Gharabaghi überein, und ich versprach ihm, Minister Brown darauf aufmerksam zu machen. Gharabaghi sagte, er wäre dankbar, wenn wir einflußreiche amerikanische Persönlichkeiten veranlassen könnten, positive Presseerklärungen abzugeben, die diese negativen Stimmen zurückwiesen.

Ich sagte zur Gruppe, daß wir uns nun der bevorstehenden Demonstration zuwenden sollten. Die Berichterstattung über die Truppen und die regierungsfreundlichen Demonstrationen hätten mich sehr gefreut. Ich hoffe, daß die heutigen Kundgebungen noch größer sein würden. Auch müßten wir uns ernsthaft um die für morgen vorgesehene Veranstaltung kümmern, um sicherzugehen, daß sie der anderen Seite einen gehörigen Schreck einjage. Wir mußten sichergehen, daß die Demonstranten keine Bilder vom Schah trugen. Einer oder zwei hatten gestern welche dabei gehabt, auf Anstiften der Opposition, wie wir glaubten; denn wir hatten unmißverständlich das Gegenteil veranlaßt.

Wir entschieden, keine ganztägige Kundgebung zu veranstalten, sondern von 10.30 Uhr bis Mittag demonstrieren zu lassen, zumal wir keine Ahnung hatten, wieviel Leute wir überhaupt zusammenbringen würden. Am Nachmittag konnte dann das Militär seine Schlagkraft zur Schau stellen. Die Truppen sollten der Bevölkerung zeigen, daß sie ordnungsgemäß uniformiert waren, die Disziplin nichts zu wünschen übrigließ und sie die Regierung uneingeschränkt unterstützten. Es wäre eine Wiederholung der gestrigen Parade in Lavizan und ein Gegengewicht zur meisterhaften PR-Kampagne der Opposition, die laufend deutlich machte, wer in Wahrheit die Wirtschaft kontrollierte. Die Opposition sagte, sie habe sie im Interesse des Volkes in der Hand und könne sie jederzeit abwürgen. Was absolut stimmte. Diese Tatsache konnte man nur ändern, wenn man das Militär auf die Wirtschaft ansetzte.

Ich fragte, ob es in Khatami oder Schiras etwas Neues gebe. General Rabii meinte, alles sei unter Kontrolle. Doch um sicherzugehen, habe er zwei C-130 mit Sondereinheiten nach Khatami geschickt. Er wolle den dortigen Truppen vor Augen führen, daß es ihm ernst sei. Er sagte, wir brauchten keine Angst um die F-14 und die Phoenix-Raketen zu haben.

Als ich auf den Zoll zu sprechen kam, traf ich auf wenig Gegenliebe. Sie waren nicht an weiteren Schritten interessiert. Der Treibstofftanker ankerte noch außerhalb der Zwölfmeilenzone, da wir es nicht geschafft hatten, ihn in den Hafen zu bringen. Außerdem konnten wir nicht garantieren, ihn zu entladen. Womöglich würden wir doch Gewalt anwenden müssen.

Wir diskutierten darüber, welche Techniker wir benötigten, um die Ölförderung anzukurbeln. Zwar gab es bei den iranischen Seestreitkräften einige Männer mit entsprechenden Voraussetzungen. Aber letztlich brauchten wir doch wohl ausländische Hilfe. Die wichtigsten Teile der Anlagen waren von Ausländern bedient worden, weil die Zahl der komplizierten Geräte weit schneller gewachsen war, als Spezialisten im Land ausgebildet werden konnten. Doch immer mehr Ausländer reisten ab. Heute hatten die Japaner die Evakuierung aller ihrer 4000 Landsleute angeordnet.

Wir lasen, daß Ministerpräsident Bachtiar heute zwei Gesetze verabschieden lassen wollte. Das erste sah die Auflösung des Savak vor, das andere die Bildung von Sondergerichten zur Aburteilung von Geschäftsleuten und früheren Politikern, denen Korruption und Machtmißbrauch vorgeworfen wurden. In Wirklichkeit buhlte Bachtiar damit um die öffentliche Meinung. Der Savak wurde mit dem Schah gleichgesetzt. Jedes Regime benötigte zwar eine ähnliche Organisation, aber sie brauchte nun selbstverständlich einen anderen Namen.

General Badraie teilte mit, daß die iranischen Friedenstruppen von den Golan-Höhen zurückgekehrt waren. Sie seien zwar nicht mit den Dingen vertraut, die in der Zwischenzeit im Iran passierten, aber ausgezeichnete Soldaten, gut ausgebildet und sehr diszipliniert, ein wichtiger Aktivposten für unser Programm.

Die Ölförderung konnte trotz des Anstiegs immer noch nicht den Eigenbedarf des Landes decken.

Ich hielt die Gruppe inzwischen für fähig, Chomeinis Rückkehr halbwegs sachlich zu erörtern. Ich erwähnte die Pressemeldungen, nach denen die Opposition versuche, das Ereignis live im Fernsehen zu übertragen. Sie hatte ein Empfangskomitee ernannt und ihre Strategie umrissen. Die Marschierenden sollten sich ruhig verhalten – vermutlich eine Reaktion auf ihre Gespräche mit General Moghaddam –, die Begrüßungszeremonie so schlicht wie möglich sein, also ohne pompöse Rituale wie die Errichtung von Triumphbögen, und alle Aktivitäten zum Empfang des Ayatollah dem Komitee zur Genehmigung unterbreitet werden.

Die Gruppe hatte bereits erfahren, wo Chomeini seine politische Ansprache halten werde: auf dem Friedhof Behest-e-Zahra. Ich sagte, ich sähe keinen Grund, warum wir die Opposition nicht fragen sollten, auf welchem Weg er dorthin fahre. Dann könnten wir beraten, ob die Regierung Vorkehrungen zu seinem Schutz treffen müsse und wo er seinen Leuten übergeben werden solle. Ich hatte erfahren, daß er nicht mit Iran Air fliegen konnte und mit der Air France käme. So konnte er uns sicherlich nicht überraschen, da der Anflug einer Air France-Maschine ohne weiteres festzustellen war.

General Rabii und der Ministerpräsident hatten die Möglichkeit erwogen, den Flughafen Mehrabad zu schließen und die Landebahn mit Panzern zu blockieren. Die Gruppe hatte auch diskutiert, was passieren würde, wenn sie die Maschine umleiteten. Dies würde zwar die Wellen der Empörung bei der Opposition hochgehen lassen, aber viel mehr wohl nicht.

Eine Alternative war, ihn unter der Voraussetzung in Teheran landen zu lassen, daß er als religiöser Führer käme; aber keiner von uns nahm dieses Szenarium ernst. Wir hielten es für viel wahrscheinlicher, daß er unverzüglich versuchen würde, eine eigene Regierung zu bilden. Da Bachtiar dies bereits als Verfassungsbruch bezeichnet hatte, konnte es sehr ungemütlich und etwas blutig werden. General Gharabaghi erklärte sich zu meiner Überraschung bereit, in diesem Fall hart durchzugreifen. Notfalls würde er 1500 bis 3000 Menschen festnehmen lassen, um Ordnung zu wahren, was durchaus Bachtiars Wünschen entspräche. Ich merkte immer mehr, daß Bachtiar wie Tee war – je heißer das Wasser, desto stärker der Tee. Es war ermutigend, daß zumindest das Militär ihm ausnahmslos folgen wollte.

Allerdings würden sich unsere Chancen noch verbessern und wir kostbare Zeit zum Handeln gewinnen, wenn es gelänge, Chomeinis Ankunft um wenigstens einen Tag hinauszuzögern. Unserer Ansicht nach bestand die beste Lösung darin, einfach bekanntzugeben, daß der Flughafen geschlossen sei, statt die Pisten tatsächlich zu blockieren. Für den Eventualfall konnten wir immer noch das entsprechende Gerät in der Nähe postieren. So könnte weiterhin Nachschub landen und die Evakuierung unserer Leute fortgesetzt werden. Wir waren nämlich dabei, alle Amerikaner zum Verlassen des Landes zu drängen.

Bei der abschließenden Erwähnung der morgigen regierungsfreundlichen Demonstrationen wiesen wir mit Genugtuung auf die Berichterstattung über die Kundgebung auf dem Sportplatz hin, die allerdings nur ein Probelauf gewesen war. Mit der zivilen Demonstration morgens und der militärischen Zurschaustellung nachmittags bekämen wir eine noch bessere Presse.

Wieder im Büro, bereitete ich eine förmliche Antwort auf Minister Browns Depesche über «General Djams Plan» zur Verlegung der Truppen nach Süden vor. Ich sagte, falls sie dabei wären, den Plan aufzupolieren, hielten sie es jedenfalls vor mir geheim. Es stehe nur fest, daß das Gerät nach Süden gebracht werde, General

Rabii habe es selber gesagt. Ich beschloß, in derselben Depesche auch auf General Gharabaghis Bitte hinzuweisen, prominente amerikanische Bürger sollten Leuten wie Ramsey Clark und Senator Church antworten. Ich ließ die Nachricht chiffrieren und fuhr zur Botschaft.

Später kam ich zur gewohnten Zeit nach Washington durch. Die erste Bemerkung des Ministers verwirrte mich. Brown sagte, wir sollten Bachtiar und das Militär wissen lassen, daß wir hinter ihnen stünden, und ich solle unbedingt dafür sorgen, daß das Militär den Ministerpräsidenten unterstütze! Was dachte er wohl, was ich die letzten drei Wochen getan hatte? Er setzte all dem noch die Krone auf, indem er betonte, wie wichtig es sei, Chomeini nicht ins Land zu lassen. Er fügte hinzu, bei einer Konfrontation müßten Bachtiar und das Militär entscheiden, was zu tun sei, und wir würden ihnen in jedem Fall Hilfe leisten. Ich sollte nicht versuchen, ihnen einen Militärputsch auszureden.

Meine Verblüffung wuchs. Es klang, als rekapituliere er lediglich, was ich ihm seit meiner Ankunft hier mitgeteilt hatte. Sein dringender Wunsch, Chomeini nicht ins Land zu lassen, war allerdings Musik in meinen Ohren, und ich fragte mich, ob man in Washington endlich an diesbezüglichen Plänen arbeitete. Die durch das Warten auf Chomeini entstehende Spannung war alles andere als produktiv. Es war gar nicht so leicht, das Militär fortwährend psychologisch in Stimmung zu halten, damit es im entscheidenden Moment zuschlug, aber den Ministerpräsidenten weiterhin unterstützte, wenn die Lage einigermaßen normal blieb.

Der Minister fragte wieder nach dem kostbaren Gerät, und ich berichtete von den Sondereinheiten auf dem Stützpunkt Khatami. Jeder weitere Druck könne nur schaden, weil die Homofars ziemlich besitzergreifend seien.

General Jones wollte wissen, ob es nützlich wäre, wenn man den Schah veranlaßte, die Gruppe zur Unterstützung der Regierung Bachtiar aufzufordern. Ich antwortete ihm, das wäre ein schlimmer Fehler, da ich mich bemühte, den Schah endlich aus ihren Gedanken zu verbannen. Die Gruppe stehe ohnehin fest hinter dem Ministerpräsidenten.

Da Minister Brown meine Depesche schon bekommen hatte, fragte ich ihn, was er von General Gharabaghis Bitte um öffentliche Unterstützung halte. Er sagte, er wolle sich die Sache überlegen; wie ich das jedoch mit meiner Ansicht vereinbaren könne, daß wir Bachtiar auf keinen Fall als Marionette der Vereinigten Staaten erscheinen lassen dürften? Eine gute Frage. Was ich aber im Auge hatte, waren natürlich objektive Würdigungen der Erfolge Bachtiars durch angesehene Amerikaner. Er hatte ein Recht auf diese Anerkennung. Doch er bekam sie nicht.

Zuletzt dankte ich dem Minister für den Treibstofftanker und bedauerte, daß momentan keine Aussicht bestand, ihn zu entladen. Ich erklärte, selbst wenn wir ihn leerpumpen könnten, würden wir damit so lange warten, bis wir sicher seien, auch den weiteren Weg des Öls kontrollieren zu können. Er verstand und stimmte zu, daß es die Kosten wert sei, den Tanker weiter vor der Küste ankern zu lassen.

Als ich später die Abendmeldungen durchging, las ich, daß das Empfangskomitee für Chomeini die Postangestellten überredet hatte, ihren Streik zu beenden. Sie wollten nunmehr die aufgelaufenen Sendungen abfertigen, die den Postberg vom Streik im November letzten Jahres noch vergrößerten. Die Evakuierung der Ausländer ging zügig voran. Nur wenige waren noch im Land. Die Briten hatten rund hundert US-Bürger, achtzig Briten sowie einige Holländer, Australier und Neuseeländer ausgeflogen.

Ehe ich zu Bett ging, warf ich noch einen Blick in die Zeitungen. Als ich die Klatschkolumne «Stadtgeflüster» auf der letzten Seite des *Kajhan* überflog, schmunzelte ich unwillkürlich: «‹Stadtgeflüster› war einmal eine Gesellschaftsspalte – in den seligen Tagen, da wir uns alles leisten konnten, Kaviar, Cocktails, einen 70000 Dollar-Mercedes und die Milliarde, die wir einfach in den Persischen Golf warfen, weil wir sie zuviel hatten. Das meiste davon ist entschwunden, auch die schönen Damen aus unserer Kolumne, die nun wohl irgendwo im sonnigen Kalifornien weilen. Sitten und Gebräuche haben sich geändert, und das gilt auch für ‹Stadtgeflüster›.»

Im Lokalteil stand ein anschaulicher Bericht über den Teheraner Verkehr: «Die Situation ist paradox. Es gibt nicht genug Benzin. Angeblich streiken alle Leute. Aber die Straßen werden von Autos verstopft. Der schlimmste Stau war Montag, als die Höchstgeschwindigkeit im Stadtzentrum bei anderthalb Stundenkilometern lag. Die Verkehrsampeln waren entweder auf Grund von Stromausfällen abgeschaltet oder beschädigt, oder sie wurden, wie inzwischen üblich, einfach ignoriert.»

Kajhan erklärte, in der Wirtschaft gehe es genauso chaotisch zu wie auf den Straßen. Die großen Basare seien verlassen und sämtlich geschlossen. Die Banken öffneten zwar täglich, aber fast nur für Inlandsgeschäfte. Abgesehen von den Blumen- und Trockenfrüchteläden seien alle Geschäfte versperrt und verriegelt. Die Blumengeschäfte hätten geöffnet, um Kränze für die Opfer zu verkaufen, die in Behest-e-Zahra – heute dem berühmtesten Friedhof der Welt – beigesetzt werden. Trockenfrüchte und Nüsse seien ohnehin immer gefragt, besonders Melonenkerne, angeblich das beste Mittel gegen angegriffene Nerven – Irans neue Epidemie. Ich dachte an die vielen Opfer dieses schrecklichen Nervenkriegs.

Donnerstag, 25. Januar 1979

Ich stand wieder sehr früh auf. Ich war begierig, etwas über die gestrige Sitzung des Nationalen Sicherheitsrats zu erfahren und zu hören, wie die Probe für die heute angesetzte Kundgebung geklappt hatte. Als General Gast und ich das Büro erreichten, war die Gruppe bereits versammelt und wartete auf uns. Es war extrem früh für sie. Wir wurden herzlich, ja begeistert empfangen. General Gharabaghi war in Hochform und konnte kaum erwarten, über die gestrige Stizung zu berichten. Er sagte, Bachtiar sei sehr entschlossen gewesen. Er habe nach unseren Plänen gefragt, und er, Gharabaghi, habe geantwortet, sie seien praktisch so weit, daß sie ausgeführt werden könnten.

Zu Chomeinis Rückkehr hatten sie vor allem zweierlei beschlossen. Erstens wollten sie Alarmstufe eins ausrufen, so daß sämtliche Truppen bereitstünden. Zum anderen wollten sie das Kriegsrecht mit mehr Nachdruck anwenden. Die Regierung hatte es zwar längst ausgerufen, aber bisher recht lax gehandhabt. Damit sollte nun Schluß sein. Der Flughafen Mehrabad sollte zur

Sperrzone erklärt werden und nur noch vom Personal und von den Leuten betreten werden dürfen, die für Chomeinis Schutz abgestellt waren. Menschenansammlungen würde es dort nicht geben. Alle Flugplätze im Iran sollten drei Tage lang für den Zivilverkehr geschlossen werden.

Sie waren übereingekommen, Chomeini zu der Insel Kisch umzuleiten, falls er mit der Air France käme. Man würde ihm erklären, daß es zu seinem eigenen Schutz sei. Ihnen war klar, daß sie einen Bürgerkrieg am Hals hätten, wenn ihm etwas zustieße. Deshalb wollten sie ihn dort auf unbestimmte Zeit in Schutzhaft nehmen, zumindest aber so lange, bis sie in etwa Klarheit hätten, wie die Dinge sich weiterentwickelten. Wenn dieser Plan nicht klappte oder die Bevölkerung außer Kontrolle geriete oder aber Bazargan versuchte, eine eigene Regierung zu bilden, würden sie putschen und nicht nur die Regierungsgewalt, sondern auch Öl, Zoll, Banken und alle wesentlichen Einrichtungen des Landes übernehmen.

Gharabaghi sagte, sie hätten Bachtiar über General Moghaddams Treffen mit den religiösen Führern informiert. Moghaddam hatte ihnen in Kurzform berichtet, was für Chomeinis Ankunft geplant war, und die Marschroute umrissen. Er hatte klargemacht, daß es ihnen ernst sei und daß sie das Kriegsrecht unnachsichtig durchsetzen wollten. Bachtiar meinte, sie sollten vorerst die Verbindung zu den Ayatollahs abbrechen. Alle seine Bemühungen um einen Dialog seien gescheitert. Jedesmal, wenn er vernünftig mit ihnen habe verhandeln wollen, sei es wie bei der berühmten Schallplatte mit dem Kratzer gewesen: Sie hätten immer wieder von seinem Rücktritt, Rücktritt, Rücktritt gesprochen. Noch schlimmer sei, daß die frommen Männer mit ihren hervorragenden Medienkontakten unverzüglich zur Presse geeilt seien und die Diskussion aus dem Zusammenhang gerissen zitiert hätten. Das Militär, Bachtiar und der gesamte Nationale Sicherheitsrat waren also übereingekommen, von nun an alle ihre Kontakte mit den religiösen Gruppen abzubrechen.

Bachtiar freute sich über das Aufsehen, das seine und General Gharabaghis Presseerklärung erregt hatten. Nun konnte niemand mehr daran zweifeln, daß das Militär und der Ministerpräsident im Gleichschritt gingen. Dennoch hatte der Nationale Sicherheitsrat die heutige Militärparade abgesagt, weil sie das Gegenteil der beabsichtigten Wirkung haben könnte. Man meinte, es sei einfach zuviel für den Tag vor der angekündigten Rückkehr Chomeinis und könnte Gewalttätigkeiten auslösen. Ich war anderer Ansicht, aber der Entschluß stand fest.

General Rabii berichtete über die Lage auf dem Luftwaffenstützpunkt Khatami. Seine Leute hatten einige Homofars ausgemacht, die eindeutig Agenten der Opposition waren, aber die Sondereinheiten hatten die Situation im Griff. Die Verdächtigen wurden fortgeschafft und sollten vor ein Kriegsgericht gestellt werden. Dies war riskant, weil ein Schuldspruch die gesamte Homofar-Truppe zur Meuterei veranlassen könnte. Aber die Gruppe betrachtete die Gefahr als gering. Die Zeit sei gekommen, die Nessel auszureißen.

Ein weiteres beunruhigendes Zeichen allerdings war, daß einige Angehörige der Luftstreitkräfte, darunter auch Offiziere, in Teheran für Chomeini demonstriert hatten. General Rabii sagte, sie seien alle festgenommen worden, und man werde umgehend etwas unternehmen, um derartige Torheiten künftig zu verhindern. Irgendwie traurig, daß all diese Schwierigkeiten in der Luftwaffe auftauchten; denn dort hatten wir sie wegen des hohen Ausbildungsstands und der engen Zusammenarbeit mit den Vereinigten Staaten am wenigsten erwartet.

Ein Bote brachte die Meldung, Ayatollah Chomeini werde höchstwahrscheinlich erst Sonntag zurückkehren. Seufzer der Erleichterung wurden laut. Wir brauchten freilich nicht lange, um uns darüber klar zu werden, daß zwei Tage keine große Atempause waren. Wir mußten nach wie vor den Freitag einkalkulieren und der Planung voraus sein. Außerdem brachte die Änderung eine alarmierende Möglichkeit mit sich: Falls die Massen nicht von der Verschiebung erführen, würden sie sich versammeln und eventuell aus Zorn über ein vermeintliches Täuschungsmanöver außer Rand und Band geraten.

General Gharabaghi rief Bachtiar an, der wiederholte, das Kriegsrecht werde durchgesetzt und dementsprechend allen Entwicklungen begegnet. Das neue Vertrauensverhältnis zwischen den beiden Männern war ermutigend.

Nach allem, war wir wußten, hatten sich die regierungsfreundlichen Demonstranten rasch versammelt, und es waren weit mehr Menschen gekommen, als irgend jemand erwartet hatte. Die Kundgebung war bereits in vollem Gang, und die Presse schätzte die Zahl der Teilnehmer auf 100 000 bis 600 000. Alles verlief friedlich. Nur anfangs hatten Oppositionsanhänger ein paar Steine geworfen, sich dann aber schnell eines anderen besonnen. Wir hatten einen Hubschrauber zu einer eigenen Schätzung losgeschickt und waren auf ein Ergebnis gekommen, das ungefähr in der Mitte lag – 300 000 bis 350 000 Teilnehmer. Ein großer Gunstbeweis für die Regierung Bachtiar, besonders hier in Teheran, dem Schauplatz zahlloser Chomeini-Prozessionen. So viele Freiwillige so kurzfristig auf die Straße zu bringen, war herzerfrischend. Ich hatte mich immer gefragt, wie viele Leute eigentlich Chomeini unterstützten und wie viele die verfassungsmäßige Regierung. Der Iran hatte 34 Millionen Einwohner, und für Chomeini hatten nach unseren Zählungen höchstens 3 Millionen demonstriert.

Die Opposition machte uns aus welchem Grund auch immer ein interessantes Angebot. Vorher hatte sie uns mitgeteilt, sie habe eine Menge Leute für ihre Demonstrationen in die Stadt gebracht, die wir nun für einen bestimmten Preis auch für unsere Kundgebungen einsetzen könnten. Wir lehnten natürlich ab! Wir wollten nur echte Anhänger, damit wir in etwa wußten, wie groß ihre Zahl überhaupt war.

Ein Anruf Bachtiars unterbrach uns. Er sagte, er werde heute um 14 Uhr die Durchsetzung des Kriegsrechts bekanntgeben. Der Opposition werde er mitteilen, sie dürfe Aufmärsche und Demonstrationen veranstalten, aber nur mit Erlaubnis der Regierung. Er wollte, daß wir unser möglichstes täten, um Chomeinis Schritte in Paris zu beobachten, und vor allem den voraussichtlichen Zeitpunkt der Abreise herausfänden.

Zufrieden über unsere Demonstration fuhr ich zur Botschaft zurück. Ich hielt es für außerordentlich wichtig, Botschafter Sullivan über die Sitzung des Nationalen Sicherheitsrats und unseren Plan für den Empfang Chomeinis zu informieren. Er und seine Leute hatten ausgezeichnete Kontakte zur Opposition, und dies war eine gute Gelegenheit, ihr einen Wink zu geben, nicht nur, was die erfolgreiche Kundgebung betraf, sondern auch über die Absicht, den Flugplatz zu sperren. Beides könnte Chomeini veranlassen, sich noch einmal zu überlegen, ob er wirklich so schnell nach Teheran zurückkehren wolle.

Nach dem Gespräch schlug der Botschafter vor, ich solle versuchen, Minister Brown telefonisch zu erreichen, obgleich es noch vier oder fünf Stunden vor der üblichen Zeit war. Sullivan meinte, ich solle es hinter mich bringen und dann zur Abwechslung abends mal entspannen, am besten bei einem Film über General Douglas MacArthur. Ich ließ mich also mit dem Minister und General Jones verbinden, unterrichtete sie ausführlich und gab die Bitte der Iraner weiter, die Vereinigten Staaten möchten Chomeini möglichst aufmerksam beobachten. Minister Brown versicherte mir, er werde das Notwendige veranlassen. Im Zusammenhang mit der Rückkehr des Ayatollah sagte ich, wir hätten das Militär noch einmal eingehend unter die Lupe genommen und größtes Vertrauen in die Luftwaffe, Marine und Infanterie, jedoch Vorbehalte gegenüber der Artillerie. Sie unterschied sich von den übrigen Waffengattungen, da die meisten ihrer Angehörigen von den Sowjets ausgebildet worden waren. Das mag seltsam erscheinen, aber die Sowjets produzierten ausgezeichnete Geschütze, und der Schah hatte seinen politischen Antipathien nicht so weit nachgegeben, daß er seinen Truppen die bestmögliche Ausrüstung versagte.

Die Presse hatte einen äußerst hilfreichen Artikel des (inzwischen verstorbenen) Senators Henry «Scoop» Jackson gebracht, und ich fragte, ob wir mehr von der Sorte bekommen könnten. Der Minister wollte es arrangieren.

Abschließend sagte ich ihm, ich hätte keinen Anlaß, allzu rosig in die Zukunft zu sehen, es sei denn mit Hilfe des großen «Wenn»: *Wenn* man den Schah und Chomeini außer Landes halten könnte, bestehe Hoffnung für Bachtiar. Das Militär stünde hinter ihm. Wir brauchten jedoch Zeit, um die Lage zu konsolidieren, und vor allem brauchten wir Taten. Ich bedankte mich und legte auf.

Nach einem ausgezeichneten Dinner sahen wir uns den Film über General MacArthur an, den die Leute vom politischen Stab der Botschaft mit der kritischen Bemerkung bedachten: Militärs, bleibt bei euren Leisten.

Freitag, 26. Januar 1979

Ich erwachte mit bangen Vorahnungen. Mein Magen rebellierte. Beim Rasieren und Duschen schossen mir alle möglichen Gedanken durch den Kopf. Wie würden wir diesen Tag durchstehen? War dies der letzte Akt? Das Ende der Fahnenstange? Beim Frühstück bestätigte der Botschafter, daß Chomeini beschlossen hatte, heute noch nicht zurückzukehren; jetzt wollte er Sonntag fliegen. Ich hätte am liebsten einen Freudenschrei ausgestoßen. Der zweitägige Aufschub kam mir vor wie eine Ewigkeit. Aber ich wußte auch, daß wir in Wirklichkeit mindestens einen Monat brauchten.

Beim Durchgehen der Presse- und Depeschenmappe fiel mir auf, daß die Sowjets ihre Angriffe gegen Amerika im allgemeinen und mich im besonderen verschärft hatten. Der Leitartikel einer französischen Zeitung erklärte zu dem neuen, schrillen Tonfall der sowjetischen Medien: «Bis heute hat Moskau sich damit begnügt, den USA vorzuwerfen, sie verhinderten Chomeinis Rückkehr. Nun wird Bachtiar selbst genannt. Laut *Prawda* führt er die Befehle des amerikanischen Generals Robert Huyser aus, der sich in Teheran aufhält.» Dann hieß es: «Da die Russen eindeutig nicht beabsichtigen, wegen des Iran einen Atomkrieg zu beginnen, und die Amerikaner dies ebensowenig wollen, meint Moskau vielleicht, der Bär könne nunmehr ohne großes Risiko losbrummen.»

Ich war sicher, daß der betreffende *Prawda*-Artikel seinen Weg in die Teheraner Medien finden und hier viele Probleme schaffen würde. Die Opposition behauptete jetzt schon, ich befehlige das Militär. Falls etwas passieren sollte, würden die Opposition und Moskau mir bestimmt die Schuld in die Schuhe schieben. Die genauesten Meldungen über meine täglichen Aktivitäten besaßen unweigerlich Tass, *Prawda* und Radio Moskau. Jeden Tag berichteten sie zutreffend, wo ich gewesen war und mit wem ich gesprochen hatte. Weder die amerikanische noch die iranische Presse war so gut über mich informiert. Das bereitete mir einiges Kopfzerbrechen. Da die sowjetischen Medien oft auf die Stunde genau wußten, wann ich mit der Gruppe zusammentraf, mußte es irgendwo im Hauptquartier des Generalstabs einen Informanten geben. Sie wußten auch immer, wann General Moghaddam dabei war. Sie wußten sogar, wann ich mit General Gharabaghi unter vier Augen gesprochen hatte. Wie schon gesagt, glaube ich heute, daß die Informationen von Generalmajor Fardust kamen, dessen Zimmer neben General Gharabaghis Büro lag.

Ich meinte, Washington müsse entscheiden, ob ich vor einer zugespitzten Situation wie dem Zusammenbruch der Regierung Bachtiar oder einer Konfrontation zwischen dem Militär und den Massen abgezogen werden solle, damit es später nicht heißen könnte, ich hätte die Fäden gezogen. Ich war ohnehin langsam frustriert, weil ich fand, die USA sollten endlich «den Fisch an Land ziehen oder die Angelschnur kappen». Wenn ich in Washington am Drücker gewesen wäre, hätte ich als erstes dafür gesorgt, daß Botschafter Sullivan und ich am selben Strang zögen. Außerdem hätte ich uns beiden mehr Befugnisse eingeräumt. Ich hätte der verfassungsmäßigen iranischen Regierung jede Hilfestellung gegeben, die für ihr Überleben notwendig war.

Beim Verlassen der Botschaft schlug uns schon am Tor die veränderte Atmosphäre wie ein heißer Luftzug entgegen. Der Verkehr war so dicht, daß wir nicht mal sicher sein konnten, in die Straße vor dem Gebäude einbiegen zu können. Also fuhren wir einfach mit unserem ganzen Konvoi auf dem etwa drei Meter breiten Bürgersteig entlang, bis wir den Stau an der Ecke weitgehend hinter uns hatten. Das löste verständlicherweise einigen Ärger aus; denn wir bahnten uns den Weg durch die Fußgänger hindurch und streiften einige von ihnen. Ich war überzeugt, daß sie jeden Moment auf uns losgingen. Vermutlich dachten alle, daß Chomeini auf dieser Strecke heimkehren würde.

Zum Glück schafften wir es, heil durchzukommen. Im Büro fing ich an, die Pressemappe durchzugehen, und mit als erstes fiel mir ein Artikel des pensionierten Generals Nassami auf. General Djam hatte bei ihm gewohnt, wenn er in Teheran war, und deshalb staunte ich darüber, daß der Beitrag überaus chomeinifreundlich war. Ich dachte sofort an Djam. Man konnte nie sicher sein, wer als nächstes zum Ayatollah überwechseln würde.

Unser eigenes PR-Programm hatte sich gestern bereits publizistisch niedergeschlagen, und mehr würde heute folgen. Admiral Frank Collins, der einen guten Instinkt für die notwendigen Dinge hatte, führte es meisterhaft durch. Ich hatte den Eindruck, daß dieses Programm große Möglichkeiten bot; denn nunmehr lag auf der Hand, daß es eine schweigende Mehrheit gab, die Bachtiar unterstützte und prowestlich bleiben wollte.

Noch ehe die anderen eingetroffen waren, bat General Gharabaghi mich sofort zu sich. Bachtiar hatte für den Abend eine weitere Sitzung des Nationalen Sicherheitsrats angesetzt, und sie brauchten für Sonntag die auf den neuesten Stand gebrachten Pläne. Nachdem die anderen gekommen waren, stimmten wir alle darin überein, daß wir uns weitgehend an das halten sollten, was wir schon für Freitag geplant hatten. Wir erwogen jedoch eine Reihe von Optionen. Wir dachten an friedliche Verhandlungen, um Chomeinis Rückkehr weiter hinauszuzögern, und wir überlegten, daß Bachtiar von sich aus nach Paris fliegen könnte, um mit dem Ayatollah zu sprechen. Andererseits könnten wir, was freilich problematischer war, die Initiative ergreifen und die Schließung des Flughafens bis Sonntag verlängern, selbst wenn es bedeutete, daß wir dort mit den Anhängern Chomeinis zusammenstoßen würden. Wir beschlossen, dem Ministerpräsidenten heute abend beide Optionen vorzulegen.

Wir könnten den Ayatollah auch ungehindert landen lassen und einfach versuchen, die Situation dann in den Griff zu bekommen. Das Militär würde ihn in Mehrabad in Empfang nehmen, von dort zum Schahjad-Platz bringen, ihn seinen Gefolgsleuten übergeben und sich anschließend auf die wichtigsten Regierungseinrichtungen zurückziehen. Falls die Menge auf der restlichen Route durchdrehte, mußten Chomeinis Leute eben selbst sehen, wie sie zurechtkämen, und wir würden das Ergebnis als eine Art «Happening» hinnehmen.

Eine vierte Möglichkeit bestand darin, den Flughafen offen zu lassen, bis Chomeini in Paris gestartet war, und ihn erst dann zu schließen und die Maschine in der Luft umzuleiten. Da in diesem Fall ein Zusammenstoß mit der Sippschaft am Flughafen drohte, hielten wir diese Möglichkeit für weniger gut. Sobald der Ayatollah Paris verlassen hatte und die Teheraner Bevölkerung es erfuhr, würde sie in Scharen zum Flughafen eilen, um ihn zu empfangen und eventuell außer Rand und Band geraten.

Während wir noch berieten, hatten sich etwa 20000 Menschen auf den Straßen versammelt und zogen zum Flughafen, weil sie immer noch damit rechneten, daß Chomeini heute käme. Wir hatten das einkalkuliert und das Militär am Flughafen in Stellung gelassen. Wir besaßen volles Vertrauen in unseren Plan zum Schutz Mehrabads. Dies würde ein guter Test sein.

Admiral Habiballahi meinte, wenn wir den Flughafen auf unbestimmte Zeit sperrten, würde der Ayatollah andere Mittel finden, um nach Teheran zu kommen, sei es zu Wasser oder zu Land. Ich hielt das für kaum durchführbar, und nach einer längeren Diskussion schlossen sie sich fast alle meiner Meinung an.

Die Presse war Chomeini auf Schritt und Tritt auf den Fersen. Wir glaubten zwar, er könnte sie vielleicht für eine oder zwei Stunden abhängen, aber viel länger sicher nicht. Die Medien waren übrigens unsere Hauptnachrichtenquelle für seine Unternehmungen, und wir wußten, daß wir uns in der Hinsicht auf sie verlassen konnten.

Als nächstes sprachen wir noch einmal einen Teil des Kontingent-Plans durch. Wir hatten uns endlich mit der National Iranian Oil Company geeinigt, den Tanker zu entladen. Unser Plan sah dann vor, den Treibstoff in Vorratstanks zu pumpen, die das Militär beschützte.

General Toufanian berichtete, daß er mit Eric von Marbod gesprochen hatte. Er war sich im klaren, daß es in den USA ein paar innenpolitische Schwierigkeiten geben könnte, wenn der Export von Rüstungsgütern in den Iran mehr oder weniger gestoppt würde. Doch das Land hatte selbst in dem Fall, daß Bachtiar und seine Regierung sich durchsetzten, bereits so schwerwiegende ökonomische Verluste erlitten, daß diese Programme ohnehin der neuen Lage angepaßt werden mußten. In Anbetracht dessen habe es keinen Sinn, wenn die USA eine Vereinbarung über künftige Waffenlieferungen aufsetzten. Ich mußte ihm zustimmen. Das Militär selbst besaß kein Geld und keinen Zugang zu nationalen Geldquellen, und die Regierung hatte soviel am Hals, daß sie sich nicht um das Morgen kümmern konnte. Sie hatte kaum Programme für die Gegenwart, und Toufanian meinte, wir müßten von Sinnen sein, wenn wir uns einbildeten, wir könnten in einem solchen Augenblick jemandem mit einem solchen Vertrag kommen.

Erics Order aus Washington waren dennoch recht spezifiziert, und er mußte wenigstens eine Absichtserklärung herausschinden.

Er hatte die Pläne sehr aufmerksam studiert und alle die Posten herausgefunden, die einigermaßen schadlos gekürzt werden konnten, um Kosten zu sparen. Ich fürchtete jedoch, daß solch ein Memorandum niemals von iranischer Seite unterschrieben werden würde.

Wir hörten, daß an die 2000 Menschen auf dem Universitätsgelände demonstrierten und es zu Ausschreitungen gekommen war. Truppen hatten versucht, sie unter Kontrolle zu bekommen, und über die Köpfe hinweggefeuert. Da das nichts nützte, hatten sie in die Menge geschossen. Es gab fünfzehn bis zwanzig Tote. Wir waren sicher, daß dies nicht ohne Folgen bleiben würde.

Nachdem wir vier oder fünf Stunden beraten hatten, schien die Gruppe zu wissen, worüber sie mit Bachtiar und dem Nationalen Sicherheitsrat reden sollte. Desertionen und Fraternisierungen hatten zugenommen. Außerdem registrierten wir zu meiner Beunruhigung einige neue Drohungen der Opposition gegen das Militär. Unter den oppositionellen Kräften gab es offensichtlich Elemente, die Chomeinis Liebe-und-Blumen-Taktik zugunsten von Gewalt ablehnten, und genau das konnte die Explosion zünden, die wir verhindern wollten.

Als ich wieder in der Botschaft war, wies Sullivan mich auf einen Artikel der heutigen *New York Times* hin, den er als Gefährdung unserer nationalen Sicherheit betrachtete. Die Überschrift lautete: «USA froh über entschlossene Haltung des iranischen Ministerpräsidenten gegenüber Chomeini». Der Bericht konnte zwar alles in allem eine positive Wirkung im Iran haben, aber Sullivan wandte sich nachdrücklich gegen einen Abschnitt, der enthüllte, nach welchen Prozeduren der Präsident regelmäßig mit Minister Vance, Sicherheitsberater Brzezinski und Minister Brown zusammenkam. Der Autor erklärte, eine Schlüsselrolle komme General Robert Huyser zu, der im Iran sei, seit der Schah sich zur Abreise entschlossen habe. Generah Huyser arbeite eng mit den iranischen Militärs zusammen und dränge sie, die Regierung Bachtiar zu stützen. Seine täglichen Meldungen ans Weiße Haus, die die Lagebeurteilung durch Washington entscheidend prägten, würden auf sicherem Weg übermittelt und unterlägen der höchsten Geheimhaltungsstufe, weil eine undichte Stelle alle unsere Absichten vereiteln könnte. Ich sagte dem Botschafter, ich würde Minister Brown auf den Artikel ansprechen.

Da ich wußte, daß Washington sich bestimmt Sorgen über den Gang der Ereignisse machte, ließ ich mich, obgleich es noch vier Stunden vor der üblichen Zeit war, sofort mit dem Minister verbinden. Ich erwähnte den Artikel der *New York Times* und wies darauf hin, daß jedes Durchsickern der Pläne zu einer sofortigen Reaktion der Opposition führen werde, die diese Art der psychologischen Kriegsführung meisterhaft beherrsche. Der Minister versicherte mir, der Schriftverkehr und meine Meldungen hätten einen sehr begrenzten Verteiler und würden als streng geheim behandelt. Ich entgegnete, es sehe dennoch ganz so aus, als sei irgendwo eine undichte Stelle.

Dann diskutierte ich das Für und Wider meines Verbleibens im Iran. Ich bat nie – weder jetzt noch später – darum, abgezogen zu werden, und sagte, die Entscheidung liege einzig und allein bei der Regierung. Er sagte, sie würden es sich reiflich überlegen; bis dahin halte er es für das beste, dem Vorschlag des Präsidenten zu folgen und eine Maschine auf dem Flughafen Mehrabad bereitzuhalten, die mich im Ernstfall ausfliegen könnte. Ich schlug vor, eine C-130 zu nehmen, möglichst eine mit demselben Tarnanstrich wie die iranischen C-130. Sie könnte zwischen ihnen stehen und würde so keine Aufmerksamkeit erregen. Ich versicherte ihm, ganz sicher zu sein, daß es unter allen Umständen möglich sein werde, mich von Mehrabad auszufliegen. General Rabii brächte mich jederzeit mit dem Hubschrauber von der Botschaft oder aber vom Generalstabskomplex aus hin. Da war ich absolut sicher.

Der Minister erwähnte natürlich die Waffenlieferungen. Ich sagte ihm, Eric sei sehr fleißig und habe alle notwendigen Informationen zusammengestellt. Doch was die Absichtserklärung betreffe, hätte ich größte Zweifel. Der Minister verstand die Schwierigkeiten, hoffte jedoch, daß ich mir über die Probleme im klaren sei, die sie wegen dieser Programme mit dem Kongreß hätten.

Er zitierte die in den internationalen Medien erhobenen Vorwürfe, Washington wolle sich die F-14, die es dem Iran verkauft hatte, wieder aneignen. Er regte Demonstrationsflüge an, um zu beweisen, daß die Maschinen noch im Land seien. Ich stimmte zu, zumal es gleichzeitig die militärische Stärke hinter Bachtiar zeigen würde.

Als ich zur Residenz ging, knallten immer wieder Schüsse durch die Nacht. Meine Stimmung war entsprechend. Es sah schlimmer aus als irgendwann seit meiner Ankunft in Teheran.

Sonnabend, 27. Januar 1979

Unter den amerikanischen Zeitungsausschnitten vom Vortag befand sich eine Meldung über die Pressekonferenz des State Department. Ein Journalist bezog sich darauf, daß ein hoher Regierungsbeamter hocherfreut über Bachtiars starke Position gewesen sei, und fragte sarkastisch, ob die bei der Demonstration erschossenen Studenten ein Ausdruck dieser starken Position wären. Die Administration übte übrigens große Zurückhaltung – beinahe mehr als ihren Zielen dienlich. Tom Reston, der Sprecher des Außenministeriums, bedauerte das Blutvergießen und erklärte, wir wünschten aufrichtig, daß wieder friedliche Zustände im Iran einkehrten. Er wiederholte jedoch unseren Standpunkt, daß den Iranern nicht hineinregiert werden dürfte. Der Fragesteller daraufhin: «Was das betrifft, ist General Huyser noch da?» Es implizierte natürlich, daß ich derjenige war, der mitregierte.

Dies würde noch mehr Öl ins Feuer gießen, das die *Prawda* und die Opposition fleißig schürten. Das Aufsehen, das meine Anwesenheit erregte, wurde allmählich ungemütlich. «Huyser muß sterben» gehörte (auf Farsi) zu den beliebtesten Parolen auf den Häuserwänden. Die Soldaten lasen es jedesmal, wenn sie den Komplex betraten oder verließen, und es mußte einfach einigen Eindruck auf sie machen. Ich war mittlerweile auch prominent genug, um samt Konterfei auf Plakaten der Demonstranten zu erscheinen, und teilte diese Ehre mit Präsident Carter.

General Gharabaghi bat mich gleich zu sich, um über die Sitzung des Nationalen Sicherheitsrats zu sprechen. Die Gruppe hatte sich erheblich früher als sonst versammelt. Offenbar hatten die religiösen Führer gestern abend beantragt, heute Demonstrationen veranstalten zu dürfen. Sie übertrugen die Sache General

Rahimi, dem Militärgouverneur von Teheran, aber Bachtiar bestand darauf, daß die Umzüge friedlich ablaufen sollten und daß die Demonstranten nicht vom Schahjad-Platz aus weiter in Richtung Flughafen marschieren dürften.

Die Gruppe hatte den gestrigen Vorfall auf dem Universitätsgelände untersucht und war zu dem beruhigenden Ergebnis gekommen, daß sich die Soldaten korrekt verhalten hatten. Als sie der Menge entgegentraten, versuchten sie zunächst, die Ordnung ohne Waffengewalt wiederherzustellen. Doch damit hatten sie selbstverständlich nichts erreicht. Dann feuerten sie über die Köpfe der Menge hinweg, aber die Demonstranten waren das gewöhnt und rechneten nicht mit weiteren Aktionen. Statt sich zu zerstreuen, attackierten sie die Soldaten, und diese richteten ihre Gewehre auf sie. Die Soldaten waren dabei sehr umsichtig gewesen und hatten nur auf Leute gefeuert, die bewaffnet waren und sie angriffen. Man konnte ihnen kaum Vorwürfe machen.

Die Armee glaubte, einige Waffenverstecke lokalisiert zu haben, eines davon unter einem Krankenhaus. Der Nationale Sicherheitsrat hatte darüber beraten und war übereingekommen, Zivilangestellte der Klinik zu bitten, der Sache nachzugehen. Wenn tatsächlich Waffen gefunden würden, konnte man Truppen hinschicken, um die Waffen sicherzustellen. Ich befürwortete dies mit allem Nachdruck.

General Gharabaghi sagte, sie hätten Hinweise auf eine geänderte Einstellung der französischen Regierung zu Chomeini und Bachtiar bekommen. Man scheine dem Ministerpräsidenten nun wohlwollender gegenüberzustehen. Air France hatte alle Iranflüge abgesagt und konnte Chomeini nicht zurückbringen. Also mußten wir nun herausfinden, wer Chomeini morgen auf dem Pariser Flughafen abholen und ausfliegen wollte.

Bazargan hatte General Gharabaghi kontaktiert und ein Treffen vorgeschlagen, um festzustellen, ob die Streitkräfte wirklich geschlossen hinter Bachtiar stünden. Er meinte, sie sollten auch über Chomeinis Rückkehr sprechen. Da das recht konstruktiv klang, hatte Gharabaghi zugestimmt, doch verlangt, die Begegnung müsse in Bachtiars Büro stattfinden. Darauf war Bazargan nicht eingegangen. Einige von uns drängten den General, Bazargan in dessen oder aber in seinem eigenen Büro zu treffen, aber er blieb eisern. Entweder beim Ministerpräsidenten oder gar nicht.

Ich fragte, ob Bachtiar immer noch feindselig gegen die religiösen Leute eingestellt sei, und Gharabaghi meinte, bei einem gestrigen Zusammentreffen mit Ayatollah Beheschti scheine ein gewisses Tauwetter eingesetzt zu haben. Beheschti verbreite auch nicht mehr überall, daß die Regierung Bachtiar ungesetzlich sei. Diese Entwicklung hing damit zusammen, daß sich in der Opposition Risse gebildet und etliche Fraktionen ihre eigenen Mini-Ausschüsse eingerichtet hatten.

Hinsichtlich Chomeinis morgiger Rückkehr, sagte Gharabaghi, seien keine definitiven Beschlüsse gefaßt worden, aber Bachtiar werde die Bevölkerung heute abend in einer Radioansprache auffordern, dem Flughafen fernzubleiben, und eingehend erläutern, wie es zu den blutigen Zusammenstößen an der Universität gekommen sei. Er wollte seine Meinung hierzu unbedingt publik machen und den Leuten überdies sagen, daß das Militär sich und die Gesetze des Landes notfalls auch mit Waffengewalt verteidige.

Der Nationale Sicherheitsrat wollte heute abend wieder zusammentreten und über das morgige Vorgehen entscheiden. Sie hofften, bis dahin zu erfahren, ob der Ayatollah nun komme. Da Air France alle Flüge abgesagt hatte, tippten sie eher auf das Gegenteil. In diesem Fall könnten sie Mehrabad eigentlich wieder öffnen. Andererseits sprach einiges dafür, den Flughafen geschlossen zu lassen. Zwar könnte das eine Konfrontation bewirken, doch ein gewisses Blutvergießen sei ohnehin kaum zu vermeiden, und wenn es stattfinde, dann lieber, solange Chomeini irgendwo im Ausland sei. Sie wollten heute abend mit Bachtiar über diese Möglichkeiten sprechen, und Gharabaghi meinte, er würde in beiden Fällen auf ihrer Seite stehen. Er war sicher, daß die Armee den Flughafen und die Zufahrtswege unter Kontrolle halten konnte.

Wir wurden durch einen äußerst dringenden Anruf für General Gharabaghi unterbrochen. Von zuverlässiger Seite war ein Telefonat zwischen Paris und einer Frau in Teheran abgehört worden, die gesagt hatte, inzwischen seien soviel Waffen im Iran eingetroffen, daß Chomeini zurückkehren könne. Sie äußerte, sobald sie den Zeitpunkt seiner Abreise von Paris wüßten, würden sie die Waffen ausgeben. Da wir über Gewehrlieferungen und Munitionslager in den Moscheen Bescheid wußten, bestätigte das nur unsere schlimmsten Befürchtungen. General Gharabaghi sagte, er werde versuchen, mich nach der Sitzung des Nationalen Sicherheitsrats anzurufen, und ich verabschiedete mich von ihnen.

Im Büro sagte mir der diensthabende Offizier, Major Ray Burnette, sie hätten über die Militärleitung zwei Drohanrufe gegen mich bekommen. Er hatte schon vorher derartige Drohungen erhalten, aber noch nie über Militärleitung – nur über den Amtsanschluß in unserem Büro. Dieser Vorfall versetzte meine Leibwachen in Aufregung. Die andere Seite war stets sehr gut über unsere Meldungen und Aktivitäten unterrichtet, aber daß sie nun auch einen Zugang zu unserem Kommunikationssystem hatte, eröffnete neue Dimensionen. Ich überließ meinen Leuten alle Sicherheitsmaßnahmen; nicht, daß ich mir nichts daraus machte, aber ich hatte auch ohne diese zusätzliche Belastung mehr als genug um die Ohren. Außerdem konnte ich mich auf sie verlassen. Sie pflegten die Methoden von Zeit zu Zeit grundlegend zu ändern, und jedesmal folgerte ich daraus, daß sie neue Informationen über meine Gefährdung bekommen hatten.

Inzwischen trafen Meldungen über die heutige Kundgebung für Chomeini ein. Hörfunk und Fernsehen schätzten die Teilnehmerzahl auf eine Million oder mehr. Wir wußten, daß sie sehr groß war, weil wir gesehen hatten, wie die Leute am Generalstabskomplex vorbeimarschierten. Unsere eigene Schätzung, die auf der eingenommenen Straßenfläche basierte, lag bei 300000. Die Demonstranten befolgten General Rahimis Anweisungen und marschierten zum Schahjad-Platz, aber nicht weiter. Eine kleine Schar von rund 200 Bachtiar-Anhängern zog mit. Es tat gut, unsere Seite auf den Straßen wenigstens etwas vertreten zu sehen, auch wenn es nur eine kleine Gruppe war.

Ich wies meine Sicherheitsleute an, einen Wagen vorauszuschikken, um eine Route auszumachen. Zwanzig Minuten später riefen sie an und gaben sie uns durch. Wir kamen ungehindert zur Botschaft. Ich informierte Botschafter Sullivan über die Strategie der Regierung und von den Drohungen gegen mich.

Ich wartete bis Mitternacht auf einen Anruf General Gharabaghis, doch vergeblich. Also gab ich es auf und unterrichtete Washington. Minister Brown fragte, ob Bachtiar seine «Ohne Arbeit kein Geld»-Entscheidung durchgesetzt habe. Aber für eine Antwort war es noch zu früh, da der erste Zahltag nach dem Ultimatum erst nächste Woche bevorstand. Bachtiar erklärte immer noch, er werde sie entschlossen durchsetzen – Musik in meinen Ohren.

Minister Brown sprach sich ausdrücklich dafür aus, die Evakuierung der Amerikaner zu beschleunigen. Ich bat dringlich, auch mit einem teilweisen Abzug des Militärs zu beginnen. Zu meiner Überraschung ging er darauf ein und gab mir uneingeschränkte Vollmacht, mit der Reduzierung der Militärberatergruppe anzufangen. Dann bat ich ihn, mit allen verfügbaren Instrumenten Chomeinis Flugarrangements zu überwachen. Der Minister erklärte, sie seien bereits dabei und würden dranbleiben.

Ich wiederholte meine Befürchtungen wegen der Rückkehr des Ayatollah. Ich hätte zwar täglich neue Fortschritte melden können, aber angesichts der fast völligen Lähmung der Wirtschaft fielen sie kaum ins Gewicht. Die nächsten paar Tage würden für Bachtiar sehr brenzlig werden.

Der Minister machte eine unmißverständliche Bemerkung über die Kontrolle des Flughafens: Die Entscheidung liege allein bei den Iranern. Ich könne sie seinetwegen beraten, dürfe ihnen aber keinesfalls eine Entscheidung aufzwingen.

Dann las er mir zwei Depeschen vor. Die erste kam aus Paris und besagte, daß die Franzosen Bachtiar allmählich wohlwollender betrachteten. Im Zusammenhang mit der Absage der Air France-Flüge machte das Sinn, aber es schien mir alles zu schön, um wahr zu sein. In der anderen Mitteilung hatte Bachtiar den Ayatollah aufgefordert, seine Rückkehr um drei Wochen zu verschieben. Das, erklärte er, werde ihm ermöglichen, die Lage zu konsolidieren und günstigere Voraussetzungen für Chomeinis Empfang zu schaffen. Bachtiar sagte, er sei bereit, nach Paris zu fliegen und diese Punkte persönlich mit ihm zu besprechen. Chomeini hatte geantwortet, er sei einverstanden, mit ihm zu reden, aber vorher müsse Bachtiar zurücktreten.

Ehe der Minister auflegte, sagte er noch, er sehe meinem morgigen Bericht mit größter Spannung entgegen.

Sonntag, 28. Januar 1979

Beim Frühstück las ich, was die *New York Times* über die Reduzierung der Waffenverkäufe in den Iran geschrieben hatte. Das Blatt berichtete von Eric von Marbods Auftrag, einen Plan zur Fortsetzung der amerikanischen Lieferungen auszuarbeiten, und behauptete, Botschafter Sullivan und auch General Huyser beteiligten sich sehr eifrig an den Verhandlungen. Die Zeitung stellte ferner die ärgerliche Behauptung auf, die Administration sorge sich im Moment vor allem darum, daß die iranische Regierung wegen der kritischen Wirtschaftslage nicht imstande sein könnte, irgendwelches neues Gerät oder logistische Unterstützung zu bezahlen. Das könnte Angehörigen der Administration zufolge bedeuten, daß Washington sich schon nächsten Monat gezwungen sehen werde, mehrere Waffenverträge zu stornieren, darunter eine Lieferung von vier Zerstörern mit Lenkraketen für 1,6 Milliarden Dollar und einen Auftrag für Jagdflugzeuge im Wert von über 2 Milliarden Dollar. Falls der Iran keine Zahlungen für die laufenden Verträge leiste, könnte das zum schnellen Abzug amerikanischer Techniker und Logistikexperten führen, was die iranischen Streitkräfte mehr oder weniger lähmen würde. Washington habe bereits angefangen, die entsprechenden Fachleute abzuziehen, aber bislang einzig und allein aus Gründen ihrer persönlichen Sicherheit.

Ford Rowan von der Nachrichtenredaktion der National Broadcasting Corporation (NBC) hatte dasselbe Feld beackert. Er zitierte Ministerpräsident Bachtiar mit den Worten, er werde einige der Kontakte stornieren, weil sein Land nicht der Gendarm des Persischen Golfs sein könne. General Robert Huyser verhandle mit iranischen Regierungsvertretern, bestimmte Lieferungen aufzuschieben oder mit sofortiger Wirkung zu kündigen. Man rechne mit einer baldigen Entscheidung.

An diesen Berichten störte mich besonders die Anspielung, wir würden die Iraner nur unterstützen, wenn wir an ihnen verdienten. Das stimmte natürlich nicht. Nun mußte ich die Gruppe wieder davon überzeugen, daß wir durchaus bereit seien, auf gut Glauben mit ihnen zusammenzuarbeiten. Ich hatte allerdings kaum Hoffnung, daß wir Washingtons Wunsch nach einer umfassenden, von beiden Seiten unterzeichneten Vereinbarung über künftige Lieferungen erfüllen konnten. Abgesehen von den praktischen Hindernissen vermochte ein solches Memorandum auch in anderer Hinsicht gefährlich zu werden – die Opposition könnte es als belastendes Beweismaterial vorlegen, falls die Regierung Bachtiar scheiterte. Die Militärführer hüteten sich davor, Schriftstücke zu unterzeichnen, die sie später inkriminieren könnten. Sie lebten in ständiger Furcht vor Gefängnis oder Schlimmerem, was auch ihr Zaudern angesichts dieses oder jenes Problems erklärte. Für sie waren viele dieser Entscheidungen eine Sache auf Leben und Tod.

General Al Haig teilte mir in einer Depesche mit, auf Grund einer möglichen Inanspruchnahme von Militärgut, das unter seiner Aufsicht stünde, wäre es ihm lieb, wenn ich ihn über meine Funkmeldungen auf dem laufenden hielte.

Die *Prawda* geißelte die Einmischung der Amerikaner und erklärte, die Entscheidung, die Rückkehr des Ayatollah letzten Donnerstag zu verhindern, gehe fraglos auf eine von General Huyser weitergegebene Empfehlung Washingtons zurück. Die Vereinigten Staaten seien dabei, aus strategischen Gründen einen Vernichtungskrieg gegen die Moslembewegungen in der Region zu schüren. Diese Anschuldigung würde der iranischen Bevölkerung bestimmt auf irgendeinem Weg zu Ohren kommen und konnte die Bedrohung meiner Person durch die religiösen Gruppierungen und auch die Tudeh-Partei nur erhöhen. Sie behinderte meine Schritte ausgerechnet in einem Augenblick, in dem es immer wichtiger wurde, daß ich beweglich blieb, um konkrete Resultate zu erzielen.

Im Büro fiel mir als erstes die Schlagzeile des *Tehran Journal* ins Auge: «Bachtiar trifft Chomeini in Paris». Die Zeitung berichtete, daß Bachtiar binnen achtundvierzig Stunden in die französische Hauptstadt fliegen werde. Es sah ganz so aus, als hätte es während der Nacht eine neue Entwicklung gegeben.

Im *Kajhan* verkündeten fünf Zentimeter große Balkenlettern: «Durchbruch» und «Chomeini zu Gespräch mit Bachtiar bereit». Der Ministerpräsident hatte mitgeteilt, daß «ich in meiner Eigenschaft als iranischer Patriot, als geringfügiges Mitglied der ruhmreichen Bewegung und als Mann, der an die Führerschaft des

Ayatollah glaubt, beschlossen habe, innerhalb von achtundvierzig Stunden nach Paris zu reisen, um das Vergnügen zu haben, ihn zu treffen und seinen Rat über die Zukunft des Landes einzuholen». Er sagte, der Ayatollah habe jedes Recht zurückzukehren, «doch unter den gegenwärtig alarmierenden Bedingungen gibt es in allen Teilen der Gesellschaft verantwortungslose Elemente», so daß die Rückkehr nach vierzehnjährigem Exil sorgsam vorbereitet werden müsse. Es gebe technische Schwierigkeiten auf dem Flughafen Mehrabad, die beseitigt werden müßten, ehe er wieder für den Zivilverkehr geöffnet werden könne. Bachtiar sagte nicht, wie lange das dauern würde. Er hoffte, in Paris über mehrere Themen verhandeln zu können, auch über die Art der Rückkehr Chomeinis. Außerdem wollte er klarstellen, daß er Regierung und Armee absolut unter Kontrolle habe. Er drückte sich in dieser Hinsicht unmißverständlich aus: «Die gesetzmäßige Regierung kennt ihre Pflichten, und sie hat die volle Kontrolle über die Armee.»

Er prophezeite, daß die Streiks und Demonstrationen nachlassen würden. Erwartungsgemäß warf er seinen Gegnern vor, daß sie Moscheen, Schulen und Krankenhäuser als Waffenlager benutzten. Was die Kundgebungen betreffe, habe er nichts gegen friedliche Versammlungen einzuwenden, die mit Erlaubnis der Behörden stattfänden, doch ungenehmigte Zusammenkünfte verantwortungsloser Leute könnten nicht geduldet werden. Bachtiars Brief an den Ayatollah wurde veröffentlicht und ist es wert, ungekürzt zitiert zu werden:

Seine ehrwürdige Exzellenz, Ayatollah Sajeed Ruhollah Chomeini. Ich erweise dem heiligen und erlauchten religiösen Führer, dem Gott das Wissen verliehen hat, für die Wahrheit zu kämpfen, meinen Gruß und meine Achtung und bitte hiermit darum, Eure Aufmerksamkeit auf einige Punkte lenken zu dürfen. Ich hoffe, daß es mir mit Gottes Hilfe gelingen wird zu erläutern, was ich als kämpferischer iranischer Moslem erläutern muß, um nicht die Schmach des Verschweigens auf mich zu laden.

1. Eure Exzellenz weiß wohl, daß sich die Programme der gegenwärtigen Regierung von den Details bis hin zu den wichtigen Punkten mit all dem decken, was von Euch und den Märtyrern

und Kreuzfahrern gefordert wurde, die in der letzten Zeit der Unterdrückung für die Freiheit kämpften. Sobald ich das Amt des Ministerpräsidenten übernommen hatte, begann ich, diese Punkte im Vertrauen auf Gottes Beistand bereitwillig und aufrichtig durchzuführen. Es besteht kein Zweifel, daß ich alle diese Punkte in angemessener Zeit verwirklichen werde, um die legitimen Rechte der moslemischen Bevölkerung des Iran zu schützen, wobei ich mich auf meinen fünfundzwanzigjährigen Kampf um die Erhaltung der Unabhängigkeit und territorialen Unversehrtheit des Iran stützen und all jene Märtyrer achten werde, die ihr Leben für die Freiheit dahingaben. Zu diesem Zweck brauche ich Gottes Hilfe sowie den Beistand Eurer Exzellenz und die Gebete aller mir freundlich gesinnten Menschen unseres Landes.

2. Obwohl es für mich wie für die meisten Iraner, die für Freiheit und Unabhängigkeit des Iran eintreten, ein großes Glück ist, einem so erlauchten religiösen Führer wie Euch zu begegnen, würde Eure Rückkehr meines Erachtens und auf Grund der verschiedenen Intrigen und Störungen, die zwischen den Gruppen herrschen, die dafür oder dagegen sind, zu weiteren Störungen führen, welche die Regierung am Fortführen ihres Programms hindern würde, das von allen frommen und freiheitsliebenden Menschen des Iran gebilligt wird. Ich bitte Euch deshalb, mit einem Aufschub Eurer Rückkehr in den Iran einverstanden zu sein.

3. Wenn Ihr bei Eurer Rückkehr die Bildung einer politischen Organisation bekanntgebt, die nicht mit der Verfassung zu vereinbaren ist, werdet Ihr die Regierung zweifelsohne in eine schwierige und gefährliche Lage bringen. Ich möchte deshalb nicht die Verantwortung für das übernehmen, was infolgedessen geschehen könnte.

4. Ich hoffe in Anbetracht der gegenwärtigen Situation und Eurer großen Ideen für das Wohlergehen des iranischen Volkes, daß Ihr jedwede Änderung der bestehenden Ordnung nur mit friedlichen Mitteln und gemäß den allgemein akzeptierten demokratischen Prinzipien zulassen werdet; andernfalls werden wir nach einem Vierteljahrhundert der Herrschaft des Eigennutzes, der schrankenlosen Brutalität und allgemeinen Korruption vor einer noch umfassenderen und größeren Katastrophe stehen. In diesem

Fall wird all das, was ich getan habe, nutzlos gewesen sein. Eure Exzellenz, Gott allein weiß, wer der Freund und wer der Feind ist; denn nur Gott weiß, was in ihrem Geiste vor sich geht. In diesem Sinne hoffe ich, daß meine Aufrichtigkeit und Hingabe an die Sache der Freiheit Euch offenbar sein mögen und ich beweisen kann, daß allein ein derartiges Verlangen der Grund ist, solche Zwischenfälle zu verhüten, die nur tiefen Kummer und großes Leid bewirken würden. Das Leid, das über uns käme, könnte all die Kämpfer, die für die Freiheit eingetreten sind, lange Zeit trauern lassen und würde auch den Geist jener Märtyrer verletzen, die ihr Leben für die Freiheit ließen.

Hochachtungsvoll
Schahpur Bachtiar

Unter der Überschrift «Chomeini will Ministerpräsidenten empfangen» schrieb das *Tehran Journal*, der Ayatollah habe Paris am späten Sonnabend verlassen wollen, jedoch von Air France erfahren, der Flughafen Teheran sei weiterhin geschlossen. Dann wurde der Artikel widersprüchlich. Einerseits hieß es, Chomeini träfe mit Bachtiar zusammen, aber andererseits, er würde Frankreich heute abend verlassen und Montag morgen in Teheran eintreffen. Schleierhaft, wie beides möglich sein sollte. Auch blieb unklar, wie er in Teheran eintreffen könnte, wenn der Flughafen noch geschlossen war. Wahrscheinlicher schien, daß Chomeini beabsichtigte, Montag oder Dienstag abend abzufliegen. Die Gruppe meinte, sein persönlicher Stab, der bestimmt von unseren Sicherheitsvorkehrungen gehört habe, sei darüber nicht allzu unglücklich, da er nunmehr den Vorwand habe, daß der Flughafen geschlossen sei.

Der andere Bericht auf der ersten Seite behandelte die gestrige Kundgebung. Ein Bild zeigte Marschierende mit einem großen Transparent auf englisch «Kein Imperialismus (USA)». Andere trugen ein Spruchband «Kein Kommunismus (UdSSR)». Die Überschrift lautete: «Millionen fordern Chomeinis Rückkehr» – eine maßlose Übertreibung.

Auf der letzten Seite bewies das *Tehran Journal* ein gewisses Bemühen um Ausgewogenheit. Unter einem Weitwinkelfoto der chomeinifreundlichen Demonstration vom Sonnabend war ein –

allerdings kleineres – Bild von unserer regierungsfreundlichen Kundgebung vom Dienstag abgedruckt. Die Bildunterschrift lautete: «Anhänger der Verfassung – ein Teil der großen Menschenmenge, die am Dienstag für die gegenwärtige iranische Verfassung demonstrierte.» Der dazugehörige Artikel schätzte die Teilnehmerzahl auf rund 300000 und fügte hinzu, daß überall im Iran ähnliche Kundgebungen stattgefunden hatten.

Die Gruppe, heute sechs Mann stark, sah ein bißchen übernächtigt aus. Sie hatten bis lange nach Mitternacht mit Bachtiar über das «Was-wäre-wenn» der Rückkehr Chomeinis beraten und beschlossen, den Flughafen noch wenigstens zwei Tage zu sperren. Außerdem hatten sie über Bachtiars geplantes Zusammentreffen mit Chomeini diskutiert. Wir freuten uns alle über diese Bemühungen um einen unmittelbaren Kontakt und hofften, der Ministerpräsident werde es schaffen, die Rückkehr um wenigstens einen Monat zu verzögern.

Außerdem berichteten sie von einem unangenehmen Zwischenfall mit den Homofars, der sich gestern auf der Schule für Hubschrauberpiloten in Isfahan zugetragen hatte. Etwa 4000 Homofars wollten gerade zur Arbeit, als der Stützpunktkommandeur erfuhr, daß einige Unruhestifter unter ihnen waren, und er allen das Betreten der Anlagen verbot. Auf dem Rückweg in die Stadt gerieten sie mit einigen regulären Truppen aneinander und lieferten ihnen ein Scharmützel. Es gab zwar keine Verwundeten, aber beide Seiten hatten Gefangene gemacht. Im Moment herrschte so etwas wie Waffenruhe, aber die Sache mußte noch heute morgen geregelt werden. Nach Meinung der Gruppe hatte der Ortskommandant sich ungeschickt verhalten. Sie wollten einige höhere Offiziere hinschicken, um es ins reine zu bringen.

Wir wurden von einem dringenden Anruf unterbrochen, bei dem man General Gharabaghi mitteilte, Chomeini habe sich geweigert, mit Bachtiar zu sprechen, wenn dieser nicht vorher zurücktrete. Die Information kam aus Paris, aber nicht vom Ayatollah selbst. Wir bemühten uns um einen gemeinsamen Standpunkt und ließen ihn dann Bachtiar mitteilen. Das Militär würde seinen Rücktritt nicht dulden. Er solle den Ayatollah standhaft auf dessen religiöse Rolle verweisen und alles tun, um Chomeinis Rückkehr möglichst lange hinauszuzögern. Montag morgen solle er dann mit einer iranischen Militärmaschine nach Paris fliegen. Auf diese Weise blieb genug Zeit, die Bedingungen des Zusammentreffens auszuhandeln. Wir übermittelten die Beschlüsse sofort an Bachtiars Büro.

Wir diskutierten auch die Möglichkeit, daß der Schah während der Abwesenheit des Ministerpräsidenten zurückkehrte. Er war immer noch in Marokko. Die Gruppe teilte mir mit, seine Kinder seien zu ihm gestoßen, so daß es ganz so aussehe, als habe er vor, noch eine Weile dort zu bleiben. Gerüchten zufolge plante er, wieder nach Ägypten zu fliegen, aber die Gruppe glaubte nicht, daß er riskieren würde, in den Iran zurückzukehren.

Bei einer zusammenfassenden Erörterung der Flughafenvorkehrungen sagten sie, Bachtiar sei damit einverstanden, ihn für weitere zwei Tage zu schließen. Das Militär wollte ihn dagegen so lange für den Zivilverkehr sperren, wie Chomeini mit seiner Rückkehr drohe. Wir sprachen ausführlicher darüber, weil wir versuchten, Ausländern einschließlich des US-Personals beim Verlassen des Landes zu helfen. Ein Teil der lebenswichtigen Güter war gleichfalls auf dem Luftweg gekommen. Die Generale ließen sich jedoch nicht davon beeindrucken und sagten, Mehrabad müsse auf unbestimmte Dauer geschlossen bleiben.

Wir stimmten darin überein, daß Chomeinis Forderung unannehmbar und Bachtiars Haltung vernünftig war, so daß der Ministerpräsident der Bevölkerung die Situation heute abend oder morgen vormittag über Radio und Fernsehen erläutern solle. Entsprechend unserer neuen Absprache müsse er auch eine persönliche Botschaft an die Truppen richten. Auch hielten wir für eine gute Idee, einen pensionierten General für eine ähnliche Erklärung zu finden. Dies konnte besonders auf die jüngeren Soldaten Eindruck machen. Außerdem arbeiteten wir Erklärungen aus, mit denen die Ortskommandanten ihren Truppen die Lage erläuterten.

Wir hörten, daß etliche Leute im Glauben an Chomeinis Rückkehr zum Flughafen fahren wollten, jedoch am Schahjad-Platz aufgehalten und nach Haus geschickt worden waren. Auf dem Rückweg waren in der Nähe der Universität Schüsse gefallen, und es hatte mehrere Verletzte gegeben. Wir wußten noch nicht, wie ernst dieses alles war, aber jedenfalls standen die Dinge heute erheblich besser als Freitag oder Sonnabend.

General Rabii wandte sich gegen den Druck der USA, die sensiblen Waffensysteme zu schützen. Er verstand unsere Sorge, aber seine Leute erledigten die Aufgabe sehr gut. Er bat uns zu versuchen, die Sache aus der amerikanischen Presse herauszuhalten. Sie sei ein echtes Reizthema für die Homofars, die sehr wohl wüßten, daß das Gerät vom Iran bezahlt worden sei, und argwöhnten, daß wir es aus dem Land schaffen wollten. Ich sagte ihm, ich hätte den Verteidigungsminister auf diesen Punkt hingewiesen und würde es noch einmal tun.

General Gharabaghi begrüßte die amerikanische Warnung, ein sowjetisches Eingreifen im Iran könnte sehr wohl eine Reaktion der Amerikaner zur Folge haben. Sie war sehr hilfreich und bestärkte die Gruppe in ihrem Vertrauen zu Washington. Sie wiesen mich auf einen Artikel über eine Pressekonferenz hin, bei der Präsident Carter seinen Entschluß mitgeteilt hatte, dem Iran Notvorräte an Treibstoff zu schicken. Was ihnen allerdings Sorge bereitete, war, daß er den Ankerplatz und die Route des Tankers genannt hatte. Wir hatten ihn flußabwärts fahren lassen, als die National Iranian Oil Company plötzlich ihre Meinung änderte und er umkehren mußte. Nun ankerte er wieder außerhalb der Zwölfmeilenzone. Die Gruppe machte die Mitteilung des Präsidenten für diesen Rückschlag verantwortlich. Ich hielt das für unfair, weil ich nicht glaubte, daß die NIOC so schnell reagierte.

Wir sprachen über die Ölförderung, die nun langsam auf 660000 Barrel täglich gestiegen war. Das dürfte ausreichen, um den Bedarf von Teheran und Umgebung zu decken, aber in anderen Teilen des Landes würde es weiter Engpässe geben. Die NIOC hatte die Bevölkerung der Städte aufgefordert, ihren Verbrauch einzuschränken, damit mehr in entlegene Provinzen geliefert werden konnte.

Die Haltung der Opposition zum Militär war an einem neuen Tiefpunkt angelangt, vielleicht wegen der Niederschlagung der Unruhen auf dem Universitätsgelände, vielleicht auch wegen der Zusammenstöße auf dem Luftstützpunkt Khatami. Im Moment wurde das unzutreffende Gerücht verbreitet, 165 Angehörige der Luftwaffe seien verhaftet worden und sollten vor Erschießungskommandos kommen. Bachtiar hatte dies bereits dementiert, aber der Schaden war vielleicht schon da.

Wir erfuhren, daß bei den gestrigen Krawallen acht Soldaten verwundet worden waren, drei von ihnen schwer, als ein nicht identifizierter Schütze plötzlich das Feuer eröffnet hatte. Der Mann hatte angeblich Militäruniform getragen und ein sowjetisches automatisches Gewehr benutzt. Um den Volkszorn weiter zu schüren, hatte die Opposition beschlossen, die Leichen von acht Leuten, die Freitag bei der Universität getötet worden waren, auf dem Schahjad-Platz zur Schau zu stellen. Viele Demonstranten der Opposition hatten gewarnt: Wenn Chomeini nicht käme, würden die Maschinengewehre hervorgeholt werden. Das bestätigte unsere Meinung, daß sie ihre Waffen ausgaben und uns womöglich Schießereien bevorstanden.

Die Gruppe erwähnte Berichte der Medien, nach denen Militärs mit Chomeinis Leuten zusammengetroffen waren. Diese von der Opposition ausgestreuten Stories sollten unterstellen, daß die Streitkräfte unabhängig von der Regierung Bachtiar handelten. Ein sehr schlaues Manöver, um einen Keil zwischen Armee und Regierung zu treiben.

Ich fragte sie noch einmal verstohlen, ob sie Kontakt zum Schah gehabt hätten. General Gharabaghi erwiderte wie aus der Pistole geschossen, es gebe keinen direkten Draht, aber sie hätten gehört, daß er in Marokko bleiben wolle und sehr müde, sehr wortkarg und sehr traurig sei. Er habe Schlafstörungen und regelrechte depressive Schübe. Nach ihrer Ansicht werde er nicht zuletzt deshalb in Marokko bleiben, weil die Kinder und seine Schwiegermutter zu ihm nach Marrakesch gekommen seien, was kaum geschehen wäre, wenn Seine Majestät nicht beabsichtigte, eine Zeitlang dort zu bleiben.

General Gharabaghi teilte mir mit, daß Bachtiar sich mit Hassan Nazih in Verbindung gesetzt hatte, einem befreundeten iranischen Anwalt in Paris, der auch sehr gute Beziehungen zum Ayatollah unterhielt. Nazih hatte die Botschaft, in der Bachtiar den Ayatollah aufforderte, seine Rückkehr um seiner persönlichen Sicherheit willen zu verschieben, an Jazdi weitergeleitet. Aber dieser erklärte ihm, daß es zu spät sei: Chomeini habe seinen Entschluß gefaßt, und nichts könne ihn umstimmen.

Knapp drei Stunden nach dieser Antwort hatte Bachtiar die Flughäfen des Landes geschlossen, und Chomeini wußte plötzlich nicht mehr, wie er heimkehren sollte. Wie der Anwalt es ausdrückte, war dies der letzte Akt eines absurden Dramas auf der Bühne Iran – der Ayatollah in einer Ecke, die Armee in der anderen und das wankende Regime Bachtiar dazwischen. Bachtiar hatte den Eindruck erweckt, die Flughäfen seien von den Streitkräften geschlossen worden, aber der Ayatollah gab ihm die Schuld und brandmarkte ihn als Verräter – eine Sprache, die er bisher nur für den Schah benutzt hatte.

Der Anwalt meinte, Bachtiar solle zurücktreten und Chomeini heimkehren lassen. Er sei nach langen Gesprächen mit Chomeini zu zwei Schlüssen gekommen. Zum einen würde der Ayatollah sich mit keiner Regierungsform zufriedengeben, die nicht die Monarchie abschaffe, und zum anderen sei er ehrlich nicht an einem Regierungsamt für sich selbst interessiert. Der erste Punkt bestätigte, was der Schah mir über Chomeinis tiefen persönlichen Haß auf die Pahlewi-Dynastie berichtet hatte. Von seinen angeblich nicht vorhandenen politischen Ambitionen war ich weniger überzeugt.

Ich ging wieder in unser Büro und erfüllte General Haigs Bitte, ihn auf den Verteiler meiner Depeschen zu setzen. Ich entwarf einen Funkspruch, in dem ich ihn entsprechend informierte, zugleich aber darauf hinwies, daß ich fast nur über die sichere Telefonleitung mit Washington zu tun hatte. Ich wußte, daß er das verstand; denn wir hatten oft darüber diskutiert. Ich teilte ihm mit, die Aussichten hier seien alles andere als rosig, obgleich wir meines Erachtens etwas an Boden gewonnen hätten. Ich führte die eindrucksvolle Parade der Kaiserlichen Garde, unsere friedliche Demonstration mit 300000 Teilnehmern am Donnerstag und das zurückhaltende Auftreten der oppositionellen Demonstranten als Fortschritt an. Ich wies darauf hin, daß die Opposition angefangen hatte, ihre Demonstrationen genehmigen zu lassen, nachdem Bachtiar die Durchführung des Kriegsrechts verkündet hatte, und daß sich die Teilnehmer der genehmigten Kundgebungen durchaus ordentlich verhielten. Die Vorfälle auf dem Universitätsgelände gingen auf das Konto der Tudeh-Partei und würden mit der gebotenen Strenge geahndet. Niemand könne behaupten, sie seien nicht gewarnt worden.

Auch die Schließung der Flughäfen sei ein Zeichen für die Entschlossenheit der Regierung. Die Opposition bekomme anscheinend Risse. Mehr Leute hätten die Arbeit wieder aufgenommen, was stabilisierend wirke, obgleich es den Chomeini-Kräften zu verdanken sei. Die Banken öffneten drei Tage in der Woche, allerdings nur für bestimmte Transaktionen. Zollabfertigung und Transportwesen liefen etwa mit halber Kraft. Der Telefon- und Telegrafenstreik sei beendet, obgleich die Angestellten ihren Dienst nur sehr schleppend wieder anträten.

Auf der linken Seite der Bilanz stehe eine offenbar gefährlich schlagkräftige, kommunistische Gruppe, und die Behörden besäßen nicht die nötige Erfahrung, um mit ihr fertig zu werden. Polizei und Soldaten seien einfach nicht schlau genug, deren Mitglieder ausfindig zu machen und festzunehmen. Ich erläuterte, wie die Kommunisten eine Gruppe infiltrierten, ein Problem fabrizierten und dann einfach in der Menge untertauchten. Wir hätten niemanden, der gerissen genug sei, um sie zu erwischen. Die Lage werde dadurch verschlimmert, daß es jetzt mehr Leute gebe, die in Untergrundarbeit ausgebildet seien, und daß täglich weitere Waffen ins Land strömten.

Zu Bachtiars Bereitschaft, nach Paris zu fliegen, sagte ich schließlich, daß wir sein Angebot für sehr vernünftig hielten. Er habe eine Menge persönlichen Stolz runterschlucken müssen, und Chomeinis Reaktion sei absolut überzogen. Bachtiar träte gewiß nicht zurück.

Ich fuhr zur Botschaft zurück und ging zu Sullivan, der mir berichtete, daß die Opposition nach seinen Informationen wenig Verständnis für die Bedingungen hätte, von denen Chomeini ein Zusammentreffen mit Bachtiar abhängig mache. Sie seien enttäuscht, daß der Ministerpräsident nun wahrscheinlich nicht nach Paris fliegen werde. Der Botschafter war überzeugt, daß Oppositionsmitglieder wie Bazargan und Ayatollah Beheschti Chomeini gedrängt hatten, seine Forderungen zu mildern. Viele von ihnen würden solche Verhandlungen begrüßen. Aber wir hatten es mit einem zänkischen und dickköpfigen, neunundsiebzigjährigen Ayatollah zu tun, der völlig unflexibel zu sein schien.

Der Botschafter sagte, einige Oppositionsführer hätten den Schah ganz gern behalten, allerdings als Oberhaupt einer parlamentarischen Monarchie, etwa wie König Olaf von Norwegen. In dieser Eigenschaft hätte er einige seiner ausgezeichneten Programme fortsetzen können. Es sei keineswegs so, daß jeder in der Opposition das Land um zwei oder drei Jahrhunderte unter die Knute eines tyrannischen Ayatollah zurückwerfen wolle. Mir schien, daß die Lage allmählich die gewünschte Form annahm. Doch wenn unglücklicherweise Chomeini in den nächsten Tagen zurückkehrte, würde seine Ankunft den Lauf der Dinge wahrscheinlich ändern. Wenn wir nur noch dreißig bis sechzig Tage hätten!

Am Abend hatten wir mehr als die üblichen Schwierigkeiten mit der sicheren Leitung. Als erstes berichtete ich dann über die Homofars, aber der Verteidigungsminister kam schnell auf sein altes Thema zu sprechen: Was ich wirklich von den Streitkräften hielt? Ob ich immer noch glaubte, daß sie einer echten Krise gewachsen wären? Ich bejahte uneingeschränkt. Ich sagte, wir hätten täglich mehr Probleme, aber sie würden schnell und vernünftig gelöst. Meiner Ansicht nach basiere die Unruhe größtenteils auf Untätigkeit, zum Beispiel bei den Luftlandetruppen der Armee und bei den Luftstreitkräften, die einfach nicht genug Treibstoff hätten. Die Bodentruppen seien mit der Durchsetzung des Kriegsrechts beschäftigt und könnten ohne Treibstoff exerzieren und machten infolgedessen auch kaum Probleme.

Der Verteidigungsminister interessierte sich sehr für Bachtiars beabsichtigte Reise nach Paris und wollte wissen, inwieweit sie sich auf die Lage auswirken könnte. Würde das Militär unruhig werden, wenn er zu lange fortbliebe, und voreilige Schritte ergreifen? Könnte der Schah denken, dies sei der rechte Augenblick, um zurückzukehren und die Dinge unter Kontrolle zu halten? Ich verneinte beides glatt. Ich war zuversichtlich, daß das Militär mitmachte, falls niemand versuchte, die Regierung zu stürzen; wenn das jedoch geschähe, dachte und hoffte ich, würde es handeln. Ich hatte die Gruppe nach Kontakten zum Schah gefragt, und alle sechs bestritten, mit ihm in Verbindung zu stehen. Ich war sicher, daß sie eine Rückkehr des Schah allesamt für ein Unglück hielten, und falls ein Kontakt zu ihm bestand, würden sie ihm dies vermutlich auch sagen.

Der Minister sprach von den US-Truppen in der Gegend. Der

Flugzeugträger «Constellation» hatte einige Zeit als Teil des militärischen Zusatzprogramms in Singapur gelegen und mußte nun zu Wartungsarbeiten zurück nach Subic Bay. Brown fragte, ob das Probleme für mich schaffen würde. Ich verneinte, denn im Bewußtsein der Iraner war der Trägerverband nie bis in den Indischen Ozean vorgedrungen, so daß sein Abziehen von niemandem als Signal gedeutet werden konnte. Die Sowjets zögen vielleicht andere Schlüsse, aber meinetwegen könne der Flugzeugträger heimfahren.

Ich schloß mit dem neuen Kapitel der Tanker-Saga. Ich drängte den Minister, ihn vor der Küste liegenzulassen, weil ich überzeugt war, Mittel und Wege zum Entladen zu finden, wenn die Situation wirklich brenzlig wurde.

Montag, 29. Januar 1979

Der Tag begann mit einer Attacke der *Prawda*, die mich als «Vize-Regenten» bezeichnete und für alle Schwierigkeiten im Iran verantwortlich machte. Man deutete meine Mitwirkung bei der blutigen Niederschlagung der Demonstrationen an.

In General Gharabaghis Büro sprachen wir als erstes über Bachtiar. Er hatte inzwischen beschlossen, nicht nach Paris zu fliegen, und dachte nicht daran zurückzutreten. Er versprach, den Flughafen wieder zu öffnen, und obwohl er kein Datum nannte, ging aus seinen Worten hervor, daß es noch heute sein würde. Außerdem hatte er gesagt, daß er den Ayatollah zurückkehren lassen würde, aber nicht, wann.

Die Gruppe hatte mit dem Ministerpräsidenten die Marschroute für den Fall des Falles diskutiert. Sie wollten die Truppen dann von den Massen fernhalten und nur benutzen, um außer Bachtiar und seiner Regierung die wichtigsten öffentlichen Einrichtungen zu schützen. Außerdem hatten sie beschlossen, sich um ein Zusammentreffen mit führenden Oppositionsvertretern zu bemühen, um diese Grundregeln abzustimmen. Insbesondere wollten sie mit Bazargan sprechen, den sie für heute um eine Unterredung gebeten hatten.

Der Ministerpräsident wollte auch den Streitkräften mitteilen, daß er Chomeini erlaube zurückzukehren. Der Ayatollah werde sich hoffentlich vernünftiger zeigen, wenn er wieder im Lande sei. Falls er seine in Paris geäußerten Ansichten nicht ändere, müßten sie sich allerdings auf Auseinandersetzungen gefaßt machen. Bachtiar war inzwischen überzeugt, das Hinauszögern der Rückkehr von einem Tag zum nächsten könne nicht ewig so weitergehen. Sie müßten Chomeini die Rückkehr erlauben, und jetzt sei kein schlechterer Zeitpunkt als irgendwann später. Es gebe zwar immer noch viele offene Fragen, wie sie ihn behandeln und bis zu welchem Grad sie seine Possen dulden sollten. Deshalb hatte Bachtiar auch für heute abend eine Sitzung des Regentschaftsrats anberaumt. Die endgültigen Pläne wollte er dann anschließend mit dem Militär durchsprechen. Außerdem wollte er sie mit Botschafter Sullivan erörtern. General Gast und ich waren darüber sehr froh.

Die Gruppe informierte mich über den jüngsten Stand der Homofar-Affäre in Isfahan. Die Sache schien ins reine gebracht zu sein; denn die Homofars hatten ihre Gewehre abgegeben. Doch hatte sich ein unangenehmer Zwischenfall ereignet, in den ein amerikanischer Angestellter des Hubschrauberunternehmens Bell verwickelt war: Er hatte ein Taxi genommen, und als der Fahrer kassieren wollte, war es zu einem Streit gekommen, bei dem der Fahrer ein Messer zückte. Der Amerikaner zog eine Pistole, erschoß ihn und flüchtete dann in ein Hotel, wo er sich in einem Zimmer verbarrikadierte. Die Sache konnte sich zu einer ernsthaften Zerreißprobe auswachsen. Wir würden sie sehr vorsichtig ausbügeln müssen. Was unsere Seite betraf, mußten wir dem Botschafter alle diesbezüglichen Schritte überlassen.

Ich berichtete ihnen, Washington sorge sich jeden Tag mehr um die Sicherheit und das Wohlergehen der verbliebenen Amerikaner. Wir hätten vom State Department die Anweisung bekommen, alle restlichen US-Bürger zu evakuieren. Wir versuchten auch, die Militärberatergruppe zu reduzieren. Wegen der ständig wachsenden Bedrohung würden wir gern mit Hilfe der Gruppe ein Gebäude beschlagnahmen, wo wir unsere Leute gemeinsam unterbringen und wirksamer schützen könnten. Mir schwebte ein Hotel in Teheran vor, in erster Linie für die verbleibenden Militärberater. Obgleich der Flughafen für Zivilflüge geschlossen war, holten wir mit Maschinen des Militärischen Luftbrückenkommandos weiterhin Leute heraus. Doch die Opposition würde irgendwann wissen wollen, warum amerikanische Maschinen starten und landen konnten, andere aber nicht.

Das antiamerikanische Fieber war in den letzten Tagen rapide gestiegen. So besagte eine vorläufige Meldung, daß einer unserer Offiziere, Oberstleutnant Larry Davis, gestern abend angegriffen worden war. Er befand sich auf dem Heimweg zu seiner Wohnung, als ein Mann auf ihn zulief, aus geringer Entfernung zwei Schüsse aus einer kleinkalibrigen Pistole abgab und das Weite suchte. Davis war verwundet, wenn auch nicht ernsthaft.

Gharabaghi gab mir den Rat, ich solle ebenfalls vorsichtig sein. Er fragte, ob ich wisse, daß mein Bild durch die Straßen getragen werde und die Leute dazu «Huyser muß sterben» riefen. Ich bejahte, aber sie möchten bitte Bescheid geben, wenn sie von weiteren Drohungen gegen mich hörten. Falls sie meinten, ich fordere durch meine Anwesenheit zu Anschlägen auf andere Amerikaner auf, würde ich selbstverständlich erwägen, das Land zu verlassen. Sie erklärten nachdrücklich, daß sie das nicht wollten.

General Toufanian kam dann auf Eric von Marbods Auftrag zu sprechen, und wir diskutierten eingehend die Absichtserklärung. Er sagte, es werde womöglich sehr schwer für ihn sein, sie zu unterschreiben, und wenn er es täte, würde er sie auf den 1. Januar rückdatieren müssen. Er meinte, jeder, der sie unterzeichne, würde sich im Fall einer Machtübernahme durch die Opposition gefährden. Ich erwiderte, ich sei mir dieses Risikos bewußt, und wir würden versuchen, Washington zu überreden, ihnen bei der Formulierung möglichst weit entgegenzukommen. Ich sei ihm jedoch für seine Kooperation dankbar, da wir unbedingt etwas Schriftliches brauchten.

Wir sprachen noch über den Treibstofftanker. Sie glaubten, es gäbe eine Chance, ihn morgen zum Entladen wieder flußaufwärts zu schicken. Ich teilte ihren Optimismus nicht.

Während wir so redeten, brausten F-14 über uns hinweg. Ich fragte General Rabii: «Was haben Sie vor?» Er antwortete: «Ich erfülle nur Ihre Bitte, Stärke zu demonstrieren und klarzustellen, daß die Ausrüstung noch im Land ist.» Ich sagte: «Sehr gut. Wie viele lassen Sie heute aufsteigen?» Er entgegnete: «Wir machen über hundert Einsätze, damit die Leute sehen, daß wir nach wie vor fliegen können und daß die Maschinen noch da sind.» Er warf sich triumphierend in die Brust.

Plötzlich kam die telefonische Nachricht, daß die Opposition Vorbereitungen treffe, das Polizei-Hauptquartier in Teheran zu stürmen. Ich erklärte, daß sie es als eine wesentliche Regierungseinrichtung betrachten und entsprechend schützen sollten. Das geeignete Mittel bestand meines Erachtens darin, über die Demonstranten hinwegzufeuern und Tränengas einzusetzen. Wenn das nichts bewirke, müßten die Gewehre gesenkt werden, damit die Leute begriffen, daß es den Truppen ernst sei. General Gharabaghi ließ sich sofort mit Bachtiar verbinden und läutete dann nach seinem diensthabenden Offizier. Nachdem er ihm auf Farsi schnell einige Anweisungen erteilt hatte, wandte er sich wieder an mich und sagte, sie würden entsprechend vorgehen.

Der nächste Anruf informierte uns darüber, daß die Demonstranten einen leitenden Offizier des Polizei-Hauptquartiers, Generalmajor Taqu Latifi, in ihre Gewalt gebracht hatten. Kurz danach bekamen wir die Meldung, daß die Truppen unsere Anweisungen buchstabengetreu ausführten. Sie hatten versucht, die Menge aufzuhalten, ohne die Gewehre zu senken, aber vergeblich. Also hatten sie auf die Anführer gezielt und geschossen. Wir hatten noch keinen genauen Bericht über die Zahl der Opfer, aber die Methode hatte die Menge bestimmt abgeschreckt.

Wir erfuhren nun, daß Chomeini beschlossen hatte, seine Rückkehr nach Teheran um weitere zwei oder drei Tage zu verschieben. Abermals gingen wir alle Möglichkeiten für das schicksalhafte Ereignis durch. Die Gruppe wirkte entspannt und besonnen. Aber ich fragte mich, wie lange diese Verfassung nach der Rückkehr des Ayatollah anhalten würde. Ich konnte ein plötzliches Umfallen einfach nicht ausschließen.

Ich ließ mich eiligst zur Botschaft zurückfahren, um zu hören, wie Sullivans Gespräch mit Bachtiar verlaufen war. Der Botschafter sagte mir, der Ministerpräsident sei sichtlich besorgter gewesen als bei ihrer letzten Begegnung, aber sonst hatte er nicht viel zu berichten. Wir diskutierten wieder über die Fähigkeit des Militärs, und ich erklärte erneut, es sei diszipliniert und gut organisiert. Der Botschafter widersprach abermals. Er glaubte noch immer, daß die überwiegende Mehrheit der Streitkräfte in dem Moment kapitulieren würde, in dem Chomeini seinen Fuß auf iranischen Boden setzte.

Dann sprachen wir über die Möglichkeit eines militärischen Eingreifens, falls Bachtiars Regierung zusammenzubrechen drohe. Auch in diesem Punkt waren wir entgegengesetzter Ansicht. Ich war überzeugt, daß sie gehorchen würden, wenn Bachtiar ihnen den Befehl gäbe, die Macht zu übernehmen. Botschafter Sullivan war vom Gegenteil überzeugt.

Als ich am Abend über das Botschaftsgelände zur Kanzlei ging, hörte ich auf den Straßen mehr Schüsse und Parolen als je zuvor. Die Volksseele kochte, und wir glitten zurück in unruhigere Zeiten. Die Wachen waren nervös.

Da Minister Brown nicht erreichbar war, gab ich meinen Bericht an Charlie Duncan und den Vorsitzenden der Vereinigten Stabschefs durch. Eine der dicksten Stories des Tages war der Zwischenfall mit dem Taxifahrer in Isfahan. Der Amerikaner hatte sich immer noch im Hotel verbarrikadiert, und eine ganze Reihe Iraner wartete darauf, ihn in die Hände zu bekommen. Unsere Konsulatsleute versuchten, die Angelegenheit zu regeln.

Ich berichtete, daß die Regierung beschlossen habe, den Flughafen wieder zu öffnen, wahrscheinlich morgen. Für die nächsten paar Tage rechnete ich zwar nicht mit der Rückkehr des Ayatollah, doch wenn er erführe, daß der Flughafen wieder frei sei, könnte er auch unverzüglich zurückkommen wollen. Jedenfalls trete der Regentschaftsrat heute abend deswegen zusammen. Sie fragten, wie die Massen sich meiner Meinung nach verhalten würden. Das hing weitgehend von Chomeini ab, sagte ich. Er könne sie, falls er wolle, unter Kontrolle halten. Sie fragten, ob wir meines Erachtens zu Bachtiar halten sollten. Ich bejahte uneingeschränkt. Er hatte in den letzten zwei oder drei Tagen mehr Stehvermögen gezeigt denn je, keine Spur von Wankelmut.

Sie waren zufrieden mit unseren Plänen zum Schutz der Amerikaner im Iran. Wir versuchten, sagte ich, möglichst viele zu evakuieren. Es hinge allein davon ab, wie schnell die Maschinen sie fortbrächten. Heute waren es 250, und morgen sollten es 300 sein.

Sie fragten nach meiner persönlichen Sicherheit. Ich antwortete, da die *Prawda*, Radio Moskau und Tass mir weit mehr unterstellten, als ich verdiente, und da die hiesige Presse mich für einen großen Teil der Gewalttätigkeiten verantwortlich mache, sei die Bedrohung auf einem Gipfel angelangt. Ich werde jedoch gut beschützt und mache mir keine Sorgen.

Ich bat sie, weniger Druck wegen einer schriftlichen Absichtserklärung über die Waffenlieferungen auszuüben. Einige Leute in Washington schienen einfach nicht zu kapieren, wie gelähmt und hilflos die iranische Regierung sei und daß sie alle Energie für den unmittelbaren Kampf brauche. Das Übermorgen sei für sie ein Jahrhundert entfernt. Ich betonte noch einmal, daß die Aktivität der PLO und der Kommunisten zunahm, nicht nur in Teheran, sondern im ganzen Land, und daß der Strom der Waffen aus dem Ausland mittlerweile zur Flut geworden sei. Einige würden von Afghanistan eingeschmuggelt, was ein reales Problem werden könnte.

Der Krach, der auf den Straßen herrschte, als ich zur Residenz zurückging, machte mir bewußt, daß die allgemeine Unruhe nach einigen relativ friedlichen Wochen wieder den Grad erreichte, den sie bei meiner Ankunft am 4. Januar gehabt hatte – nur könnte es diesmal noch schlimmer werden, weil die Leute genug Benzin für ihre Autos hatten. Wieder hing der Gestank brennenden Gummis in der nächtlichen Luft.

Dienstag, 30. Januar 1979

Beim Frühstück las ich eine Depesche General Haigs, der mir mitteilte, daß sie das Drama laufend verfolgten. Er stimmte meiner Lagebeurteilung zu und fuhr fort: «Es gibt fraglos Dinge, über die Sie und ich keine Kontrolle haben und über die ich nach Ihrer Rückkehr mit Ihnen sprechen will.» Ich hielt diese Äußerung für aufschlußreich, weil er offensichtlich auf den Standpunkt anspielte, den wir beide vor meiner Reise vertreten hatten: daß die Situation von vornherein aussichtslos sei. Er war eindeutig zu dem Schluß gekommen, daß alle weiteren Bemühungen nichts fruchteten. Er halte sich für größtmögliche Hilfe bei der nächsten Evakuierungsphase bereit, die seiner Ansicht nach hektisch werde, weil der Wolf sich dem Lamm nähere. Er stellte mir ausdrücklich frei, mich in jeder Angelegenheit, die in meinen oder Sullivans Augen einen direkten oder indirekten Druck erfordere, an ihn persönlich zu wenden. Es tat gut zu wissen, daß ich in ihm einen wichtigen Helfer hatte. Er schloß mit den Worten: «Passen Sie auf sich auf. Wir bewundern Sie alle. Alles Gute, Haig.»

Außerdem erregte wieder ein Artikel der *Prawda* meine Aufmerksamkeit. Das Blatt beförderte mich nunmehr zum «Generalstatthalter des Iran» und erklärte, ich hätte den Schah erfolgreich abgelöst. «General Huyser trägt also zusammen mit der Regierung Bachtiar und den Militärbossen die Verantwortung für das tägliche Blutvergießen in Teheran und anderen iranischen Städten.» Man behauptete, als Resultat der groben und offenen Einmischung Amerikas in die inneren Angelegenheiten des Iran finde nunmehr so etwas wie ein schleichender Militärputsch statt. Ohne diese Einmischung hätte sich die Lage längst wieder normalisiert.

Bei der Pressekonferenz des State Department hatte ein Fragesteller das «ziemlich unfreundliche Kompliment» der *Prawda* – er meinte die Bezeichnung «Vize-Regent» – erwähnt und gefragt, ob unsere Regierung dazu Stellung nehmen wolle. Der Sprecher des Außenministeriums hatte erwidert, wenn er als Privatmann spräche, würde er es als «Stuß» bezeichnen, doch in seiner offiziellen Eigenschaft sage er nur, es sei unzutreffend. Er fügte hinzu, er brauche keine Nachhilfe von der *Prawda*.

Ich fuhr zum Generalstabskomplex, und als wir am riesigen Eisentor ankamen, wurde der Fahrer ganz aufgeregt. Auf der Mauer um das Gelände stand eine Parole in großen roten Farsi-Lettern, und er zeigte einige Sekunden lang auf sie. Die Wachposten waren höflich wie immer, als sie uns abfertigten und durchließen, aber sie wirkten irgendwie nervös und blickten sehr aufmerksam in den Wagen. Ich fragte nach dem Grund der Aufregung, und der Fahrer antwortete, der Text der Parole laute: «Huyser muß sterben». Es bereitete ihm sichtlich Unbehagen; denn er hatte mich seit meiner Ankunft jeden zweiten Tag gefahren, und wir hatten inzwischen ein herzliches Verhältnis zueinander. Seine Besorgnis mochte schon in den vergangenen drei Wochen ungezählte Male angestiegen sein, doch diesmal gingen sie entschieden zu weit.

Als ich die Teheraner Zeitungen las, wurde mir klar, warum es letzte Nacht so laut hergegangen war. Nach dem Blutvergießen am Polizei-Hauptquartier hatte die Opposition beschlossen, das gesamte Vergnügungsviertel und dazu die Brauerei Schams in Südteheran niederzubrennen. Das waren natürlich symbolische religiöse Akte, mit denen die Stadt vom Bösen befreit werden sollte. Teheran hatte ein berüchtigtes Amüsierviertel, und seine Zerstörung war der schlimmste Fall von Brandstiftung seit dem großen Tag des 5. November. Die Brauerei Schams, ein Gebäudekomplex mit einem Kino, einigen Spirituosengeschäften und mehreren Restaurants, wurde durch einen, so ein Augenzeuge, «gewaltigen Brand, der riesige Rauchwolken in den Himmel quellen ließ, dem Erdboden gleichgemacht». Während die Brandstifter durch das Bordellviertel zogen, riefen sie: «Läuterung durch Feuer!» Eine Prostituierte mußte zusehen, wie ihr Arbeitsplatz in Flammen aufging, und lamentierte: «Zuerst kam die Ausgangssperre um elf Uhr, wenn wir gerade anfangen zu arbeiten, und jetzt brennen sie uns nieder. Wenn das die Islamische Republik ist, ziehe ich den Schah vor. Er hat uns wenigstens anschaffen lassen!»

Die Schlagzeile des *Kajhan* verkündete: «Bachtiar standhaft». Der Artikel schilderte seine Weigerung, Chomeinis Ansinnen nach Rücktritt zu erfüllen. Die Zeitung brachte ein Foto von General Latifi, dem Mann, den die Aufrührer beim Sturm auf das Polizei-Hauptquartier ergriffen hatten. Es zeigte ihn offenbar bewußtlos in den Händen des Mobs. Er lag angeblich im Koma und hatte von Kopf bis Fuß Stichwunden, Quetschungen und Schrammen. In dem Bericht hieß es, sein blauer Dienst-Mercedes sei beim Erreichen des Platzes von der Menge angegriffen worden. Der Fahrer flehte um Gnade, doch die Angreifer traten ihn fast bewußtlos und ließen ihn neben dem brennenden Wagen liegen. Dann richtete sich ihr ganzer Zorn gegen den General und sie schrien: «Tötet ihn, tötet ihn!» Sie rissen ihm die Haare aus, drückten seine Augen aus den Höhlen und zerkratzten sein Gesicht. Er blutete bereits schrecklich, als jemand noch einen Dolch zog und ihm in seine Seite bohrte.

Einem anderen Artikel zufolge machte der Schah Präsident Carter persönlich für den Zusammenbruch seines Landes verantwortlich. Außerdem kritisierte er seine früheren Ratgeber, die ihn aus mißverstandener Loyalität von der Wirklichkeit abgeschirmt und zu einer Fehleinschätzung der Stimmung im Land veranlaßt hätten. Er sagte, Präsident Carter habe ihm bei seinem Trinkspruch auf der Silvesterparty 1977 im Njarawan-Palast ewige Bruderschaft gelobt, doch danach sei ihm Washington laufend in den Rücken gefallen. Bei der Zuspitzung der iranischen Krise habe er nur deshalb nicht entschieden durchgreifen können, weil er sich nicht auf die Unterstützung Amerikas verlassen konnte.

Schließlich – so der Schah – habe Washington dann versucht, ihn zum Abdanken zu zwingen. Als er sich weigerte, habe der CIA den Befehl bekommen, seine Herrschaft zu untergraben. Er sagte, Präsident Carters ganze Haltung zum Persischen Golf und seine Doktrin, die USA brauchten dort keinen Gendarmen mehr, hätten ihn entsetzt. Er hatte Präsident Sadat gegenüber offenbar geklagt, die Amerikaner seien einfach nicht imstande, das ganze Ausmaß der sowjetischen Ambitionen zu begreifen.

Warum der Schah damals nicht gehandelt hatte, ist mir bis zum heutigen Tag ein Rätsel. Vielleicht lag es an seiner schlechten Gesundheit, seiner Treue zu den USA in Verbindung mit dem Menschenrechtsproblem – wer weiß? Ich habe jedenfalls immer bedauert, daß er sich weigerte, das Thema zu diskutieren, als ich ihn bei unserer Begegnung vom 11. Januar darauf ansprach.

Ich war froh, als ich in General Gharabaghis Büro sah, daß General Rabii ein recht selbstzufriedenes Gesicht machte. Er war stolz auf seine Luftstreitkräfte, die gestern Stärke und Geschlossenheit demonstriert hatten. Sie waren, einschließlich der fünf F-14 über Teheran, hundertzwanzig Einsätze geflogen.

Gharabaghi berichtete, er sei gestern mit Bazargan zusammengetroffen, um die Maßnahmen bei Chomeinis Ankunft zu besprechen. Das Gespräch war sehr gut verlaufen. Er hatte Bazargan mit allem Nachdruck vor Augen gehalten, daß die Streitkräfte Bachtiar weiterhin uneingeschränkt unterstützten. Er hatte die allgemeinen Richtlinien und die Voraussetzungen für den Einsatz des Militärs bei Chomeinis Rückkehr dargelegt und in Bazargan einen sehr einsichtigen Gesprächspartner gefunden, der Zusammenstöße auf den Straßen unbedingt vermeiden wolle.

Einem neuen Gerücht zufolge wollte der Ayatollah nun erst am Donnerstag, den 1. Februar, zurückkehren. Es stand also fest, daß er bis zum Wochenende hier sein würde. Bachtiar hatte bekanntgegeben, die technischen Schwierigkeiten auf dem Flughafen seien nunmehr behoben, und ausdrücklich erklärt, er werde Chomeini die Rückkehr erlauben. Chomeini hatte gesagt, er werde kommen, sobald der Weg frei sei. Die Gruppe zeigte angesichts dieser Entwicklung nicht gerade starke Nerven, und ihre Geschlossenheit fing an, Risse zu zeigen. Einige befürworteten militärische Schritte vor der Ankunft des Ayatollah. Andere meinten, er solle nach der Landung kurzerhand ermordet werden. General Gharabaghi und Admiral Habiballahi hielten es für das beste, die Entscheidungen dem Ministerpräsidenten zu überlassen.

Gharabaghi sagte mir, sie wollten die Besprechung vor zwölf Uhr beenden, damit die Befehlshaber der Teilstreitkräfte noch heute zu ihren Truppen sprechen könnten. Die Truppen zeigten ebenfalls Anzeichen von Nervosität, da sie nun wußten, daß der Tag der Entscheidung noch diese Woche sein würde. Auf der dichtgedrängten Tagesordnung standen außerdem noch eine Sitzung des Regentschaftsrats und eine Zusammenkunft des Nationalen Sicherheitsrats.

Wir gingen ein paar allgemeine Richtlinien für beide Treffen durch. Unsere Grundprinzipien bestanden immer noch darin, direkten militärischen Kontakt mit den Massen zu vermeiden, weiterhin nur Befehle vom Ministerpräsidenten entgegenzunehmen und alle Sicherheitsvorkehrungen auf die wichtigsten Gebäude und Einrichtungen zu konzentrieren. Wir kamen überein, vorbehaltlich der Erlaubnis des Ministerpräsidenten morgen eine Parade von Bodentruppen in Teheran abzuhalten, um Stärke zu demonstrieren.

Ich teilte General Rabii mit, daß ich Brigadier General Kertesz auf seinen Vorschlag nach Süden geschickt hatte, um einige Stützpunkte zu inspizieren. Doch wegen der Empfindlichkeit der dortigen Homofars habe er einen Bogen um Khatami gemacht. General Kertesz werde mir über die anderen Luftstützpunkte eine schriftliche Bewertung vorlegen, die ich ihm, Rabii, anschließend zur Kenntnis bringen würde.

General Gharabaghi erregte sich über den gestrigen Zwischenfall am Polizei-Hauptquartier. Daß ein General derart mißhandelt worden war, mußte ihnen in aller Deutlichkeit vor Augen geführt haben, was eventuell auch jedem von ihnen blühte. Er polterte und versuchte, mir die Schuld in die Schuhe zu schieben, weil ich den Truppen befohlen hätte, die Gewehre zu senken und in die Menge zu feuern. Er sagte sogar, und zeigte dabei mit dem Finger auf mich: «Es ist Ihre Schuld. Das Blut klebt an Ihren Händen!» Das war mehr, als ich einzustecken bereit war, zumal er die Befehle selbst erteilt hatte, und weckte erneut meine Befürchtungen, wie er in einer echten Krise reagieren würde. Er plusterte sich immer mehr auf, und ich mußte erneut die Stimme heben und ein paar deutliche Worte sagen. Abschließend fragte ich ihn, ob die Taktik denn wichtiger sei als das Ziel. Ich hatte wie immer ein sonderbares Gefühl dabei: Mir war, als schelte ich Kinder aus.

Wir sprachen über die Brandstiftungen von gestern nacht, aber das Thema fesselte ihre Aufmerksamkeit nicht so, wie ich gedacht hatte. Ihr ganzes Verhalten strahlte ein beunruhigendes Zaudern aus, und es schien keinen Sinn mehr zu haben, die Besprechung fortzusetzen. Wir kamen überein, uns nach den beiden Ratssitzungen wieder zu treffen oder wenigstens telefonisch zu beraten.

Ich dachte über den entscheidenden Durchbruch der Opposition in den letzten Tagen nach. Wir hatten kaum etwas gegen die Elementargewalt dieser Volksbewegung ausgerichtet. Aber wir schwammen immer noch oben. Was für uns sprach und was Botschafter Sullivan, wie ich glaube, niemals richtig würdigte, war die unstrittige Tatsache, daß die Soldaten den Befehlen zur Durchsetzung des Kriegsrechts gehorchten. Sie waren bereit, auf ihre Landsleute und moslemischen Brüder zu schießen. Sie hatten bewiesen, daß sie das Nötige tun würden. Das hatte die religiösen Führer, die einen Kampf um Herz und Verstand der Streitkräfte begonnen hatten, offensichtlich beeindruckt und vielleicht überrascht. Sie droschen heftig auf die «ungesetzliche» Regierung Bachtiar ein, was einige Militärs fraglos nachdenklich stimmte. Aber ich hatte das Gefühl, daß die Truppen ihrer Führung gegenüber loyal bleiben würden, solange diese fest zusammenhielt.

Auf dem Rückweg zum Botschaftsgelände war der mittägliche Verkehr sehr stark. Es schien mehr als möglich, daß man mich als nächsten General aus dem Wagen zerren und gründlich in die Mangel nehmen würde. Ich registrierte etliche Blicke durchs Fenster. Ich trug Zivil und fuhr mit einem iranischen Chauffeur in unserem kleinen iranischen Pajkan, so daß sie kaum erkennen konnten, daß ich Amerikaner war. Ich glaube, wenn sie es gewußt hätten, hätten sie den Wagen bestimmt umgestürzt und angezündet.

Ich ging direkt zum Büro des Botschafters. Sullivan und seine Leute berichteten, die Opposition sei ebenso besorgt über Chomeinis Rückkehr wie alle anderen. Auch sie meine, ein weiterer Aufschub wäre für alle Beteiligten das beste. Die Spannung stieg mit jeder Minute, und ich fragte mich, wie lange das wohl noch ohne irgendeine gewaltsame Entladung weiterginge.

Botschafter Sullivan wiederholte seine Ansicht, es sei besser, das Militär von der Regierung Bachtiar abzukoppeln, vorerst ruhigzustellen und, wenn Chomeini zurückgekehrt sei, einfach auf ihn einzuschwören. Ich war anderer Meinung und stimmte dafür, Bachtiar nachdrücklich zu unterstützen, weil es meiner inneren Überzeugung entsprach, aber auch, weil Washington mich dahingehend instruiert hatte. Ich hielt einen Militärputsch für unendlich besser, als eine Chomeini-Regierung zu akzeptieren. Ich hätte mich zur Not mit irgendeiner Koalition zwischen Chomeini und Bachtiar abfinden können, falls unsere Prinzipien dadurch nicht aufgeweicht würden, aber selbst dem hielt der Botschafter entgegen, er zöge eine Chomeini-Regierung vor. Ich schlug vor, daß ich Washington über unsere entgegengesetzten Standpunkte unterrichtete; dann hätte das Weiße Haus Argumente und Aussagen aus erster Hand, um sich zu entscheiden. Sullivan erhob keinen Einwand. Er hielt es sogar für eine gute Idee, damit die Administration eine breitere Handlungsgrundlage bekäme.

Nach dem Dinner ließ ich mich zur gewohnten Zeit mit Washington verbinden, und Minister Brown kam schnell an den Apparat. Die brennende Frage lautete natürlich: Wann kommt Chomeini? Ich antwortete, er würde unter Umständen schon Donnerstag eintreffen, vielleicht aber auch erst Freitag, um vom moslemischen Tag der Ruhe und des Gebets zu profitieren. Dann hätte er von Anfang an Zugang zur größtmöglichen Zahl von Anhängern. Es gebe allerdings ein kleines Problem mit der Air France, die ihre Regierung ersucht hatte, die Sicherheit des Flugs zu garantieren. Für die französische Regierung sei das noch nie dagewesen, und sie hätten keine Eile, die Forderung zu erfüllen.

Ich glaube, der Minister spürte am anderen Ende der Leitung meine Besorgnis; denn er fing an, über die Haltung der Militärführung zu schimpfen. Ich mußte zugeben, daß sie heute morgen zunehmend nervöser geworden waren. Anschließend waren sie mehrere Stunden wie vom Erdboden verschwunden gewesen, und ich hatte sie nicht ausfindig machen können. Sie waren in den beiden Sitzungen, und da ich spätabends Hubschrauber hörte, folgerte ich, daß es lange gedauert hatte.

Dann berichtete ich über das Gespräch zwischen Gharabaghi und Bazargan und buchte es als Aktivposten für uns. Zumindest seien die religiösen Führer und die Opposition jetzt über die Marschroute informiert und wüßten, daß Bachtiar und das Militär entschlossen seien, sie einzuhalten.

Minister Brown wollte wissen, ob es meiner Meinung nach eine dritte Partei gäbe, die Schwierigkeiten machen könnte, und eben dies war natürlich auch eine meiner ständigen Befürchtungen. Auf deren Konto ging schließlich weitgehend das kürzliche Blutvergießen. Ich sagte ihm, ich sei nicht sicher, wer die dritte Kraft eigentlich sei – die PLO, hiesige Terroristen, Kommunisten oder eine Verbindung von allen dreien. Wahrscheinlich gehörten auch ganz gewöhnliche Strolche dazu. Zweifellos wuchsen ihre Kräfte. Jede Menge Leute trugen Waffen, und man konnte die Schüsse in der Nacht kaum noch zählen.

Als ich unsere geplante Parade der Bodentruppen erwähnte, entstand eine Pause. Nun spürte ich Besorgnis am anderen Ende der Leitung. Brown fragte, ob ich das Risiko eines solchen Unternehmens gegen den Gewinn aufgewogen hätte. Selbstverständlich hatte ich das. Ich wußte, daß man Risiken eingehen mußte, und das, was wir mit der Parade erreichen würden, konnte das Risiko bei weitem aufwiegen. Es hätte Gewalt gegeben, sagte ich, und wir seien notfalls auf mehr Gewalt vorbereitet, um unsere Stärke zu zeigen, damit fertigzuwerden. Dann legte ich meine Ansichten über die Kampfkraft der Truppe dar und erläuterte behutsam, warum Botschafter Sullivan anderer Meinung war. Ich sagte auch, daß Bachtiars Überleben einzig vom Militär abhinge, da die Wirtschaft unter der Knute der Opposition stände.

Ich erstattete Meldung über unser Evakuierungsprogramm. Gestern waren 300 Personen ausgeflogen worden, und heute konnten etwa 200 gehen. Wenn alles nach Plan lief, würden wir bis morgen abend alle, die dem Verteidigungsministerium unterstanden, rausgeschafft haben.

Als ich dem Minister berichtete, welche Sprache ich am Vormittag bei der Gruppe gebraucht hatte, erinnerte er mich recht nachdrücklich daran, daß meine Aufgabe nur sei, sie zu beraten. Die Entscheidungen sollten von den Iranern selber getroffen werden. Ich verstand, daß dieser Punkt äußerst wichtig für Washington war. Da die *Prawda* mich als Militärgouverneur und Vize-Regenten und Nachfolger des Schah hinstellte, konnte ich die diesbezügliche Empfindlichkeit der Administration verstehen; aber es ging mir gegen den Strich. Ich wollte Taten. Es stimmte natürlich, daß Washington die Schuld bekommen würde, wenn etwas schiefging, und das konnte jeden Moment passieren. Dennoch hatte ich mich in der ganzen Zeit immer an meine Beraterfunktion gehalten. Das Problem war, daß der Schah zu der Gruppe gesagt hatte: «Hört auf ihn, vertraut ihm und gehorcht ihm, er ist euer General!»

Ich berichtete von General Kertesz' Reise zu den südlichen Stützpunkten. Er habe sich uneingeschränkt positiv über Disziplin, Moral und militärische Bereitschaft ausgesprochen. Einige Soldaten hätten fraternisiert, aber ihre Zahl falle nicht ins Gewicht.

Der Kern meines Berichts war, daß ich – obschon meine Stimmung inzwischen auf einem Tiefpunkt angelangt war – glaubte, Bachtiar würde durchhalten, solange das Militär fest hinter ihm stünde. Die Befehlshaber ließen genügend Entschlossenheit erkennen. Doch Gharabaghi schätzte ich seit seiner Reaktion auf den Kampf vor dem Polizei-Hauptquartier mehr und mehr als Risikofaktor ein. Ich berichtete umfassend und sachlich über Bill Sullivans und meine Ansicht, wer durch das Militär unterstützt werden solle, und fügte hinzu, ich würde es begrüßen, wenn Washington mir wegen unserer Meinungsverschiedenheiten Richtlinien gäbe. Es wäre gut zu wissen, welche Art Regierung Washington derzeit wirklich favorisiere. Der Minister antwortete, er werde das Thema mit dem Präsidenten diskutieren, und ich bekäme dann Nachricht.

Auf dem Weg zur Residenz war der Lärm auf den Straßen noch

ohrenbetäubender als gestern abend. Überall knallten Schüsse von automatischen Waffen, und der Krawall war in Anbetracht der bereits begonnenen Sperrstunde schier unglaublich. Es schien, als kochten die Emotionen der ganzen Stadt über. Alles schien einem schrecklichen Höhepunkt entgegenzutreiben.

Als ich in meinem Zimmer war, konnte ich trotz meiner völligen Erschöpfung einfach noch nicht ins Bett gehen. Meine Befürchtungen, was in den nächsten achtundvierzig Stunden alles passieren könnte, ließen meinen Adrenalinspiegel rapide ansteigen. Ich setzte mich hin und schrieb einen Lagebericht für meinen Chef, General Al Haig, um ihn über die jüngsten Entwicklungen zu informieren. Er schien unbedingt wissen zu wollen, was vor sich ging, und wurde offensichtlich von keiner anderen Seite auf dem laufenden gehalten. Er hatte jedoch ein Recht, Bescheid zu wissen, und sei es nur, weil er die Truppen befehligte, die im Fall einer äußeren Intervention am schnellsten eingreifen konnten. Er spielte auch eine Schlüsselrolle bei der Formulierung der westlichen Rußland- und Warschauer Pakt-Politik.

Ich erzählte ihm, die Lage habe sich in den letzten vierundzwanzig Stunden grundlegend geändert. Ministerpräsident Bachtiar habe der Rückkehr Chomeinis zugestimmt. Die Flughäfen seien wieder geöffnet, so daß es hier nichts mehr gäbe, was den Ayatollah aufhalten könnte. Ich hoffe, dessen Begeisterung habe sich auf Grund der steigenden Bedrohung seiner Sicherheit, die ihm kaum verborgen geblieben sein dürfte, ein wenig gelegt. Aber wir seien nicht sicher, daß seine Pariser Helfer, besonders Jazdi, ihm ein wahres Bild vermittelten. Wir seien uns nicht einmal der wahren Beweggründe und Loyalität einiger seiner Helfer sicher – das heißt, wir wüßten nicht genau, ob sie nun wahre Chomeini-Jünger oder Verbündete der Kommunisten oder der PLO seien oder aber schlicht Opportunisten, die nur ihren eigenen Vorteil im Auge hätten.

Ich erläuterte General Haig, daß diese dritten Parteien praktisch die alleinige Verantwortung für den Ausbruch von Gewalt in den letzten zwei oder drei Tagen trugen. Bis dahin sei es noch vergleichsweise friedlich und ordentlich zugegangen. Nach meiner Überzeugung werde die Entwicklung weitgehend von außen gesteuert und die Zentrale befinde sich in Moskau.

Die Sowjets hätten meines Erachtens zwei Ziele. Zum einen wollten sie das Land unter ihre Kontrolle bringen, und zweitens wollten sie die USA diskreditieren, wozu sie meinen Namen benutzten. Ich erwähnte dies, weil ich wußte, wie aufmerksam Al Haig die Berichterstattung von Radio Moskau, Tass und der *Prawda* verfolgte. Die antiamerikanische Kampagne laufe jetzt auf Hochtouren. Sie werde hervorragend organisiert und methodisch durchgeführt und zeige nicht nur bei der Opposition Wirkung, sondern auch in unserem eigenen Lager.

Zur Rückkehr des Ayatollah wiederholte ich den Standpunkt, den ich schon in Washington vorgetragen hatte, und betonte, nunmehr besäßen beide Seiten genügend Waffen für einen regelrechten Bürgerkrieg. Wenn Chomeini bereit sei, Vernunft anzunehmen, könnte es vorteilhaft sein, ihn für persönliche Verhandlungen hier in Teheran zu haben. Dabei müßte man die Ansichten der vernünftigeren, hiesigen religiösen Führer gegen die Hirngespinste seiner Pariser Ratgeber in die Waagschale werfen. Ich gab mich allerdings nicht der Illusion hin, daß Chomeini hinsichtlich der Kontrolle über das Land vernünftig oder auch nur rational reagieren würde.

Mittwoch, 31. Januar 1979

Schon frühmorgens waren die Straßen in Aufruhr. Das Tohuwabohu hatte einen Punkt erreicht, der Blutvergießen erforderlich zu machen schien, um auch nur einen Anschein von Ordnung wiederherzustellen. Für die Behörden schienen gelegentliche Schrotladungen unvermeidlich, während die Opposition persische Taktiken von Beschimpfungen bis zu schwersten Körperverletzungen anwandte, um die erwünschte Aufmerksamkeit auf sich zu lenken.

Der Botschafter und ich diskutierten darüber, wie lange ich noch bleiben sollte. Seine Quellen wiesen darauf hin, daß meine von der sowjetischen Propaganda und damit auch von den iranischen Medien groß herausgestellte Anwesenheit nun auch Drohungen gegen andere Amerikaner auslöste. Wir besprachen, ob meine Anwesenheit in dem wirklichen kritischen Zeitraum kurz nach Chomeinis Rückkehr von Vorteil oder Nachteil sein würde. Ich versprach, gründlich darüber nachzudenken. Wenn Hunderttausende einem auf den Straßen den Tod wünschen, hat man wirklich nicht mehr das Gefühl, willkommen zu sein.

Die Morgenmappe enthielt weitere Gründe zur Sorge. Es schien nunmehr festzustehen, daß Chomeini morgen, am 1. Februar, zurückkommen würde. Schwerer wog, daß er alle Iraner aufgefordert hatte, der Regierung nicht zu gehorchen. Die Tonbandbotschaft war auf elektronischem Weg ins Land gekommen und dann über ein ausgeklügeltes System verbreitet worden. Die Agenten des Ayatollah spielten sie über öffentliche Lautsprecheranlagen ab und vervielfältigten sie auf Flugblättern und Plakaten. Eine meisterhafte psychologische Kriegsführung. Chomeini verkündete in seiner «Botschaft an die Nation», die jetzige Regierung unterscheide sich nicht von der früheren; sie habe mit Massenmorden in Teheran und den Provinzen begonnen (was überhaupt nicht stimmte). «Mohammed Rezas Henker» seien unter dem Vorwand von Recht, Patriotismus und Unabhängigkeit auf unschuldige Menschen losgelassen worden. Die Regierung sei eine Verschwörung zur Förderung der kolonialistischen Interessen im Iran.

Chomeini fuhr fort: «Ihr habt den Hauptverräter zur schmählichen Flucht gezwungen. Kämpft weiter und treibt diese Ausgeburt, die nichts weiter als eine nichtswürdige Kreatur ist, ins Meer.» Dann wandte er sich an die Armee und bat diese «edle Klasse militärischer Kräfte, die ihre Hände noch nicht mit dem Blut junger Menschen besudelt haben, nicht die Schande auf sich zu laden, Verrätern zu gehorchen ... Dies ist eure Nation. Ihr seid die Nation. Begeht keinen Brudermord, um ausländische Interessen zu schützen.» Die Beamten forderte er ebenfalls auf, der Regierung nicht mehr zu gehorchen, die lediglich die Rechte des Volkes usurpiert habe. Vielleicht würde sich Chomeini auf einen Krieg der Worte beschränken, dachte ich. Aber wenn er daherkäme und eine provisorische Regierung ernannte, dürften wir das nicht dulden und müßten mit gebotener Schärfe reagieren.

Ich fragte den Botschafter, ob er etwas Neues über den Zwischenfall mit dem Taxifahrer in Isfahan wisse. Die Geschichte erwies sich als ziemlich bemerkenswert. Der Amerikaner wäre nach der Auseinandersetzung von Passanten zumindest zusammengeschlagen worden, wenn er nicht von einer Gruppe wohlwollender Iraner gerettet und in das nahe Kaurasch-Hotel gebracht worden wäre. Jemand alarmierte den amerikanischen Konsul, David McGaffey, einen jener unbesungenen Helden des State Department, auf die im Notfall immer Verlaß ist. Er bewies Geschicklichkeit und wahren Mut. Vor dem Hotel hatte sich eine Menschenmenge versammelt, die bereits kochte, als er versuchte, das Gebäude zu betreten. Man konnte sie jedoch in Schach halten, bis man sich mit dem örtlichen Ayatollah, dem moslemischen Führer der Stadt, in Verbindung gesetzt hatte. Ayatollah Chademi trat dann bald mit einigen Begleitern auf den Plan. Er sagte, er werde die beiden Amerikaner in sein Haus bringen und ihnen bis auf weiteres Schutz gewähren. Als sie gingen, benutzte die Menge die Gelegenheit, sowohl McGaffey als auch den Bell-Angestellten tätlich anzugreifen. Sie wurden in das Haus des Ayatollah gebracht, doch man ließ sie keineswegs wieder frei, sondern hielt sie nun als Geiseln fest. Offenbar sollten sie erst wieder freikommen, wenn die Behörde die Anklage gegen einige Kadetten der Luftstreitkräfte fallenließ, die wegen der Teilnehme an einer verbotenen Demonstration in Isfahan festgenommen worden waren.

Auf dem Weg ins Büro hatte ich den Eindruck, daß halb Teheran auf den Straßen war und Zeitung las. Ich konnte kaum abwarten, worum es ging. Auf dem Generalstabsgelände stand ein Panzer, dessen Geschütz genau auf das Tor gerichtet war, und er machte hier bestimmt keine Zielübungen.

Das *Tehran Journal* auf meinem Schreibtisch gab Auskunft über den Grund der Aufregung. «Chomeini kommt morgen», verkündete es quer über die ganze erste Seite. Unter einem Bild des Ayatollah in seinem schwarzen Gewand stand: «Wahrt Ruhe und Geduld, bis ich bei euch bin.» In dem Artikel hieß es, er werde um neun Uhr eintreffen. Der *Kajhan* machte mit «Morgen um 9 Grünes Licht für Chomeini-Flug» auf.

Die Mitteilung stammte vom Empfangskomitee der Opposition. Sie besagte ferner, daß die iranische Regierung das Gesuch der Air France um Landung einer Chartermaschine mit Chomeini und seinem Gefolge auf dem Flughafen Mehrabad positiv beschieden hatte. Dem Artikel zufolge hatte das Kabinett gestern abend beschlossen, die Flughäfen des Landes wieder zu öffnen, so daß nunmehr jedes Flugzeug mit dem Ayatollah an Bord in Mehrabad landen konnte. Eine Sondererlaubnis war nicht mehr erforderlich, aber Zivilmaschinen brauchten für das Eintreten in den iranischen Luftraum weiterhin die Genehmigung der Flugsicherung. Air France hatte bestätigt, daß sie eine Erlaubnis zur Landung einer Chartermaschine in Mehrabad erhalten hatte, aber es seien noch einige technische Schwierigkeiten zu lösen. Es sah ganz so aus, als sei der gefürchtete Tag gekommen.

Unter der Chomeini-Schlagzeile stand ein Artikel mit der Überschrift «US-Evakuierung». Er berichtete, daß die amerikanische Botschaft alle US-Bürger und entbehrlichen Regierungsangestellten angewiesen hatte, das Land so schnell wie möglich zu verlassen. Auch die entbehrlichen Mitarbeiter des State Department sollten heute ausreisen.

Ein anderer Artikel beruhte auf einer Erklärung von Tom Ross, Minister Browns Pressechef. Unter der Überschrift «Iran kürzt US-Waffenlieferungen» stand, daß die USA aufgrund der Lähmung der Regierung und mangelnder Gelder Waffenprogramme beschneiden würden. Eric von Marbod und ich verhandelten mit Regierungsvertretern über die Einzelheiten. Mir schwante, daß dieser Bericht mir Schwierigkeiten mit den Militärs machen würde.

Auf einer der nächsten Seiten des *Tehran Journal* las ich die Überschrift «Prawda: USA müssen Verantwortung für Blutvergießen teilen». Der Bericht mit Moskauer Datumszeile lautete: «Die *Prawda* erklärte gestern, daß der US-General Robert E. Huyser die Verantwortung für das kürzliche Blutvergießen in Teheran und anderen Städten mit der iranischen Regierung und dem Oberkommando teilen müsse ... Das Organ der Kommunistischen Partei behauptete, Huyser fungiere als Vize-Regent und leite auf Anweisungen des Schah Putschvorbereitungen führender Militärs.» Die *Prawda* hatte geschrieben: «Huyser, der Anfang Januar in Teheran eintraf, bekam die Rolle des Vize-Regenten und knüpfte effektive Beziehungen zum iranischen Oberkommando, um zu gewährleisten, daß es den Befehlen Washingtons gehorche ... Dies bedeutet im Klartext, daß General Huyser zusammen mit der Regierung und den Militärführern die Verantwortung für das tägliche Blutvergießen in den Straßen von Teheran und anderen Städten trägt.»

Ich rief Botschafter Sullivan an und fragte wieder, ob ich hier noch länger von Nutzen sei. Er antwortete, seine Leute hätten bei den Massen eine ausgesprochene Feindseligkeit gegen mich registriert. Man schüre gefühlsmäßige Ressentiments, weil man damit einen Buhmann habe. Die Leute hielten Amerikaner auf der Straße an und sagten ihnen, sie sollten schleunigst nach Hause fahren, wenn sie nicht erschossen werden wollten. Jeder weitere Tag, den ich in Teheran bliebe, könnte unserer Sache nur schaden, zumal Chomeini morgen um neun kommen werde. Dann sagte er, der Botschaft sei mitgeteilt worden, wenn ich das Land nicht verlasse, werde man überall im Iran gegen amerikanische Bürger vorgehen.

Ich erläuterte Minister Brown schriftlich, das Pflaster sei für mich in den letzten Tagen sehr heiß geworden, und die Ressentiments würden allmählich auf alle Amerikaner übertragen. Ich lenkte seine Aufmerksamkeit auf die beiden Zeitungen von heute, aus denen deutlich hervorging, daß ich nunmehr eine wandelnde Zielscheibe sei. Die gleiche Botschaft werde auch von Plakaten, Transparenten und Graffiti in der ganzen Stadt verbreitet. Ich persönlich würde lieber bleiben und meine Arbeit fortsetzen, aber der Botschafter meine, das könnte alles andere als vorteilhaft für die USA und die iranische Regierung sein, und ich fühle mich nicht berechtigt, der Einschätzung des höchsten amerikanischen Repräsentanten im Iran zu widersprechen, wenn er empfehle, ich solle vor Chomeinis Ankunft abreisen. Ich sorge mich nicht um meine persönliche Sicherheit – ich war in der Tat überzeugt, daß wir das regeln konnten –, sondern denke an das übergeordnete Ziel. Wenn der Verteidigungsminister es anordne, würde ich veranlassen, daß meine Maschine mich am 1. Februar um 6.30 Uhr Ortszeit in Mehrabad abhole. Ich würde selbst dafür sorgen, daß alles so unauffällig wie möglich vonstatten gehe.

Als nächstes bereitete ich den folgenden Funkspruch an mein Hauptquartier vor:

«Befehl zum Abholen. Ersuche um bestmögliche Koordinierung und Anweisungen, um Sicherheit zu gewährleisten, bis ich in der Luft bin und iranische Grenze hinter mir habe. Keine besonderen Funkrufzeichen oder Kodes für Maschine benutzen. Maschine am 1. Februar, 6.30 Uhr, in Mehrabad landen lassen. Wiederhole, 1. Februar, 6.30 Uhr Ortszeit. Sie soll von der Landebahn zur Militärseite rollen. Triebwerke nicht abstellen. Ich werde durch Bugeinstieg an Bord gehen, und wir werden sofort danach starten. Empfang mit Blitzmeldung bestätigen an Amerikanische Botschaft, Teheran, zu meinen Händen. Danke, und alles Gute.»

Dann wurde ich benachrichtigt, daß die Gruppe da war und mich in General Gharabaghis Büro erwarte. Ich ließ den Funkspruch abtippen und gab Anweisung, ihn mir danach zum Abzeichnen vorzulegen. Als General Gast und ich dann zu General Gharabaghis Büro gingen, war uns beiden klar, daß dort die Wellen hoch schlagen würden. Als wir den Raum betraten, standen alle mit einem Exemplar des *Tehran Journal* da. Sie besaßen die Farsi-Ausgabe, die das gleiche Format hatte wie die englische. Auch das Layout war das gleiche. Meine Freunde waren nun mit der Realität konfrontiert.

Dies war eindeutig die schwerste Prüfung, die uns bevorstand, schlimmer noch als die Abreise des Schah. Ehe wir auch nur Platz nehmen konnten, wiesen sie mich auf den *Prawda*-Artikel hin. Ich erklärte ihnen meinen Standpunkt und sagte, der Botschafter und ich seien zu dem Schluß gekommen, daß es vielleicht besser wäre, wenn ich das Land vor Chomeinis Ankunft verließe. Das gefiel nicht allen. Ich bin nicht sicher, was sie eigentlich von mir erwarteten, abgesehen vielleicht von einer lenkenden Hand bei der Ausführung ihrer Pläne für den Rest des Tages. Wir diskutierten sehr eingehend, aber ich konnte sie nicht davon überzeugen, daß meine Abreise auch für sie das Beste wäre. Wie nicht anders zu erwarten, brachte General Toufanian das Problem der Waffenlieferungen zur Sprache und protestierte, es sähe ganz so aus, als ob Amerika den Iran nur des Geldes wegen unterstütze.

Wir gingen die Pläne für Chomeinis Ankunft durch und bekräftigten, daß er auf dem Flughafen vom Militär in Empfang genommen werden solle. Die Massen dürften den Flughafen nicht betreten, mehr noch, man würde sie nicht weiter lassen als bis zum Schahjad-Platz. Das Militär würde den Ayatollah auf dem Flughafen schützen und bis zum Schahjad-Platz die volle Verantwortung für die Sicherheit seines Wagenkonvois übernehmen. Dort würde man ihn dann «seinen Leuten» übergeben, und sie würden für seine Sicherheit verantwortlich sein, bis er seine Ansprache an die Menge beendet hatte. Dann würde wieder das Militär an der Reihe sein und ihn zu seinem Haus bringen. Diese Prozedur war offenbar noch gültig, und General Gharabaghi hatte Bazargan bereits von ihr in Kenntnis gesetzt. Wir hofften, daß es eine Gelegenheit geben würde, noch einmal mit den hiesigen religiösen Führern zu sprechen, um sicherzugehen, daß alle Aspekte berücksichtigt waren. Wir wollten alles tun, damit es möglichst wenig Blutvergießen, Gewalt und Unordnung gab. Die Richtlinien sollten dem Ministerpräsidenten heute abend bei einer neuerlichen Sitzung des Sicherheitsrats zur Genehmigung unterbreitet werden.

Dann erwogen wir alle Eventualitäten. Wenn alles glattging, ohne Rebellion, ohne Referendum, Proklamationen oder Versuche, die Regierung zu stürzen, waren keine besonderen Vorkehrungen nötig.

Die nächste Möglichkeit war Gewalt, ausgelöst von den religiösen Gruppierungen oder aber von dritter Seite. Wir stimmten überein, daß wir dann unverzüglich, entschlossen und eindeutig vorgehen müßten.

Die nächste Stufe der Eskalation wäre ein Aufruf des Ayatollah, die Regierung zu stürzen und durch seine eigene provisorische Regierung zu ersetzen. Auch dagegen, meinten wir, müsse auf der Stelle energisch vorgegangen werden.

Das Szenarium, das uns am meisten beunruhigte, war jedoch ein Attentat auf den Ayatollah, egal ob erfolgreich oder nicht. Wir meinten, dies würde ein totales Chaos und wahrscheinlich einen landesweiten Bürgerkrieg auslösen. In diesem Fall müßten wir sofort Truppen einsetzen. Wir hatten Munition, Transportmittel, Panzer, alles was wir brauchten – nur keinen Treibstoff. Der Tanker war am Vorabend wieder flußaufwärts gefahren, aber dann kam ein Ultimatum der National Iranian Oil Company, sie würde ihn nur dann leerpumpen, wenn das Öl in das normale Verteilersystem käme und wenn wir erklärten, daß es ein Geschenk der Regierung Bachtiar an das iranische Volk sei. Darauf konnten wir uns natürlich nicht einlassen. Wir brauchten den Treibstoff selbst, wenn wir irgendeine größere Operation durchführen wollten.

Dann machten wir uns Gedanken über Zustand und Moral der Truppe. Die Befehlshaber der Teilstreitkräfte hatten die Situation am selben Morgen sehr gründlich bis hinunter zur unteren Ebene gecheckt. Sie hatten ein sehr gutes Gefühl, und als ich sie aufforderte zu schätzen, wie viele Soldaten wohl desertieren würden, wenn der Ayatollah eintrifft oder wir Gegenmaßnahmen befehlen, kamen sie auf höchstens fünf bis zehn Prozent. Das wären 40000 Mann – eine beträchtliche Zahl, die wir jedoch ganz gut verkraften konnten. Meine Leute waren in ihrer Einschätzung zu einem ähnlichen Ergebnis gekommen.

Da ich die Schätzung für zu optimistisch hielt, bohrte ich nach, aber sie blieben bei ihren Zahlen. Ich erinnerte sie an die jüngsten Taktiken der Opposition, zu der auch die gnadenlose Mißhandlung Generals Latifis gehörte. Außerdem gab es einen scheußlichen Vorfall, bei dem man einen Major buchstäblich auseinandergerissen hatte, indem man seine Beine an zwei Autos band und diese dann langsam in entgegengesetzter Richtung fahren ließ. In einer Stadt im Landesinnern war die Frau eines Offiziers vom Pöbel angefallen worden, und man hatte ihr die Kleider vom Leib gerissen und sie öffentlich vergewaltigt.

Persische Methoden, die im Westen unverständlich sind. Abstoßend, aber damals im Iran fraglos ein geeignetes Mittel, die ungeteilte Aufmerksamkeit der Fünfergruppe zu erregen. In Amerika würde man wahrscheinlich mit Todesdrohungen das gleiche Ziel erreichen. Doch im Iran ist der Tod nicht das Schlimmste, was einem Menschen zustoßen kann. Schlimmer als der Tod ist für eine Frau, öffentlich entkleidet und geschändet zu werden, und für einen Mann die barbarische Marter, die der Major erleiden mußte.

Die Gruppe war dennoch überzeugt, daß ihre Truppen einem Befehl von oben ungeachtet dieser Greuel gehorchen würden. Sie hatten in den letzten drei oder vier Tagen ohne Zaudern geschossen und sich bei öffentlichen Kundgebungen untadelig verhalten. Ich mußte dieser Beurteilung grundsätzlich zustimmen. Doch nach meinen Diskussionen mit dem Botschafter und seinem Stab lautete die große Frage für mich, wie viele von ihnen zu Chomeini überlaufen würden, sobald er wieder hier war. Die Schätzungen der Botschaft lagen bei siebzig oder achtzig Prozent.

Meine eigene Schätzung betrug zehn bis fünfzehn Prozent. Die Antwort auf diese Frage würde über den Ausgang entscheiden, weil die einzige Macht der Regierung Bachtiar das Militär war. Ich glaubte allerdings, daß sie auch eine ganze Menge latente Macht aus Kreisen der Zivilbevölkerung bezog, wie unsere erfolgreiche regierungsfreundliche Demonstration bewiesen hatte; aber diese würde sich erst bemerkbar machen, wenn Bachtiar beschloß, seine Trumpfkarte, nämlich die Streitkräfte, auszuspielen. Obgleich ich davon ausging, daß mehr als 25 Millionen Iraner zur verfassungsmäßigen Regierung halten würden, brauchten sie eine starke Hand, die Sicherheit, die ihnen ein entschlossener Führer einflößte. Derweil würde es hart auf hart gehen. Alle Voraussetzungen für einen heiligen Krieg waren gegeben. Es hatten sich Zusammenstöße zwischen Soldaten und Zivilisten ereignet, Kämpfe zwischen Anhängern und Gegnern des Schah, «Akte der Volksjustiz», Strafexpeditionen gegen Amüsier- und Bordellbetriebe sowie Waffenverkäufe auf den Straßen. Die Städte starrten von Gewehren.

Als nächstes sprachen wir über die heutige Truppenparade, mit der wir Macht demonstrieren wollten. Hier schien alles zu laufen. Der Plan sah vor, möglichst viele Truppen, wahrscheinlich anderthalb Divisionen, durch Teheran marschieren zu lassen. Sie würden der Bevölkerung vor Augen führen, daß die Streitkräfte gut gedrillt, diszipliniert und ihrer Aufgabe gewachsen waren. Unruhestifter sollten gewarnt werden, daß sie schon wahre Märtyrer sein müßten, um sich mit solchen Kerlen anzulegen.

Wir bekamen die Nachricht, daß eine C-12 des MAAG auf dem Flug von Isfahan nach Teheran abgestürzt war. Vorläufige Berichte sprachen von fünf Toten und zwei Überlebenden. Es gab noch keinen Hinweis auf die Absturzursache, doch in Anbetracht der Lage lag es nahe, auf Sabotage zu schließen.

Die Gruppe machte sich große Sorgen wegen des Exodus ausländischer Staatsbürger aus dem Iran. Die technische Leistungsfähigkeit des Landes stand und fiel mit den Ausländern. Sie hatten gehört, daß wir nicht nur Angehörige evakuierten, sondern auch unsere Militärmission und anderes Fachpersonal reduzierten. Ich erklärte, wir könnten nicht viel dagegen machen, da wir für den Schutz der Amerikaner in fremden Ländern verantwortlich seien.

Wenn sie in Gefahr seien, hätten wir keine andere Wahl, als sie zu evakuieren. Das gefiel ihnen verständlicherweise nicht, weil es sich verheerend auf das Land auswirkte.

Unsere Leute brachten meine Meldung für Washington zum Abzeichnen, und ich fügte hinzu, wie die Gruppe auf meine vorgeschlagene Abreise reagiert hatte: daß sie sie nur widerwillig akzeptiere. Ich hatte erklärt, daß sie ja weiter mit General Gast zusammenarbeiten könnten, wenn ich ging. Sie hielten sehr viel von seinen Fähigkeiten. Er war bei allen unseren Besprechungen dabei und eine enorme Hilfe für mich und die Gruppe gewesen. Einer der besten Offiziere, die ich je gekannt habe. Ich hatte ebenfalls volles Vertrauen zu ihm.

Wir diskutierten über die Lage, die nach der Wiederöffnung des Flughafens Mehrabad entstanden war, und ich sagte ihnen noch, daß morgen keine Maschine des militärischen Luftbrückenkommandos kommen werde, denn das könnte am Tag der Ankunft des Ayatollah Schwierigkeiten heraufbeschwören. Die Angestellten von Iran Air hatten angekündigt, sie würden morgen wieder zur Arbeit erscheinen, doch Bachtiar hatte trotzdem darauf bestanden, daß Chomeini nicht mit Iran Air fliegt.

3

Die Rückkehr des Ayatollah

Donnerstag, 1. Februar 1979

Man weckte mich gegen zwei Uhr morgens mit der Aufforderung, zur Botschaftskanzlei zu kommen und einen dringenden Funkspruch des Verteidigungsministers entgegenzunehmen. Halb angezogen rannte ich hin, um dann festzustellen, daß die Nachricht lediglich meine bisherige Instruktion bestätigte, zu bleiben und weiterzumachen. Sie war das Ergebnis einer Sitzung aller Prinzipale im Weißen Haus. Ich sollte den iranischen Militärs Washingtons Meinung bestellen, daß meine Abreise zu diesem Zeitpunkt falsch interpretiert werden könnte, und ich war sicher, daß sie meinten, «falsch interpretiert von der iranischen Opposition». Ich sollte bekräftigen, daß Washington die Regierung Bachtiar weiterhin uneingeschränkt unterstütze.

Ich ging zur Residenz zurück und wußte nicht, ob ich mich wieder hinlegen oder aufbleiben und eine oder zwei Stunden vor mich hinbrüten sollte. Ich wußte, daß ich das Gelände bei Morgengrauen verlassen mußte, um die Menschenmengen zu vermeiden, die sich früh versammeln würden. Schließlich legte ich mich wieder hin, wälzte mich von einer Seite auf die andere und döste dann für kurze Zeit ein, war aber um fünf wieder auf den Beinen. Ich duschte und rasierte mich und traf Vorbereitungen, um gegen 6 Uhr zum Generalstabskomplex zu fahren.

Die Menschen strömten bereits zusammen. Besonders auffällig waren die zahlreichen Motorradfahrer, die ihre Maschinen volltankten. Ich hatte schon vorher festgestellt, daß fast alle Kundgebungen, egal wie groß, von diesen schnellen Brigaden kontrolliert zu werden schienen. Wir waren sicher, daß sie die Tonbänder verteilten. Sie waren jung und schienen hervorragend organisiert zu sein. Ich weiß bis heute nicht, wer dieses glänzende Informationssystem entwickelte und leitete, aber sie waren offenbar mit dem Chomeini-Flügel verbündet.

Die Sicherheitsmaßnahmen im Generalstab waren drastisch erhöht worden. Man überprüfte uns sorgfältig, ehe wir passieren durften – es war das einzige Mal, daß ich meinen Ausweis vorzeigen mußte. Diesmal richteten zwei Panzer ihr Geschütz direkt auf das Tor. Im Gebäude sah es ähnlich martialisch aus. An den Fenstern der oberen Korridore hatten sie Maschinengewehre aufgebaut, die auf den Eingang zielten. Bachtiar war einverstanden gewesen, Alarmstufe eins auszurufen. Das war nichts Neues, aber sie hatten noch nie solche Vorkehrungen getroffen, um den Generalstabskomplex zu schützen. Die Waffen waren mit jungen Soldaten bemannt, die einen disziplinierten und wachen Eindruck machten. Als ich an ihnen vorbeiging, nahmen sie Haltung an und salutierten.

Da wir keine Zeit gehabt hatten, zu frühstücken, schickten wir Major Ray Burnette los, um uns ein bißchen iranisches Brot zu besorgen. Unser Frühstück bestand dann aus Kaffee und trockenem Brot. Gegen sieben landeten die Hubschrauber mit General Rabii und General Badraie. Die Gruppe versammelte sich offenbar sehr zeitig, und tatsächlich dauerte es nur Minuten, bis General Gharabaghi nach General Gast fragen ließ – sie dachten, ich wäre abgeflogen.

Als ich General Gharabaghis Büro betrat, starrte er mich verblüfft an. Was mich veranlaßt habe, meinen Entschluß zu ändern? Warum ich nicht abgereist sei? Ich erläuterte, der Präsident fürchte, das Signal könne falsch gedeutet werden. Sie schienen aufrichtig froh zu sein, daß ich noch bei ihnen war.

Wir machten uns zwar alle Sorgen, aber ich glaube, meine Gefühle unterschieden sich ein wenig von den ihren. Sie glaubten zweifellos, daß der Schah praktisch tot wäre, sobald Chomeini iranischen Boden betreten hätte. Das war nicht mein Problem. Meine Sorge galt den Reaktionen der Massen, des Ayatollah selbst und des Militärs. Konnte man sie vorausberechnen? Der Botschafter und seine Leute hatten eine Saat des Zweifels in meine Brust gesät, und ich war mir der Reaktion der Soldaten nicht mehr so sicher wie früher. Nun erschien es mir immerhin vorstellbar, daß ganze Truppeneinheiten zur anderen Seite überlaufen könnten.

In Anbetracht seiner Proklamation in Paris könnte Chomeini durchaus ein Ultimatum stellen und die Regierung Bachtiar für illegal erklären, um seine eigene Regierung in den Büros zu etablieren. Ich wußte, daß dies zu einem blutigen Pandämonium führen würde. Trotz dieser Befürchtungen mußte ich jedoch ein Pokergesicht aufsetzen, solange ich noch einen Funken Hoffnung hatte, der Anführer zu bleiben, an dessen starken Schultern sie sich ausweinen konnten.

Sie hatten bei der Sitzung des Nationalen Sicherheitsrats vereinbarungsgemäß beschlossen, die Truppen von den Straßen fernzuhalten und nur die wichtigsten Einrichtungen bewachen zu lassen. Der Ayatollah sollte in Mehrabad vom Militär in Empfang genommen, zum Schahjad-Platz eskortiert und dort seinen Anhängern übergeben werden. Sie würden bis zum späten Nachmittag für seine Sicherheit verantwortlich sein. Dann würde das Militär ihn abholen und zum Friedhof Behest-e-Zahra bringen, wo er eine große Ansprache an die Bevölkerung halten wollte. Der Friedhof war ein idealer Ort für seine altvertraute Taktik, die Lieblingssaite des schiitischen Märtyrertums anzuschlagen.

Wir fingen an, unsere Checkliste durchzugehen. Der Flughafen war geöffnet und betriebsbereit. Chomeini war unterwegs und dürfte pünktlich eintreffen. Die Militärwache in Mehrabad stand bereit, ihn zu empfangen. Sie besaßen die nötige Ausrüstung, um seine Sicherheit zu gewährleisten. Alles schien in Ordnung.

Da die Menschenmenge kaum noch übersehbar war, beschlossen wir, die Lage mit Hubschraubern zu prüfen. Gegen neun hatten sich ungefähr 750000 bis 1 Million Menschen auf den Straßen versammelt, aber sie verhielten sich ruhig, und es schien keinerlei Schwierigkeiten zu geben.

Wir hatten inzwischen die Morgenzeitungen bekommen. Der *Kajhan* meldete: «Start wie geplant». Darunter stand in fünf Zentimeter hoher Blockschrift quer über der ganzen Seite das eine Wort «Heimkehr». Andere Überschriften auf der ersten Seite verkündeten: «Millionen begrüßen Chomeini», und als Gegengewicht: «Bachtiar: ‹Wir sind die Regierung›.» Das *Tehran Journal* machte mit «Willkommen daheim» und «Millionen wollen Imam Chomeini willkommen heißen» auf. Darunter hieß es: «Bachtiar bekräftigt erneut seine Autorität».

Beide Zeitungen berichteten ausführlich über die gestrige Machtdemonstration. Einige Kommentare waren alles andere als wohlwollend, aber es bestand kein Zweifel, daß wir unser Ziel erreicht hatten. Die Truppen auf den Bildern sahen beängstigend entschlossen aus. Angeblich seien drei Menschen getötet und mehrere verwundet worden, als Soldaten in feindselige Zuschauergruppen gefeuert hätten, die sich zu nahe an sie herandrängten. Ich hielt das für eine Ente, da wir nichts davon gehört hatten.

Die Zeitung schrieb, die Ankunft des Ayatollah werde live in Hörfunk und Fernsehen übertragen. Diese Entscheidung war einige Tage lang strittig gewesen. Die Journalisten hatten wegen irgendwelcher Meinungsverschiedenheiten gestreikt, so daß die Funkmedien den einen Tag sendeten und den anderen nicht. Ich war im Grunde froh, daß die Ankunft gezeigt werden sollte, weil wir dadurch das Geschehen auf dem Bildschirm viel besser verfolgen konnten; es würde uns vor Blindheit schützen, falls etwas mit unseren Hubschraubern passierte.

Die Ankunft war gut geplant. Die Zeitung hatte die Route veröffentlicht, so daß wir wußten, wo er anhalten und sprechen würde, und auch die einzelnen Zeiten standen einigermaßen fest. General Rahimi, der in Teheran für die Durchsetzung des Kriegsrechts verantwortlich war, hatte der Opposition gestern abend mitgeteilt, friedliche Märsche und Demonstrationen seien heute und in den nächsten drei Tagen erlaubt. Er hatte sie aufgefordert, vor subversiven Elementen auf der Hut zu sein, die nur darauf warteten, loszuschlagen und Terror auszulösen. Er war überzeugt, daß die meisten Iraner wohlgesonnen waren und keine Probleme machen würden. Es gebe jedoch subversive Elemente, und um sie unter Kontrolle zu halten, müßten wir das Militär an kritischen Punkten stationieren: vor den Ministerien, den Einrichtungen der Streitkräfte, den Polizeistationen und den Regierungsgebäuden. Alle Angriffe auf diese Punkte würden schnell und unnachsichtig zurückgeschlagen werden. Der Flughafen Mehrabad bliebe für die Öffentlichkeit gesperrt, bis die Militärbehörden ihn übers Radio freigäben. Alle Flüge außer der Air France-Maschine mit dem Ayatollah waren gestrichen.

Wenn wir Glück hatten, würde die Live-Übertragung in Radio und Fernsehen die Zahl der Zuschauer vermindern. Wir hofften, daß viele Leute sich das Schauspiel zu Haus ansehen würden. Die Fernsehkameras liefen bereits, anscheinend meist Probeeinstellungen; denn sie wirkten nicht sonderlich professionell. Sie trugen jedoch dazu bei, das innere Tempo des Ereignisses zu steigern – die Hoffnung auf der einen und die Befürchtungen auf der anderen Seite. Niemand, der dabei war, bezweifelte, daß es wirklich ein Meilenstein in der Geschichte war.

Da die Fernsehteams auf dem Flughafen Stellung bezogen hatten, konnten wir damit rechnen, Chomeinis Eintreffen zu sehen. Ungefähr 1500 zugelassene Leute befanden sich dort. Das Militär war sichtlich Herr der Lage und hatte unter anderem bestimmt, wohin die Maschine rollen und wo Chomeini aussteigen und zu seinem Konvoi gehen sollte.

Dann sahen wir die Maschine anfliegen. Sie landete, rollte aus und hielt. Die Tür wurde geöffnet. Als erstes gingen die Leibwächter des Ayatollah von Bord; sie sahen aus, als ob sie keinen Spaß verstehen. Wir hatten erfahren, daß er zu diesem Zweck dreißig bis vierzig Libyer mit Spezialausbildung eingestellt hatte. Sie machten den Eindruck, als könnten sie ganz allein mit einem mittleren Massenaufstand fertig werden.

Dann kam eine ganze Weile nichts, und dann erschien der Ayatollah in der Tür. Er schritt die Stufen hinunter, hielt sich einige Meter hinter einer Gruppe und wurde zu seinem Wagen geführt. Soldaten eskortierten ihn – in Fahrzeugen oder zu Fuß daneben, um ihn abzuschirmen – zum Tor. Dann fuhren sie aus dem Bild. Die Weiterfahrt und die Zwischenstationen wurden nur bruchstückhaft übertragen, aber wir bekamen ausführliche Berichte von unseren Hubschraubern.

Chomeini hielt nach der Ankunft eine kurze Rede, die alles andere als freundlich war. Er sagte unumwunden, daß die jetzige Regierung ungesetzlich sei. Er wolle sie durch eine Regierung seiner Wahl, eine wahre islamische Regierung, ersetzen. Das war unser erster Vorgeschmack auf eine sehr bittere Lektion. Er war noch der gleiche streitsüchtige und starrsinnige Mann, der er immer gewesen war. Aber er hatte offenbar Charisma, und er kam sicherlich großartig an.

Dann folgten viele Stunden des Wartens, Zuhörens und Beobachtens, immer in der Furcht, daß irgendwo in der riesigen Masse spontan Gewalt ausbrach. Zum Glück passierte das nicht. Chomeini fuhr wie vorgesehen zum Friedhof und hielt dort seine große Ansprache. Sie war ausführlicher, aber weitgehend im gleichen Tenor: Er verurteilte die Regierung und erklärte, er werde sie in den nächsten beiden Tagen durch eine andere ersetzen.

Dann kam Bewegung in die Masse. Während er sprach, fingen die Leute an, zu ihm zu drängen. Die Menge wurde immer dichter, und es sah so aus, als könnte er jeden Moment zerquetscht werden. Seine Leute forderten einen Hubschrauber an, der ihn herausholen und zu seinem Quartier bringen sollte. Da die Situation heikel war, schickte General Rabii einen Hubschrauber mit einer seiner besten Crews zum Friedhof. Sie landeten ohne Schwierigkeiten und holten ihn leichter an Bord als erwartet. Als sie dann jedoch versuchten, die Leute ein Stück zurückzudrängen, um abheben zu können, wurde es chaotisch. Sie hatten den Motor laufen lassen, und die Menschen standen direkt unter den Rotoren und einige sogar auf den Landekufen, wo sie sich am Helikopter festhielten. Zuletzt beschloß die Besatzung, trotz allem zu starten, und hob sehr behutsam und geschickt ab. Der Hubschrauber nahm acht oder zehn Leute mit in die Luft, aber so langsam, daß sie alle noch rechtzeitig abspringen konnten.

Er nahm Kurs auf das vorgesehene Quartier, aber dann instruierte der Ayatollah die Besatzung, zum Teheraner Krankenhaus zu fliegen. Die Crew funkte es sofort durch, doch als wir die Meldung erhielten, hatten sie das Krankenhaus fast schon erreicht. Das verursachte eine kleine Panik, weil wir dort keine Sicherheitsvorkehrungen getroffen hatten, und unseres Wissens würde es nicht einmal Fahrzeuge zur Weiterbeförderung geben. Wir hatten keine Erklärung für die Änderung. Zuerst dachten wir, ihm sei nach diesem hektischen Tag etwas elend. Wir versuchten, über Telefon Funkkontakt zur Besatzung herzustellen, hatten damit aber nicht allzuviel Erfolg. General Rabii war beinahe außer sich; denn es waren sein Hubschrauber und seine Crew, und er fühlte sich verantwortlich, daß der Auftrag reibungslos ausgeführt wurde. Dann bekamen wir die Meldung, die Maschine sei beim Krankenhaus gelandet, ein Wagen habe sich genähert, und der Ayatollah und seine Helfer seien eingestiegen und fortgefahren. Es war offensichtlich abgesprochen. Planung und Sicherheitsmaßnahmen müssen ausgezeichnet gewesen sein; denn es war buchstäblich kein Mensch in der Nähe – nur der eine Wagen und ein Fahrer.

Die Gruppe war beinahe von Sinnen, da wir keine Ahnung hatten, was als nächstes passieren könnte. Ich meinte, es sei vielleicht ein Täuschungsmanöver, um sich den Massen zu entziehen und sich etwas Ruhe zu gönnen. Aber die Generale fanden das nicht sehr plausibel. Sie waren sicher, daß irgend etwas schiefgegangen war, daß sie ihre Aufgabe verfehlt und den Ayatollah preisgegeben hatten. Da sie ihn haßten, mutete ihre Fürsorge ein bißchen sonderbar an. Aber sie besaßen nun immerhin den militärischen Instinkt, Aufträge um jeden Preis durchzuführen. Wir leiteten Ermittlungen ein, um herauszufinden, bei welchen alten Freunden er wohnte oder ob er ein Versteck hatte, aber vergeblich. Der Fuchs hatte sich aus dem Staub gemacht.

Die Massen fingen nun an, sich zu zerstreuen, und einstweilen verlief alles ohne Zwischenfälle. Abgesehen von Chomeinis plötzlichem Verschwinden war überhaupt nichts Unvorhergesehenes passiert. Die Gruppe drohte jedoch in eine tiefe Depression zu sinken. Die Generale waren sicher, daß das Ende des Schah gekommen war. Chomeinis kompromißlose Haltung, seine Aufforderung an die Armee, sich ihm anzuschließen, seine Erklärung, alle ausländischen Militärberater müßten gehen, und die Mitteilung, in zwei Tagen werde eine neue Regierung am Ruder sein – all das kündigte harte Zeiten für Schah-Getreue an.

Da wir wegen der Massen nicht zur Botschaft fahren konnten, blieben wir noch eine Weile und berieten einige offene Fragen. Die Iraner hatten den Entwurf der Absichtserklärung über Waffenlieferungen im Lauf des Tages zurückgewiesen und arbeiteten nun einen Gegenentwurf aus. Das war enttäuschend, weil wir uns inzwischen so gut wie geeinigt hatten. Da Washington seinen Ansatz entschärft und gesagt hatte, sie würden sich notfalls auch mit einem einfachen Austausch von Briefen zufriedengeben, hatten wir allerdings eine Alternative. Obwohl also Washington den Iranern einen Schritt entgegengekommen war, hatten diese es jedoch abermals mit der Angst bekommen und ebenfalls ihren Standpunkt geändert. Ich war neugierig, welchen Schachzug Eric von Marbod im Sinn hatte, um aus dieser Zwickmühle herauszukommen.

Außerdem wollte ich den Verteidigungsminister anrufen, und sobald das Gedränge auf den Straßen es einigermaßen zuließ, fuhren wir los. Die Generale wollten mich nicht gehen lassen, ehe wir Chomeini gefunden hätten. Aber ich hatte so ein Gefühl, daß er gesund und munter sei, weil wir sonst sicher etwas gehört hätten. Die Rückfahrt war langsam und nicht ohne spannende Momente. Ich war erleichtert, als wir endlich die Botschaft erreichten. Ich setzte mich mit Sullivan zusammen, um unsere Notizen zu vergleichen. Da es auf Mitternacht zuging, mußte ich Washington anrufen. Wie sich herausstellte, war der Minister nicht da, so daß Unterstaatssekretär Duncan zusammen mit dem Vorsitzenden der Vereinigten Stabschefs den Anruf entgegennahm. Ich tat mein Bestes, um einen Eindruck von den Geschehnissen des Tages zu vermitteln, mußte jedoch vor den Tücken der schlechten Verbindung, meiner eigenen Erschöpfung und der Größe des Melodramas kapitulieren. Zuletzt betonte ich, daß wir nicht wüßten, wo Chomeini sei, nannte jedoch die Gründe, weshalb ich ihn für unversehrt hielt.

Ich sagte noch, wir rechneten für morgen mit einem ruhigen Tag. Chomeini würde todmüde sein, die Massen vermutlich ebenfalls. Man konnte allerdings nicht sicher sein. Falls Chomeini plötzlich beschloß, wieder loszulegen, konnte es auch sehr lebhaft werden. Ich war sicher, Bachtiar hatte sich nicht ins Bockshorn jagen lassen, und die Militärs standen hinter ihm.

Ich drückte meine tiefe Enttäuschung über den Druck auf die bewußte Absichtserklärung aus und äußerte mich ein bißchen sarkastisch über den Sinneswandel in Washington. Weil man dort so lange gebraucht habe, um sich zu einem Entgegenkommen durchzuringen, wären unsere hiesigen Verhandlungen um ein Haar gescheitert.

Dann bat ich Duncan, die Evakuierung des Personals der amerikanischen Vertragsfirmen zu beschleunigen. Für diese US-Bürger konnte es ebenso ungemütlich werden wie für alle anderen, und obgleich sie ziemlich schnell ausgeflogen wurden, war nicht klar, ob Washington sie auch formell in sein Kalkül einbezogen hatte.

Das Telefonieren war inzwischen noch schwieriger geworden. Die Gespräche wurden zunehmend gestört. Auslandsgespräche, die nicht nach Frankreich gingen, wurden häufig unterbrochen. Wir hatten bereits diskutiert, ob wir ein Spezialistenteam einfliegen sollten, um unsere Verbindungen innerhalb des Iran und nach Amerika zu gewährleisten. Duncan fragte jetzt, ob wir das Team nach wie vor haben wollten. Ich antwortete, der Botschafter und ich würden es beide sehr nützlich finden. Wir meinten aber, es solle zu diesem Zeitpunkt besser nicht hier, sondern in Europa stationiert werden. Falls wir es dringend brauchten, könnten wir es schnell aus der Bundesrepublik holen.

Noch während ich telefonierte, bekam ich die Nachricht, daß der Ayatollah aufgespürt worden war. Einer seiner Leute hatte gesagt, er wohne im Haus eines Freundes. Ich las die Meldung Duncan vor, nachdem ich sie überflogen hatte, und mit dieser ominösen Note beendeten wir das Gespräch.

Freitag, 2. Februar 1979

Als ich erwachte, rechnete ich immer noch mit einem ruhigen Tag. Es war kalt und bewölkt, was ganz gut zu meiner melancholischen Stimmung paßte. Das Frühstück wurde immer wichtiger, weil die kulinarischen Aussichten zwischen frühmorgens und Dinner völlig ungewiß waren und wir gewöhnlich irgendeinen nicht besonders verlockenden Imbiß organisieren mußten, wenn gerade Zeit und Gelegenheit blieb.

Der Botschafter und ich besprachen den gestrigen Tag, und ich berichtete von meinem Gespräch mit Unterstaatssekretär Duncan. Sullivan bemerkte, er sei sehr besorgt über die zunehmende Stimmungsmache gegen meine Anwesenheit im Iran und die Drohungen gegen meine Person, die ihm von allen möglichen Seiten gemeldet würden. Es ginge inzwischen um mehr als Parolen, Plakate und Graffiti; denn nun stehe fest, daß viele Leute von der Organisation entschlossen seien, mich aus dem Land zu jagen.

Um das zu erreichen, bedrohten sie nunmehr auch andere Amerikaner. Mein Aufenthalt sei seines Erachtens inzwischen zu einer Belastung geworden. Er könne sich sogar schädlich auf das iranische Militär auswirken. Womöglich würden sie vor konkreten Schritten zurückschrecken, solange ich im Land sei, weil die Opposition sie andernfalls beschuldigen würde, sie führten nur amerikanische Befehle aus. Man habe bereits viele der Todesfälle auf mein Konto gebucht. Er denke, er solle mich der Fairness halber davon in Kenntnis setzen, daß er das State Department ersuchen werde, mich zurückzurufen. Das richte sich nicht gegen mich persönlich.

Ein neues praktisches Problem bestand darin, unsere Leute von Teheran zum Flughafen Mehrabad zu bringen. Sie stiegen am Stadtrand in der Nähe des US-Magazins in Busse und wurden dann unter weitgehender Vermeidung dicht bevölkerter Viertel zum Flughafen gebracht. Neuerdings wurden sie jedoch zunehmend belästigt. Einmal wurde ein Bus mit Steinen beworfen, ein anderer angehalten und geentert. Zwar stieß niemandem etwas zu, aber die Situation war ungemütlich. Vor diesem Hintergrund mußte man auch meine weitere Anwesenheit sehen. Die Botschaft lautete: Holt Huyser hier weg, und eure Busse werden nicht weiter belästigt.

Wir sprachen über Chomeinis starre Haltung in seiner Rede in Mehrabad und auf dem Friedhof. Neben gottesfürchtigen Äußerungen hatte er auch gesagt: «Ich werde der Regierung eins aufs Maul hauen.» Er hatte die Nation direkt herausgefordert, aber bisher weder seine Islamische Republik ausgerufen, noch einen Rat ernannt. Diese beiden Schritte hätten Bachtiar vermutlich zu einer Reaktion veranlaßt. Chomeini hatte sich ziemlich barsch an das Militär gewandt und ihm «einen guten Rat» gegeben: Er wünsche keine Schwierigkeiten und kein Blutvergießen. Es sei genug iranische Jugend geopfert worden (klingt einigermaßen ironisch, wenn man bedenkt, wie viele junge Leute er seitdem geopfert hat). Geistliche seien eingekerkert und gefoltert worden. Er wünsche die Unabhängigkeit der Streitkräfte. Rhetorisch fragte er: «Herr General, möchten Sie nicht unabhängig sein? Herr Generalmajor, möchten Sie nicht unabhängig sein? Oder möchten Sie ein bloßer Lakai sein?» Er empfahl den Streitkräften, «in die offenen

Arme des Volkes zurückzukehren». Sie sollten sich nicht den Befehlen ausländischer Berater unterwerfen.

Er ritt auf diesem Thema herum, obgleich er keine Namen, nicht mal ein Land nannte. Wenn er es getan hätte, wären unsere Schwierigkeiten sofort übergekocht. Dennoch wußte natürlich jedermann, wen er meinte. Er sagte, er gäbe den Streitkräften um ihrer selbst willen diesen Rat. Er wünsche nicht, daß die Truppen den Volkswillen durchkreuzten und das Blut ihrer Brüder auf den Straßen vergössen. Er dankte den Soldaten, die «sich dem Volk angeschlossen» hatten. Sie hätten die Ehre des Militärs und der Nation gerettet.

Er erwähnte auch die Homofars und die Luftwaffenoffiziere in Hamadan, Isfahan und anderen Orten. Sie hätten gut daran getan, sich ihrer wahren nationalen und religiösen Loyalität zu besinnen und sich dem Volk anzuschließen. Chomeini war sich eindeutig im klaren, daß das Bündnis zwischen den Streitkräften und Bachtiar das Haupthindernis für seinen Erfolg bedeutete. Deshalb hatte er in seiner Rede auf dem Friedhof auch versprochen, daß «wir die Würde der Soldaten schützen werden, die mit dem Regime gebrochen haben». Das Land müsse seine eigenen Streitkräfte haben, keine von Ausländern geführte Militärorganisation. Zusammen mit diesem Zuckerbrot kam eine drohende Peitsche. Er sagte, alle diejenigen, die sich weigerten, mit Bachtiar zu brechen, würden strafrechtlich verfolgt werden. Er hatte schon vorher gewarnt, er würde dafür sorgen, daß solche Verräter gehenkt werden. Zu den allerersten würde ohne Zweifel die Gruppe gehören.

Ich fuhr zum Generalstab. Wie ich erwartet hatte, war der Verkehr erheblich friedlicher als sonst. Auf dem Gelände herrschte noch dieselbe Sicherheitsstufe. Die Soldaten waren schneidig wie immer, und ihre Hacken schienen sogar etwas lauter als sonst zu knallen, als sie Haltung annahmen, um mir zu salutieren. Wenn die Truppe weiterhin so geschlossen blieb, gab es vielleicht doch noch Hoffnung für die nächsten Tage.

Während ich in meinem Büro wartete, berichtete der Verbindungsoffizier, daß Bachtiar die Gruppe zu einer Sitzung des Nationalen Sicherheitsrats zusammengerufen hatte. Ich hoffte, sie würden das Militär in Marsch setzen und die Kontrolle übernehmen. Die Zeit verrann schnell.

Für unsere Leute, die noch im Land waren, und besonders für ihre Angehörigen, wurde es jetzt entschieden brenzlig, und ich ging die Liste durch, um mich zu vergewissern, daß für alle ein Platz in den Maschinen vorgesehen war. Ich stellte fest, daß acht Frauen noch keinen Abflugtermin hatten. Sieben waren Iranerinnen, die einen Amerikaner geheiratet hatten, und die Behörden verhinderten ihre Ausreise noch. Die achte war die Frau eines Arztes; sie war keine Iranerin, aber sie wollte ihren Mann nicht verlassen. Wir hatten jedoch einen Punkt erreicht, wo wir unsere Leute nicht mehr baten zu gehen, sondern es ihnen mitteilten. Es war allerdings nicht ganz so einfach durchzuführen; denn das einzige wirklich erfolgversprechende Mittel bestand darin, alle Rechte ihrer Angehörigen zu widerrufen, was einen weiteren Verbleib im Iran erschwerte. Ich sah, daß heute rund 125 Personen evakuiert werden sollten, und morgen konnten wir praktisch den gesamten Rest der «Nicht-so-Wichtigen» aus dem Land bringen.

Ich blätterte die Depeschen- und Pressemappe durch und las, daß einer der Amerikaner, die Anfang der Woche ausgeflogen worden waren, auf einer Pressekonferenz in Athen von dem Erlebnis berichtet hatte. Er schilderte die Busfahrt von Teheran zum Flughafen Mehrabad, die statt der üblichen zwanzig Minuten etwa anderthalb Stunden dauerte, als einen Wildwest-Treck durch feindliches Territorium, bei dem die iranische Armee Feuerschutz gegeben hatte. Der Konvoi von Bussen und Personenwagen war von Armee-Jeeps mit Soldaten und Maschinengewehren eskortiert worden. Unterwegs ertönten immer wieder antiamerikanische Parolen, aber dieser Konvoi war nicht mit Steinen beworfen oder geentert worden. Der Mann war sehr beeindruckt von dem Sicherheitskordon aus Panzern und Soldaten, den das Militär um den Flughafen gezogen hatte.

Die Armee hatte meiner Bitte nach der höchsten Sicherheitsstufe für diese Konvois zugestimmt und stellte eigens dafür Elitetruppen zur Verfügung. Falls es doch eine Panne gäbe, wollten sie umgehend Hubschrauber einsetzen. Das Militär war äußerst hilfsbereit.

Es schien, als ob Bachtiar die Gruppe den größten Teil des Tages beanspruchen würde. Da ich unbedingt Moral und Zustand der Armee checken wollte und die Fünf mich heute nicht darüber informieren konnten, beschlossen wir, in den Hauptquartieren der Teilstreitkräfte anzurufen und uns um direkte Informationen zu bemühen. Alle drei berichteten, daß die Lage unverändert sei – also keine feststellbaren Reaktionen auf Chomeinis Appelle. Die Truppen schienen im Gegenteil noch wachsamer und, sofern das überhaupt möglich war, noch kampfbereiter zu sein. Es war äußerst beruhigend und ermutigend zu wissen, daß Chomeinis Rückkehr keinen merklichen Umschwung bewirkt hatte. Die Luftstreitkräfte unterrichteten uns außerdem über die Geschehnisse auf dem Stützpunkt Khatami. Die F-14 und auch die Testausrüstung, die Phoenix-Raketen, Flugsimulatoren und Ersatzteile genossen offenbar die höchste Sicherheitsstufe. Auch das war beruhigend.

Inzwischen war der Tag fast verstrichen, und da nun feststand, daß heute – zum erstenmal seit dem 6. Januar – keine Besprechung mit der Gruppe stattfinden würde, fuhr ich zurück zur Botschaft. Dort teilte Sullivan mir mit, er habe das State Department sehr nachdrücklich auf die Ressentiments gegen meine Anwesenheit im Iran aufmerksam gemacht. Seine Leute hätten erneut bekräftigt, daß der Grad der Bedrohung extrem hoch sei und man nicht voraussehen könne, was daraus noch würde. Er sagte mir auch, daß Chomeini für morgen früh um acht eine Pressekonferenz angesetzt hatte. Ich informierte den Botschafter über den Zustand der Armee und betonte, die vorausgesagte Flut von Übertritten ins Chomeini-Lager sei ausgeblieben.

Später am Abend erstattete ich Minister Brown Bericht. Ich sagte, wir rechneten damit, daß der Ayatollah den Schleier über seinen Absichten weiter lüften werde: Er würde vielleicht sogar eine Islamische Republik ausrufen und die Mitglieder seines Rats ernennen. Sein Verschwinden habe einen harmlosen Grund gehabt. Um den Massen zu entkommen, habe er die Nacht bei einem Freund verbracht, wo er auch die nächsten Tage wohnen wolle.

Brown fragte nach den Fortschritten der Evakuierung. Alles laufe nach Plan, sagte ich, aber einige Amerikaner würden einen großen Teil ihres persönlichen Eigentums, den sie nicht mitnehmen könnten, abschreiben müssen, und die offiziell vorgesehene Höchstentschädigung würde das nicht decken. Wie erwartet, zeigte er sich sehr entgegenkommend. Zur Frage der Absichtserklärung sagte ich ihm, daß Eric von Marbod morgen einen Besprechungstermin mit den maßgebenden Leuten habe. An seiner Stelle würde ich allerdings nicht zuviel erwarten, weil einfach niemand in der richtigen Stimmung sei, sich jetzt mit solchen Dingen zu befassen.

Er fragte, ob sie als Vorsichtsmaßnahme vielleicht Hubschrauber und Schiffe ins östliche Mittelmeer verlegen sollten, um eventuell bei der Evakuierung zu helfen. Ich wisse das Angebot zu schätzen, meinte ich, aber wir hätten die Sache im Griff. Wir hätten für den Notfall vorgesorgt, aber bis jetzt könnten wir unsere Leute durchaus mit Autos nach Mehrabad bringen, und uns stünden genügend Maschinen des Militärischen Luftbrückenkommandos zur Verfügung. Heute seien übrigens drei C-141 gelandet und wieder gestartet.

Er wollte wissen, ob ich die Pressemeldungen glaubte, nach denen Bachtiar die eventuellen Mitglieder von Chomeinis Rat festnehmen lassen würde. Sie würden nur dann verhaftet werden, antwortete ich, wenn sie versuchten, die Regierungsbüros gewaltsam zu besetzen. Unsere Lage war sonderbar. Die physische Macht in Form der Streitkräfte lag bei Bachtiar, und nach meinen heutigen Informationen hatte sich daran noch nichts geändert. Aber Chomeini konnte den Hebel bei der Wirtschaft ansetzen, weil er Herr der Streiks war und einen erheblichen Teil der Massen hinter sich hatte. Auch Bachtiar werde fraglos von großen Teilen der Bevölkerung unterstützt, höchstwahrscheinlich sogar von der Mehrheit, aber wie groß seine Anhängerschaft war, könnte man im Moment nicht genau sagen, und wenn es darauf ankäme, verhielte sich die Masse weitgehend passiv. Wir säßen hier auf einem Pulverfaß, aber immerhin hatte der Ministerpräsident Chomeinis Rückkehr überlebt.

Wir beendeten das Gespräch, und ich ging zur Residenz zurück. Ich legte mich sofort hin. Ich schlief noch nicht lange, als ich über die Sprechanlage geweckt wurde: Ich sollte einen Anruf aus Washington über die Geheimleitung annehmen. Ich stand auf und ging wieder zur Kanzlei. Am Apparat war der Vorsitzende der Vereinigten Stabschefs, General Jones. Er machte sich nun echte Sorgen über meinen Aufenthalt im Iran. Das State Department hatte Botschafter Sullivans Empfehlung erhalten, und sie wollten meine Ansicht dazu hören.

General Jones befragte mich sehr eingehend und erschöpfend. Ich erklärte, ich könne der Einschätzung des Botschafters nicht widersprechen. Er habe hier weit mehr Informationsquellen als ich. Ich sei in den letzten vier oder fünf Tagen schärfer aufs Korn genommen worden als jemals zuvor. Die *Prawda* und Tass mit ihren Meldungen über meine Missetaten brächten alle Leute in Rage, und die Menschen glaubten ihnen. Ihr Tenor sei, daß ich das Land hinter den Kulissen regiere und für alles Blutvergießen verantwortlich sei.

Dann fragte General Jones, ob die Streitkräfte meines Erachtens auch zu einem Putsch in der Lage seien, *wenn ich nicht mehr da wäre*. Ich meinte, das könne man nur vermuten, aber ich glaubte an ihre Fähigkeit und auch Bereitschaft, falls Bachtiar den Befehl gäbe. Ich ergänzte jedoch, daß der Botschafter vom genauen Gegenteil überzeugt sei. Er glaube nicht, daß sie es schaffen würden, außerdem würde ein Befehl zum Putschen Massendesertionen auslösen. Überdies hielt ich es für besser, Bachtiar nachdrücklicher zu unterstützen, während Sullivan sich mit Chomeini einigen wolle. Die eigentliche Frage richtete sich also an die Adresse Washingtons: Wofür seid ihr überhaupt? Wer für Chomeini war, war gegen mich, soviel stand fest.

Ich wiederholte meine Befürchtungen über General Gharabaghi und fügte hinzu, daß Admiral Habiballahi den richtigen Zeitpunkt für eine militärische Aktion noch lange nicht für gekommen hielt. Rabii, Toufanian und Badraie hingegen seien anderer Meinung. Wenn sie sähen, daß die Dinge außer Kontrolle gerieten, würden sie auf ein Zeichen bereit sein. Aber sie brauchten immer noch jemanden, der sie anführte.

General Jones stellte die Gretchenfrage, wer Washingtons Kontaktmann zu den Militärs sein könne, falls ich ginge. Ich bekräftigte, daß die Gruppe genau wie ich großes Vertrauen zu General Gast, jedoch erhebliche Vorbehalte gegen den Botschafter habe. Sie mißtraue Sullivan. Für sie sei letztlich er für die Abreise des

Schah verantwortlich. Ich hatte vergeblich alles mögliche versucht, sie vom Gegenteil zu überzeugen. Wenn General Gast den gleichen Zugang zu Washington hätte wie ich, würden sie bestimmt seinen Rat suchen, da er dann sicher ein guter Anwalt wäre.

Ich wollte keine Empfehlung über mein weiteres Schicksal abgeben. Ich glaubte nicht, daß dies meine Entscheidung war. Also sagte ich, sie müßten die Faktoren abwägen, ohne freilich zu vergessen, daß ich selber mir keine Sorgen um meine Sicherheit mache. Ich war überzeugt, daß ich selbst auf mich achtgeben konnte. Meine Sicherheitsleute waren großartig, und ich hatte schon mehr als eine schwierige Situation überstanden. General Jones hoffe, daß sie binnen vierundzwanzig Stunden zu einer Entscheidung kämen. Bei einer Abreise wollte ich allerdings am Tage fliegen, da die iranischen Flughäfen bei Dunkelheit geschlossen wurden und alles, was dann noch in der Luft war, vom Boden aus unter Feuer genommen wurde. Er bat mich, um sieben Uhr morgens Ostküstenzeit, also vier Uhr nachmittags Teheraner Zeit, im Lageraum des Weißen Hauses anzurufen.

Sonnabend, 3. Februar 1979

Beim Frühstück unterrichtete ich Botschafter Sullivan über das Gespräch. Er gab mir danach eine Meldung von Associated Press, derzufolge Chomeini sein Haus gestern verlassen hatte, was für uns beide neu war. Er war zu einem Schulhof gegangen und privat mit einer kleinen Gruppe zusammengetroffen. Es war sein erster Tag der Ruhe und des Gebets im Iran. Er hatte den Leuten gesagt, sein Ziel sei, die achtundzwanzig Tage alte Regierung Bachtiar durch eine Islamische Republik abzulösen. Sie hatten Parolen wie «Carter muß sterben» und «Huyser muß sterben» angestimmt. Der Artikel warf mir vor, die iranischen Streitkräfte und die Regierung Bachtiar zu manipulieren. Ich erzählte dem Botschafter, ich würde hinsichtlich meiner eigenen Zukunft neutral bleiben, da diese Entscheidung wohl eine Nummer zu groß für mich sei.

Dabei ließen wir es bewenden, und ich fuhr durch Straßen, die weit belebter waren als gestern, zum Generalstabskomplex. Wir kamen kaum durch. Es ging chaotisch zu, kein Mensch achtete auf Verkehrspolizisten und Ampeln. Beim Generalstab herrschte immer noch Sicherheitsstufe eins, und die Truppen waren sichtlich auf Draht. Zwei oder drei Formationen marschierten und exerzierten.

Im Büro warf ich als erstes einen Blick in die Lokalzeitungen. Ein Blatt berichtete zutreffend: «Chomeini fordert Regierung heraus, proklamiert aber keine Republik und ernennt keinen Rat.» Genau darunter stand, fetter gesetzt, der denkwürdige Satz: «Ich werde der Regierung aufs Maul hauen.» Ein ausführlicher Bericht über die Geschehnisse des Tages wurde von einer dramatischen Aufnahme des Hubschraubers illustriert, der den Ayatollah auf dem Friedhof aus einem Meer von Menschen zu bergen versuchte.

Die Zeitung meinte, die Chancen für einen Dialog zwischen Chomeini und Ministerpräsident Bachtiar seien nun viel besser. Bachtiar denke nicht an Rücktritt. Der Ayatollah scheine unnachgiebig zu sein, aber es gebe Anzeichen für eine Bereitschaft, das schon für Paris vorgesehene Treffen nachzuholen. Seine Absichten dürften nach seiner Pressekonferenz heute morgen noch klarer sein.

Die Gruppe kam zu sechst zur Besprechung und begrüßte zunächst, was Bachtiar gestern über seine Absichten gesagt hatte. Er hatte offensichtlich große Entschlossenheit gezeigt. Er wischte die Meldungen beiseite, in denen die gestrige Menschenmenge auf mehrere Millionen geschätzt wurde, konzedierte aber, daß sehr viele gekommen waren. Wie er sich ausdrückte, sei der Ayatollah auch nur ein Mensch. Er stellte klar, daß er alles tun würde, um die Errichtung einer Diktatur zu verhindern, besonders wenn dies im Namen der Demokratie geschähe. Er sagte, die Streitkräfte hätten immer noch das Recht zu marschieren, und er würde dafür sorgen, daß es dabei bliebe.

Er hatte keinerlei Absicht, sich mit Chomeini zu treffen. Die Voraussetzungen seien nicht günstig, und er würde deshalb keine Begegnung vorschlagen. Chomeinis Anhänger könnten so lange schreien und Beleidigungen verbreiten, wie sie wollten – was bedeute das schon. Er wollte klar zu verstehen geben, daß er Freiheit innerhalb der Grenzen des Gesetzes begrüße, doch wenn sie diese Grenze überschritte und die Leute anfingen, Molotow-Cocktails zu werfen, würde er unverzüglich und streng durchgreifen.

Auf die Frage, was er tun werde, falls Chomeini die Bildung einer eigenen Regierung verkünde, sagte er: sie ignorieren. Wenn sie standhaft und geschlossen blieben, wären sie in einer besseren Position als vorher. Als der Ayatollah im Exil gewesen sei, habe ihn eine mystische Aura umgeben; jetzt sei sie weg. Er sei zurückgekommen und müsse nun zeigen, was er wirklich könne. Wenn er auf einer Fortsetzung der Streiks bestünde, würden die Leute sehr bald die Nase voll haben; denn sie hätten schon jetzt genug verloren und in den letzten drei Monaten mehr eingebüßt als in den vergangenen fünfundzwanzig Jahren. Er sei bereit, alle notwendigen Schritte einschließlich militärischer Aktionen zu veranlassen, um seine Regierung zu verteidigen.

Ich hielt es für angebracht, ein bißchen auszuloten, wie die Gruppe zu den Entwicklungen auf beiden Seiten stand. Sie bezeichneten den Ayatollah daraufhin allesamt als Demagogen und sagten, eine Islamische Republik wäre ein Desaster. Alle, auch General Gharabaghi und Admiral Habiballahi, drückten ihre Überzeugung aus, fest hinter dem Ministerpräsidenten zu stehen. Einer erklärte, falls es zu einer Islamischen Republik käme, würden sich die Streitkräfte wahrscheinlich auflösen und das Land würde mit wenigstens sechzigprozentiger Wahrscheinlichkeit von der westlichen in die kommunistische Einflußsphäre abdriften. Ich persönlich schätzte das Risiko höher ein.

Auf die Frage, wie die Zukunft aussehen und welche Rolle der Schah spielen würde, wenn unsere Seite siegte, antwortete Gharabaghi, er könne im Namen aller sagen, daß dem Iran am besten mit einer sozialdemokratischen Regierung nach dem Muster Schwedens, Norwegens oder Dänemarks gedient sei, mit einem König, der mit dem Fahrrad fährt.

Die Gruppe schloß sich Bachtiars Argument an, es sei vielleicht besser, Chomeini jetzt wieder im Iran zu haben. Was sie beunruhigte, waren die vielen Waffen im Land. Wenn Chomeini es anders nicht schaffte, könnte er einen heiligen Krieg ausrufen. Das würde auch der Tudeh-Partei zupaß kommen, und sie würde die Gelegenheit benutzen, die religiösen Elemente zur Gewalt anzustacheln.

Wir versuchten, etwas über Chomeinis Pressekonferenz zu erfahren, konnten aber nichts Definitives herausbekommen. Wie wir hörten, hatte er wieder seine alten Phrasen gedroschen, aber auch erklärt, daß eine friedliche Lösung möglich sei.

Wir wandten uns wieder den Plänen zu, und ich drängte sie erneut, entschiedener vorzugehen. Es gab inzwischen mehr Öl, aber Nahrungsmittel wurden erneut knapp, weil der Zoll sie abermals an der Grenze und in den Häfen zurückhielt. Etwa tausend Lastwagen steckten an der türkischen Grenze fest, und rund sechzig Schiffe warteten darauf, entladen zu werden. Ich meinte wirklich, sie sollten so schnell wie möglich zum Ministerpräsidenten gehen und die Zollfrage wieder aufwerfen, und diesmal sollten sie die Sache zu Ende führen. Auch die anderen Einrichtungen müßten sehr bald übernommen werden; denn ich zweifelte nicht daran, daß Chomeini bald in Aktion treten würde, um das Ruder zu übernehmen.

Ich ließ General Gharabaghi bei diesem Dialog nicht aus den Augen. Entweder hatte er ein sehr gutes Pokergesicht, oder er war aufrichtig meiner Meinung. Als sie beschlossen, es mit Bachtiar zu diskutieren, verzog er kaum eine Miene. Die Bürde lag nun auf seinen Schultern, und wir konnten nur Fortschritte machen, wenn das Militär einschritt.

Noch einmal beschäftigten wir uns mit den Meldungen über den Zustand der Truppe. Die stärkste Einheit schien die Kaiserliche Garde zu sein, und die zweitstärkste – mit fast hundertprozentiger Geschlossenheit in jeder Hinsicht – die Marine. General Rabii hatte seine Luftstreitkräfte sehr eingehend geprüft und sagte, er würde sich im Fall eines Falles zweifellos auf fünfundsiebzig bis achtzig Prozent verlassen können. General Badraie hielt das Heer, besonders die Infanterie, für verläßlich; siebzig bis achtzig Prozent seien absolut zuverlässig. Bei der Artillerie könnte es auf Grund der sowjetischen Ausbildung Probleme geben. Alles in allem reiche die Kampfkraft für alle nur denkbaren militärischen Maßnahmen im Land aus. Das bestätigte die Bewertung, die ich von den US-Offizieren der Militärberatergruppe bekommen hatte.

Ich forderte General Gharabaghi eindringlich auf, eine Unterschrift über die Rüstungsvereinbarung einzuholen. Wir hätten Schwierigkeiten mit dem Kongreß, und es sei ja nicht bindend, nur eine Absichtserklärung. Wir müßten die Verpflichtungen des Pentagons gegenüber dem Kongreß mit einer offiziellen Unterschrift erfüllen. Wir wüßten, daß das Dokument bei einem Sturz der Regierung Bachtiar womöglich Makulatur wäre. Gharabaghi hatte bisher nicht viel Interesse gezeigt, aber nun schien er meine Worte als einen Befehl aufzufassen. Er sah General Toufanian an und forderte ihn ziemlich barsch auf, die Sache zu erledigen. Dann wechselten sie in Farsi über und hatten einen heftigen Wortwechsel, nach dem Gharabaghi sich wieder an mich wandte und sagte, sie würden etwas unternehmen.

Ich meinte, es sei an der Zeit, ihnen zu sagen, daß meine Tage – vielleicht sogar Stunden – bei ihnen gezählt seien. Ich benötigte irgendwo in der Nähe einen startbereiten Hubschrauber, der mich jederzeit nach Mehrabad bringen könne. Ich wüßte nicht, ob ich in den nächsten sechs, vierundzwanzig oder auch sechzig Stunden fliegen müsse, aber es sei sicher, daß ich abreise. Sie sahen den Grund ein. Einige ihrer eigenen Leute hatten akutes Mißbehagen darüber geäußert, daß sie mit mir in Zusammenhang gebracht wurden. Das Unbehagen schien fast ausschließlich auf der Gefährdung ihrer eigenen Sicherheit zu beruhen, auch wenn keiner von ihnen zugab, daß er selbst unmittelbar bedroht war. Sie versteckten sich alle hinter Dritten. Doch es war klar, worauf sie hinauswollten. Die Opposition war zweifellos im Begriff, diese wichtige Runde der psychologischen Kriegsführung für sich zu entscheiden.

General Rabii erklärte sich bereit, einen Hubschrauber für mich abzustellen. Ich sagte ihnen, daß wir einen Kode benutzen würden: Plan A – sofortige Abreise; Plan B – heute noch nicht. Wenn ich ihn anrief, würde ich nur Plan A oder Plan B sagen.

General Toufanian drängte mich energisch, den Hubschrauber in der Nähe seines Hauptquartiers stationieren zu lassen. Ich wehrte mich jedoch dagegen, weil er fortwährend betont hatte, er wolle mit mir gehen, wenn ich abreise. Ich hätte ihn sehr gern mitgenommen, aber ich meinte, daß die Gruppe auf seine Tatkraft angewiesen war. Er war derjenige, der den Laden in den kommenden Tagen schmeißen konnte. Wir erwogen, den Helikopter auf dem Botschaftsgelände zu stationieren, aber ich fand, das wäre zu auffällig. Es sei besser, ihn beim Generalstab bereitzuhalten, wo den ganzen Tag Hubschrauber landeten und starteten.

Es folgte eine längere Diskussion auf Farsi, nach der Gharabaghi mir erklärte, sie hätten Verständnis für das Problem, zumal es Amerikaner wie Iraner betreffe. Aber das heiße nicht, daß sie mit meiner Abreise einverstanden seien. Sie würden vorziehen, wenn ich bliebe. Ich machte ihnen klar, daß die Entscheidung nicht bei mir läge, sondern vom amerikanischen Präsidenten getroffen werde.

Wenn es nach mir ginge, würde ich lieber bleiben, und zwar aus zwei Gründen. Erstens wegen unserer mangelnden Fortschritte: Die Pläne seien zwar seit Tagen fertig, aber wir hätten noch keinen einzigen ausgeführt. Als wir gerade den erfolgversprechenden Zollplan in Kraft setzen wollten, hätten sie ihn abgeblasen. Das sei sehr unbefriedigend gewesen. Wenn sie wollten, daß Bachtiar als Ministerpräsident überlebte, müßten sie außer den militärischen Einrichtungen auch noch andere Dinge unter Kontrolle bringen. Sie sollten die Wirtschaft ankurbeln, und die Bevölkerung müßte sehen, daß es von der Regierung ausginge und nicht von Chomeini. Dann redete ich nicht mehr lange drumherum und erklärte, sie sollten nun endlich anfangen, von sich aus etwas zu unternehmen. Im Klartext: Bisher seien alle Aktivitäten von mir ausgegangen. Sie machten ernste Gesichter und blickten weg, aber keiner widersprach.

Meine zweite, noch größere Sorge war, daß die Opposition sie in den kommenden Tagen auf eine harte Probe stellen würde. Die Regierung Bachtiar konnte an den Rand des Zusammenbruchs geraten, und dann mußten schleunigst militärische Maßnahmen ergriffen werden. Sie müßten die Kontrolle des Landes übernehmen. Ich machte aus meinem Herzen keine Mördergrube. Meines Erachtens hätte General Gharabaghi in diesem Fall einfach nicht genug Willenskraft oder Mumm, das Nötige zu veranlassen. Totenstille. Ich redete nicht weiter und betrachtete nur ihre ernsten Mienen. Dann sagte ich, ich müßte vor meiner Abreise genau wissen, was sie planten, wenn die Regierung tatsächlich stürze.

Abermals trat eine lange Pause ein. Alle Blicke waren auf mich gerichtet. Ich brach als erster das Schweigen. Ich wisse, daß die Situation sehr schwierig für sie sei, aber wenn man nicht darüber diskutierte, würde sie nur noch schwieriger. «Es ist wie Baseball oder besser wie beim Pokern, und der Einsatz ist Ihr Land!» Ich dachte, wenigstens das würde General Gharabaghi zu einer Reaktion veranlassen. Inständig hoffte ich, daß er in die Luft gehen und entgegnen würde, ich sei im Irrtum. Aber nichts dergleichen. Er saß nur da, und sein Schweigen bestätigte mir, daß ich recht hatte. Also stand ich auf und sagte: «Na schön, ich habe den Eindruck, daß die Sache verloren ist; denn anscheinend ist keiner von Ihnen bereit, der Wirklichkeit ins Auge zu sehen.» Sie erhoben sich ebenfalls, und endlich kam eine Reaktion. General Rabii, der mich seit Jahren als seinen Bruder bezeichnet hatte, platzte los: «Mein Bruder, in diesem Fall ... Wenn es schon getan werden muß, um das Land zu retten, werde ich es tun und das Kommando übernehmen.»

Ich hielt es unter den gegebenen Umständen für das beste, nicht weiter darauf einzugehen. Ich zweifelte nicht daran, daß es General Rabii ernst war, und so streckte ich ihm nur meine Hand entgegen. Er schlug ein. Ich hatte das Gefühl, auch General Toufanian und General Badraie würden die notwendigen Schritte tun, wenn die Würfel gefallen waren. Es gab noch einige nachgeordnete Generale, die sie unterstützen würden, so sicherlich auch General Chosrodad.

Ich drückte meine Genugtuung über ihre Haltung aus und äußerte den Wunsch, daß sie ihre Pflichten beherzter auffaßten. Nachdenklich sagte ich noch, wie wichtig es sei, daß unsere beiden Länder weiterhin eng zusammenarbeiteten, und wie groß meine Sorge über Chomeinis Haltung gegenüber dem Westen sei. Ich würde die weitere Entwicklung sehr aufmerksam verfolgen, und ich sei sicher, daß meine Regierung mich sofort zurückschikken würde, wenn die Situation es erfordere.

Ich hatte nun alles gesagt, was mir auf dem Herzen lag, und da ich dem Verteidigungsminister bald Bericht erstatten mußte, fing ich an, mich von ihnen zu verabschieden. Diesmal war es anders als sonst. Ich glaube, wir hatten alle das Gefühl, es könnte unsere letzte Begegnung sein. Es wurde dann zwar nicht besonders gefühlsreich, aber wir schüttelten uns doch länger und fester die Hand als sonst. Mehrere Umarmungen und eine Menge Körperkontakte: Schulterklopfen, ein freundschaftlicher Schlag auf den Rücken. In Anbetracht dessen, welche Worte gefallen waren, freute ich mich besonders über die Herzlichkeit und Aufrichtigkeit des Abschieds durch General Gharabaghi. Er ist für mich noch heute ein Rätsel.

Schweren Herzens und mit trüben Vorahnungen ließ ich die Gruppe allein. Auf der Fahrt zur Botschaft war ich tief in Gedanken versunken und sagte kaum ein Wort.

In der Botschaft gab man mir einen Funkspruch vom diensthabenden Offizier der Nationalen Militärkommandozentrale in Washington. Ich sollte mich pünktlich für die Telefonkonferenz um sieben Uhr Ostküstenzeit bereithalten und direkt die Zentrale des Weißen Hauses anrufen. Am anderen Ende würden wenigstens zwei zusätzliche Teilnehmer sein.

Ich stellte die Verbindung zum angegebenen Zeitpunkt her. Am anderen Ende waren General Jones, Verteidigungsminister Brown, Außenminister Vance, Sicherheitsberater Dr. Brzezinski und Mr. Christopher. Sie hatten darum gebeten, daß auch General Gast am Apparat sein sollte, aber das war nicht möglich, da wir nur ein Telefon hatten, so daß er genau neben mir stand und versuchte, alles mitzubekommen.

Ich begann mit meinem Bericht über die kürzlichen Besprechungen der Militärs mit Bachtiar. Ich sagte, er sei sehr energisch und entschlossen gewesen und wolle durchhalten, egal was der Ayatollah Chomeini sage oder tue. Der Ministerpräsident habe erklärt, daß ihm mit dem Militär auf seiner Seite nichts passieren könne. Ich bestätigte das, vorausgesetzt, sie würden nun endlich etwas unternehmen. Die Gruppe habe sich eindeutig für Bachtiar ausgesprochen und teile fraglos meine Meinung, daß der Iran letztlich im kommunistischen Lager enden würde, wenn es zu einer Islamischen Republik käme. Sie müßten jetzt handeln. Ich sagte, wir stimmten alle darin überein, daß es vielleicht sogar ein Vorteil sei, Chomeini wieder im Land zu haben. In seinem Lager finde ein Machtkampf statt, und die einzelnen Gruppierungen der Opposition seien sich nicht einig. Diese Uneinigkeit könnte man schüren, ohne vorzeitig einen bewaffneten Konflikt heraufzubeschwören.

Minister Brown feuerte eine ganze Salve von Fragen ab. So wollte er wissen, wie das iranische Militär dazu stünde, daß ich das Land verließ. Ich antwortete, wir hätten ausführlich darüber gesprochen, und sie hätten Verständnis dafür gezeigt. Allerdings hätten sie sich vor einer direkten Stellungnahme gedrückt und gesagt, es läge bei mir, womit sie sicherlich «bei Washington» meinten. Sie würden die Entscheidung Washingtons auch dann akzeptieren, wenn sie anderer Meinung wären.

Dann fragte er mich geradeheraus, was ich selber von einer Abreise hielte. Aber ich wollte diese Entscheidung immer noch nicht treffen. Ich persönlich hätte das Gefühl, daß ich nicht gehen sollte; aber wenn ich gehen müßte, könnte ich die Sache ebensogut jetzt wie später an General Gast übergeben. Die Gruppe würde auch mit ihm zusammenarbeiten. Mein einziger Vorteil ihm gegenüber sei mein Rang, den sie respektierten, und mein immer noch großer Einfluß, den ich dem Schah verdanke.

Dann wollte der Verteidigungsminister wissen, wie sich meine Abreise auf die Fähigkeit der Gruppe zu militärischen Maßnahmen auswirken würde. Nach meiner Meinung war das fast unmöglich abzuschätzen. Aber bestimmt könnte auch General Gast sie beeinflussen. Wenn die Energischeren unter ihnen – Rabii, Badraie oder Toufanian – die Initiative ergriffen, könnte jeder der Pläne durchgeführt werden. Er wollte wissen, wie sich meine Abreise auf ihre Bereitschaft auswirken würde, zu gegebener Zeit auch das Land zu übernehmen. Ich antwortete, auch das sei Ansichtssache. Aber meines Erachtens könnte General Gast sie dazu wahrscheinlich ebenso gut ermutigen wie ich.

Als nächstes wollte er wissen, ob die Gruppe nach wie vor glaube, daß ein Eingreifen des Militärs eine praktikable Lösung sei. Durchaus, sagte ich, drückte jedoch meine Vorbehalte gegenüber General Gharabaghi und Admiral Habiballahi aus.

Dann kam eine neue Salve von Fragen. Was für einen Eindruck ich wirklich hätte? Wie die Lage insgesamt aussähe? Wie es um das politisch-militärische Gleichgewicht stünde? Was für Chancen Bachtiar beziehungsweise Chomeini hätten? Ich antwortete, Chomeini habe wohl in verschiedener Hinsicht an Boden gewonnen, und Bachtiar müsse jetzt endlich in den Augen des Volkes konkrete Resultate erzielen. Aber das wäre schwierig. Chomeini habe die Wirtschaft in der Hand, weil er die Streiks beherrsche. Bachtiar besäße allerdings auch ein Mittel, die Streiks zu beenden, nämlich durch militärische Maßnahmen. Die Medien schienen

Chomeini zuzuneigen. Die Presse widme ihm mehr Aufmerksamkeit als Bachtiar. Zumindest die lautstarken Massen seien offensichtlich auch für ihn, obschon eine solide Mehrheit in der Bevölkerung vielleicht sogar gegen ihn sei. Viele Leute, vor allem die oberen Schichten, begriffen allmählich, daß der Ayatollah sie ins Mittelalter zurückführen könnte. Die Religion spiele im Iran lange nicht so eine öffentliche Rolle wie etwa in Saudi-Arabien. Die beiden Länder unterschieden sich in dieser Beziehung wie Tag und Nacht. Die Saudis praktizierten sie offen im täglichen Leben. Das hatte ich im Iran nie beobachtet.

Am besten sei es, sagte ich dem Minister, die Uneinigkeit der Opposition auszunutzen und augenfällige Fortschritte in der Wirtschaft zu erzielen. Ich beschrieb noch einmal, wie ich die Gruppe ermutigt hatte, den Zoll unter Kontrolle zu bringen und diese dann auf alle Bereiche auszudehnen. Wenn Bachtiar das Verdienst für sich beanspruchen könnte, die Nahrungsmittelimporte wieder richtig in Gang zu bringen, hätte das eine enorme Wirkung.

Er fragte abermals nach der Leistungsfähigkeit der Streitkräfte, und ich erwiderte, sie habe seit Chomeinis Rückkehr zum Glück nicht nachgelassen. Mich habe das nicht weiter überrascht, aber es müsse doch Botschafter Sullivan und seine Leute verblüfft haben. Sie hatten für den Tag X schließlich eine Massendesertion vorausgesagt.

Dann fragte der Verteidigungsminister, wer bei einem Militärputsch der Anführer sein würde. Ich antwortete, Gharabaghi sei zwar gescheit und tüchtig, würde es aber wohl nicht über sich bringen, militärisch gegen seine Landsleute vorzugehen. Admiral Habiballahi sei überaus vorsichtig und scheine mehr dem von Botschafter Sullivan befürworteten Kurs zuzuneigen, sich letztlich mit Chomeini zu arrangieren. General Badraie sei durch und durch Soldat und würde notfalls losschlagen, und General Rabii, dem draufgängerischen Jagdflieger, traute ich sowieso alles zu. General Toufanian hätte als dienstältester Offizier wahrscheinlich den größten Einfluß und könnte durchaus die Führung der Gruppe übernehmen. Und im Hintergrund gäbe es immer noch General Chosrodad, der voll und ganz imstande sei, die nötigen Aktionen durchzuführen.

Brown erkundigte sich nach der Moral unseres Militärteams im Iran. Ich erzählte ihm, sie machten sich große Sorgen über Chomeinis bösartigen Antiamerikanismus, arbeiteten aber alle hart, und es gebe auch hier keine Probleme.

Ich sagte auch, daß ich Gharabaghi und Toufanian wegen der Absichtserklärung bearbeitet hatte und daß sie nunmehr wohl bald unterzeichnet werde.

Ich drückte Außenminister Vance meine Anerkennung für die materielle Unterstützung und Kooperation durch Botschafter Sullivan aus. Vance sagte, der Präsident und alle in Washington fühlten sich tief in meiner Schuld; ich hätte unter sehr schwierigen und anomalen Bedingungen tätig sein müssen und ihrer Meinung nach ausgezeichnete Arbeit geleistet.

Dann baten sie mich, in der Leitung zu bleiben und zu warten, da sie nunmehr diskutieren und entscheiden wollten, ob ich bleiben oder gehen solle. Ich hielt die Leitung also frei und wartete ab. Es dauerte nur wenige Minuten, aber sie kamen mir wie eine Ewigkeit vor. Dann meldeten sie sich wieder, und Minister Brown sagte, sie hätten entschieden, daß ich entweder heute oder morgen – das läge bei mir – abreisen solle. Sie wollten nur nicht, daß es wie eine Flucht aussähe, so daß ich noch alle Angelegenheiten mit der Militärführung regeln könne, die ich für notwendig halte. Harold Brown sagte, ich würde mit der C-130, die in Mehrabad startbereit sei, nach Incirlik in der Türkei fliegen und von dort mit der C-135 nach Stuttgart. Dort sollte ich mein Zeug wechseln, aber dann möglichst schnell nach Washington kommen. Der Präsident rechne damit, mich Montag morgen zu Beginn der Bürozeit zu sehen.

Wir beendeten das Gespräch, und ich unterrichtete den Botschafter. Ich sagte, ich würde sofort packen und noch heute abend fliegen, weil alles soweit sei. Bei der letzten Besprechung mit der Gruppe war wirklich alles gesagt worden, was zu sagen war, so daß ich ebensogut heute abreisen konnte. Ich rief General Rabii an und sagte: Plan A. Er bestätigte und veranlaßte, daß der Hubschrauber auf dem Generalstabskomplex startbereit gemacht wurde. Ich gab meinen Sicherheitsleuten Bescheid, und General Gast informierte die Besatzung der C-130.

Ich ging zur Residenz hinüber, packte meine Reisetasche und

verabschiedete mich von den Leuten. Sie hatten sehr gut für mich gesorgt, und wir waren Freunde geworden, so daß es mir schwer fiel, ihnen Lebewohl zu sagen und sie dort zurückzulassen.

Es nieselte ein wenig, als wir kurz vor Anbruch der Dämmerung zum Generalstabsquartier fuhren. Meine Sicherheitsleute bestanden darauf, daß drei Männer zu meinem Schutz im Hubschrauber mitflogen und mich sicher zur C-130 brachten. Einer würde sogar bis Stuttgart mitkommen. Crew und Hubschrauber waren startbereit, so daß wir mein Gepäck einluden und ich den anderen Sicherheitsleuten und vor allem General Gast auf Wiedersehen sagte. Der Abschied fiel uns sehr schwer. Wir hatten eng zusammengearbeitet und jenes Band geknüpft, das nur entstehen kann, wenn zwei Menschen auf Gedeih und Verderb aufeinander angewiesen sind. Ich kletterte an Bord, und wir stiegen in die feuchte Abendluft empor. Der Hubschrauber ging auf etwa 150 Meter und nahm Kurs auf Mehrabad.

Als wir dort ankamen, war es fast dunkel. Auf dem Hubschraubergelände wurde ich vom kommandierenden General des Luftsützpunkts und einem weiteren iranischen Offizier begrüßt. Wir gingen über die dunkle und nasse Rollbahn zwischen den abgestellten Maschinen hindurch zur C-130. Mein Leibwächter und ich stiegen die Leiter zur Pilotenkabine hoch. Irgend jemand fragte, ob wir wirklich bei Dunkelheit starten wollten, weil Nachtflüge seit einiger Zeit im Iran verboten seien. Ich sagte, wir würden es trotzdem tun.

Ich war sicher, daß ich weder die Crew noch die Maschine aufs Spiel setzte. General Rabii kannte den Abflugplan, und ich wußte, daß er seine Luftwaffe im Griff hatte, so daß wir nur dann von Jägern abgefangen werden könnten, wenn irgendeine oppositionelle Gruppe in den Luftstreitkräften mich aus dem Weg räumen wollte. Außerdem konnten wir natürlich von abtrünnigen Flakeinheiten unter Raketenbeschuß genommen werden. Ich überdachte rasch diese Möglichkeit, kam aber zu dem Schluß, daß das Risiko äußerst gering war. Die Route war so ausgetüftelt, daß die einzigen Verteidigungseinrichtungen, die wir überwinden mußten, direkt in Mehrabad lagen, und ich vertraute darauf, daß die Truppen in dem Gebiet sich abgestimmt hatten.

Was unser Äußeres betraf, hatte die Besatzung allen Grund, uns mißtrauisch zu beäugen. Ich trug Zivil, und wegen der kugelsicheren Weste wirkte mein Oberkörper reichlich unproportioniert. Mein Leibwächter hatte sich die Haare wesentlich länger wachsen lassen, als es dem üblichen Militärhaarschnitt entsprach, und war unrasiert. (Sie hielten es alle so, um in der Masse weniger aufzufallen.) Er war überdies gut bewaffnet und trug ebenfalls eine kugelsichere Weste. Ich habe mich oft gefragt, für wen die Besatzung uns gehalten haben mochte, als sie uns erblickte.

C-130-Besatzungen sind wegen ihrer häufig sehr riskanten Einsätze äußerst gut trainiert und haben eine spezielle Kampfausbildung. Sie sind es gewohnt, von improvisierten Pisten, bei schlechtem Licht und in feindlichen Gebieten zu operieren. Diese Crew unter Major George H. Newton gehörte zu den besten. Die Männer verloren keine Zeit. Sie starteten die Triebwerke, rollten über das dunkle Flugfeld und gaben Vollgas. Sobald wir in der Luft waren, drehten sie die Maschine nach Nordwest und nahmen Kurs auf die türkische Grenze.

Wir standen alle unter Hochspannung. Die üblichen Witze über Bordfunk fehlten so gut wie ganz, und die Besatzungsmitglieder achteten konzentriert auf alles, was sie über Funk hören konnten. Angestrengt spähten sie in die Dunkelheit, um rechtzeitig etwaige Schwierigkeiten auszumachen. Als wir die türkische Grenze überflogen, löste sich die Spannung im Nu, und die Crew jubelte wie ein Mann. Sie schien genauso erleichtert zu sein wie ich.

Der Rest des Flugs zum Luftstützpunkt Incirlik verlief unter normaler Radarkontrolle. Der Pilot machte eine Bilderbuchlandung und ließ die Maschine auf Anweisung des Towers genau neben der C-135 ausrollen, die darauf wartete, mich nach Stuttgart zu bringen. Ich ging mit meinem Leibwächter hinüber. Ich kannte die ganze Besatzung, und es gab ein freudiges Wiedersehen. Man hätte meinen können, ich sei ein Jahr lang fort gewesen. Mein Adjutant, Major Jim Moss, war ebenfalls unter ihnen und schien gar nicht genug für mich tun zu können.

Nachdem ich gegessen hatte und über die Geschehnisse in meinem Stuttgarter Hauptquartier unterrichtet worden war, näherten wir uns bereits dem Heimatflughafen. Im Scheinwerferlicht konnte ich sehen, daß eine Gruppe von Leuten zu meiner Begrüßung gekommen war. Als die Tür aufschwang, erkannte ich als erstes meine Frau, meine beiden Töchter Tracy und Christina sowie meinen Schwiegersohn Mike Murphy. Meine ältere Tochter, Tracy Murphy, löste sich von der Gruppe und lief die Treppe hinauf, um mich zu umarmen. Das Wiedersehen war sehr gefühlvoll. Die Berichte über die Teheraner Massen, die immer wieder «Huyser muß sterben» intonierten, hatten meine Familie furchtbar beunruhigt. Ich war ganz sicher, daß meine Frau jeden Tag für meine Sicherheit und um göttlichen Beistand gebetet hatte. Sie war eine überzeugte Christin und betete täglich zu ihrem Schöpfer.

Es war eine wahre Erlösung, wieder zu Haus zu sein. Doch bei aller Erleichterung mußte ich voll Sorge daran denken, was die nächsten Stunden in Teheran bringen mochten.

Sonntag, 4. Februar 1979

Vor dem Weiterflug nach Washington konnte ich einige Stunden mit meiner Familie verbringen. Ich freute mich besonders über einen langen Spaziergang mit meiner jüngeren Tochter Chris, bei dem wir uns sehr angeregt unterhielten. Da sie lange in den USA gewesen war, hatte ich sie geraume Zeit nicht gesehen. Am Nachmittag rief ich die Botschaft in Teheran über die Amtsleitung an. Sie berichteten mir, die Lage sei noch stabil, aber die Presse lasse keinen Zweifel, daß Chomeini und Bachtiar auf Kollisionskurs gingen. Eine der Zeitungen fragte in fünf Zentimeter hohen Lettern: «Droht Bürgerkrieg?» Beide Führer hatten öffentlich ihre Entschlossenheit unterstrichen, die uneingeschränkte Kontrolle zu übernehmen. Bachtiar hatte gesagt, er würde jedermann verhaften lassen, der seiner Regierung trotze, und Chomeini hatte die Regierung erneut als illegal bezeichnet.

General Gast hatte eine Besprechung mit der Fünfergruppe gehabt. Sie standen nach wie vor fest hinter Bachtiar. Was die Streitkräfte im allgemeinen betraf, hatte es weiterhin nicht den Anschein, als wirke sich Chomeinis Ankunft unmittelbar negativ auf ihre Moral oder Kampfkraft aus. Ich war sicher, daß die Truppen ihren Führern die Treue halten würden, wenn diese standhaft blieben. Jeder der beiden Gegner konnte jedoch Aktionen in Gang setzen, die das gesamte Bild abrupt ändern würden. Das Verhalten von Iranern vorauszusagen ist nie leicht. Manchmal scheinen sie die Geduld Hiobs zu haben, und dann wieder sind sie weit ungeduldiger als Amerikaner. Am Abend flog ich nach Washington. Um mich auf die Besprechung mit dem Präsidenten vorzubereiten, sah ich den ganzen Flug über die Aufzeichnungen durch, die ich mir in den letzten einunddreißig Tagen gemacht hatte.

Montag, 5. Februar 1979

Am nächsten Morgen meldete ich mich beim Vorsitzenden der Vereinigten Stabschefs im Pentagon und berichtete anschließend Dr. Brzezinski im Weißen Haus. Er begleitete mich zum Oval Office. Als wir eintraten, stand der Präsident hinter seinem Schreibtisch auf und kam mir entgegen. Ich salutierte und sagte: «General Huyser wie befohlen zurück zum Rapport, Sir.» Der Präsident war sehr herzlich. Nach der Besprechung entließ er Brzezinski. Dann zeigte er aufs Sofa vor dem Kamin und sagte: «Unterhalten wir uns doch ein bißchen.» Wir diskutierten dann dreißig oder vierzig Minuten lang sehr ausführlich über die Lage.

Er kam auf viele Punkte meiner Berichte an den Verteidigungsminister zu sprechen und zeigte lebhaftes Interesse daran, was meines Erachtens als nächstes geschehen könnte. Mein Kerngedanke war, daß Bachtiar sofort mit aller Entschiedenheit handeln müsse, oder er würde sehr bald in der Patsche sitzen. Ich sagte dem Präsidenten, daß ich die Fünfergruppe kurz vor meiner Abreise noch einmal sehr nachdrücklich darauf hingewiesen hätte. Ich hätte sie auch vor den Belastungen gewarnt, denen ihre Loyalität in den kommenden Tagen ausgesetzt sei. Ich befürchte insbesondere, daß General Gharabaghi diese Prüfung nicht bestehen würde.

Der Präsident sah mich an und sagte: «Was sollte ich Ihrer Meinung nach mit Botschafter Sullivan machen? Soll ich ihn ablösen und nach Haus holen?» Ich verneinte; er sei ein tüchtiger und energischer Mann. «Aber», fügte ich hinzu, «Sie sollten ihm einige Instruktionen geben.» Der Präsident erklärte, Sullivan habe die gleichen Instruktionen gehabt wie ich: Warum er sie nicht befolgt habe? Meine Antwort: «Mr. President, Sie haben vielleicht nicht verstanden, was ich meinte. Ich meinte, *Sie* sollten ihm seine Instruktionen geben.» Ich war zwar sicher, daß die Anweisungen, die ich bekommen hatte, genau die des Präsidenten waren, aber bei den Instruktionen des Botschafters hatte ich so meine Zweifel. Ich wußte, daß er aus irgendeinem Grund viele seiner Gespräche mit rangniederen Angehörigen des State Department geführt hatte, und sie konnten durchaus ihren eigenen Senf dazugegeben haben, wenn sie ihm die Anweisungen des Präsidenten übermittelten. Das bedeutete für mich übrigens das erste Indiz, daß Botschafter Sullivan nicht unbedingt wohlgelitten war.

Wir beendeten das Gespräch unter vier Augen und gingen ins Nebenzimmer, wo unter anderem mehrere Kabinettsmitglieder versammelt waren: der Vizepräsident, der Verteidigungsminister, der Außenminister, Sicherheitsberater Dr. Brzezinski, der Vorsitzende der Vereinigten Stabschefs, der CIA-Direktor und noch zwei oder drei andere. Ich nahm links vom Präsidenten Platz. Der Außenminister saß rechts von ihm.

Die Diskussion drehte sich um die unterschiedliche Lagebeurteilung durch mich und Botschafter Sullivan. Ich sagte, eine Erklärung liege sicherlich in unseren grundverschiedenen Voraussetzungen. Ich sei durch und durch Soldat, während er abgesehen von seinem Militärdienst im Zweiten Weltkrieg von Anfang an politischer Beamter gewesen sei. Außerdem hätten wir im Iran mit zwei vollkommen verschiedenen Gruppen Kontakt gehabt. Ich hätte fast ausschließlich mit Militärs verkehrt und die einzigen Informationen über andere Gruppen vom Botschafter und seinen Leuten bekommen. Der Botschafter habe persönlichen Kontakt zu einigen religiösen Führern gehabt, und seine Leute hätten regelmäßig mit der Opposition in Verbindung gestanden, so daß er mit ihren Aktivitäten und Ansichten unendlich vertrauter sei als ich. Ich sagte dem Präsidenten, daß wir immer sehr offen miteinander geredet hatten, doch in zwei sehr wichtigen Punkten entgegengesetzter Meinung gewesen waren. Der eine sei die Zuverlässigkeit des Militärs, der andere die Frage, ob die USA Bachtiar oder aber Chomeini unterstützen sollten.

Nach der Besprechung beglückwünschten mich der Präsident,

der Vizepräsident, der Verteidigungsminister, der Außenminister und noch einige andere. Trotzdem hatte ich nicht das Gefühl, mich darauf verlassen zu können, daß diese Regierung sich geschlossen bemühte, den Iran zu retten.

Ich fuhr wieder zum Pentagon und führte weitere Gespräche mit dem Verteidigungsminister und dem Vorsitzenden der Stabschefs. Sie warteten auf den täglichen Anruf über die Geheimleitung aus Teheran und forderten mich auf, mit anzuhören, was General Gast berichtete. Seine Meldung war recht ermutigend. Die Fünfergruppe schien fest zu bleiben. Seine Hauptsorge galt der absolut kompromißlosen Haltung, die Chomeini wie auch Bachtiar einnahmen. Die Zeitungsartikel über ihre Reden wiesen auf einen unmittelbar bevorstehenden Zusammenstoß hin. Gast meinte, wenn Bachtiar sich bei diesem Duell richtig verhalte, könne er durchaus gewinnen. Er habe das Militär hinter sich, und obgleich der Kampf außerordentlich blutig zu werden drohte, gäbe es keinen Grund, weshalb er nicht siegen sollte. Ich war froh, daß die Fünfergruppe meine Abreise überlebt hatte.

Nach diesem Gespräch schickte ich Botschafter Sullivan eine Depesche über meinen Rapport beim Präsidenten. Ich berichtete, ich hätte meinen Standpunkt erläutert, daß das Land von rechts nach links driften würde, falls Chomeini die Macht übernähme und eine Islamische Republik errichtete. Falls Chomeini mit einer Art Mitte-Rechts-Regierung zufriedengestellt werden könnte, würde es vielleicht klappen. Wenn er jedoch die uneingeschränkte Kontrolle übernähme und das, was er gepredigt hätte, in die Tat umsetzte, würde das Land zerfallen und schließlich unter kommunistischen Einfluß geraten. Ich hatte dem Präsidenten gesagt, daß Sullivan diesen Standpunkt nicht teilte und annahm, Chomeinis Regierung würde unter diesen Umständen nach rechts steuern. Ich teilte dem Botschafter auch mit, daß ich den Präsidenten über unseren unterschiedlichen Standpunkt zur Zuverlässigkeit der Streitkräfte und ihre beste Einsatzmöglichkeit informiert hatte.

Das Büro des Vorsitzenden der Vereinigten Stabschefs sagte mir, ich würde morgen wieder nach Stuttgart fliegen können. Es wäre ihnen jedoch lieb, wenn ich vor dem Abflug noch einmal käme, um General Gasts nächste Zusammenfassung mitanzuhören.

Dienstag, 6. Februar 1979

Ich erreichte das Pentagon um halb sieben Uhr und ging nach dem Frühstück in der Messe des Vorsitzenden der Stabschefs den gesamten Depeschenverkehr durch. Minister Brown hatte Washington verlassen, so daß sein Stellvertreter, Charles Duncan, zusammen mit dem Vorsitzenden und mir die Meldung General Gasts entgegennahm. Unterstaatssekretär Duncan wies Gast auf einen Artikel Jim Hoaglands in der *Washington Post* von heute morgen hin. Hoagland berief sich auf meine Unterredung mit dem Präsidenten und schrieb, leitende Männer der Administration sähen absolut schwarz, was das Überleben der Regierung Bachtiar betreffe. Das war alles andere als hilfreich. Ich hatte bei der Kabinettsbesprechung unter anderem betont, wir sollten – ungeachtet unserer persönlichen Meinung – als Nation öffentlich unser volles Vertrauen zu Bachtiar äußern. Jedes andere Verhalten könnte schlimme Folgen haben.

Duncan unterhielt sich sehr eingehend mit Gast darüber und bat ihn, der Fünfergruppe beizubringen, die amerikanische Regierung stehe trotz all dem, was unsere Zeitungen schrieben, nach wie vor fest hinter Bachtiar und wolle, daß das iranische Militär ihm den Rücken stärke. Bei der gestrigen Kabinettssitzung habe man sich auf die «Maßnahme» geeinigt, «Botschafter Sullivan eingehendere Instruktionen zu geben», die ihn verpflichteten, Bachtiar uneingeschränkt zu unterstützen und sich nicht mehr pessimistisch über dessen Zukunftsaussichten zu äußern. Das war wesentlich, um das Mißtrauen abzubauen, das die Fünf gegen den Botschafter entwickelt hatten.

Nach der Kabinettssitzung hatte das State Department dem Botschafter prompt eine solche Depesche übermittelt. General Gast gab meine Mitteilung an General Gharabaghi und Admiral Habiballahi weiter und bat sie, gegenteilige amerikanische Pressemeldungen zu ignorieren. Duncan erklärte Gast, das sei sehr gut, aber er möge in Teheran auch mit allem Nachdruck betonen, daß er, General Jones und General Huyser diesen Standpunkt uneingeschränkt teilten.

Gast sagte, in Teheran herrsche im wesentlichen Ruhe. Es waren wieder mehr Autos unterwegs, und täglich wurden weitere

Straßen für den Verkehr geöffnet. Die Ortszeitungen bezweifelten, daß Chomeini imstande sei, die Wirtschaft anzukurbeln, und das war natürlich ermutigend für die Fünf. Gast hatte sie gedrängt, Bachtiar zur Zusammenarbeit mit der Presse zu bewegen und Kapital aus der Lage zu schlagen. Die Gruppe schien zu begreifen, daß dies der richtige Augenblick war, Bachtiar aufzubauen und Meinungsverschiedenheiten in der Opposition zu schüren. Aber es war wie immer schwierig, sie zum Handeln zu bewegen. General Gast hatte sie außerdem bearbeitet, endlich anzufangen, die Streiks zu brechen und die Terroristengruppen zu bekämpfen.

Inzwischen hatte Chomeini Bazargan zu seinem «Ministerpräsidenten» ernannt. Bachtiar reagierte, Chomeini könne seinetwegen getrost ein Schattenkabinett bilden, solange es seiner Regierung nicht in die Quere komme. Gast hatte mit der Gruppe beraten, ob sie von dieser sonderbaren Konstellation profitieren könnten. Ob Bazargan dazu beitrüge, die Streikenden wieder an ihre Arbeitsplätze zu bringen? Ob irgendeine Koalition zwischen Bazargan und Bachtiar möglich sei?

Dann meldete General Gast einige verblüffende Neuigkeiten. Bachtiars Regierung hatte angekündigt, sie werde mit sofortiger Wirkung aus der Cento (Central Treaty Organization) austreten. Wir waren nicht sicher, ob die Statuten des Abkommens so etwas überhaupt erlaubten oder ob ein Austritt ein Jahr vorher ausgesprochen werden mußte. Doch wie dem auch sei, es war eine schlechte Nachricht. Wenn dies Neutralität wie zwischen den USA und der UdSSR bedeuten sollte, würde es sehr schwer sein, Bachtiar weiterhin Militärhilfe zu gewähren. Der Kongreß würde es, vorsichtig ausgedrückt, für unklug halten.

Anschließend gab General Gast ein interessantes Gespräch wieder, das er mit Generalleutnant Bakschejar vom iranischen Generalstab geführt hatte. Ich kannte ihn gut und hatte eine hohe Meinung von seiner Integrität, obgleich er sich in dem Bemühen, einige absolut notwendige Reformen durchzuführen, letztes Jahr mit den Befehlshabern der Teilstreitkräfte angelegt hatte. Bakschejar hatte von einem gemeinsamen Freund gehört, daß Chomeini Bachtiar für einen guten Mann hielt, der in die Politik und nicht ins Gefängnis gehöre, doch wenn er Ministerpräsident bleiben wolle, müsse er alle seine Militärchefs in die Wüste schicken – außer General Gharabaghi. Ich spitzte natürlich die Ohren, weil ich bereits an General Gharabaghi gezweifelt hatte. Die Neuigkeit, daß Chomeini ihn als hohen Militärführer akzeptieren würde, beunruhigte mich zutiefst.

Bakschejar hatte seinem Freund mitgeteilt, in Wahrheit sei General Huyser derjenige gewesen, der den von General Rabii und General Badraie beabsichtigten Putsch verhindert habe. Da General Gast an allen Besprechungen teilgenommen hatte, wußte er, daß das absolut falsch war.

Damit beendeten wir das Gespräch mit Gast. Wir drei blieben noch eine Weile zusammen und diskutierten über die Neuigkeiten. Ich drückte erneut meine Befürchtungen über General Gharabaghi aus und sagte außerdem, es sei riskant, Chomeini in dem Glauben zu lassen, General Rabii und General Badraie seien wild auf einen Putsch. Ich war jedoch froh zu hören, daß die Streitkräfte Bachtiar weiterhin unterstützten. Sie hatten mit Jagdstaffel-Flügen über Teheran demonstriert, daß sie immer noch ein Faktor waren, mit dem man rechnen müsse.

Dann flog ich über den Luftwaffenstützpunkt Andrews nach Stuttgart, wo ich die Nacht bei meiner Familie verbrachte.

Mittwoch, 7. Februar 1979

Der Stab meines Hauptquartiers bereitete mir am nächsten Morgen einen Empfang, als wäre ich siegreich aus einer großen Schlacht heimgekehrt. Was die Schlacht betraf, hatten sie übrigens recht, aber über den Sieg war ich mir nicht so sicher. Ich hatte zwar die Aufgaben erfüllt, die der Präsident mir gestellt hatte, und er hatte mir auch in einem prächtigen Brief seine Anerkennung ausgesprochen. Aber wie sah die Zukunft des Iran aus?

Ich beschloß, General Gast auf der Amtsleitung anzurufen, um die letzten Neuigkeiten zu erfahren. Da ich wußte, daß alle normalen Verbindungen angezapft wurden, benutzten wir die alte Methode aus dem Iran: Wir erwähnten nicht einmal unsere Namen und achteten darauf, auch die unserer Kollegen nicht zu nennen. Gast sagte, die Lage sei stabil, doch habe es einige aufschlußreiche Entwicklungen gegeben: Insbesondere habe sich Noureddin Kianouri, der Vorsitzende der Tudeh-Partei, öffentlich für Chomeini ausgesprochen. Das war einigermaßen überraschend, weil die Partei seit 1949 im Untergrund operierte und für illegal erklärt worden war. Doch wann immer sie Kritik ausgelöst hatten, suchten sie Schutz unter den Kutten religiöser Gruppierungen und machten sich unsichtbar. Nun waren sie plötzlich in die Öffentlichkeit gegangen.

Eine andere interessante Neuigkeit war, daß der Fahneneid, den die diesjährigen Absolventen der Teheraner Offiziersschule abgelegt hatten, nicht mehr das Treuegelöbnis auf den Schah enthalten hatte. Nun brauchte man nur noch Treue zu Gott, dem Heiligen Koran, der iranischen Unabhängigkeit und der Nationalflagge zu schwören. Da General Gharabaghi bei der Zeremonie anwesend war, hatte er die Änderung offenbar gebilligt.

Die Positionen Bachtiars und Chomeinis hatten sich noch mehr verhärtet. General Gast berichtete, daß der *Kajhan* mit der Schlagzeile «Patt-Situation» aufgemacht hatte. Die bewaffneten Streitkräfte befänden sich weiterhin in gutem Zustand, es habe kein Anzeichen von Massenüberläufen gegeben. Aber die bange Frage lautete: Wer wird den nächsten Schritt tun, Bachtiar oder Chomeini?

Wir verabschiedeten uns, und ich beschloß, General Haig anzurufen und ihm einen Lagebericht zu geben. Er war perplex über den augenscheinlichen Mangel an zentraler Koordinierung durch Washington. Warum Botschafter Sullivan nicht die gleichen Instruktionen bekommen hätte wie ich? Da eben dies das Rätsel war, das mein ganzes Wirken im Iran überschattet hatte, wußte ich die Antwort natürlich auch nicht. Er drückte seine Ansicht über die törichte Behandlung der Krise durch die Carter-Administration wieder einmal sehr plastisch aus.

Donnerstag, 8. Februar 1979

Später bekam ich aus Washington einen Bericht über die letzten Gespräche mit General Gast. Er war nicht gerade beruhigend. Die Fünfergruppe war offenbar mehrere Stunden zusammengekommen, hatte ihm aber keine Gelegenheit gegeben, in die Diskussion einzugreifen, und war danach direkt zu Bachtiar gefahren. Das war noch nie dagewesen. Bisher wollten sie immer erst Gast und mich konsultieren, wenn sie eine Besprechung mit dem Ministerpräsidenten hatten.

Bis zu einer Million Menschen hatten inzwischen für Bazargan und Chomeini demonstriert. Angeblich, sagte Gast, hätten auch etwa 200 Soldaten niederer Ränge an der Kundgebung teilgenommen, was nicht überraschen konnte, da bekanntlich noch mehr in Teheran desertiert waren. Die Demonstration verlief friedlich, aber die Inbrunst und die Gesänge waren beängstigend.

Bachtiar hatte gesagt, er sei bereit, seine Regierung den Forderungen anzupassen, aber nur mit legalen Mitteln und im Rahmen der Verfassung. Er würde das Ergebnis einer Volksabstimmung über den künftigen Regierungschef akzeptieren und nicht mehr auf der bisher genannten Frist von sechs bis acht Monaten bestehen. Er betonte jedoch, daß jeder Versuch, Mitglieder des Schattenkabinetts gewaltsam ins Amt einzuführen, unnachsichtig geahndet werde.

Alles in allem hatte sich die Lage verschlechtert. Die Wirtschaft kam langsam wieder total zum Erliegen. Es gab kaum noch einen Anschein von Ordnung; die Gesetze wurden schlicht ignoriert. Elemente aus Südteheran schwärmten in den Norden der Stadt aus und raubten und plünderten. Bachtiar hielt sein Versprechen, ohne Arbeit kein Geld, und nun protestierten die Streikenden gegen seine Politik.

General Gharabaghi hatte in der Militärakademie eine Ansprache an seine Truppen gehalten und sie klar aufgefordert, sich nicht in die Politik einzumischen. Der *Kajhan* berichtete darüber, und ich freute mich, daß das Militär immer noch die Aufmerksamkeit des Blattes erregte.

Gast sagte, daß die Regierung nächste Woche eine Demonstration für Bachtiar organisieren wolle. Sie glaube nun, daß viele Leute, besonders aus der Mittelschicht, Bachtiar angesichts des beschleunigten Niedergangs der Wirtschaft als Retter der Stabilität betrachteten, aber Angst hätten, ihre Zustimmung zu äußern, weil die Opposition zu Repressalien greifen würde. Eine gelungene Demonstration könne ihre Entschlossenheit jedoch stärken. In Anbetracht des enormen Erfolgs unserer letzten Kundgebung für Bachtiar hoffte ich, daß die Regierung den Plan auch durchführte.

Die Pläne zur Übernahme der Schlüsselpositionen in Wirtschaft und Handel lagen allerdings immer noch auf Eis. Ohne entsprechende Schritte war die Regierung Bachtiar zum Untergang verurteilt. Ich verstand einfach nicht, warum sie sich sogar weigerten, den Zoll unter ihre Kontrolle zu bringen. Dann würden die Massen umgehend mehr Nahrungsmittel bekommen, und zugleich würde der Strom von Waffen abgeschnitten werden, der momentan direkt in die Moscheen geleitet wurde. Dort konnte sich dann praktisch jeder Gegner der Regierung bedienen.

Beim gegenwärtigen politischen, wirtschaftlichen und sozialen Kollaps war die ungebrochene Solidarität der Streitkräfte der einzige Lichtblick. Wenn Bachtiar sich ihrer bediente, konnte sie nach wie vor der entscheidende Faktor sein. Chomeini war immerhin seit einer Woche zurück, und das Militär hielt immer noch zusammen. Da später sogar einige Mitglieder der US-Administration in ihren Büchern die Behauptung der Medien aufgriffen, ich hätte die Streitkräfte allzu optimistisch eingeschätzt, möchte ich noch einmal auf diese Tatsache hinweisen.

Freitag, 9. Februar 1979

General Gast meldete außer weiteren Gewalttätigkeiten, daß auch die bedrohlichen Müllberge auf den Straßen eine Wirkung auf die Bevölkerung hätten. Unordnung in der Umwelt färbt wie so oft auf die Menschen ab. Gharabaghi und die Fünfergruppe beobachteten diese Entwicklung mit Unbehagen, ergriffen aber immer noch keine handfesten Maßnahmen.

Die Evakuierung der Amerikaner ging weiter, aber nicht schnell genug. Da sie keine zivilen Chartermaschinen benutzen konnten, waren die Flugzeuge des Militärischen Luftbrückenkommandos die einzige Transportmöglichkeit. Immerhin wurden Fortschritte gemacht, und es sah ganz so aus, als könnte das US-Militärkontingent entsprechend der Absprache mit den Iranern bis zum 1. April auf 250 Mann reduziert werden.

Bazargan hatte in einer Rede verkündet, der Iran stehe erst am Anfang einer islamischen Revolution. Er prophezeite, daß sie nicht an den Landesgrenzen Halt machen, sondern sich weit darüber hinaus ausbreiten werde. Außerdem deutete er an, daß er eventuell nicht zu den Kandidaten für eine neue iranische Regierung gehöre. Das schien bedeutsam, weil er als einer der gemäßigteren Oppositionsvertreter der natürliche Führer einer künftigen Koalition war. General Gharabaghi zeigte sich offenbar beunruhigt über amerikanische Presseberichte, nach denen die USA mit Bazargan verhandelt hatten. Jemand vom politischen Stab unserer Botschaft hatte der Presse erklärt, die Achse Bazargan-Chomeini werde schnell stärker, und die Regierung Bachtiar wanke. Die Fünfergruppe reagierte äußerst empfindlich auf derartige Statements amerikanischer Beamter. Sie las aus dem Artikel heraus, daß unsere Regierung im Begriff war, das Pferd zu wechseln. Sie zweifelte nun an der Zuverlässigkeit der USA.

General Gasts Ansehen bei der Gruppe war jedoch irgendwie gestiegen, da Washington ihm einige geheimdienstliche Erkenntnisse über sowjetische Truppenbewegungen an der Grenze weitergeleitet hatte. Sie waren erfreut, daß die USA ihre dortigen Interessen im Auge behielten.

Aber das Schlimmste sollte erst kommen. Später am Abend, gegen halb neun Uhr Teheraner Ortszeit, brach beim Militär die Hölle los. Das Fernsehen hatte die Sendung über Chomeinis Ankunft im Iran wiederholt, was die Anhänger des Ayatollah in Begeisterung versetzt und auf beiden Seiten die Emotionen in Wallung gebracht hatte. Auf dem Luftwaffenstützpunkt Doschan Tappeh in Ostteheran, General Rabiis Hauptquartier, begannen einige Homofars, für Chomeini zu demonstrieren, und es kam zu einer Schlägerei zwischen ihnen und den Angehörigen der Kaiserlichen Garde. Die Prügelei eskalierte schnell zur Schießerei, und einige der Schüsse kamen von den Straßen rings um den Stützpunkt. Offenkundig nutzten bestimmte Elemente die Situation aus. Mit Hilfe von Verstärkung bekam die Garde die Lage schließlich für den Rest der Nacht unter Kontrolle.

Sonnabend, 10. Februar 1979

Doch morgens gegen acht fielen erneut Schüsse. Eine Gruppe von angeblichen Angehörigen der Kaiserlich Iranischen Luftwaffe brach in das Zeughaus ein und stahl mehrere tausend Gewehre und eine Menge Munition. Die Beute wurde sofort verteilt, einige Gewehre kurzerhand über die Umzäunung hinweg. Die Schießereien dauerten bis in den Nachmittag hinein, doch gegen vier wurde es wieder ruhiger. Der Aufruhr veranlaßte die Regierung Bachtiar, die Sperrstunde für die Hauptstadt von 16.30 bis 5 Uhr morgens zu verlängern. Es hatte zahlreiche Tote und Verwundete gegeben. Außerdem war klar, daß man die Ausgangssperre nicht mehr befolgen würde. Der Zwischenfall hatte auch zur Folge, daß rund siebzig Amerikaner mit CH-47-Hubschraubern vom Stützpunkt Doschan Tappeh evakuiert werden mußten.

Später kam es in anderen Teilen der Stadt zu Schießereien, und einige Straßen wurden durch brennende Autoreifenhaufen verbarrikadiert. Viele Demonstranten behaupteten, Chomeini ermutige sie, aber kein Mensch wußte, ob das zutraf. Zum Glück griffen die Unruhen unseres Wissens nicht auf andere Städte über. In Teheran breiteten sie sich jedoch wie ein Buschfeuer aus.

Bachtiar erklärte im Fernsehen, er werde den Aufruhr nicht dulden und Truppen einsetzen, um ihn niederzuschlagen. General Gast hatte die Militärs aufgefordert, sich bei einem solchen Einsatz sehr in acht zu nehmen. Er erinnerte sie an das verabredete Prinzip: Wenn die Massen sich gegenseitig umbringen wollten, sollten sie es tun. Das Militär könne ohnehin nicht die ganze Stadt kontrollieren. Sich selbst und die wesentlichsten Regierungseinrichtungen solle es jedoch um jeden Preis schützen.

Die Ereignisse in der Hauptstadt überschlugen sich. Weder die neue Ausgangssperre noch Bachtiars Warnungen schienen Wirkung zu zeigen.

Sonntag, 11. Februar 1979

Im Morgengrauen fielen in der ganzen Stadt fast ununterbrochen Schüsse. Der Tag der Abrechnung war offenbar gekommen. Irgendeine Entscheidung mußte fallen. Der Angriff auf das Hauptquartier der Luftwaffe in Doschan Tappeh flammte wieder auf und erreichte diesmal eine solche Heftigkeit, daß General Rabii gezwungen war zu kapitulieren. Spätere Ereignisse wiesen darauf hin, daß er vielleicht eine Einigung mit Bazargan hätte erzielen können.

Der Befehlshaber des Heeres, General Badraie, wurde vor seinem Hauptquartier umgebracht. Einige Meldungen besagten, seine eigenen Truppen hätten es getan, nach anderen Berichten waren die Mörder Agenten der Opposition in Uniform. Alles war reichlich unklar. Man wußte auch nicht, wer den Mord befohlen hatte. Ich habe es bis zum heutigen Tag nicht geschafft, die vielen widersprüchlichen Versionen zu entwirren und die Wahrheit herauszufinden.

Auch das Hauptquartier des Generalstabs wurde unter Gewehrfeuer genommen. Kugeln zersplitterten die Fensterscheiben von General Gasts Büro. Er und sein Stab zogen sich in die Kommandozentrale tief unter dem Hauptquartier zurück. Ehe der Tag zu Ende ging, war die Regierung Bachtiar gestürzt und das seiner Führer beraubte Militär löste sich auf.

Alle Militärführer mit Ausnahme General Gharabaghis wurden sofort in Gewahrsam genommen. General Rabii wurde von bewaffneten Agenten der Opposition ergriffen und ins Gefängnis geworfen, Admiral Habiballahi festgenommen, aber kurz darauf aus noch heute ungeklärten Gründen wieder freigelassen. General Toufanian kam ins Gefängnis. General Chosrodad, General Naji und viele andere Generale kamen in Schutzhaft. Die demoralisierende Wirkung auf die Truppe war klar. Das Militär war ohnehin viel zu zentralistisch organisiert, aber der Verlust so vieler Kommandeure hätte auch andere Streitkräfte erschüttert.

General Al Haig rief mich am Morgen an und sagte, daß er kommen wolle, um seine Rücktrittspläne mit mir zu besprechen. Ich befahl meinem diensthabenden Offizier, Colonel Gary Spencer, mein Büro zu öffnen und für den Besuch vorzubereiten. Ich holte General Haig vom Flughafen ab, und wir fuhren gleich ins Büro. Etwa eine halbe Stunde später klopfte es, und Colonel Spencer meldete, der Stellvertretende Verteidigungsminister, Duncan, wolle mich über die abhörsichere Leitung sprechen. Ich sagte zu General Haig, daß er den Anruf entgegennehmen solle, aber er lehnte ab, so daß ich einen Kompromiß vorschlug. Es gab ein sicheres Telefon auf meinem Schreibtisch und einen Nebenapparat in Colonel Spencers Zimmer. Ich schlug General Haig vor, an meinem Apparat mitzuhören, während ich von Colonel Spencers Anschluß aus telefonierte. Damit war er einverstanden.

Nachdem ich mich gemeldet hatte, teilte ich mit, daß General Haig mithöre. Daraufhin antwortete General David Jones, der Vorsitzende der Vereinigten Stabschefs. An seinem Ende säßen außerdem Unterstaatssekretär Duncan und Dr. Brzezinski. Duncan setzte nun das Gespräch fort und fragte, ob ich über die Lage in Teheran auf dem laufenden sei. Ich bejahte. Seine nächste Frage war ein dicker Hund: Ob ich bereit wäre, nach Teheran zurückzukehren und einen Militärputsch zu leiten! Ich erinnerte ihn, daß ich unentwegt erklärt hatte, falls die Führer der iranischen Streitkräfte ausfielen, würde das gesamte Militärwesen des Landes zusammenbrechen. Die gegenwärtige Situation, die Verhaftung der Militärs, sei jedoch weitaus schlimmer. Es sei gar nicht mehr möglich, die ausgearbeiteten Pläne in die Tat umzusetzen.

Inzwischen stürzten tausend Gedanken auf mich ein. Warum hatte man mich das nicht gefragt, als ich noch in Teheran war? Die Streitkräfte waren intakt gewesen und hatten ihren Generalen gehorcht. Die Kaiserliche Garde allein wäre stark genug gewesen, die Arbeit zu erledigen. Es gab einen zivilen Regierungschef, Bachtiar, der die Verantwortung übernehmen konnte. Würden die Vereinigten Staaten jetzt noch einen neuen finden? Was wäre seine Rolle? Dann dämmerte es mir: Ich begriff, daß Jones die Sache nach amerikanischen Regeln durchziehen, also einen hohen iranischen Offizier überreden wollte, die Führung zu übernehmen. Immerhin war Brzezinski der einzige Funktionär im Weißen Haus gewesen, der sich während der langen Tage, in denen ich die iranischen Generale zu Taten ermutigt hatte, für diese Option zu interessieren schien.

All dies bedenkend, beschloß ich, die Probe aufs Exempel zu machen und meine Antwort in Hinblick auf die sowjetische Verstrickung in Äthiopien zu formulieren. Ich sagte also, ich würde eine Rückkehr unter folgenden Bedingungen erwägen: Ich müßte über unbeschränkte Mittel verfügen; ich würde zehn oder zwölf von mir selbst ausgesuchte US-Generale brauchen; ich würde ungefähr 10000 Mann der besten amerikanischen Einheiten benötigen, weil ich in diesem Stadium nicht wisse, auf wie viele iranische Soldaten ich zählen könnte; und schließlich würde ich uneingeschränkte nationale Unterstützung brauchen. Moralische Hilfe allein wäre nicht ausreichend, und ich könnte natürlich nicht nur in beratender Funktion gehen.

Ziemlich lange Pause. Dann nahm ich ihnen die Antwort ab. Ich glaube nicht, sagte ich, daß sie wirklich zu einer solchen Aktion bereit seien, und ich glaube ebensowenig, daß die amerikanische Bevölkerung hinter mir stehen würde. Deshalb liege die Antwort nahe – es sei einfach nicht machbar.

Dr. Brzezinski stellte einige Fragen über Militärprobleme im Südiran. Dann wandte General Jones sich an General Haig und fragte, ob er etwas dazu bemerken wolle, und Haig antwortete: «Nee.» Das Gespräch war beendet.

General Rabii und drei andere kamen vor Gericht. Wie bei einer Revolution üblich, begann der Prozeß um Mitternacht und endete mit der Hinrichtung durch Erschießungspelotons bei Sonnenaufgang. Alle vier wurden für schuldig befunden und zum Tode verurteilt. Doch noch vor Tagesanbruch intervenierte Bazargan persönlich und erwirkte einen Vollstreckungsaufschub für General Rabii. Er blieb bis April im Gefängnis, kam dann erneut vor Gericht, wurde schuldig gesprochen, zum Tode verurteilt und im Morgengrauen hingerichtet. Mehrere zuverlässige Quellen berichteten, daß Chomeini die Exekution persönlich anordnete.

General Toufanian gelang die Flucht aus dem Gefängnis, und er floh mehrere Monate später aus dem Land, tauchte in der Bundesrepublik Deutschland wieder auf und reiste in die USA weiter.

Admiral Habiballahi blieb bis Mitte des Sommers im Iran, ging dann über die türkische Grenze und kam später in die Vereinigten Staaten.

General Gharabaghi blieb im Iran und wurde nie verhaftet. Wieso kam er unbehelligt davon? Es gibt viele Erklärungen. Einige Leute sagen, er habe für die Gerichte gearbeitet, die seinen Offizierskameraden den Prozeß machten und sie verurteilten. Das wurde von einigen verläßlichen Quellen bestätigt. Er selbst hat es später von seinem Pariser Exil aus bestritten und behauptet, er habe sich in jenen langen Monaten versteckt.

Epilog

Hinterher ist man immer klüger. Man fragt mich oft, ob ich es anders machen würde, wenn ich die Sache noch einmal anpacken könnte. Die Antwort ist einfach: Wenn ich wüßte, was ich heute weiß, ja; wenn mir die gleichen Fakten zugänglich wären wie damals, wahrscheinlich nicht. Das klingt vielleicht so, als glaubte ich, ich hätte alles richtig gemacht. Diesen Eindruck möchte ich gewiß nicht erwecken.

Ich behaupte lediglich, daß ich die Aufgabe erledigt habe, die Präsident Carter mir übertrug und genau beschrieb. Er war offenbar der gleichen Meinung, denn er schickte mir einen sehr herzlich gehaltenen Anerkennungsbrief:

THE WHITE HOUSE
Washington
7. Februar 1979

General Robert E. Huyser
Stellvertretender Oberbefehlshaber
US-Streitkräfte in Europa
Army Post Office
New York 09128

Ich möchte Ihnen meinen persönlichen Dank für den großen Dienst aussprechen, den Sie Ihrem Land während Ihrer Mission im Iran geleistet haben. Sie trafen Anfang Januar in einem Augenblick großer Unordnung und politischer Erschütterungen in Teheran ein. Ihr Pflichtbewußtsein, Ihre Standhaftigkeit und Ihre Ausdauer halfen der iranischen Militärführung, den verantwortungsbewußten Patriotismus zu wahren, den wir mit unseren eigenen Streitkräften verbinden. Dadurch leisteten Sie einen großen Beitrag zum Erreichen der politischen Ziele unseres Landes.

Mir persönlich schenkte Ihre Anwesenheit im Iran ein Gefühl der Erleichterung und des Vertrauens. Sie haben mich in den vier schwierigen Wochen Ihres Aufenthalts in jenem Land niemals enttäuscht.

Die einzigartigen Umstände, unter denen Sie arbeiteten, verlangten eine besondere Verbindung von Klugheit, Takt und Mut. Was Sie unter diesen Bedingungen leisteten, trug Ihnen den aufrichtigen Respekt und die Bewunderung von mir und allen meinen engsten Beratern ein. Ich spreche Ihnen meine Anerkennung für die großartig geleistete Arbeit aus.

Mit freundlichen Grüßen!

Ich sorgte dafür, daß die Militärführung im Land und die militärische Ordnung erhalten blieb. Ich veranlaßte die Militärs, den neuen zivilen Regierungschef Bachtiar zu unterstützen, soweit ich das in Anbetracht ihrer langjährigen Loyalität zum Schah überhaupt konnte. Ich ermutigte sie, praktikable Pläne zur Übernahme des Landes auszuarbeiten, und sie taten es. Schließlich bekräftigte und demonstrierte ich vom militärischen Standpunkt aus, daß die Vereinigten Staaten unter allen Umständen ihre logistischen Bedürfnisse erfüllen und hinter ihnen stehen würden.

Die Kontroverse, die meine Mission in Teheran auslöste, und die Fragen, die sie aufwarf, schienen sich zum einen um die Natur meiner Aufgabe zu drehen, zum anderen aber um den quasi offiziellen Segen, den sie hatte. Sie lautete, einfach ausgedrückt, alles in meinen Kräften Stehende zu tun, der Regierung Bachtiar oder einer anderen prowestlichen Zivilregierung zu ermöglichen, die Führung und Verwaltung des Landes zu übernehmen. Wie in diesem Buch berichtet, diskutierte ich die Lage im Iran täglich mit den höchsten Regierungsvertretern unseres Landes. Sie forderten mich auf, den iranischen Militärführern Methoden zu empfehlen, mit denen sie Bachtiar den Wert des einzig realen Machtfaktors, über den er verfügte, vor Augen führen konnten – seine bewaffneten Streitkräfte. Das führte nach und nach dazu, daß ich der Militärführung riet, Bachtiar vorzuschlagen, wie er seine Macht gebrauchen könnte, um das Land unter Kontrolle zu bringen. Einige Kommentatoren folgerten daraus, ich sei ausschließlich oder weitgehend für das Scheitern der Regierung Bachtiar verantwortlich. Ich bin anderer Meinung. Ich denke, ich sorgte für die Mittel, mit denen die Regierung Bachtiar zum Erfolg hätte kommen können, aber meine eigene Regierung lieferte nicht den notwendigen Beistand, damit Bachtiar sie auch nutzte.

Der andere Punkt, der meiner Ansicht nach unberechtigte Kritik auslöste, war meine angeblich allzu optimistische Einschätzung der iranischen Streitkräfte. Diese Kritik äußerte damals auch Botschafter Sullivan. Sein Standpunkt wird in Gary Sicks *All Fall Down* teilweise erklärlich. Sick schreibt in seinem Buch, der Botschafter habe um den 3. Januar 1979 während seiner Verhandlungen mit Oppositionsführern «eine Liste von mehr als hundert hohen iranischen Offizieren [zusammengestellt], die das Land aller Voraussicht nach zusammen mit dem Schah verlassen würden». Das erklärt auch weitgehend, warum Botschafter Sullivan protestierte, als er hörte, daß ich in den Iran entsandt werden sollte; denn meine Aufgabe bestand darin, eben diese Offiziere im Land zu halten, falls der Schah ging.

Einige hohe Angehörige der US-Administration jener Zeit haben in ihren Nachrufen auf die damalige Situation im Iran behauptet, ich hätte unsere Regierung mit meinen optimistischen Berichten über die Fähigkeit der Militärs zu falschen Schlußfolgerungen veranlaßt. Ich bestreite, daß ich diese Fähigkeiten falsch dargestellt habe. Wie ich damals beobachtet und in diesem Buch auch beschrieben habe, reagierten die Truppen jedesmal, wenn man sie rief, wie eine professionell ausgebildete Streitmacht – sei es bei der Überwachung der Massen, bei Paraden in feindseligen Vierteln, bei Demonstrationsflügen der Luftwaffe, bei der Kontrolle der Tudeh-Kundgebungen, bei der Verteidigung des Polizei-Hauptquartiers und militärischer Einrichtungen, ja, sogar beim Schutz Chomeinis bei seiner Rückkehr.

Meine Einschätzung des iranischen Militärs beruhte nicht allein auf meinen täglichen Beobachtungen und Kontakten mit der Truppe, sondern auch auf Bewertungen, die Mitglieder der US-

Militärberatergruppe auf Grund ihrer eigenen täglichen Kontakte auf allen Ebenen lieferten, außerdem auf den Urteilen unserer Botschaftsattachés. Sie berücksichtigten auch die Berichte hoher iranischer Militärs. Ich bedachte dabei auch ihre nach westlichen Begriffen größte Schwäche, nämlich die Abhängigkeit von einer streng zentralistischen Führung. Wie mir durchaus bewußt war, hatte der Schah selbst dafür gesorgt, daß alle, von den niedrigsten bis zu den höchsten Rängen, so ausgebildet wurden. Um das ins rechte Licht zu rücken, sollte man sich allerdings ins Gedächtnis rufen, daß westliche Führer der Sowjetunion jahrelang eine enorme Militärkapazität zuschrieben, obgleich sie unter der gleichen Schwäche litt. Ihre Streitkräfte wurden weitgehend von höchster Stelle gelenkt und eingesetzt. Der amerikanische Verteidigungsminister fragte mich vor meiner Abreise nach Teheran, was meines Erachtens mit dem Militär geschehen würde, falls die Befehlshaber und Kommandeure zusammen mit dem Schah das Land verließen. Meine Antwort war eindeutig: Die Militärstruktur würde zusammenbrechen.

Nun, das Militär brach tatsächlich zusammen, zehn Tage nach Chomeinis Rückkehr und sieben Tage nach meiner Abreise. Warum? Ich glaube, daß die Opposition die Schwäche der Streitkräfte erkannte. Als erstes wurde General Badraie, der Chef des Heeres, umgebracht: Vor allem das Heer hätte die Kontrolle der wichtigsten militärischen und zivilen Einrichtungen wiederhergestellt. Dann kam der offene Angriff auf den Luftwaffenstützpunkt Doschan Tappeh, auf dem sich das Hauptquartier von General Rabiis Luftstreitkräften befand: Die Luftstreitkräfte wären das nächstwichtigste Kontrollelement gewesen. Ich denke, der entscheidende Faktor für den Zusammenbruch der Streitkräfte war die Tatsache, daß Bachtiar ihnen keine klaren Befehle gab. Der Schah hatte das Militär schließlich seit Jahren darauf getrimmt, seine Befehle zu erwarten und auszuführen. Eine zentrale Frage, die mich noch heute beschäftigt – und bis jetzt noch von keinem Zeithistoriker beantwortet wurde –, lautet: Warum bediente sich Bachtiar nie des einzig wirksamen Instruments, das er hatte, um die Macht zurückzugewinnen?

Ob ich immer noch glaube, daß ein militärisches Eingreifen in die inneren Angelegenheiten des Landes das erwünschte Resultat gehabt hätte? Ja, aus den gleichen Gründen, aus denen ich es damals glaubte. Als der Schah am 6. November 1978 eine Militärregierung bildete, war die Reaktion rasch und entschieden. Ihm fehlte nur die Entschlossenheit, aus der Lage Kapital zu schlagen und fest am Drücker zu bleiben. Ob eine militärische Intervention zu einem großen Blutbad geführt hätte? Nicht unbedingt; denn ich glaube noch heute, daß etwa vier Fünftel der Bevölkerung die verfassungsmäßige Regierung unterstützt hätten. Diese Meinung beruht auf Beobachtungen von Demonstrationen der Opposition – wie groß sie waren, wo sie stattfanden, wie sich die Teilnehmer verhielten – und einem Vergleich mit der bemerkenswerten Zahl von Menschen, die wir für unsere eigene kurzfristig anberaumte Kundgebung mobilisieren konnten. Außerdem stellten wir fest, daß die Menschenmengen sich meist sehr schnell zerstreuten, sobald Gewalt ausgeübt wurde, beispielsweise bei der Demonstration der Tudeh-Partei und dem Angriff auf das Polizei-Hauptquartier.

Mehrere Autoren haben fälschlicherweise auch behauptet, die schlechte Beziehung zwischen Botschafter Sullivan und mir hätte zum Scheitern der Teheraner Mission beigetragen. Das geht total an der Sache vorbei. Unser persönliches Verhältnis war nämlich zufällig sehr gut. Sullivan und seine Frau waren während meines Aufenthalts in ihrer Residenz äußerst gastfreundlich und rührend um mich bemüht, und ich betrachtete den Botschafter als persönlichen Freund. Wir unterschieden uns nur grundlegend in unseren Zielen und in den Mitteln, sie zu erreichen.

Bill Sullivans Standpunkt zu Chomeini wurde von den späteren Ereignissen widerlegt und war nicht einmal durch die damals verfügbaren Informationen gerechtfertigt. Chomeini gab sich nie Mühe, seinen pathologischen Haß auf den Schah zu verhehlen. Dieser Haß brachte ihn in den sechziger Jahren dreimal ins Gefängnis und führte dann zu seinem Exil in der Türkei und im Irak. Er trieb ihn an, der unangefochtene geistige Führer der schiitischen Iraner zu werden, die zweiundneunzig Prozent der Bevölkerung bildeten. Und dieser Haß kam im Herbst 1977 beim Tod seines Sohnes, für den er den Schah verantwortlich machte, zum Überkochen.

Der Sturm, der im Januar 1978 mit dem ersten größeren Aufruhr in Ghom ausbrach, war zwar vom Schah vorausgesagt worden, kam aber früher als erwartet. Bis zum September schien keine westliche Regierung seine Bedeutung zu begreifen; der britische Botschafter, Sir Anthony Parsons, hat sogar von sich aus zugegeben, daß er die Zeichen der Zeit nicht erkannte. Bill Sullivan verstand sie offenbar und kam zu dem Schluß, daß Chomeini so etwas wie ein neuer Gandhi sei und daß die Vereinigten Staaten sich tunlichst bemühen sollten, ihn mit Hilfe eines Regierungswechsels an die Macht zu bringen.

Entsprechend trat er um die Jahreswende anscheinend dafür ein, alle jene Militärführer abzulösen, die mit größter Wahrscheinlichkeit Chomeinis Pläne durchkreuzen würden. Überdies stellte er die Fähigkeiten Bachtiars, den Washington unterstützen wollte, durchgehend in Frage, was wiederholt publik wurde. Präsident Carter strebte eine Koalition von Bachtiar und dem Militär an. Bachtiars Vorbehalte gegenüber den obersten Militärs und deren anfängliches Mißtrauen gegen ihn machten das keinesfalls leicht. Aber was nützte es, wenn ich mein Ziel, eine geschlossene Militärführung mit aussichtsreichen Plänen, erreichte, der Botschafter aber keinen Versuch machte, auch seines zu erreichen, also eine politische Führung, die fest auf die amerikanische Unterstützung vertraute?

Es hätte anders kommen können, wenn ich regelmäßigen Zugang zu Bachtiar gehabt hätte. Aber wir sind uns in meiner ganzen Zeit im Iran kein einziges Mal begegnet. Ich habe bereits dargestellt, warum ich annehme, daß dabei der Botschafter seine Hand im Spiel hatte. Sullivan schrieb später in seinem Buch *Mission to Iran*, daß er Bachtiar beinahe täglich getroffen hätte. Das war mir neu, da ich nur von zwei Begegnungen während meiner Zeit wußte. Ich konnte sicherlich mit Recht davon ausgehen, daß der Vertreter des Präsidenten, mein Gastgeber im Iran, mich vorab von solchen Treffen unterrichten und anschließend über ihren Verlauf informieren würde. Das geschah aber nur einmal, anläßlich der Besprechung, bei der sie über General Gharabaghis Rücktrittsgesuch gesprochen hatten.

Zu meinen Problemen gehörte, daß ich in totaler Unkenntnis der Kluft zwischen dem Botschafter und der Carter-Administration gelassen wurde. Etwa zu dem Zeitpunkt, als ich entsandt wurde, am 4. Januar, glaubte der Präsident womöglich noch, er könne seinen Botschafter an die Kandare nehmen. Es gibt jedoch Indizien, daß ich eben deshalb in den Iran geschickt wurde, weil die Administration das Vertrauen zu Sullivan verloren hatte. Doch ich bekam bei meinen Rapports keinerlei Hinweise auf Sullivans Extratouren und Carters diesbezügliche Reaktionen.

Auch meine Ansicht, der Iran würde unter Chomeini nach links abdriften und letztlich im falschen Lager landen, löste Kontroversen aus. Ich glaubte damals – wie heute – keineswegs, daß der Iran von sich aus kommunistisch würde. Die beiden Ideologien liegen viel zu weit auseinander. 1979 wurde in Teheran die kommunistische Gruppe, die Tudeh-Partei, zahlenmäßig größer, aber in Grenzen. Ihre Mitglieder schienen bezeichnenderweise gut ausgebildet und organisiert zu sein und logistisch unterstützt zu werden. Sie bildeten ein aktives Spaltelement in der Opposition und befürworteten Gewalt, um allgemeine Zwietracht und Unzufriedenheit zu säen – eine altbewährte Taktik der Kommunisten.

Ich glaube, daß die Kommunisten inzwischen weniger geworden sind und unter Kontrolle gehalten werden. 1979 glaubte ich allerdings, daß ein Chomeini-Regime den Iran zumindest hinsichtlich der Unterstützung und technologischer Hilfe stärker von der Sowjetunion abhängig machen würde. Das denke ich noch heute, und derweil scheint dies auch der Fall: Es gibt im Iran eine wachsende Zahl sowjetischer Berater, und das Land ist zweifellos mehr auf Unterstützung aus jenem Teil der Welt angewiesen. Dieser Prozeß veranschaulicht eine Langzeitstrategie, die die Sowjets seit vielen Jahren des öfteren erfolgreich angewandt haben, um andere Länder in ihre Einflußsphäre einzubeziehen.

Die Geschichte lehrt, daß die Sowjets sich selten mit diesem ersten Schritt begnügten. Sie setzen ihre Arbeit so lange fort, bis das innerlich zerrissene Land zu ihrem Herrschaftsbereich gehört oder sie eine Regierung ihrer Wahl eingesetzt haben. Die Sowjets wollen den Iran genau wie der Westen aus strategischen Gründen auf ihre Seite ziehen. Doch ich glaube, daß sie letztlich noch ein größeres Ziel verfolgen als der Westen und daß der Iran nur eine weitere Etappe auf ihrem Weg zur Weltherrschaft ist. Da sie unbedingt eisfreie Häfen brauchen und da Persien für Rußland schon immer wichtig war, können wir damit rechnen, daß die Sowjetunion die Situation rücksichtslos zu ihren Gunsten beeinflußt. Ich glaube deshalb auch weiterhin, daß der Iran unter Chomeinis Herrschaft – als einzig praktikable Alternative zu einer Anlehnung an den Westen – im sowjetischen Lager enden könnte. Das genaue Ausmaß der Abhängigkeit bleibt abzuwarten, doch steht fest, daß die Stabilität der Region und der Weltfriede bereits gelitten haben, seit der Iran sich vom Westen losgesagt hat.

Im Rückblick erkenne ich gewisse Dinge, die ich unter den gegebenen Umtänden anders oder vielleicht besser hätte machen können. Aber ich werde realistisch bleiben und nur das erwähnen, was ich am meisten bedaure. (Ich beziehe mich hier nur auf meine offizielle Mission; in persönlicher Beziehung habe ich natürlich andere Gründe, die iranischen Ereignisse nach Chomeinis Rückkehr zu bedauern.) Ich glaube, daß ich einen schwerwiegenden Fehler beging, als ich mich auf die höhere Carter-Administration verließ. Die Naivität, mit der ich annahm, daß die Regierungspolitiker in Washington im Gleichschritt mit mir marschieren würden, wenn ich die mir übertragenen Aufgaben erfüllte, war ein grober Fehler. Ich hätte viel mehr bohrende Fragen stellen müssen, die mir vielleicht gezeigt hätten, wie Washington wirklich dachte und wie das State Department die andere Hälfte der Aufgabe durch den Botschafter zu lösen versuchte.

Die Ereignisse lehren meiner Meinung nach, daß es eine oder zwei wichtige Lektionen gibt, die man auf höchster politischer Ebene beherzigen muß. Die eine ist die Notwendigkeit, zu seinen Freunden zu stehen. Sie besteht für ein Land genauso wie für einen einzelnen Menschen. Für beide ist dies nicht allein eine Frage der Moral, die in auswärtigen Angelegenheiten von *Realpolitikern* gelegentlich mit Füßen getreten wird; es ist auch eine Frage der Zweckdienlichkeit. Wenn man nämlich anfängt, seine Freunde fallenzulassen, wird man bald nicht mehr viele Freunde haben, die man fallenlassen kann. Seit die USA sich 1941 gegen den Isolationismus entschieden, verfolgten sie eine Politik, die auf Bündnissen und gegenseitigen Vereinbarungen mit befreundeten Mächten beruhte. Was Dr. Samuel Johnson über Freundschaft gesagt hat, gilt auch für sie: Sie müssen in gutem Zustand erhalten werden, wenn nicht das ganze Netz zerreißen soll. Wenn Freund X sieht, daß Freund Y im Stich gelassen wird, wird er keine Zeit verlieren, seine Schäfchen ins trockene zu bringen. Amerika muß zu seinen Freunden stehen.

Das ist in der Außenpolitik natürlich leichter gesagt als getan. Die amerikanische Verfassung mit ihrer strikten Gewaltenteilung macht es besonders schwierig. Viele haben Zweifel geäußert, daß unser System von Kontrolle und Gegenkontrolle, das die Gründerväter ersannen, um die Exekutive in Schach zu halten, der Formulierung einer konsequenten und langfristigen Außenpolitik dienlich ist. Die Frage wäre einer Diskussion wert. Was ich jedoch verhängnisvoll finde, ist die Tendenz, den Kompetenzwirrwarr durch die Aufsplitterung der Exekutive noch größer zu machen. Es gibt jede Menge von Fällen, in denen unsere Freunde unter dem letzten halben Dutzend US-Präsidenten uns vorwarfen, drei Außenpolitiken gleichzeitig zu betreiben.

Wegen der ständigen Differenzen zwischen dem Verteidigungsminister und dem State Department hielt man es für notwendig, einen Nationalen Sicherheitsrat zu schaffen. Dessen Leiter soll der Hauptberater des Präsidenten sein, um ihm als Filter für die unterschiedlichen Optionen von allen Seiten zu dienen. Ist dies das bestmögliche System? In meinem Fall funktionierte es gewiß nicht. Der Sicherheitsberater schien nur eine Stimme in einem dissonanten Chor zu sein, der nicht immer mit dem Präsidenten harmonierte.

Infolgedessen ersann Washington nicht nur verschiedene, miteinander unvereinbare politische Maßnahmen, sondern versuchte auch, alle gleichzeitig durchzuführen. In meinem Fall waren die politischen Wucherungen besonders schwerwiegend und schädlich. Erst als ich Botschafter Sullivans Buch las, wurde mir so richtig klar, wie er sich bemüht hatte, dem Ayatollah Chomeini Steine aus dem Weg zu räumen, während seine eigene Regierung versuchte, Chomeini fernzuhalten und einige ihrer Mitglieder sogar mit unterschiedlichem Nachdruck einen vorbeugenden Militärputsch befürworteten.

Ich habe kein Patentrezept gegen diese politischen Ungereimtheiten und überlasse sie den Spezialisten. Ich fürchte nur, daß alles noch einmal passieren könnte.

Vielleicht wissen die Vereinigten Staaten auch gar nicht, was sie gegen einen Fanatiker machen sollen, der einer ganzen Generation befehlen kann, für die fundamentalistische Sache zu sterben oder sogar bereit zu sein, für sie Selbstmord zu begehen. Das 1983 durch die Katastrophe im Beiruter Quartier der US-Marineinfanterie aufgeworfene Problem ist nicht gerade leicht zu lösen. Ich glaube aber nicht, daß eine so mächtige und verantwortungsbewußte Nation wie unsere ihre Niederlage eingestehen und sogar heraufbeschwören sollte, indem sie mit einer Hand auf dem Rücken kämpft. Eine einheitliche Außenpolitik *kann* manchmal falsch sein; eine widersprüchliche Außenpolitik *ist* es. Sie kann unsere Freunde nur verwirren und unsere Gegner beruhigen. Sie bedeutet, daß tatsächliche Initiativen nicht richtig durchdacht sind und halbherzig ausgeführt werden. Im Fall der Ereignisse im Iran 1978 und 1979 sind wir immer noch dabei, die Kosten aufzurechnen. Vermutlich wird unterm Strich stehen, daß eine Regierung erst einmal eine klare Linie gefunden haben muß, ehe sie hoffen kann, das Haus anderer in Ordnung zu bringen.

Es ist das traurige Ende einer makabren Geschichte. Die Vereinigten Staaten verloren einen engen und entschlossenen Verbündeten, der für den Schutz westlicher Interessen am Persischen Golf sorgte. Wegen der seither erforderlich gewordenen alternativen Sicherheitsmaßnahmen hat uns das schon jetzt Milliarden Dollars gekostet. Der vielleicht schmerzlichste Verlust aber trifft die Iraner selbst. Ihr Land, das im Begriff war, eine lebensfähige Industrienation zu werden, wurde in seinen Wertbegriffen und Maßstäben um mehrere hundert Jahre zurückgeworfen. Die Bevölkerung hat schrecklich gelitten. Männer und Frauen wurden massenweise hingerichtet. Der Golfkrieg zieht sich sinnlos hin und erschöpft die menschlichen und materiellen Ressourcen des Irak wie des Iran, obgleich kein Mensch daran zweifelt, daß er ohne Chomeinis Opferwahn in wenigen Monaten beigelegt werden könnte. Aber das Gemetzel ist alles andere als beendet; denn es beschränkt sich nicht mehr auf den Iran. Schon sind Tausende getötet worden, um die Ambitionen des Ayatollah Chomeini in der moslemischen Welt zu befriedigen, und womöglich steht das Schlimmste noch bevor. Die Inbrunst, mit der Chomeini den Terrorismus fördert und exportiert, läßt für die ganze Welt Böses ahnen.

Ich glaube, daß die Hauptschuld für den Fall der konstitutionellen Regierung im Iran beim Schah zu suchen ist. Er wollte Unvereinbares miteinander verbinden: die Industrialisierung des 20. Jahrhunderts mit einem mittelalterlichen Herrschaftsbegriff. Es stand ihm frei, den Übergang zu einer Regierungsform zu vollziehen, die für das Volk annehmbarer gewesen wäre und in dem Maß notwendig geworden war, in dem er seinen Untertanen eine Ausbildung im Westen ermöglichte. Gleichzeitig hätte er in den letzten Monaten seiner Herrschaft mehr tun können und sollen, um Recht und Ordnung durchzusetzen. Ich weiß nicht, ob überhaupt jemand die Frage beantworten kann, warum er seinen Willen aufgab und beschloß, sich nicht mehr um eine Kontrolle zu bemühen. Sicher trug sein schlechter Gesundheitszustand sehr dazu bei; man hat berichtet, daß er viele Medikamente bekam. Vielleicht hätte nur sein Arzt, General Ajadi, diese Fragen beantworten können.

Es steht dahin, ob die Lage noch zu retten war, als Bachtiar die Zügel übernahm, aber das heißt nur, die eine Frage noch eindringlicher zu stellen: Warum bediente er sich nicht der einzigen Macht, die er wirklich besaß, nämlich der Streitkräfte? Sie waren das stärkste Instrument im Land und hätten zum ausschlaggebenden Faktor werden können.

Was die USA betrifft, so begriff die Administration offensichtlich weder die iranische Kultur noch die Umstände in den letzten Monaten der Schahherrschaft. Ich denke, Washington hätte den Ernst der Lage schon Anfang 1978 erkennen müssen. Wenn man wirklich die Absicht hatte, das bestehende Regime zu stützen, hätte man eine ganze Menge tun können, um die mangelnde Zuversicht und Entschlossenheit des Schah zu stärken.

Meine Mission war wohl ein Versuch in letzter Minute, das etablierte System in irgendeiner Form zu erhalten. Als ich die Aufgabe übernahm, wußte ich, daß die Chance, die bestehende Regierungsform ohne allzu einschneidende Veränderungen zu retten, nicht sehr groß war. Sorge bereitete mir besonders die Aufgabe, die Generale im Land zu halten und zur Unterstützung des neuen zivilen Regierungschefs zu bewegen. General Al Haig sah damals noch schwärzer als ich. Als ich dann in Teheran eintraf und die völlig gelähmte Regierung und die chaotischen Zustände sah, wuchsen meine Befürchtungen. Ich stelle mir deshalb immer wieder die Frage, wie die US-Regierung eigentlich die Erfolgsaussichten einschätzte. Ich gehe davon aus, daß dem Präsidenten weit mehr geheimdienstliche Erkenntnisse vorlagen als General Haig oder mir. Wenn diese Annahme naiv erscheint, kann ich nur sagen, daß man die gegenteilige Meinung bei einem dienstälteren Offizier wahrscheinlich für arrogant und gefährlich halten würde.

Wenn der Präsident wußte, wie ernst und prekär die Lage war, war die Entscheidung für meine Mission in letzter Minute meiner Ansicht nach falsch; es sei denn, er war bereit, mit dem ganzen Gewicht seines Amtes dahinterzustehen. Wenn er es nicht wußte, funktionierte sein Informationssystem schlecht, was sehr wohl der Fall gewesen sein kann. Eine frühere Liste seiner wichtigsten geheimdienstlichen Quellen läßt nicht darauf schließen, daß er die Informationen bekam, die ein oberster Befehlshaber braucht. Zwei größere CIA-Reports von 1977 und 1978 lieferten keine Anhaltspunkte für eine bevorstehende Revolution – eher das Gegenteil. Die tatsächlich einzige Warnung vor drohenden Turbulenzen, die in den ersten neun Monaten des Jahres 1978 laut wurde, stand in einem Bericht vom August – als der Botschafter im Urlaub war.

Diese mangelhaften Unterlagen waren besonders verhängnisvoll, weil damals gerade mehrere andere wichtige außenpolitische Entscheidungen anstanden. So verhandelten 1978 die USA, Ägypten und Israel, was dann schließlich zu den erfolgreichen Vereinbarungen von Camp David führte. Währenddessen fanden an Israels nördlichen Grenzen Gefechte statt, die ein internationales Eingreifen erforderten. Außerdem wurde abschließend über das strittige Salt II-Abkommen verhandelt, das die USA und die UdSSR dann im Sommer 1979 unterzeichneten. Zu alldem kam noch das mit meiner Ankunft in Teheran zusammenfallende Treffen der westlichen Regierungschefs in Guadeloupe hinzu, bei dem man sich mit der schicksalhaften Entscheidung beschäftigte, das westeuropäische Verteidigungssystem durch Marschflugkörper und Pershing-Raketen zu verstärken.

Hätte meine Mission also das endgültige Fiasko abwenden können? Wie ich bereits aufzeigte, gingen die meisten damals erhobenen Einwände – die mehr auf einem frustrierenden Gefühl beruhten als auf irgendwelchen nachweisbaren Fakten – weit an der Sache vorbei. Die häufigste Kritik, daß ich nämlich nach Teheran geschickt worden sei, um dem Schah den Rest zu geben, war schlicht absurd. Ich wurde hingeschickt, um die Lage zu stabilisieren, falls der Schah zu dem Schluß kommen sollte, daß seine Position unhaltbar sei. Es war seine eigene Entscheidung, und er traf sie.

Ich habe mich seitdem immer wieder gefragt, was geschehen wäre, wenn die US-Regierung sich auch nur ein wenig mehr bemüht hätte, ihre erklärte Politik durchzusetzen. Eine Reihe kleiner, aber bedeutsamer Schritte unterblieb. So hätte der Präsident den Ayatollah öffentlich für seine Einmischung verurteilen können. Er hätte unsere Verbündeten um Unterstützung ersuchen und der Regierung Bachtiar mit ihrer Hilfe materiellen Beistand leisten können. Immerhin züchtigten die Sowjets die USA während der Ereignisse öffentlich wegen meiner dürftigen Bemühungen, alldieweil ihr Propagandaapparat eine Reform durch Revolution forderte. Ihre Version war, daß ich am Hebel säße und die Revolution daran hindere, ihren Lauf zu nehmen. Offenbar sorgten sie sich um das Ergebnis und waren zu allem bereit, um ihr Ziel zu erreichen, während auf unserer Seite viele meine Mission für sinnlos hielten, weil die Partie bereits vor meinem Eintreffen verloren gewesen sei. Aber diese Leute wichen der Kernfrage aus: *welche* Partie? Der Schah konnte damals aller Wahrscheinlichkeit nach nicht mehr gerettet werden. Schon ehe man beschloß, mich nach Teheran zu schicken, zweifelten nur wenige in Washington daran, daß *diese* Partie verloren war. Doch die Partie, die in Wahrheit gespielt wurde, nämlich zu verhindern, daß der Iran ein antiwestliches Regime bekäme, war meiner Meinung nach noch offen. Hätten wir sie gewinnen können? Eine abstrakte Frage. Ich habe jedoch einige konkrete Fakten geboten. Ich weiß besonders, daß die Streitkräfte erheblich tüchtiger waren, als unser Botschafter jemals einsehen wollte. Statt bei der Rückkehr des Ayatollah am 1. Februar auseinanderzulaufen, blieben die Truppen intakt und führten noch tagelang die Befehle ihrer Kommandeure aus. Die Frage, die ich mir nach wie vor stelle, lautet, wie es ausgegangen wäre, wenn Bachtiar seine Streitkräfte in den kritischen vierzehn Tagen – der zweiten Januarhälfte – nach der Abreise des Schah wirklich eingesetzt hätte.

In diesem Augenblick hätten die USA den iranischen Regierungschef uneingeschränkt in seinem Willen stärken müssen. In diesem Augenblick hätte Chomeini unmißverständlich darauf hingewiesen werden müssen, daß er es mit einer politischen und militärischen Führung zu tun hatte, die unserer Unterstützung sicher sein konnte. Aber statt dessen wurde Bachtiars Ansehen in diesem historischen Moment von Vertretern der amerikanischen Administration in Washington und auch in Teheran sogar öffentlich unterminiert, während Chomeini sich der Gunst der Medien erfreute.

Ich meine, damit war die Chance verpaßt. Für die meisten Iraner wären die Entmachtung und Demütigung des Schah sicherlich Veränderung genug gewesen. Die erkennbare Ursache aller Mißstände war beseitigt, und sie hätten in einem Klima ohne Haß und Furcht einen neuen Anfang machen können. Es steht so gut wie fest, daß Chomeini in seinem Beharren auf eine rächende und puritanische Konterrevolution damals nur von einer Minderheit unterstützt wurde. Sehr viele Mullahs drängten ihn, sich zu zügeln. Seine eigenen Leute neigten eher zur Kunst der freundlichen Überredung. Für die Öffentlichkeit war er zweifellos ein Held, und er genoß ihre Loyalität als religiöses Oberhaupt des Landes. Aber war auch sein Anspruch auf Führerschaft berechtigt, um ihre grundlegenden Bedürfnisse zu befriedigen? Hätten die Forderungen der überwiegenden Mehrheit nach besseren Lebensbedingungen nicht durch ein von der angeblichen Korruption befreites, verfassungsmäßiges System erfüllt werden können? Aus Gründen, die ich in diesem Buch aufzuzeigen versuchte, wurde dieser vielversprechende Kurs nie eingeschlagen.

Ehe ich diesen tragischen Bericht beende, möchte ich noch zwei Fragen aufwerfen, die bei einer Einmischung in die inneren Angelegenheiten eines anderen Landes von grundlegender Bedeutung sind.

Wenn eine Intervention moralisch gerechtfertigt ist, um einen treuen Verbündeten vor einem Einfall ausländischer Truppen zu schützen, ist es dann weniger ehrenhaft, einen treuen und verdienstvollen Verbündeten vor einem inneren Umsturz zu schützen, der von ausländischen Elementen geschürt wird?

Wenn letzteres zutrifft, sollte die Aufgabe dann nicht mit allen Kräften, ohne Rückzieher und Rückversicherungen, erledigt werden? Ich meine, ja. Wenn Amerika den Zweck will, muß es auch die Mittel wollen.

Bahman Nirumand

Iran – hinter den Gittern verdorren die Blumen

rororo aktuell 5735

Bahman Nirumand ist 1979 nach vierzehn Jahren Exil in den Iran zurückgekehrt. Er erlebte den Sturz des Schahs und die Machtergreifung der Mullahs. In Reiseberichten, Analysen, Tagebüchern und Gesprächen versucht er Erklärungen zu finden, darauf Antworten zu geben für die anfängliche Faszination Chomeinis, seinen Aufstieg, die zunehmende Gewalttätigkeit seiner Anhänger, aber auch Antworten darauf, warum die Linken – Nirumand war einer ihrer führenden Politiker – anfangs auf seiten der Mullahs kämpften und später, Ironie der Geschichte, verfolgt und verboten wurden.
Dieses Buch ist die eindrucksvolle Schilderung eines Mannes, der wie wenige andere, mit Selbstkritik und Trauer, aber ohne Wehleidigkeit, Bericht geben kann von einer gesellschaftlichen Umwälzung, die die islamische Welt so nachhaltig veränderte.

Robin Wright

Die Schiiten

Allahs fanatische Krieger

Spiegel-Buch 66

Was die Baader-Meinhof-Gruppe einst für die Bundesrepublik war, sind die fanatischen Schiiten für die Vereinigten Staaten und ihre Verbündeten in Nahost: die größte terroristische Herausforderung der Nachkriegszeit.
Weil das Martyrium sie nach ihrem Glauben direkt ins Reich Gottes führt, sind die Schiiten jederzeit zum Freitod bereit und mit dieser Kamikaze-Mentalität ihren politischen Gegnern weit überlegen. Gegen wildentschlossene schiitische Kommandos, so die Einsicht der Amerikaner, gibt es praktisch keinen Schutz.

Rowohlt

L. L. Matthias

Die Kehrseite der USA

rororo sachbuch 7918

USA – seit Ronald Reagan größer, reicher, mächtiger und selbstbewußter als je zuvor? Die Europäer beobachten mit einer Mischung aus Neid, Mißtrauen und Angst die Entwicklung der westlichen Führungsmacht unter einer konservativen Regierung, die sich trotz bedenklicher Pannen der vollen Zustimmung vieler Amerikaner sicher sein kann. L. L. Matthias' schon legendäre Studie über das andere Amerika, bereits 1964 veröffentlicht, erschien in einer Zeit, als die europäische Begeisterung für Amerika noch ungebrochen war. Seine grundlegenden Analysen des amerikanischen Demokratieverständnisses, des Lebens- und Weltbildes der Amerikaner haben auch heute nichts von ihrer zutreffenden Genauigkeit verloren.

Rowohlt

Rolf Hochhuth

Judith

Trauerspiel

270 Seiten. Broschiert

Die Judith des Alten Testaments enthauptete Holofernes, um ihr Volk von der Tyrannei zu erretten: ein Mythos.
Die russische Judith, der wir im Prolog («Minsk 1943») zu Hochhuths Stück begegnen, sprengte den Generalkommissar der deutschen Besatzer in seinem Bett in die Luft: Geschichte.
Die Judith dieses Trauerspiels, eine fiktive Gestalt, entstammt als Tochter eines Botschafters dem Washingtoner Establishment und arbeitet als namhafte Journalistin.
Ihr Bruder kam aus Vietnam im Rollstuhl zurück, einer von mehr als zwölftausend amerikanischen GIs, die, durch die eigene Luftwaffe mit Agent Orange besprüht, verkrüppelt wurden oder verkrüppelte Kinder machen. Trotzdem läßt der neue Herr der Westlichen Welt im Weißen Haus – und obgleich seine vier Amtsvorgänger nach den Schrecknissen im Asien-Krieg die Produktion dieser Giftgas-Waffen verboten hatten – die Herstellung der sogenannten B- und C-Waffen wiederaufnehmen.
So stellen Judith und ihr Bruder sich bedrückt die Frage, die ihnen zur seelischen Zerreißprobe wird: Genügt es, nur *publizistisch* Front zu machen gegen diesen Präsidenten? Oder gilt nicht vielmehr das Herrenwort, das der Evangelist Matthäus überliefert: «Wer das Schwert nimmt, der soll durchs Schwert umkommen»?
Die szenische Untersuchung des moralisch ewig beunruhigenden Problems, ob ein einzelner in einer demokratisch verfaßten Gesellschaft sich für das von seinem Gewissen zum Schutz der Allgemeinheit als notwendig Erkannte einsetzen müsse, sogar durch eine vor dem Gesetz verabscheuungswürdige Tat, ist das Zentrum dieses Stücks.

Rowohlt

Kamal Salibi

Die Bibel kam aus dem Lande Asir

Eine neue These über die Ursprünge Israels

Deutsch von Anke Rashatasuvan
224 Seiten. Gebunden

Professor Kamal Salibi lehrt Geschichte an der Amerikanischen Universität von Beirut und ist international anerkannt als Autor mehrerer großer Werke zur Geschichte des Vorderen Orients. Vor einigen Jahren stieß er auf die schon nicht mehr zufällig zu nennende Konzentration biblischer Ortsnamen in der heutigen Provinz Asir des Königreichs Saudi-Arabien. Das gab den Anstoß zur Entwicklung seiner aufsehenerregenden These über die Ursprünge Israels. Danach lag das «Land der Väter» bis etwa 500 v. Chr. nicht am Mittelmeer in Palästina, sondern am Roten Meer im Lande Asir.
Daß er mit seiner Theorie in Wespennester bei den Wissenschaftlern sowie bei Politikern stoßen werde, ist Salibi seit langem bewußt.
Er sagt: «Wenn sie meine Theorie nicht ignorieren können, werden sie versuchen, sie lächerlich zu machen. Und wenn ihnen dies mißlingt, werden sie sehr hart arbeiten müssen, um zu versuchen, meine Beweise zu widerlegen. Das ist es, was ich beabsichtige.»
Hat die etablierte Bibelarchäologie in Salibi ihren Schliemann gefunden?

Rowohlt